AF635860

SUHO

Original Story: Chae Habin

Adelaide

Das süße Leben

2

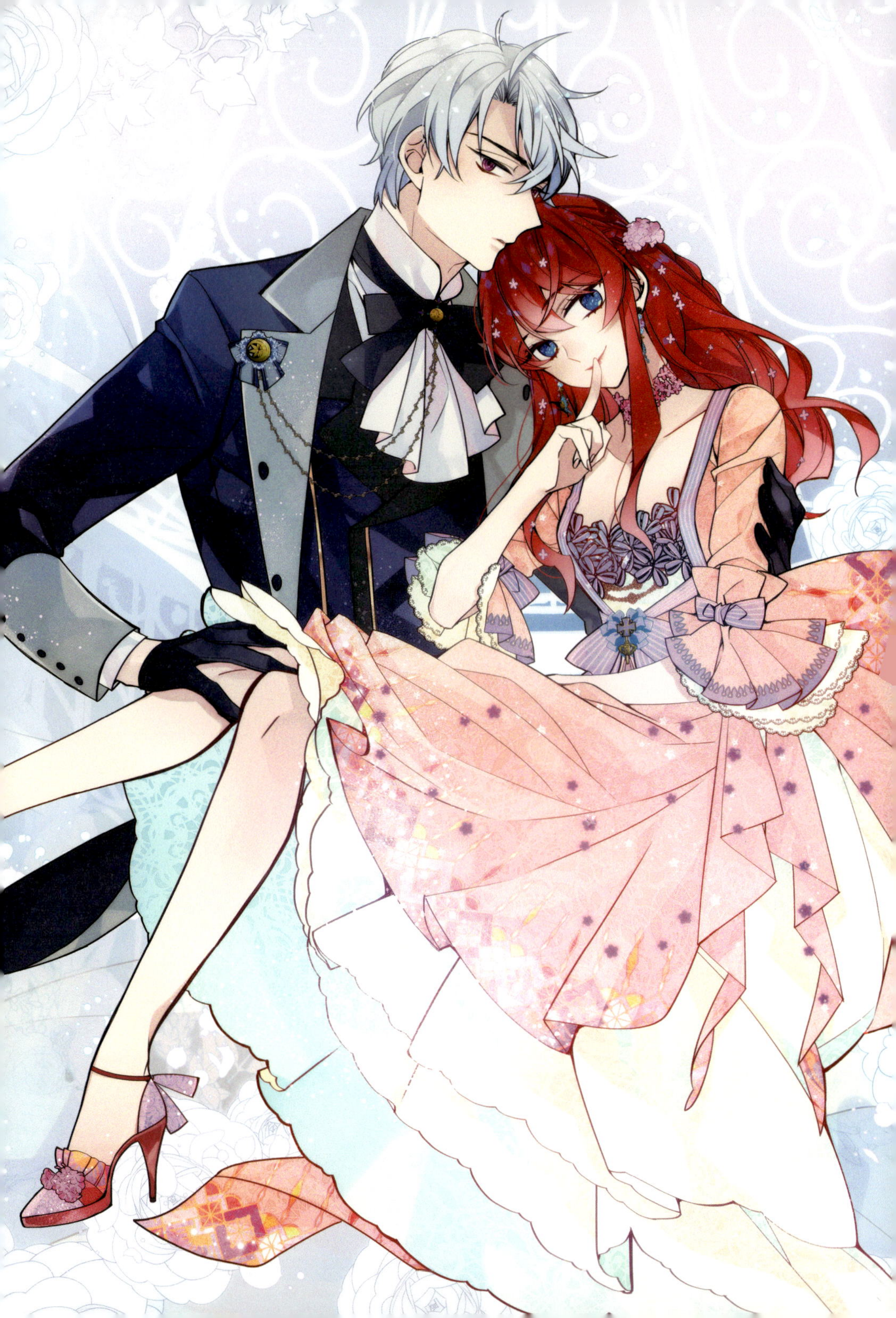

Adelaide

Das süße Leben

* Dieser Sammelband enthält die Kapitel 18 bis 35 des Webtoons *Adelaide – Das süße Leben.*

Das süße Leben

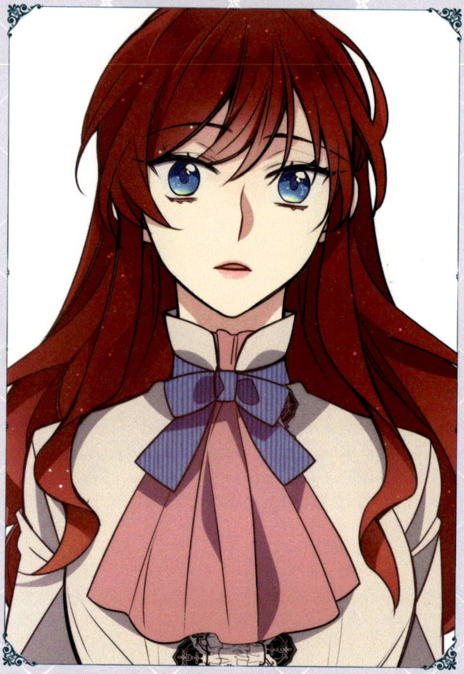

Kapitel 4

Pläne und Intrigen

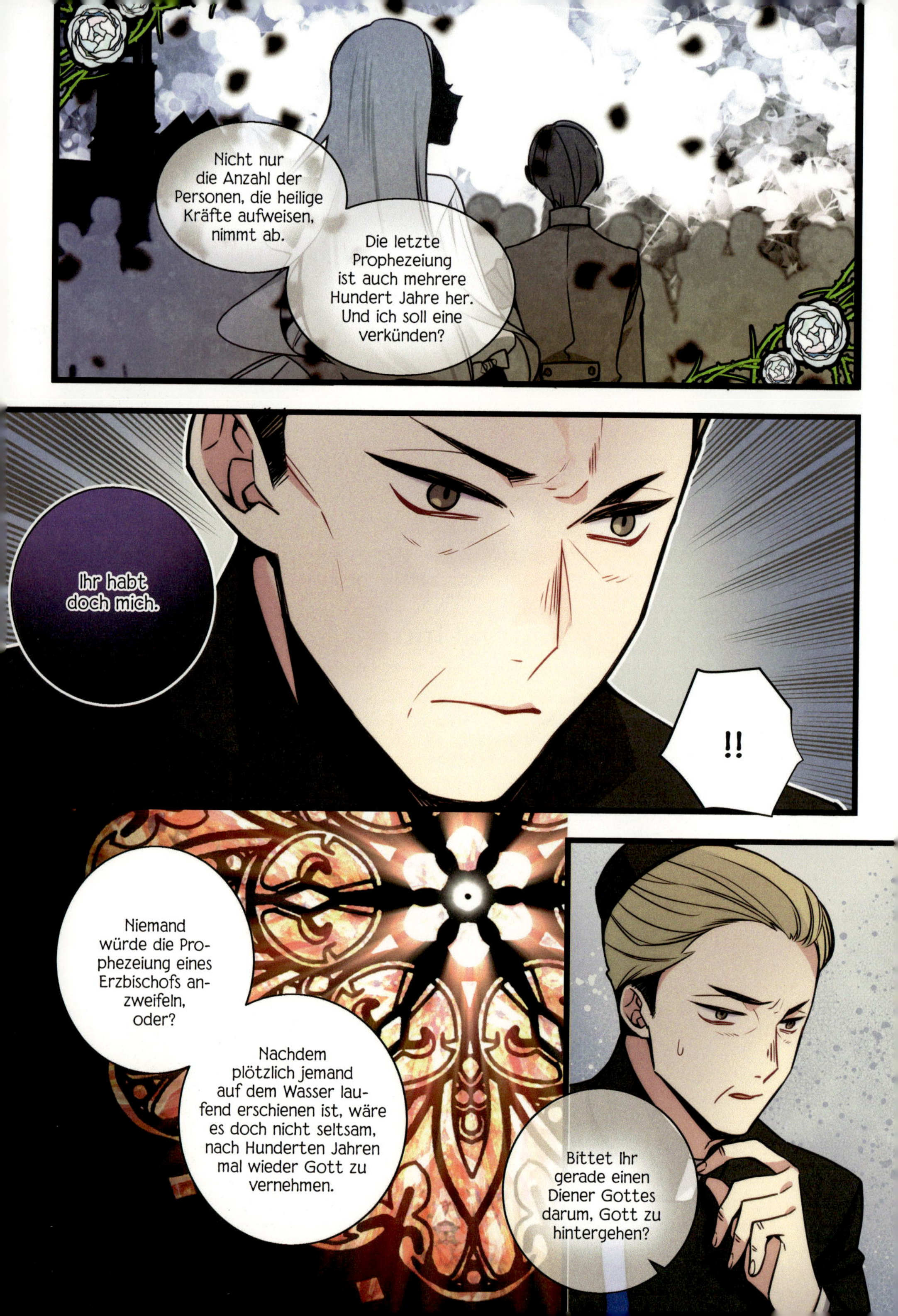
Nicht nur die Anzahl der Personen, die heilige Kräfte aufweisen, nimmt ab.
Die letzte Prophezeiung ist auch mehrere Hundert Jahre her. Und ich soll eine verkünden?
Ihr habt doch mich.
!!
Niemand würde die Prophezeiung eines Erzbischofs anzweifeln, oder?
Nachdem plötzlich jemand auf dem Wasser laufend erschienen ist, wäre es doch nicht seltsam, nach Hunderten Jahren mal wieder Gott zu vernehmen.
Bittet Ihr gerade einen Diener Gottes darum, Gott zu hintergehen?

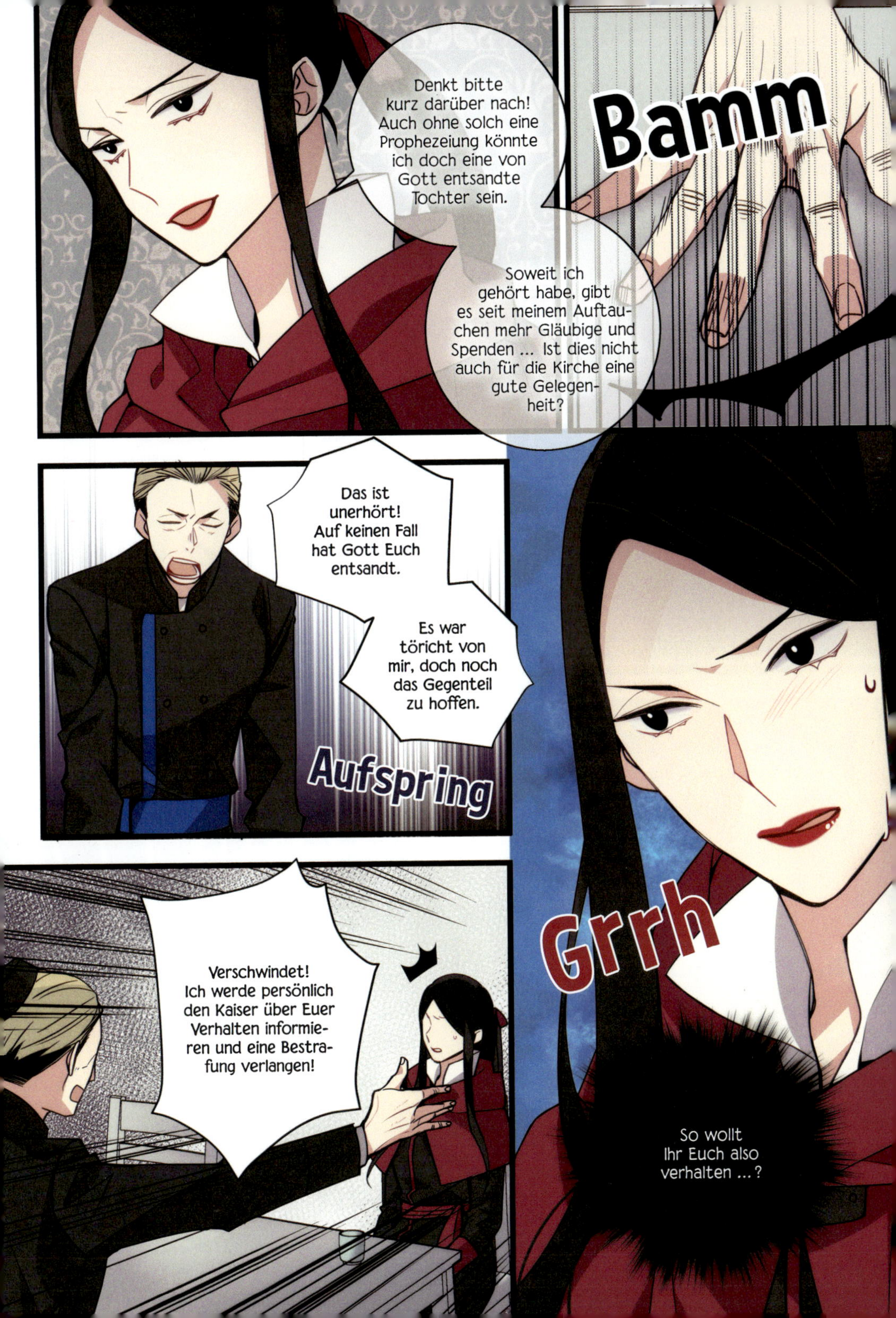
Denkt bitte kurz darüber nach! Auch ohne solch eine Prophezeiung könnte ich doch eine von Gott entsandte Tochter sein.
Soweit ich gehört habe, gibt es seit meinem Auftauchen mehr Gläubige und Spenden ... Ist dies nicht auch für die Kirche eine gute Gelegenheit?
Bamm
Das ist unerhört! Auf keinen Fall hat Gott Euch entsandt.
Es war töricht von mir, doch noch das Gegenteil zu hoffen.
Aufspring
Grrh
Verschwindet! Ich werde persönlich den Kaiser über Euer Verhalten informieren und eine Bestrafung verlangen!
So wollt Ihr Euch also verhalten ...?

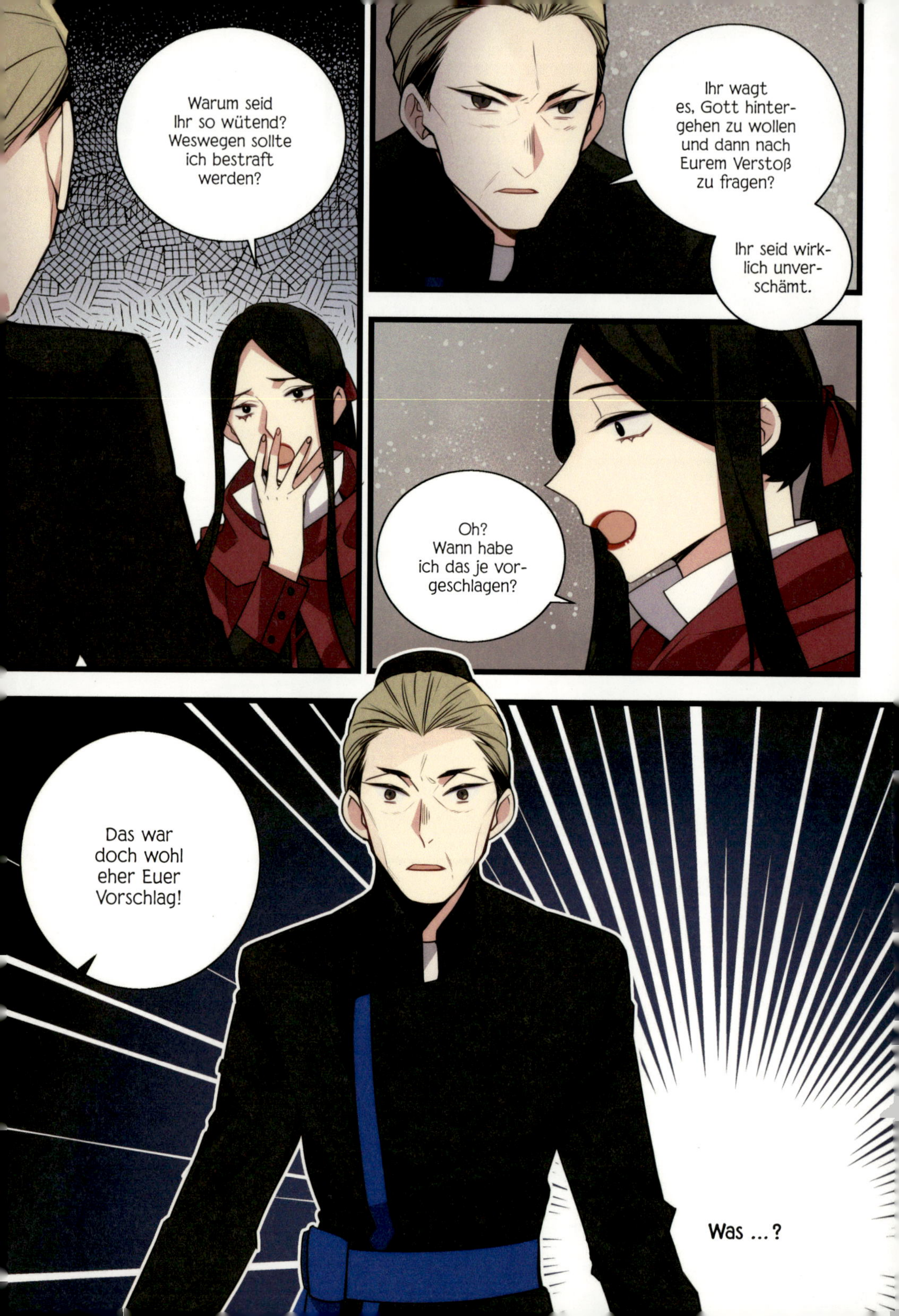

Warum seid Ihr so wütend? Weswegen sollte ich bestraft werden?
Ihr wagt es, Gott hintergehen zu wollen und dann nach Eurem Verstoß zu fragen?
Ihr seid wirklich unverschämt.
Oh? Wann habe ich das je vorgeschlagen?
Das war doch wohl eher Euer Vorschlag!
Was ...?

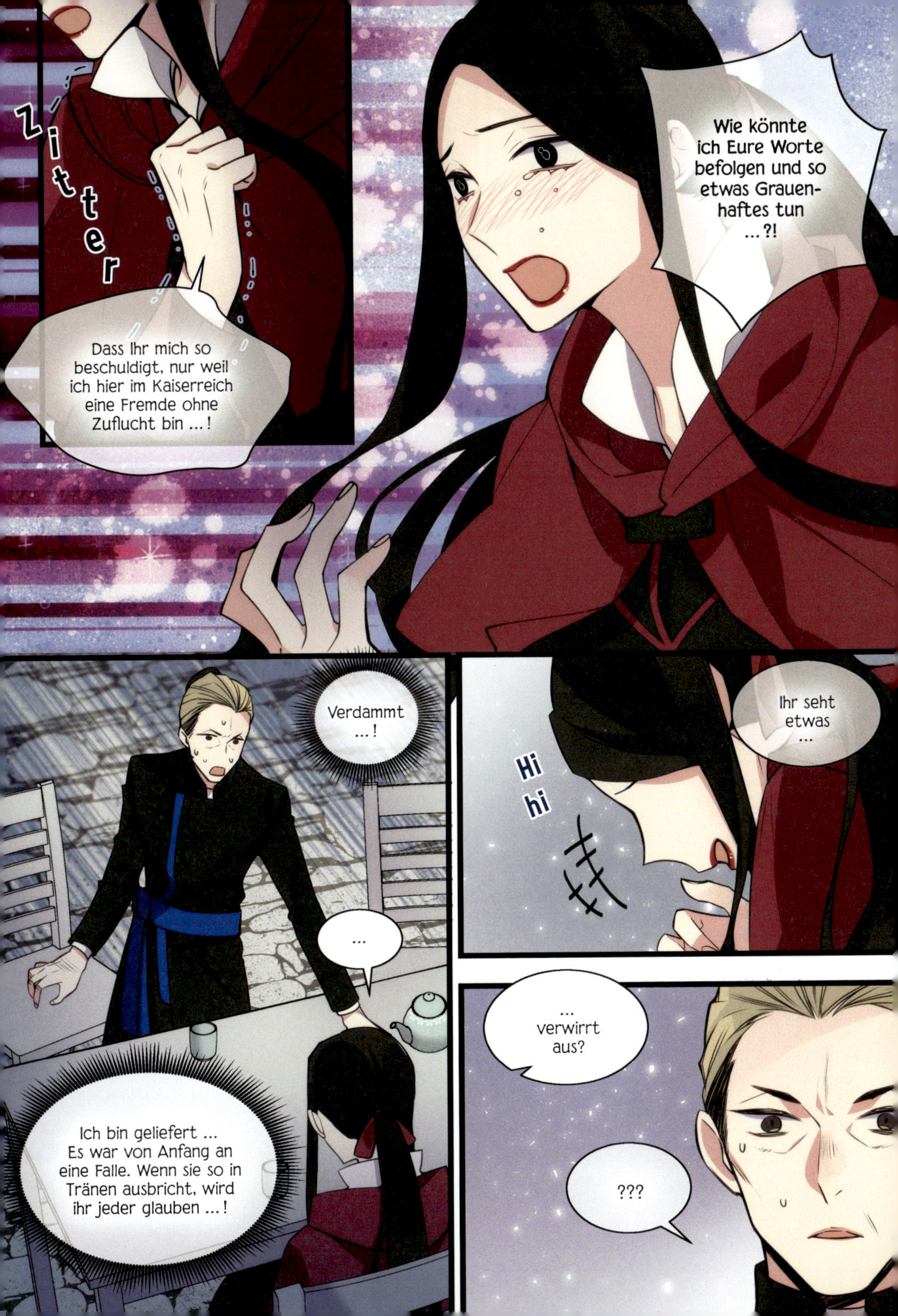
Wie könnte ich Eure Worte befolgen und so etwas Grauenhaftes tun ...?!
Zitter
Dass Ihr mich so beschuldigt, nur weil ich hier im Kaiserreich eine Fremde ohne Zuflucht bin ...!
Verdammt ...!
...
Ich bin geliefert ... Es war von Anfang an eine Falle. Wenn sie so in Tränen ausbricht, wird ihr jeder glauben ...!
Ihr seht etwas ...
Hi hi
... verwirrt aus?
???

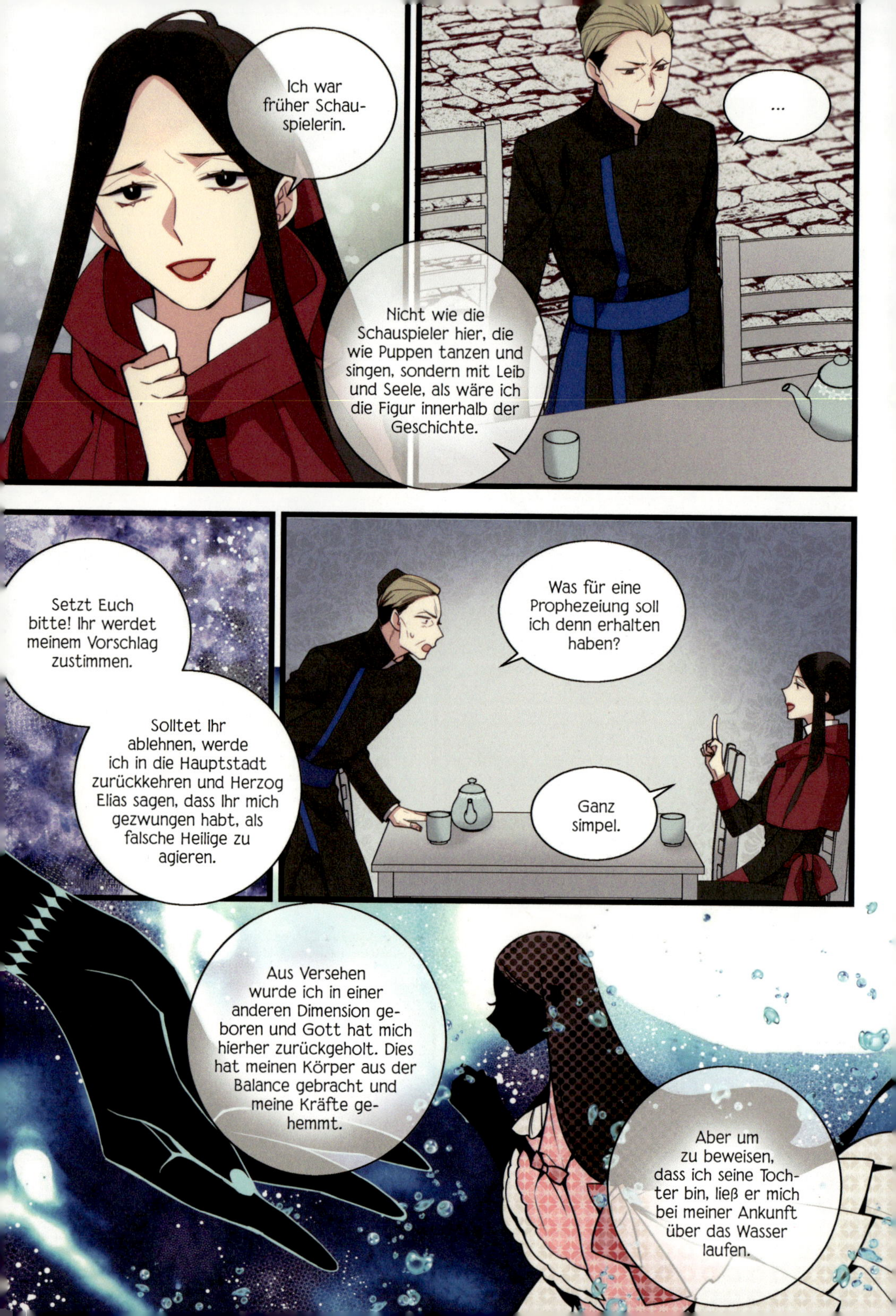
Ich war früher Schau-spielerin.
...
Nicht wie die Schauspieler hier, die wie Puppen tanzen und singen, sondern mit Leib und Seele, als wäre ich die Figur innerhalb der Geschichte.
Setzt Euch bitte! Ihr werdet meinem Vorschlag zustimmen.
Solltet Ihr ablehnen, werde ich in die Hauptstadt zurückkehren und Herzog Elias sagen, dass Ihr mich gezwungen habt, als falsche Heilige zu agieren.
Was für eine Prophezeiung soll ich denn erhalten haben?
Ganz simpel.
Aus Versehen wurde ich in einer anderen Dimension ge-boren und Gott hat mich hierher zurückgeholt. Dies hat meinen Körper aus der Balance gebracht und meine Kräfte ge-hemmt.
Aber um zu beweisen, dass ich seine Toch-ter bin, ließ er mich bei meiner Ankunft über das Wasser laufen.

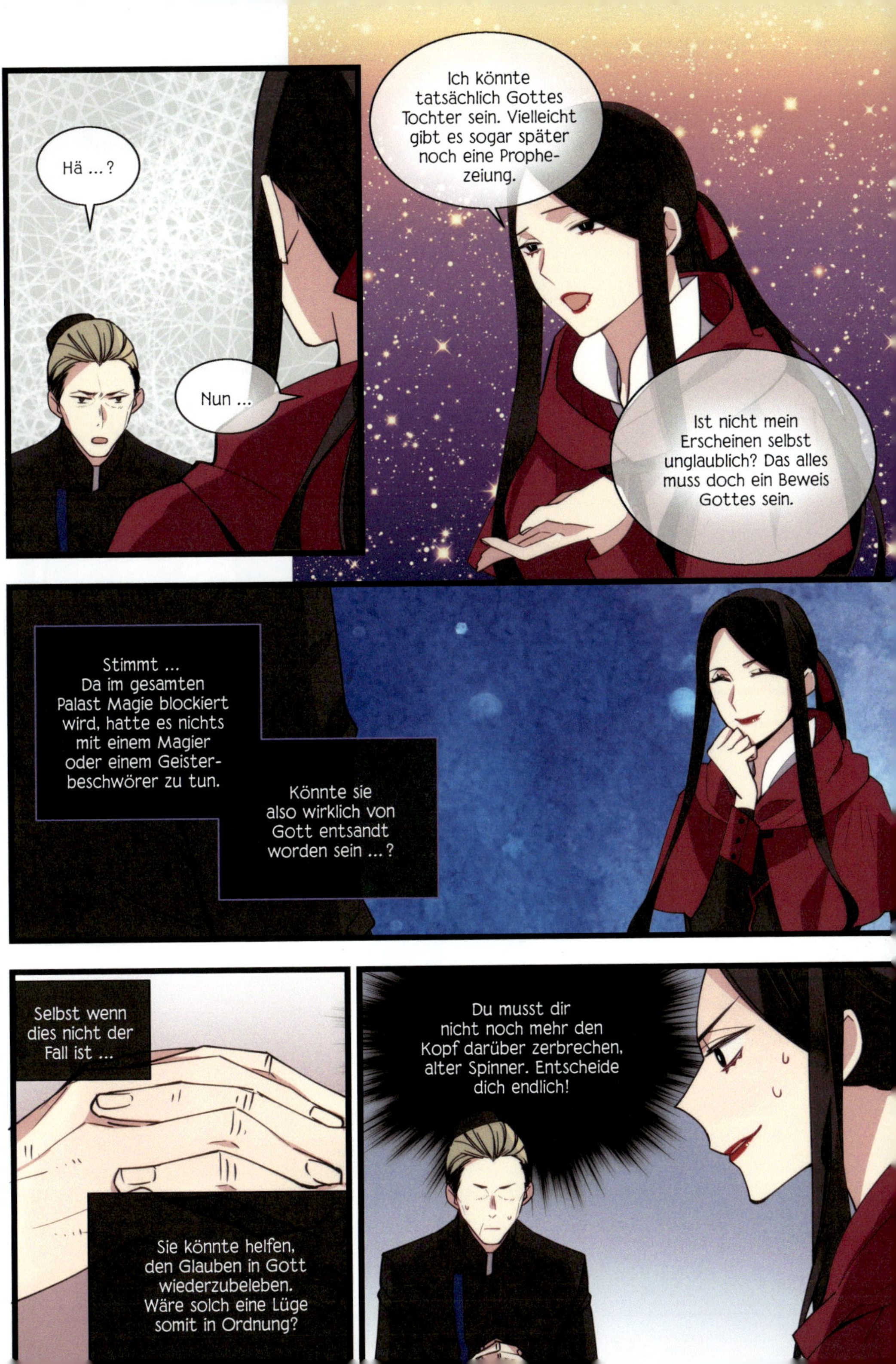
Hä ...?
Nun ...
Ich könnte tatsächlich Gottes Tochter sein. Vielleicht gibt es sogar später noch eine Prophezeiung.
Ist nicht mein Erscheinen selbst unglaublich? Das alles muss doch ein Beweis Gottes sein.
Stimmt ... Da im gesamten Palast Magie blockiert wird, hatte es nichts mit einem Magier oder einem Geisterbeschwörer zu tun.
Könnte sie also wirklich von Gott entsandt worden sein ...?
Selbst wenn dies nicht der Fall ist ...
Sie könnte helfen, den Glauben in Gott wiederzubeleben. Wäre solch eine Lüge somit in Ordnung?
Du musst dir nicht noch mehr den Kopf darüber zerbrechen, alter Spinner. Entscheide dich endlich!

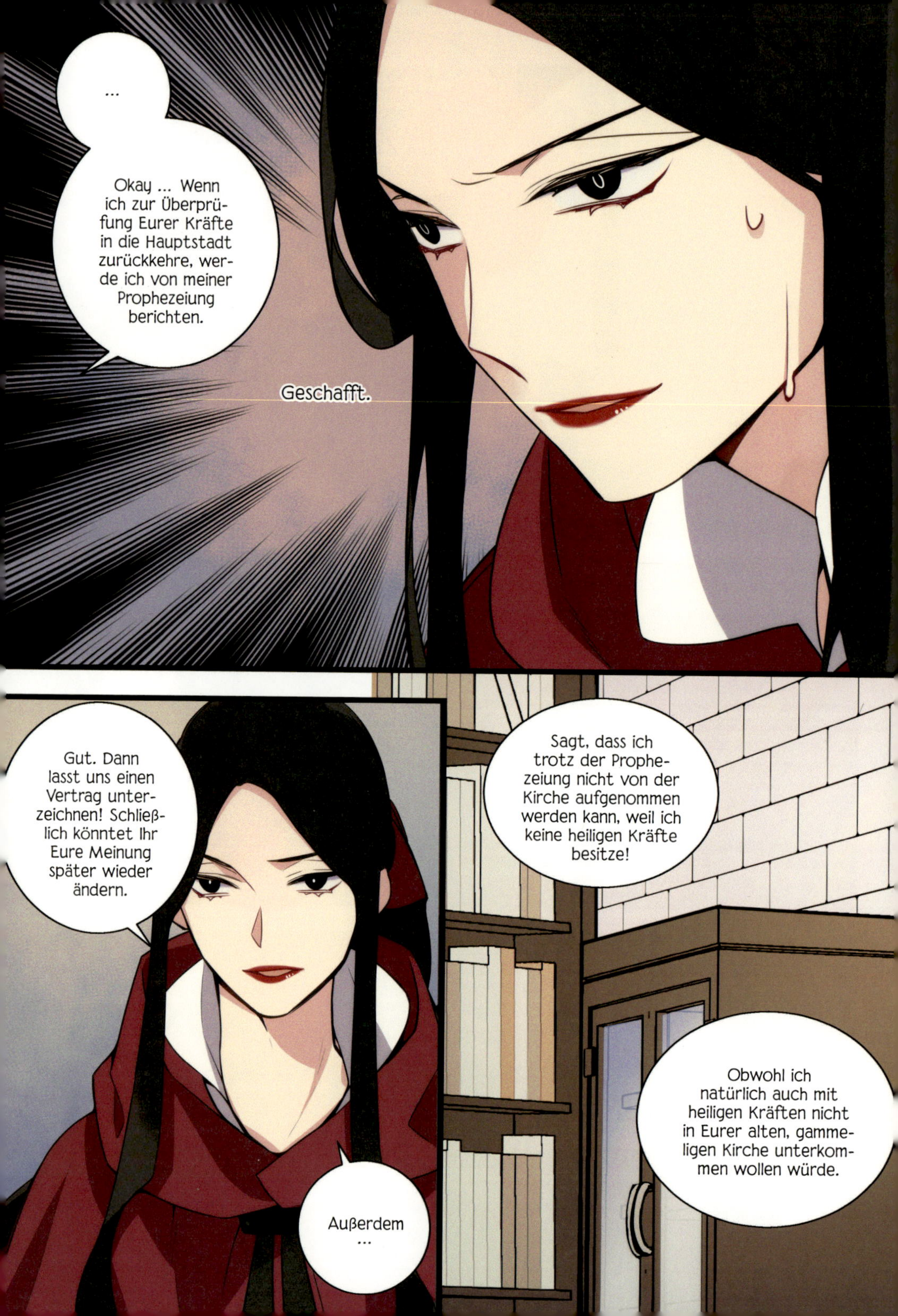
...
Okay ... Wenn ich zur Überprüfung Eurer Kräfte in die Hauptstadt zurückkehre, werde ich von meiner Prophezeiung berichten.
Geschafft.
Gut. Dann lasst uns einen Vertrag unterzeichnen! Schließlich könntet Ihr Eure Meinung später wieder ändern.
Sagt, dass ich trotz der Prophezeiung nicht von der Kirche aufgenommen werden kann, weil ich keine heiligen Kräfte besitze!
Außerdem ...
Obwohl ich natürlich auch mit heiligen Kräften nicht in Eurer alten, gammeligen Kirche unterkommen wollen würde.

Adelaide

Das süße Leben

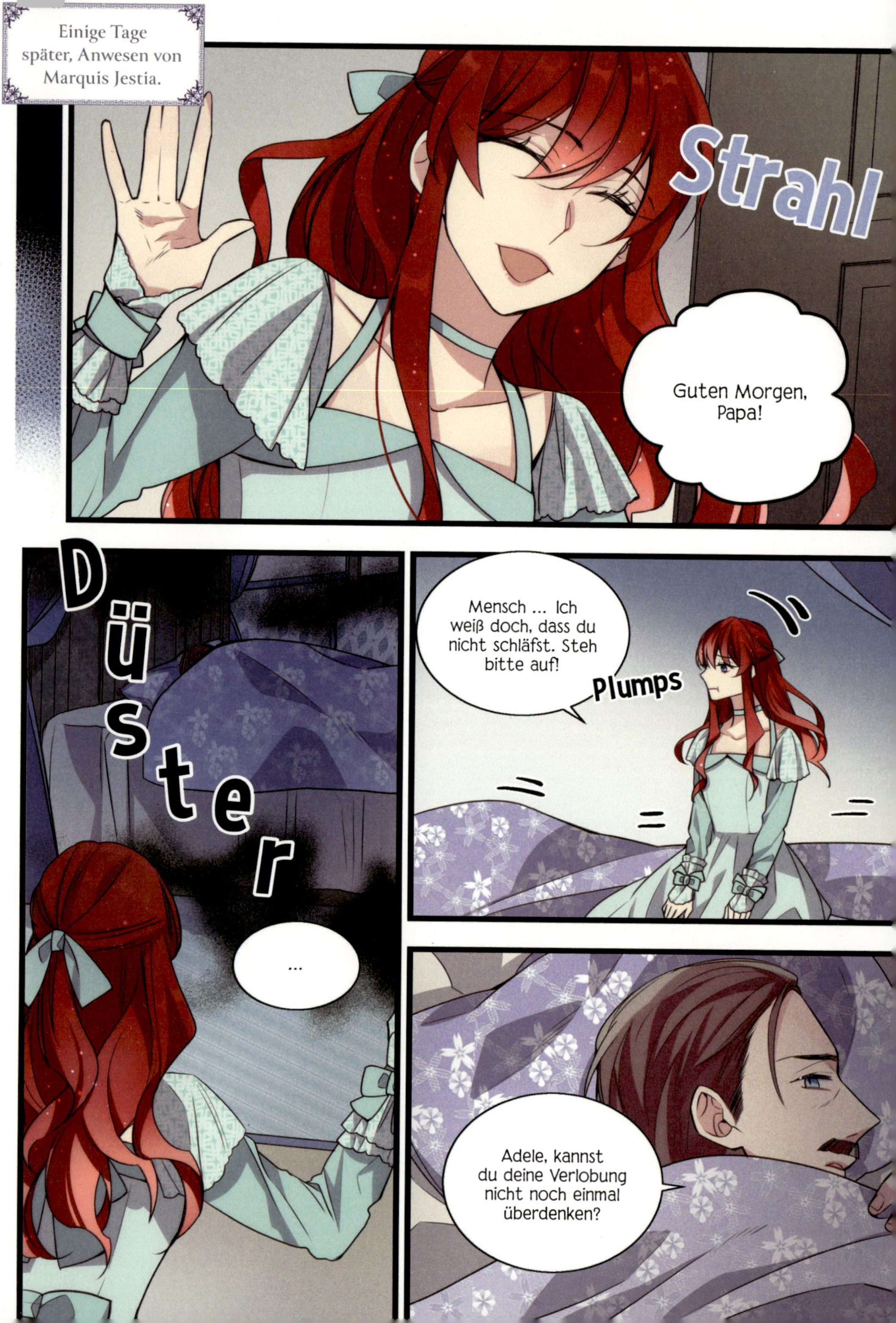
Einige Tage später, Anwesen von Marquis Jestia.
Strahl
Guten Morgen, Papa!
Düster
...
Mensch ... Ich weiß doch, dass du nicht schläfst. Steh bitte auf!
Plumps
Adele, kannst du deine Verlobung nicht noch einmal überdenken?

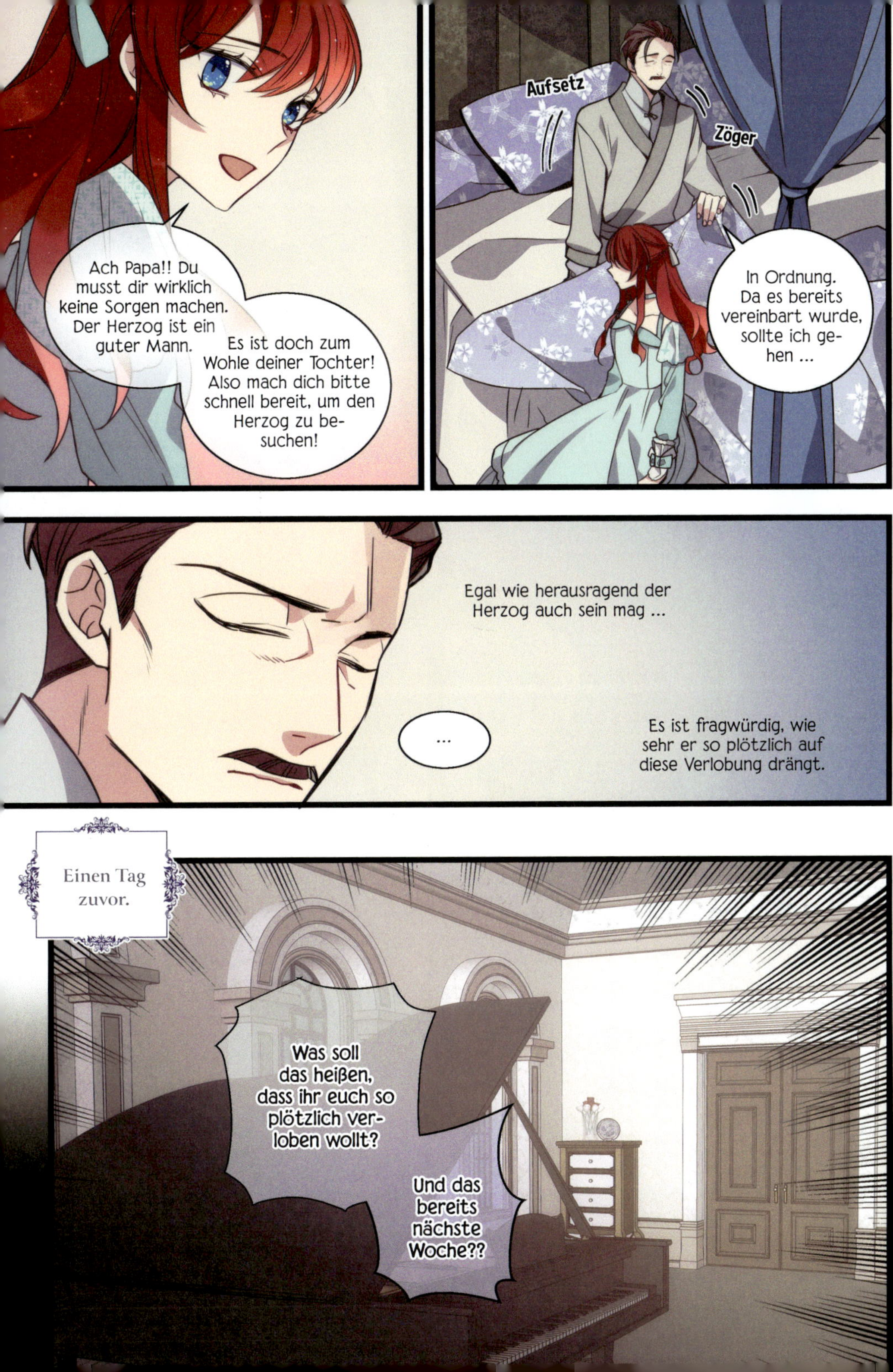
Ach Papa!! Du musst dir wirklich keine Sorgen machen. Der Herzog ist ein guter Mann.
Es ist doch zum Wohle deiner Tochter! Also mach dich bitte schnell bereit, um den Herzog zu besuchen!
Aufsetz
Zöger
In Ordnung. Da es bereits vereinbart wurde, sollte ich gehen ...
Egal wie herausragend der Herzog auch sein mag ...
...
Es ist fragwürdig, wie sehr er so plötzlich auf diese Verlobung drängt.
Einen Tag zuvor.
Was soll das heißen, dass ihr euch so plötzlich verloben wollt?
Und das bereits nächste Woche??

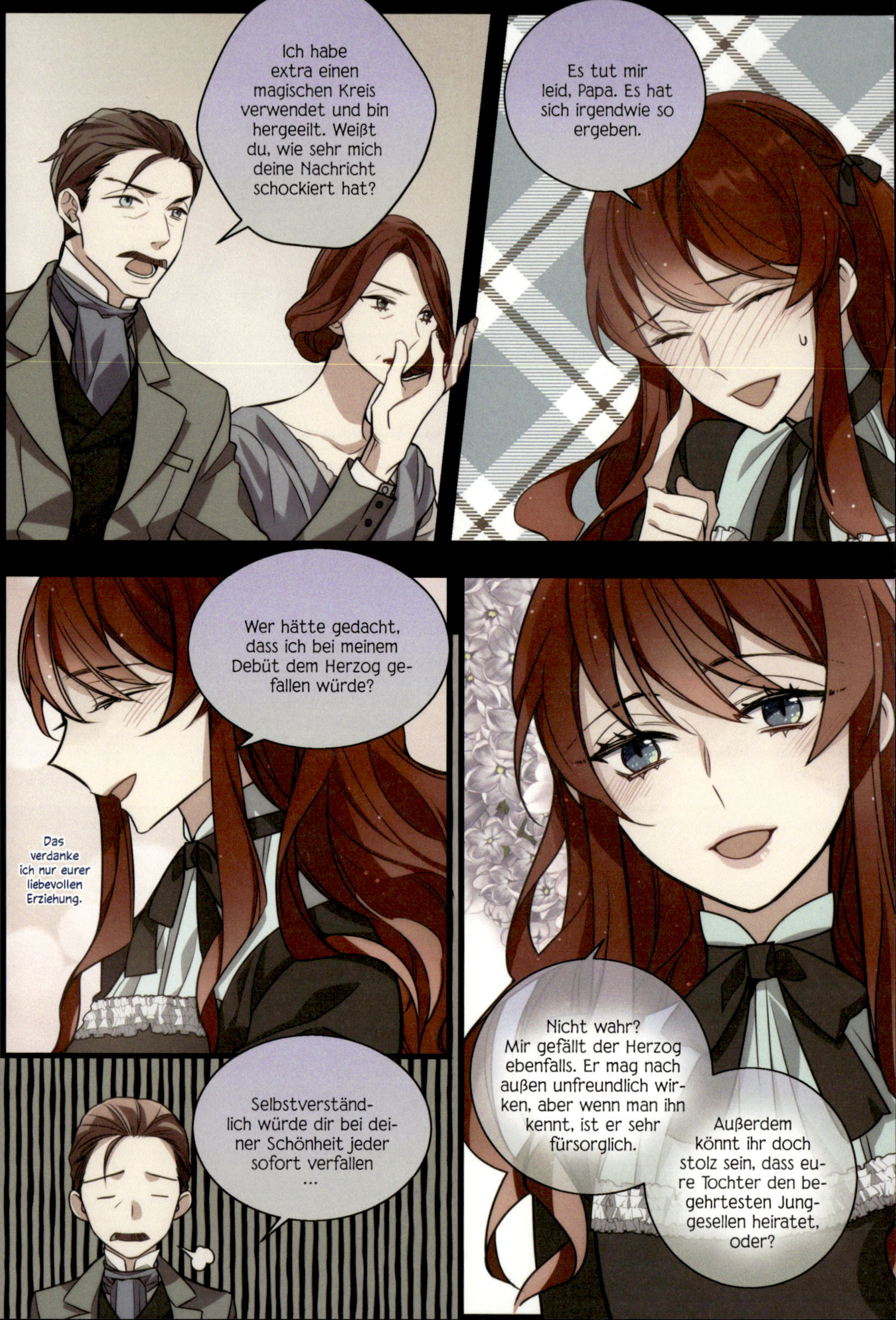
Ich habe extra einen magischen Kreis verwendet und bin hergeeilt. Weißt du, wie sehr mich deine Nachricht schockiert hat?
Es tut mir leid, Papa. Es hat sich irgendwie so ergeben.
Wer hätte gedacht, dass ich bei meinem Debüt dem Herzog gefallen würde?
Das verdanke ich nur eurer liebevollen Erziehung.
Selbstverständlich würde dir bei deiner Schönheit jeder sofort verfallen …
Nicht wahr? Mir gefällt der Herzog ebenfalls. Er mag nach außen unfreundlich wirken, aber wenn man ihn kennt, ist er sehr fürsorglich.
Außerdem könnt ihr doch stolz sein, dass eure Tochter den begehrtesten Junggesellen heiratet, oder?

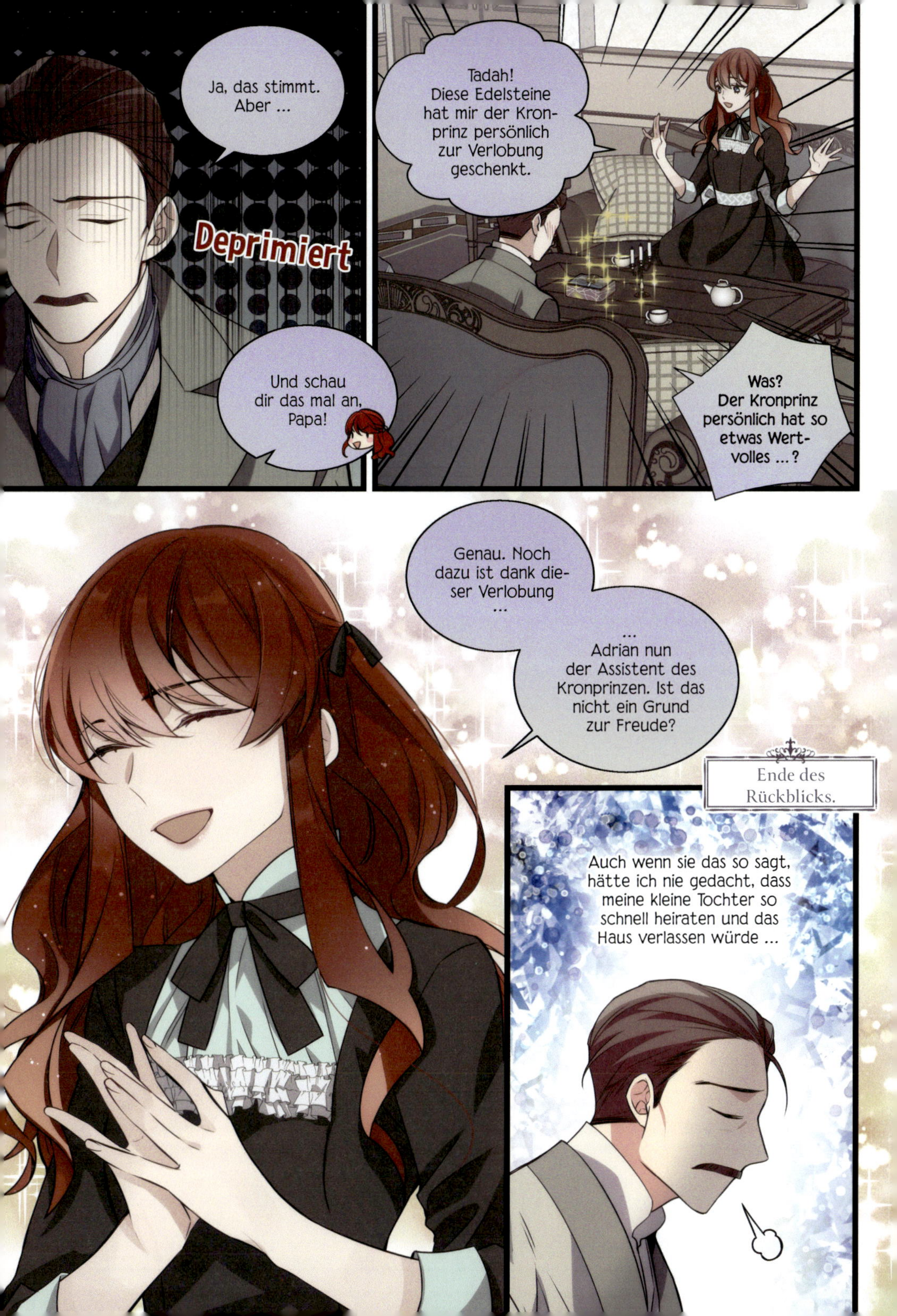
Ja, das stimmt. Aber ...
Deprimiert
Und schau dir das mal an, Papa!
Tadah! Diese Edelsteine hat mir der Kronprinz persönlich zur Verlobung geschenkt.
Was? Der Kronprinz persönlich hat so etwas Wertvolles ...?
Genau. Noch dazu ist dank dieser Verlobung ...
... Adrian nun der Assistent des Kronprinzen. Ist das nicht ein Grund zur Freude?
Ende des Rückblicks.
Auch wenn sie das so sagt, hätte ich nie gedacht, dass meine kleine Tochter so schnell heiraten und das Haus verlassen würde ...

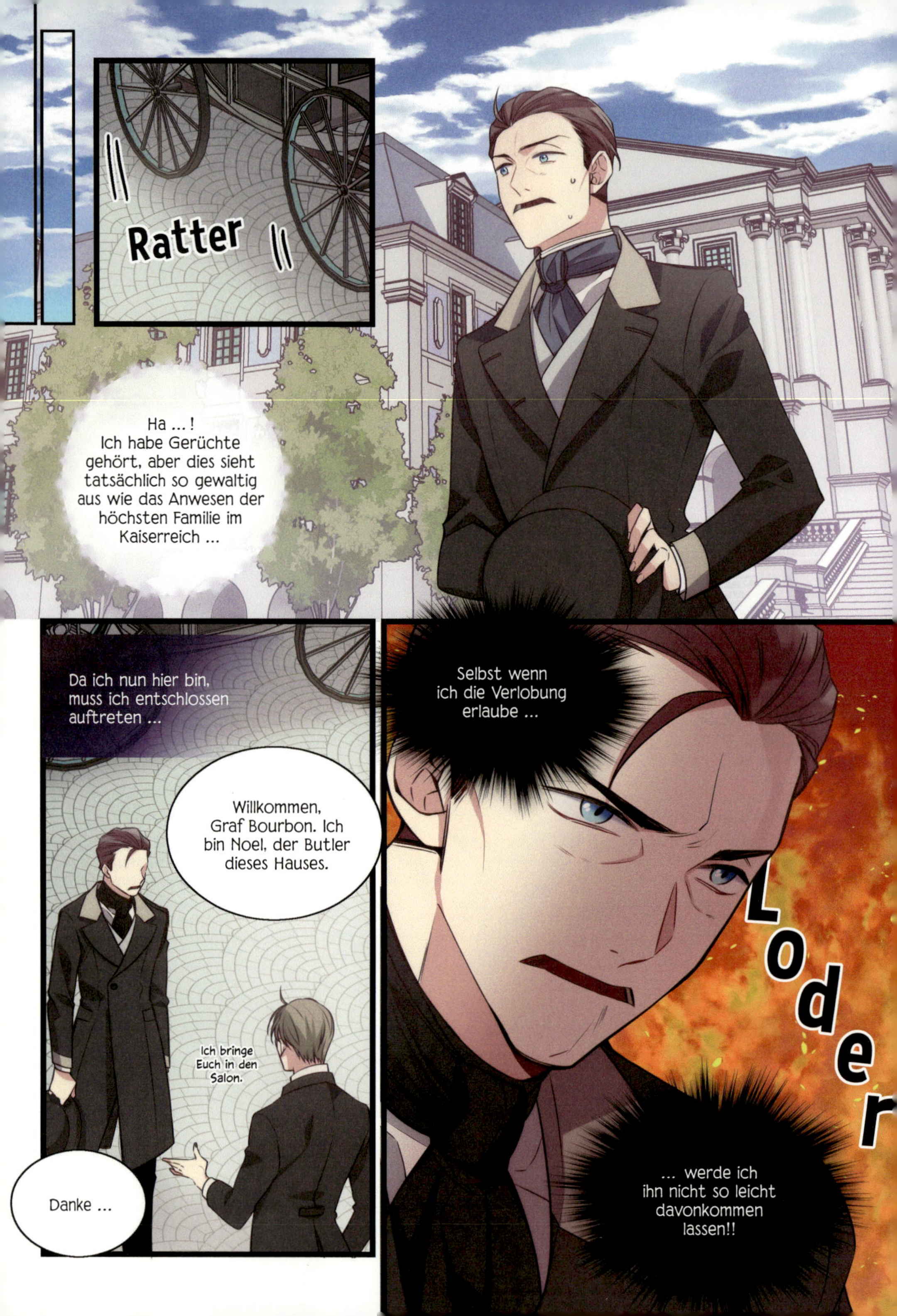
Ratter
Ha ...!
Ich habe Gerüchte gehört, aber dies sieht tatsächlich so gewaltig aus wie das Anwesen der höchsten Familie im Kaiserreich ...
Da ich nun hier bin, muss ich entschlossen auftreten ...
Willkommen, Graf Bourbon. Ich bin Noel, der Butler dieses Hauses.
Ich bringe Euch in den Salon.
Danke ...
Selbst wenn ich die Verlobung erlaube ...
Loder
... werde ich ihn nicht so leicht davonkommen lassen!!

Adelaide

Das süße Leben

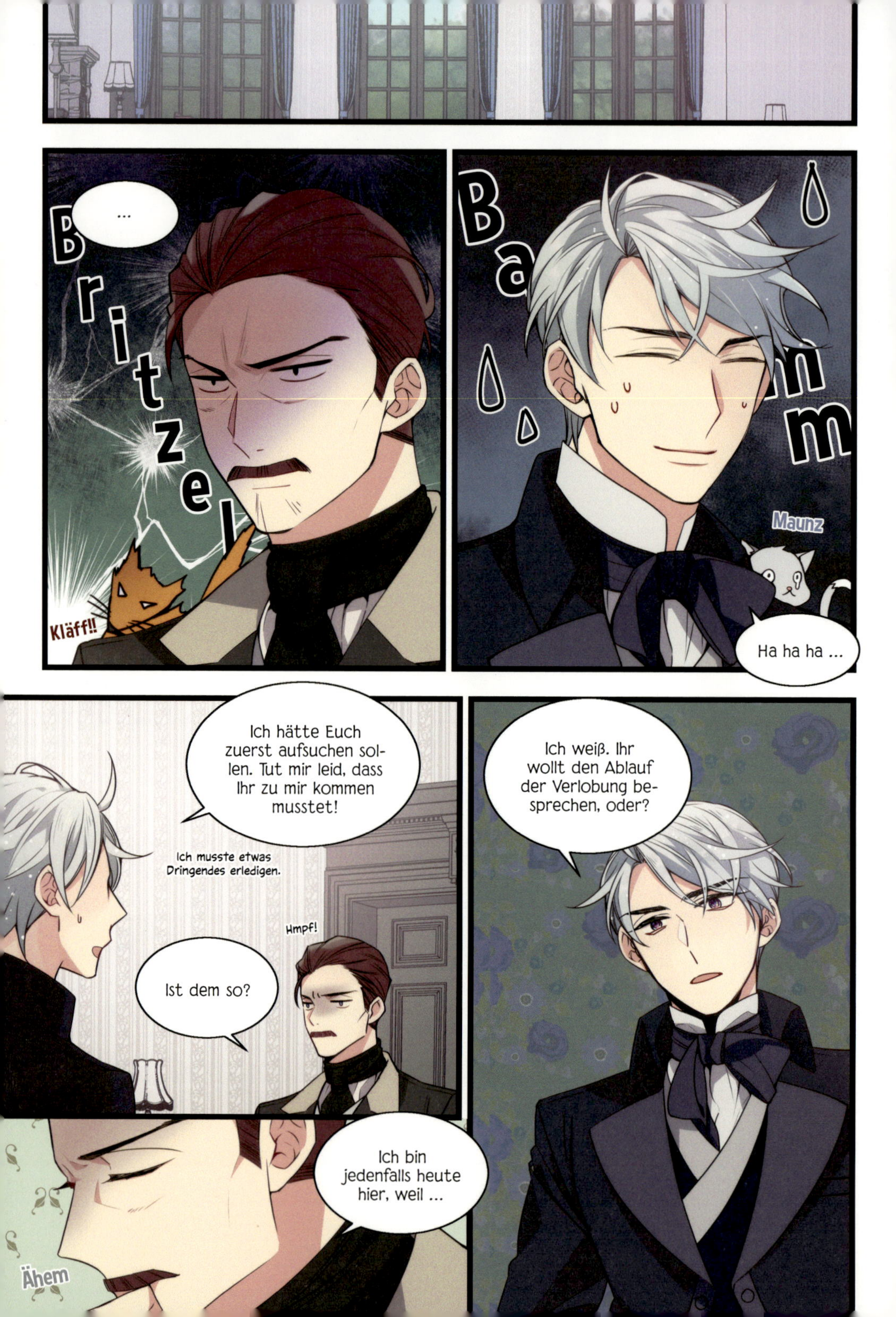

...
Britzel
Kläff!!
Bamm
Maunz
Ha ha ha ...
Ich hätte Euch zuerst aufsuchen sollen. Tut mir leid, dass Ihr zu mir kommen musstet!
Ich musste etwas Dringendes erledigen.
Hmpf!
Ist dem so?
Ich bin jedenfalls heute hier, weil ...
Ähem
Ich weiß. Ihr wollt den Ablauf der Verlobung besprechen, oder?

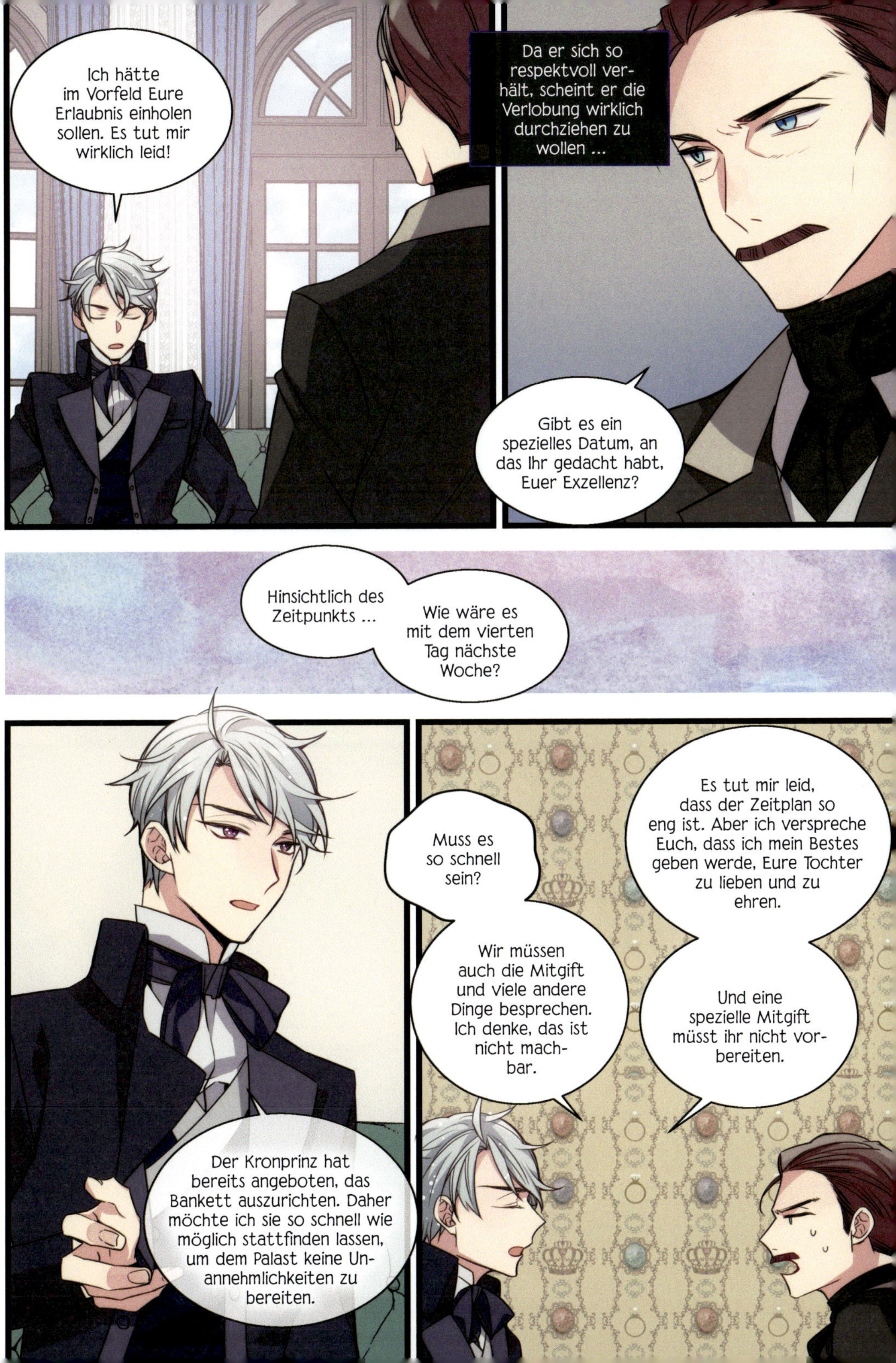
Ich hätte im Vorfeld Eure Erlaubnis einholen sollen. Es tut mir wirklich leid!
Da er sich so respektvoll verhält, scheint er die Verlobung wirklich durchziehen zu wollen ...
Gibt es ein spezielles Datum, an das Ihr gedacht habt, Euer Exzellenz?
Hinsichtlich des Zeitpunkts ...
Wie wäre es mit dem vierten Tag nächste Woche?
Es tut mir leid, dass der Zeitplan so eng ist. Aber ich verspreche Euch, dass ich mein Bestes geben werde, Eure Tochter zu lieben und zu ehren.
Muss es so schnell sein?
Wir müssen auch die Mitgift und viele andere Dinge besprechen. Ich denke, das ist nicht machbar.
Und eine spezielle Mitgift müsst ihr nicht vorbereiten.
Der Kronprinz hat bereits angeboten, das Bankett auszurichten. Daher möchte ich sie so schnell wie möglich stattfinden lassen, um dem Palast keine Unannehmlichkeiten zu bereiten.

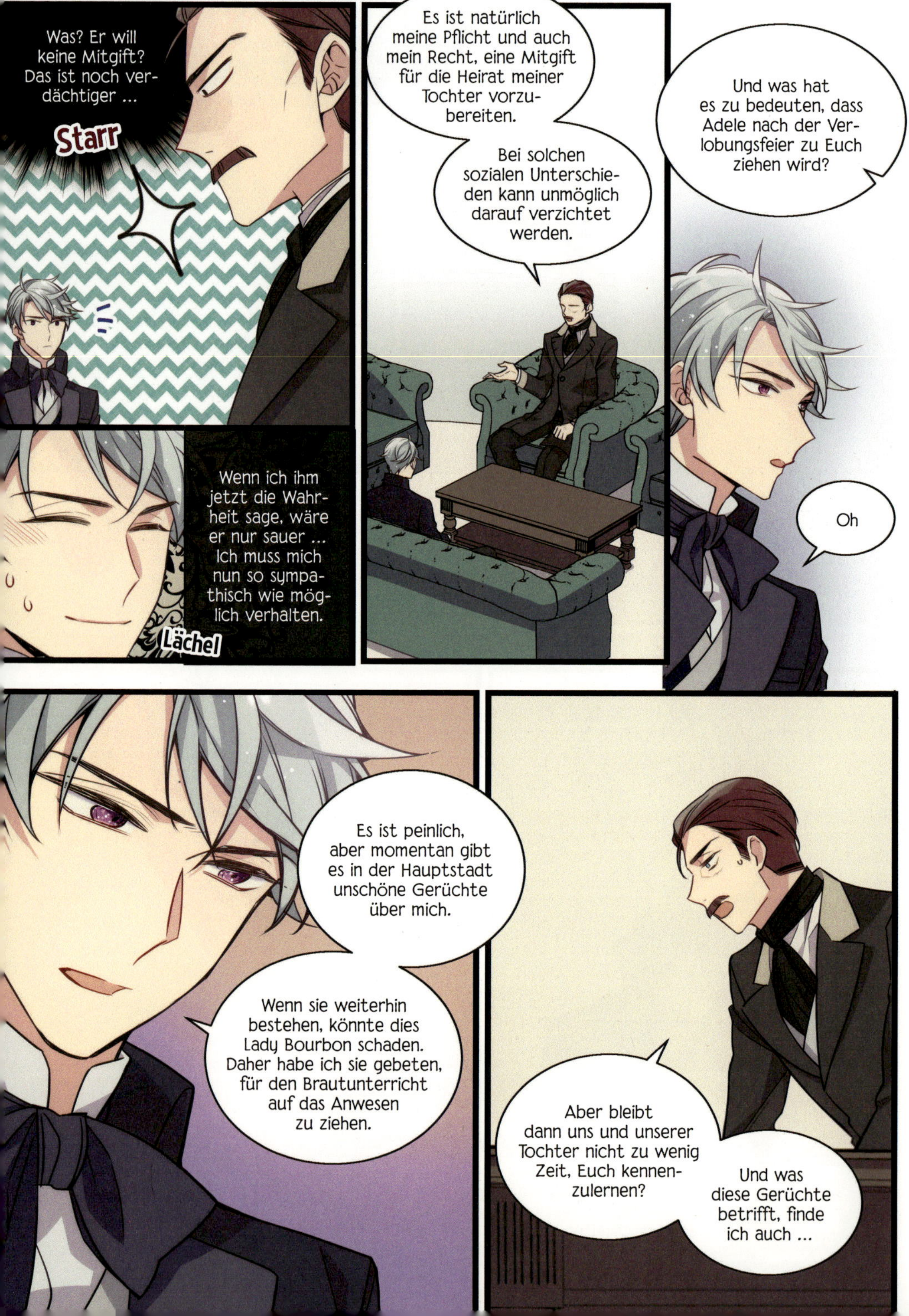
Was? Er will keine Mitgift? Das ist noch verdächtiger ...
Starr
Wenn ich ihm jetzt die Wahrheit sage, wäre er nur sauer ... Ich muss mich nun so sympathisch wie möglich verhalten.
Lächel
Es ist natürlich meine Pflicht und auch mein Recht, eine Mitgift für die Heirat meiner Tochter vorzubereiten.
Bei solchen sozialen Unterschieden kann unmöglich darauf verzichtet werden.
Und was hat es zu bedeuten, dass Adele nach der Verlobungsfeier zu Euch ziehen wird?
Oh
Es ist peinlich, aber momentan gibt es in der Hauptstadt unschöne Gerüchte über mich.
Wenn sie weiterhin bestehen, könnte dies Lady Bourbon schaden. Daher habe ich sie gebeten, für den Brautunterricht auf das Anwesen zu ziehen.
Aber bleibt dann uns und unserer Tochter nicht zu wenig Zeit, Euch kennenzulernen?
Und was diese Gerüchte betrifft, finde ich auch ...

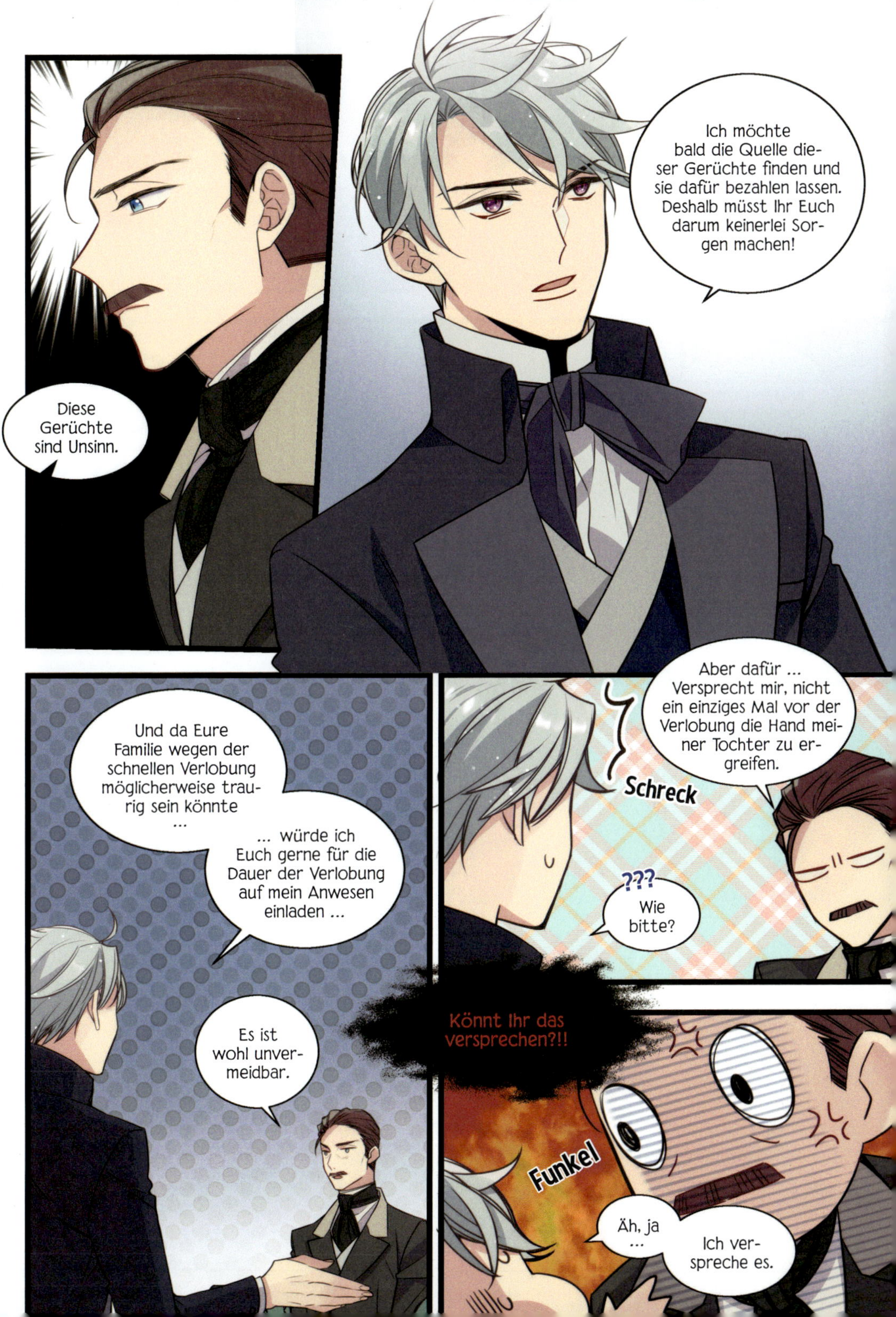
Ich möchte bald die Quelle dieser Gerüchte finden und sie dafür bezahlen lassen. Deshalb müsst Ihr Euch darum keinerlei Sorgen machen!
Diese Gerüchte sind Unsinn.
Und da Eure Familie wegen der schnellen Verlobung möglicherweise traurig sein könnte ...
... würde ich Euch gerne für die Dauer der Verlobung auf mein Anwesen einladen ...
Es ist wohl unvermeidbar.
Aber dafür ... Versprecht mir, nicht ein einziges Mal vor der Verlobung die Hand meiner Tochter zu ergreifen.
Schreck
???
Wie bitte?
Könnt Ihr das versprechen?!!
Funkel
Äh, ja ...
Ich verspreche es.

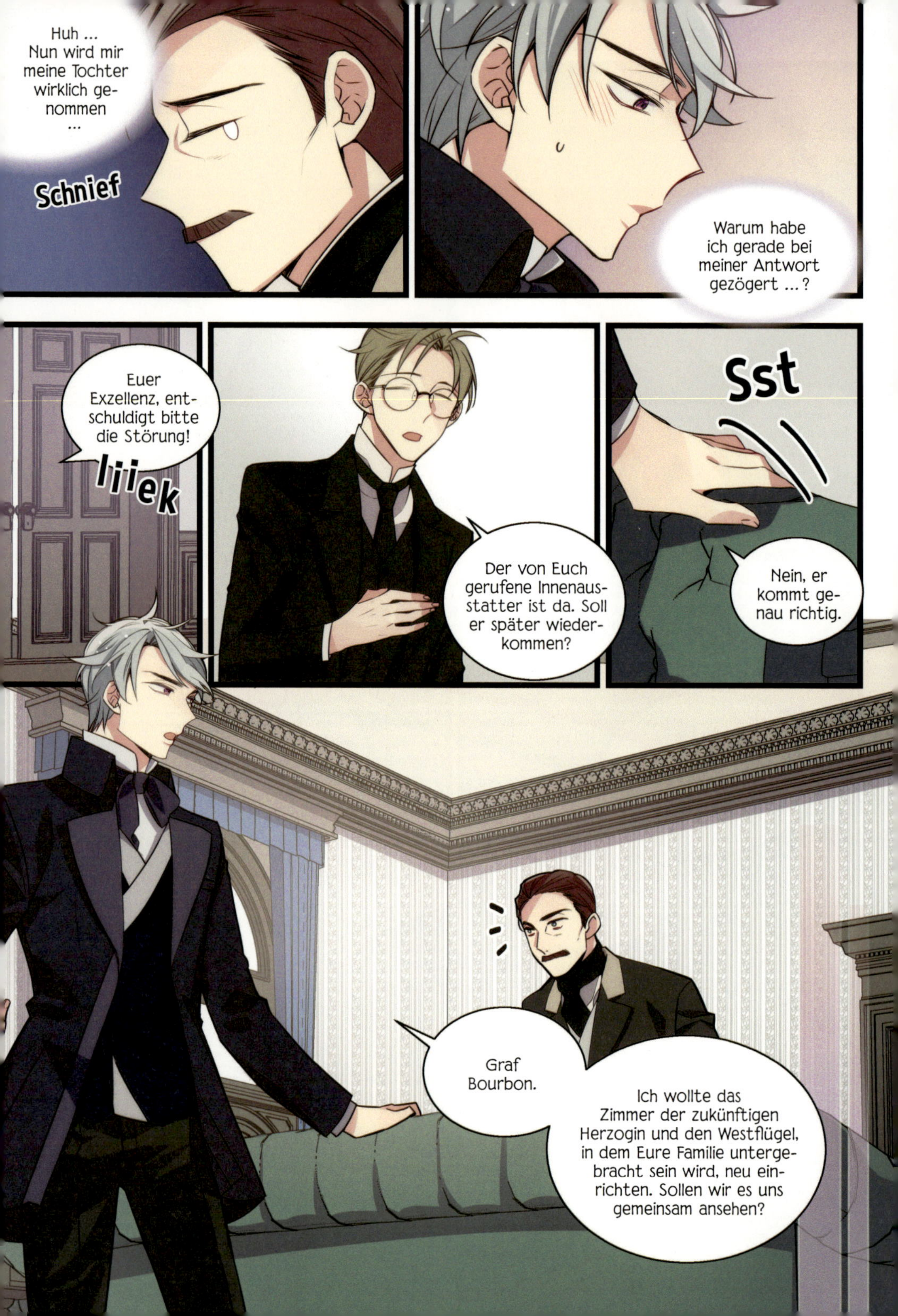
Huh ... Nun wird mir meine Tochter wirklich genommen ...
Schnief
Warum habe ich gerade bei meiner Antwort gezögert ...?
Euer Exzellenz, entschuldigt bitte die Störung!
Iiiek
Der von Euch gerufene Innenausstatter ist da. Soll er später wiederkommen?
Sst
Nein, er kommt genau richtig.
Graf Bourbon.
Ich wollte das Zimmer der zukünftigen Herzogin und den Westflügel, in dem Eure Familie untergebracht sein wird, neu einrichten. Sollen wir es uns gemeinsam ansehen?

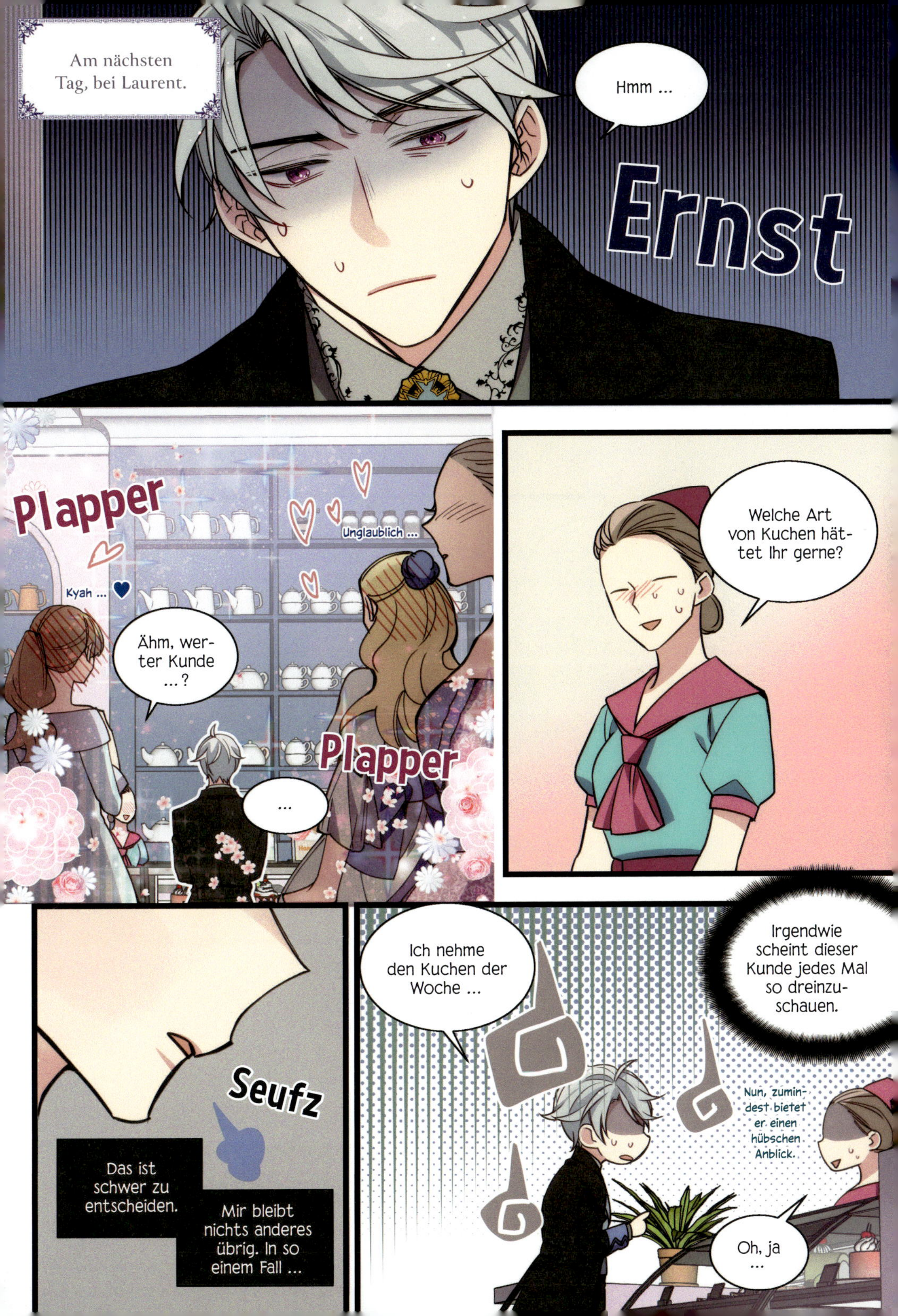
Am nächsten Tag, bei Laurent.
Hmm ...
Ernst
Plapper
Kyah ...
Unglaublich ...
Ähm, werter Kunde ...?
...
Plapper
Welche Art von Kuchen hättet Ihr gerne?
Seufz
Das ist schwer zu entscheiden.
Mir bleibt nichts anderes übrig. In so einem Fall ...
Ich nehme den Kuchen der Woche ...
Irgendwie scheint dieser Kunde jedes Mal so dreinzuschauen.
Nun, zumindest bietet er einen hübschen Anblick.
Oh, ja ...

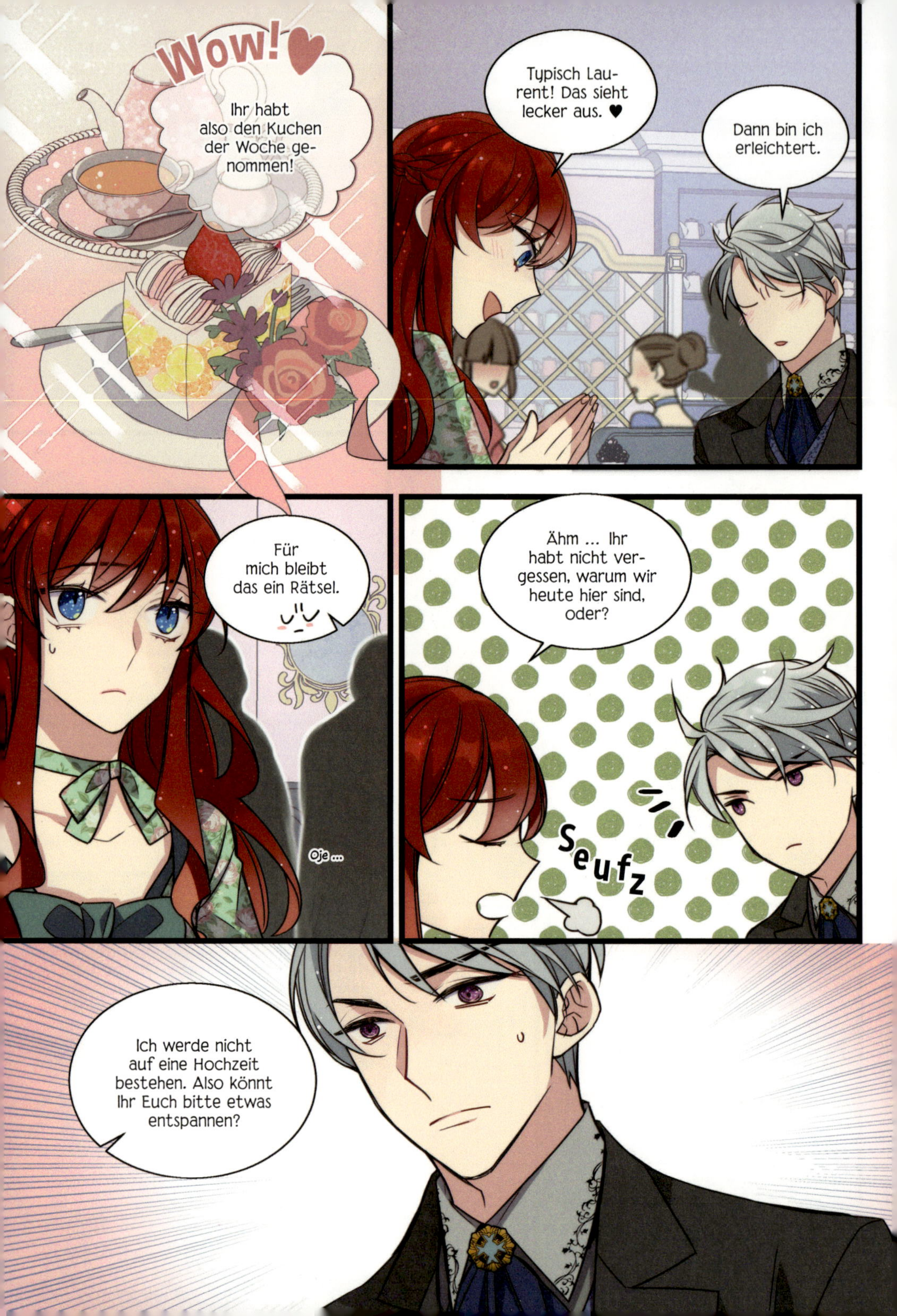
Wow!
Ihr habt also den Kuchen der Woche genommen!
Typisch Laurent! Das sieht lecker aus. ♥
Dann bin ich erleichtert.
Für mich bleibt das ein Rätsel.
Oje ...
Ähm ... Ihr habt nicht vergessen, warum wir heute hier sind, oder?
Seufz
Ich werde nicht auf eine Hochzeit bestehen. Also könnt Ihr Euch bitte etwas entspannen?

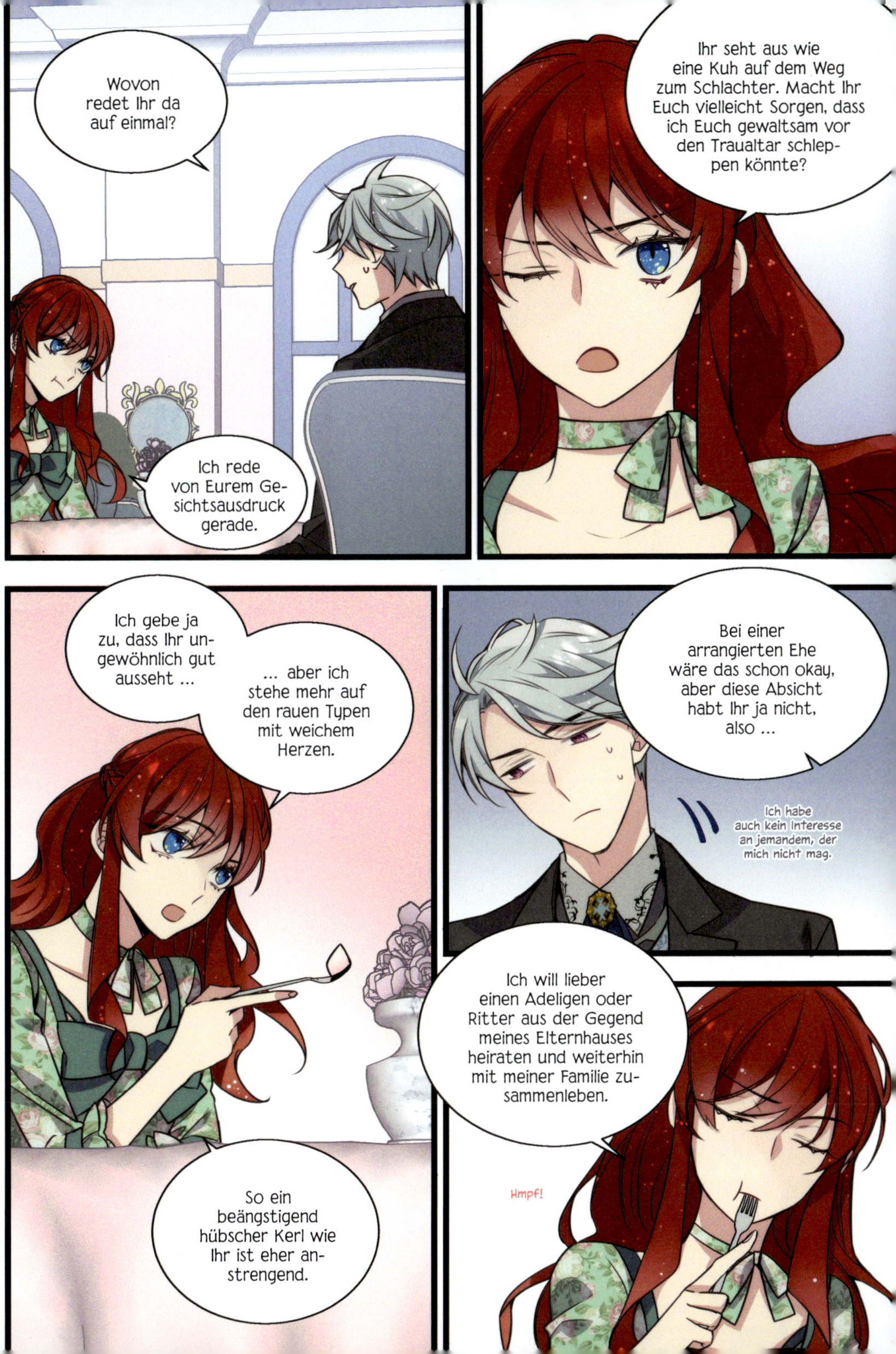
Wovon redet Ihr da auf einmal?
Ich rede von Eurem Gesichtsausdruck gerade.
Ihr seht aus wie eine Kuh auf dem Weg zum Schlachter. Macht Ihr Euch vielleicht Sorgen, dass ich Euch gewaltsam vor den Traualtar schleppen könnte?
Ich gebe ja zu, dass Ihr ungewöhnlich gut ausseht ...
... aber ich stehe mehr auf den rauen Typen mit weichem Herzen.
So ein beängstigend hübscher Kerl wie Ihr ist eher anstrengend.
Bei einer arrangierten Ehe wäre das schon okay, aber diese Absicht habt Ihr ja nicht, also ...
Ich habe auch kein Interesse an jemandem, der mich nicht mag.
Ich will lieber einen Adeligen oder Ritter aus der Gegend meines Elternhauses heiraten und weiterhin mit meiner Familie zusammenleben.
Hmpf!

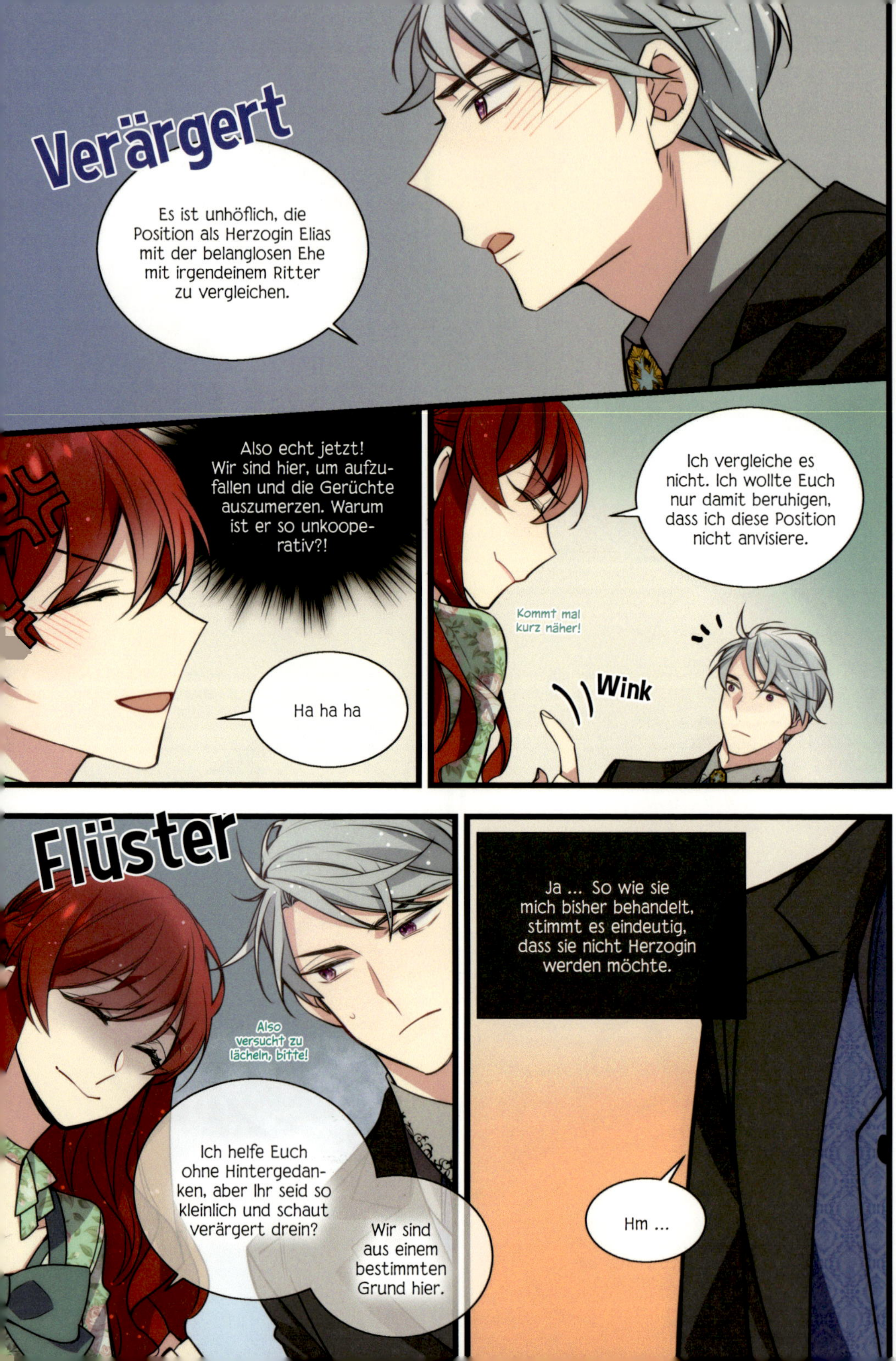
Verärgert
Es ist unhöflich, die Position als Herzogin Elias mit der belanglosen Ehe mit irgendeinem Ritter zu vergleichen.
Also echt jetzt! Wir sind hier, um aufzufallen und die Gerüchte auszumerzen. Warum ist er so unkooperativ?!
Ha ha ha
Ich vergleiche es nicht. Ich wollte Euch nur damit beruhigen, dass ich diese Position nicht anvisiere.
Kommt mal kurz näher!
Wink
Flüster
Also versucht zu lächeln, bitte!
Ich helfe Euch ohne Hintergedanken, aber Ihr seid so kleinlich und schaut verärgert drein?
Wir sind aus einem bestimmten Grund hier.
Ja ... So wie sie mich bisher behandelt, stimmt es eindeutig, dass sie nicht Herzogin werden möchte.
Hm ...

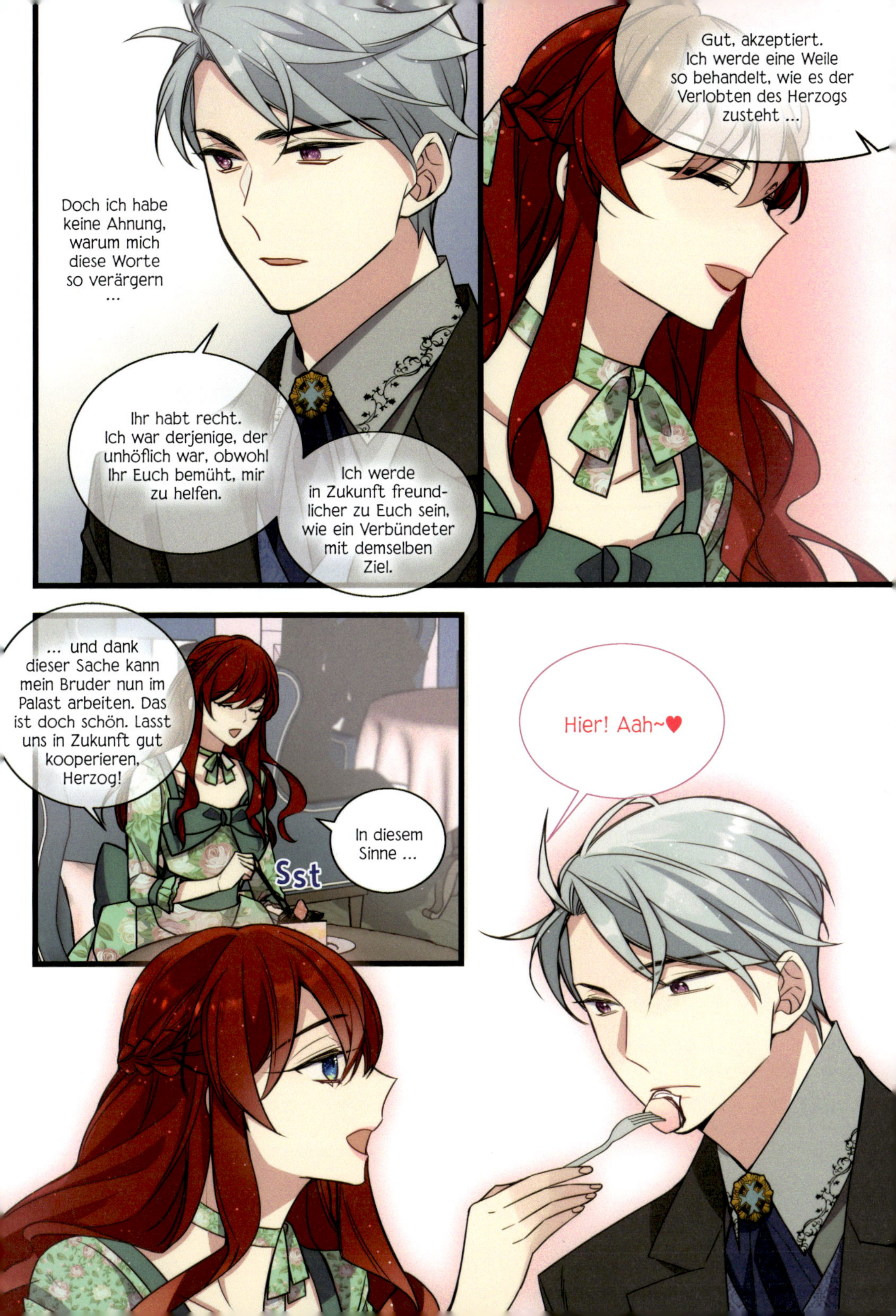
Doch ich habe keine Ahnung, warum mich diese Worte so verärgern …
Ihr habt recht. Ich war derjenige, der unhöflich war, obwohl Ihr Euch bemüht, mir zu helfen.
Ich werde in Zukunft freundlicher zu Euch sein, wie ein Verbündeter mit demselben Ziel.
Gut, akzeptiert. Ich werde eine Weile so behandelt, wie es der Verlobten des Herzogs zusteht …
… und dank dieser Sache kann mein Bruder nun im Palast arbeiten. Das ist doch schön. Lasst uns in Zukunft gut kooperieren, Herzog!
In diesem Sinne …
Sst
Hier! Aah~♥

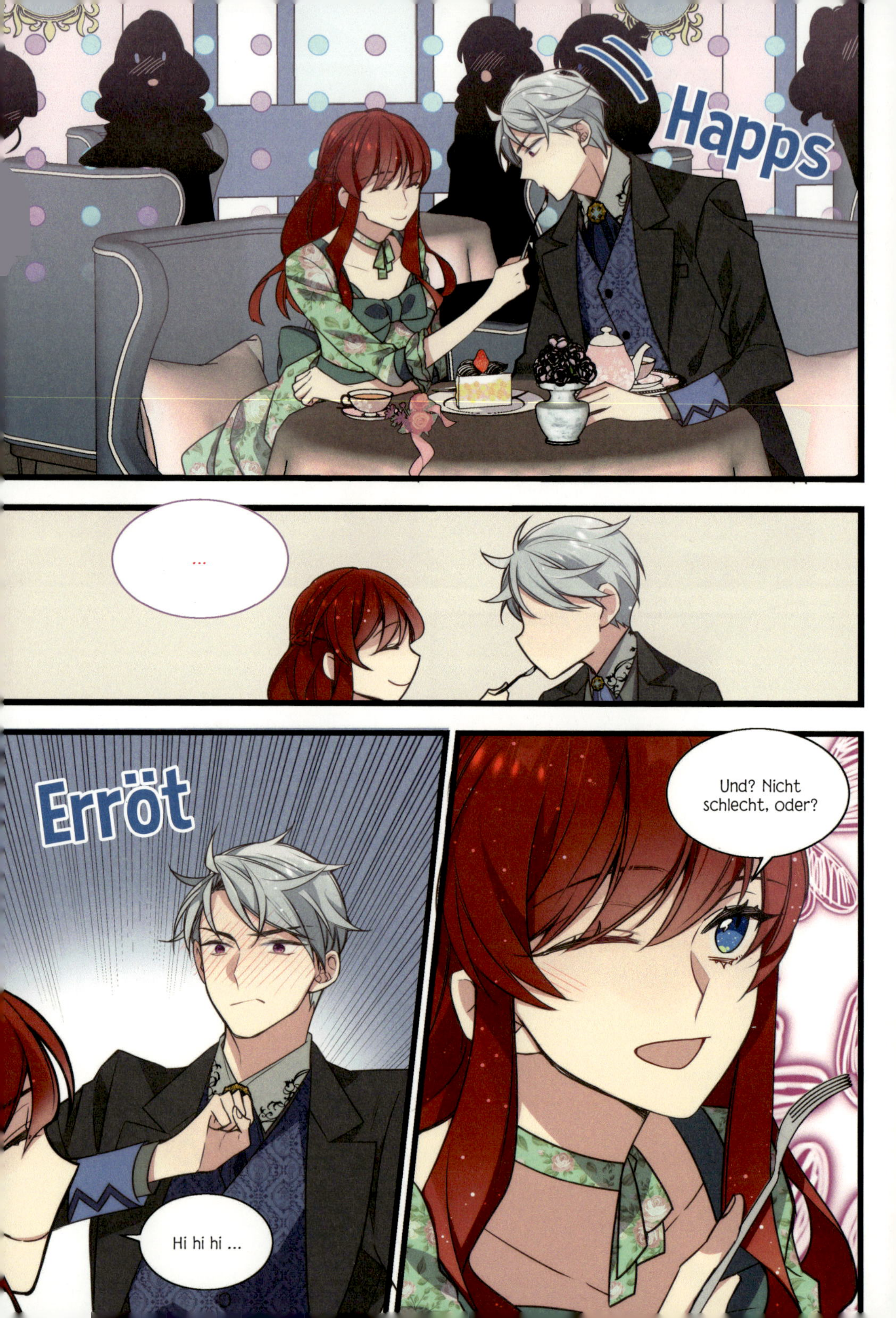
Happs
...
Und? Nicht schlecht, oder?
Errröt
Hi hi hi ...

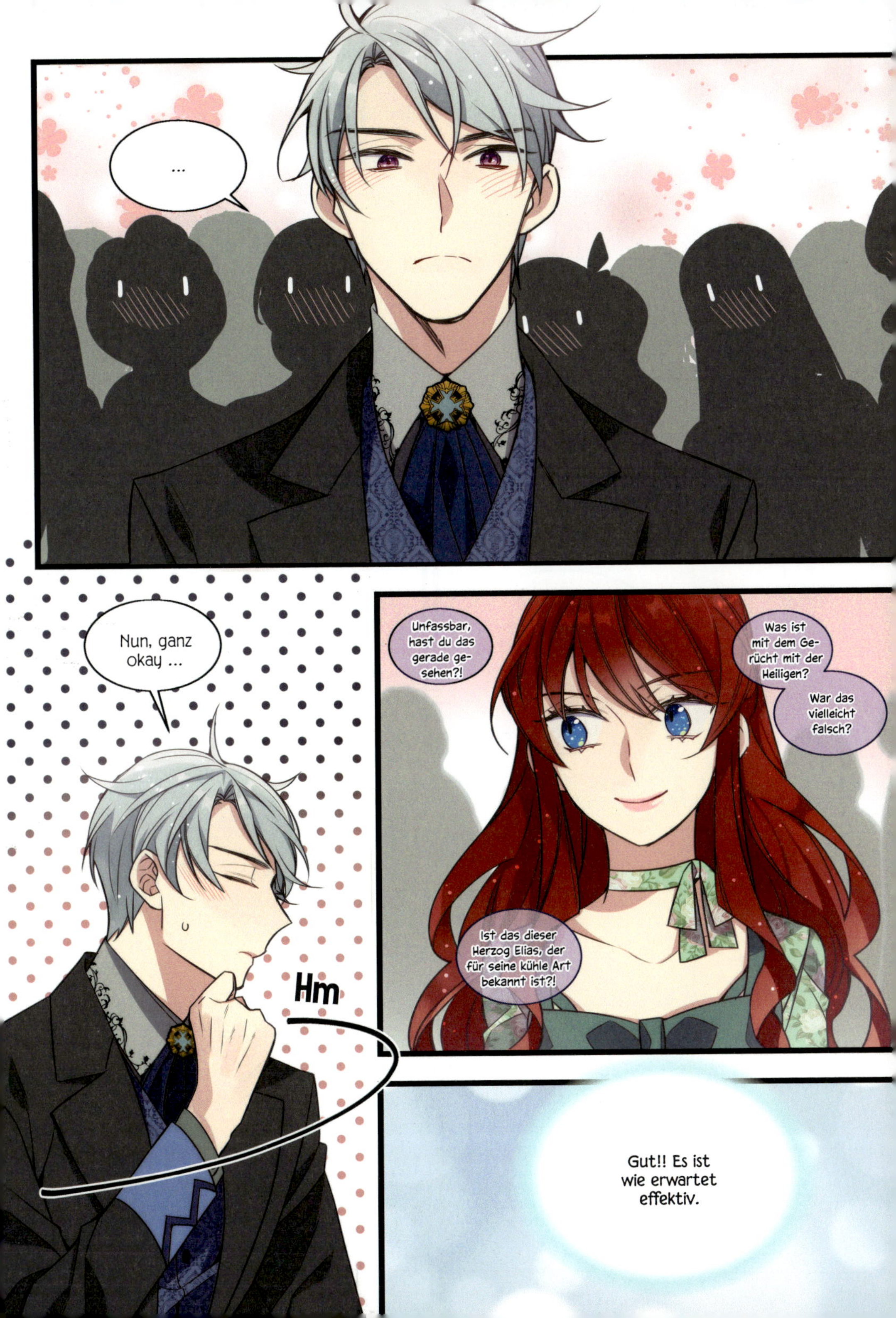
...
Nun, ganz okay ...
Hm
Unfassbar, hast du das gerade gesehen?!
Was ist mit dem Gerücht mit der Heiligen?
War das vielleicht falsch?
Ist das dieser Herzog Elias, der für seine kühle Art bekannt ist?!
Gut!! Es ist wie erwartet effektiv.

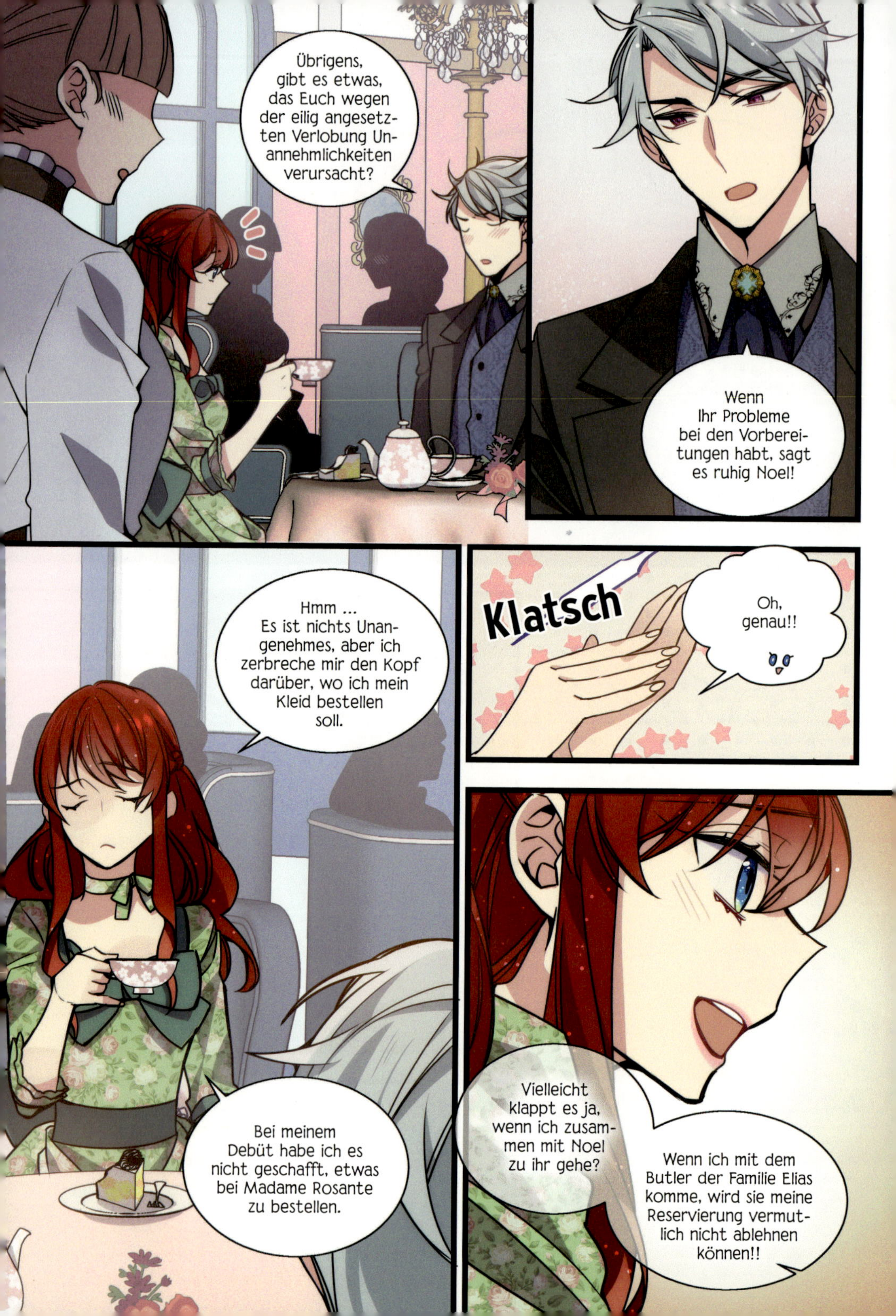
Übrigens, gibt es etwas, das Euch wegen der eilig angesetzten Verlobung Unannehmlichkeiten verursacht?
Wenn Ihr Probleme bei den Vorbereitungen habt, sagt es ruhig Noel!
Hmm ... Es ist nichts Unangenehmes, aber ich zerbreche mir den Kopf darüber, wo ich mein Kleid bestellen soll.
Bei meinem Debüt habe ich es nicht geschafft, etwas bei Madame Rosante zu bestellen.
Klatsch
Oh, genau!!
Vielleicht klappt es ja, wenn ich zusammen mit Noel zu ihr gehe?
Wenn ich mit dem Butler der Familie Elias komme, wird sie meine Reservierung vermutlich nicht ablehnen können!!

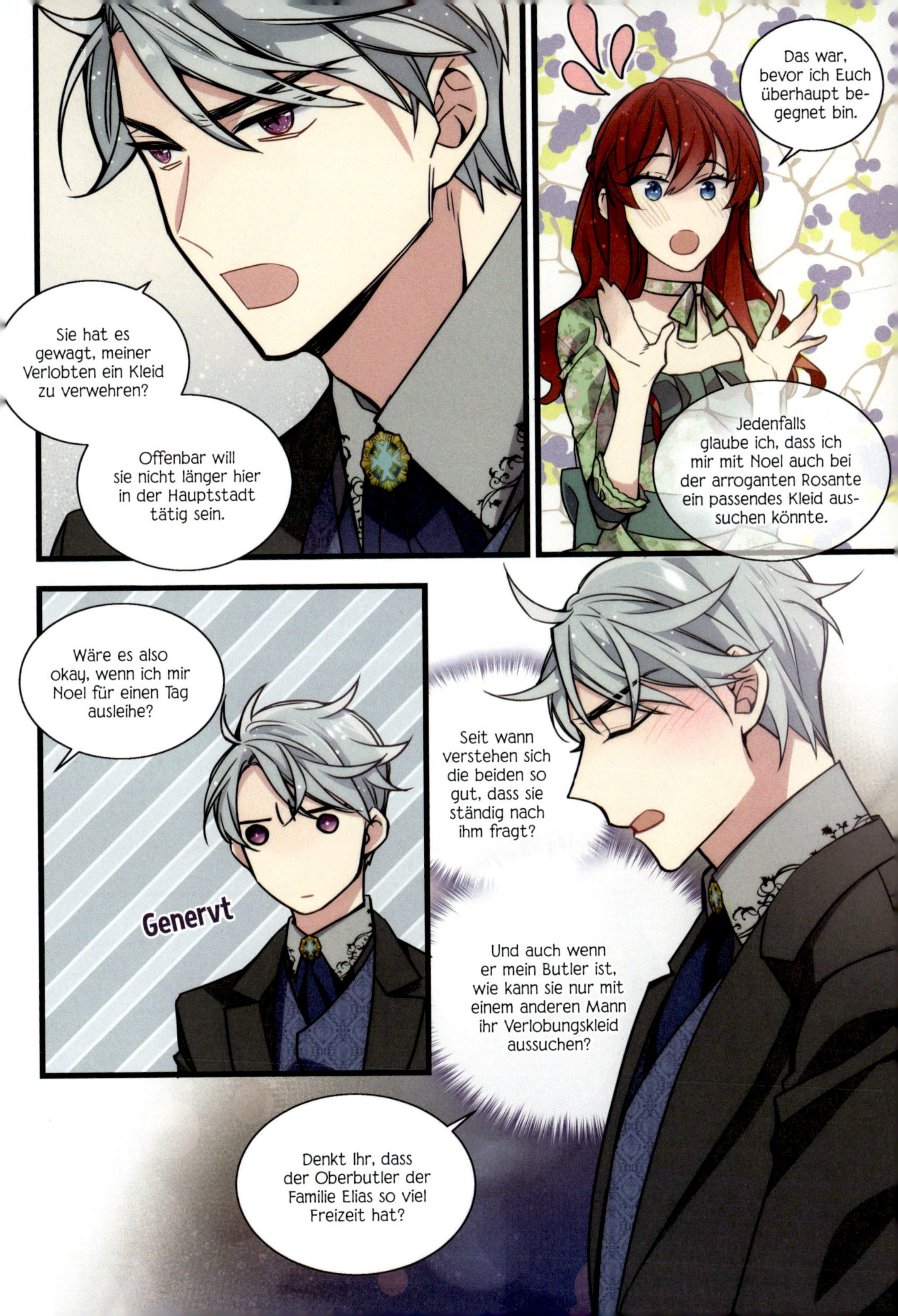
Sie hat es gewagt, meiner Verlobten ein Kleid zu verwehren?
Offenbar will sie nicht länger hier in der Hauptstadt tätig sein.
Das war, bevor ich Euch überhaupt begegnet bin.
Jedenfalls glaube ich, dass ich mir mit Noel auch bei der arroganten Rosante ein passendes Kleid aussuchen könnte.
Wäre es also okay, wenn ich mir Noel für einen Tag ausleihe?
Genervt
Seit wann verstehen sich die beiden so gut, dass sie ständig nach ihm fragt?
Und auch wenn er mein Butler ist, wie kann sie nur mit einem anderen Mann ihr Verlobungskleid aussuchen?
Denkt Ihr, dass der Oberbutler der Familie Elias so viel Freizeit hat?

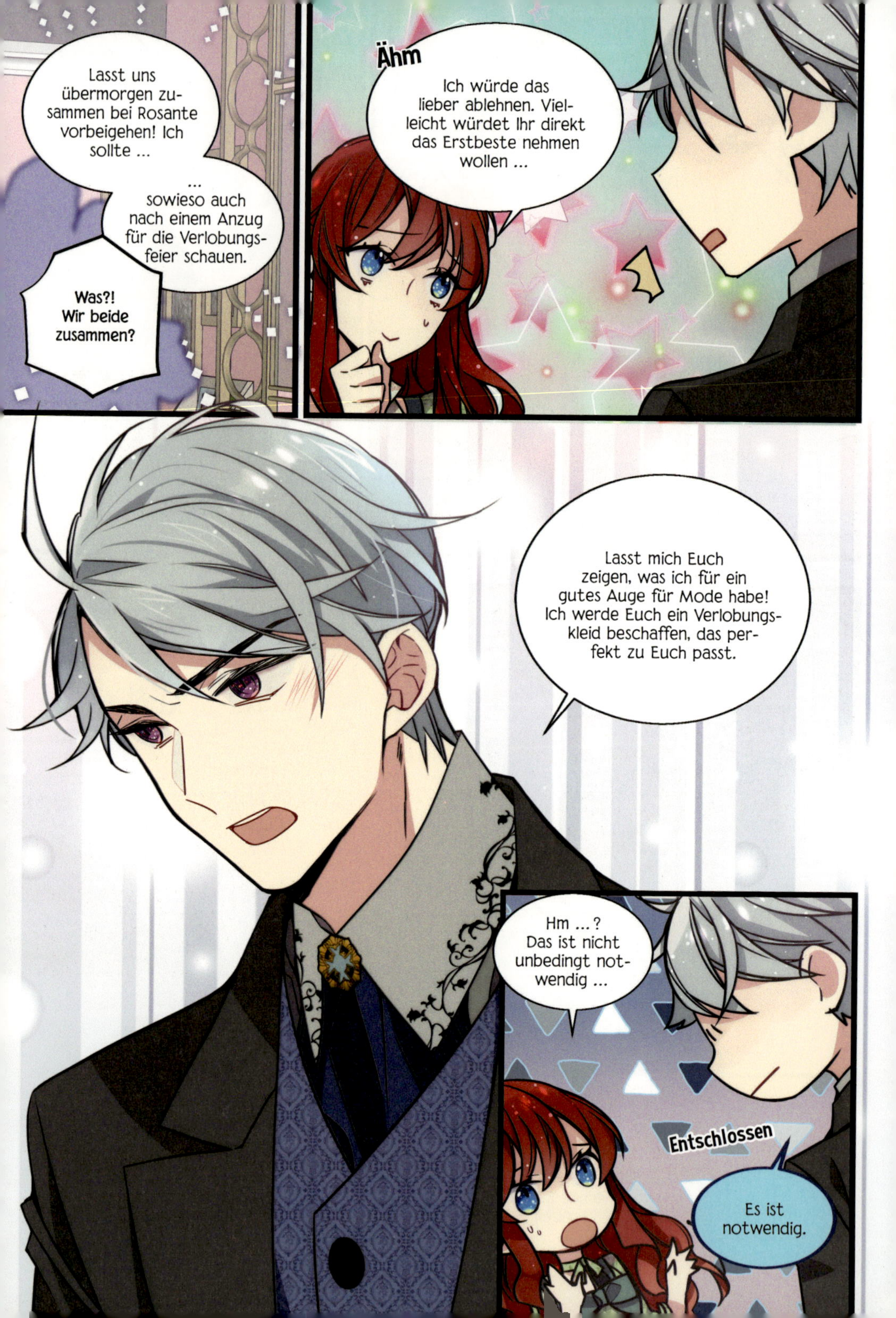
Lasst uns übermorgen zusammen bei Rosante vorbeigehen! Ich sollte ...
... sowieso auch nach einem Anzug für die Verlobungsfeier schauen.
Was?! Wir beide zusammen?
Ähm
Ich würde das lieber ablehnen. Vielleicht würdet Ihr direkt das Erstbeste nehmen wollen ...
Lasst mich Euch zeigen, was ich für ein gutes Auge für Mode habe! Ich werde Euch ein Verlobungskleid beschaffen, das perfekt zu Euch passt.
Hm ...? Das ist nicht unbedingt notwendig ...
Entschlossen
Es ist notwendig.

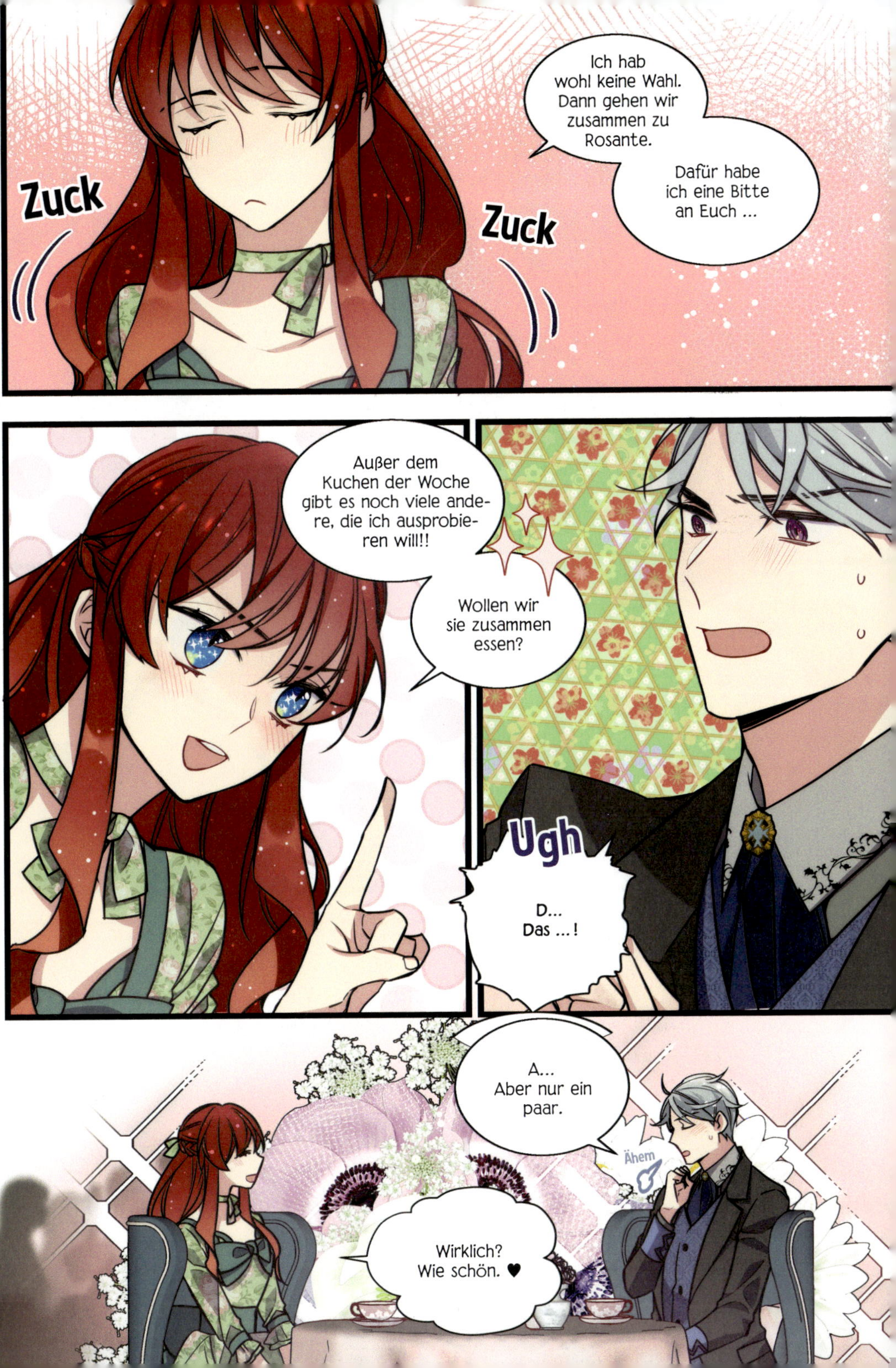
Zuck
Zuck
Ich hab wohl keine Wahl. Dann gehen wir zusammen zu Rosante.
Dafür habe ich eine Bitte an Euch ...
Außer dem Kuchen der Woche gibt es noch viele andere, die ich ausprobieren will!!
Wollen wir sie zusammen essen?
Ugh
D... Das ...!
A... Aber nur ein paar.
Ähem
Wirklich? Wie schön. ♥

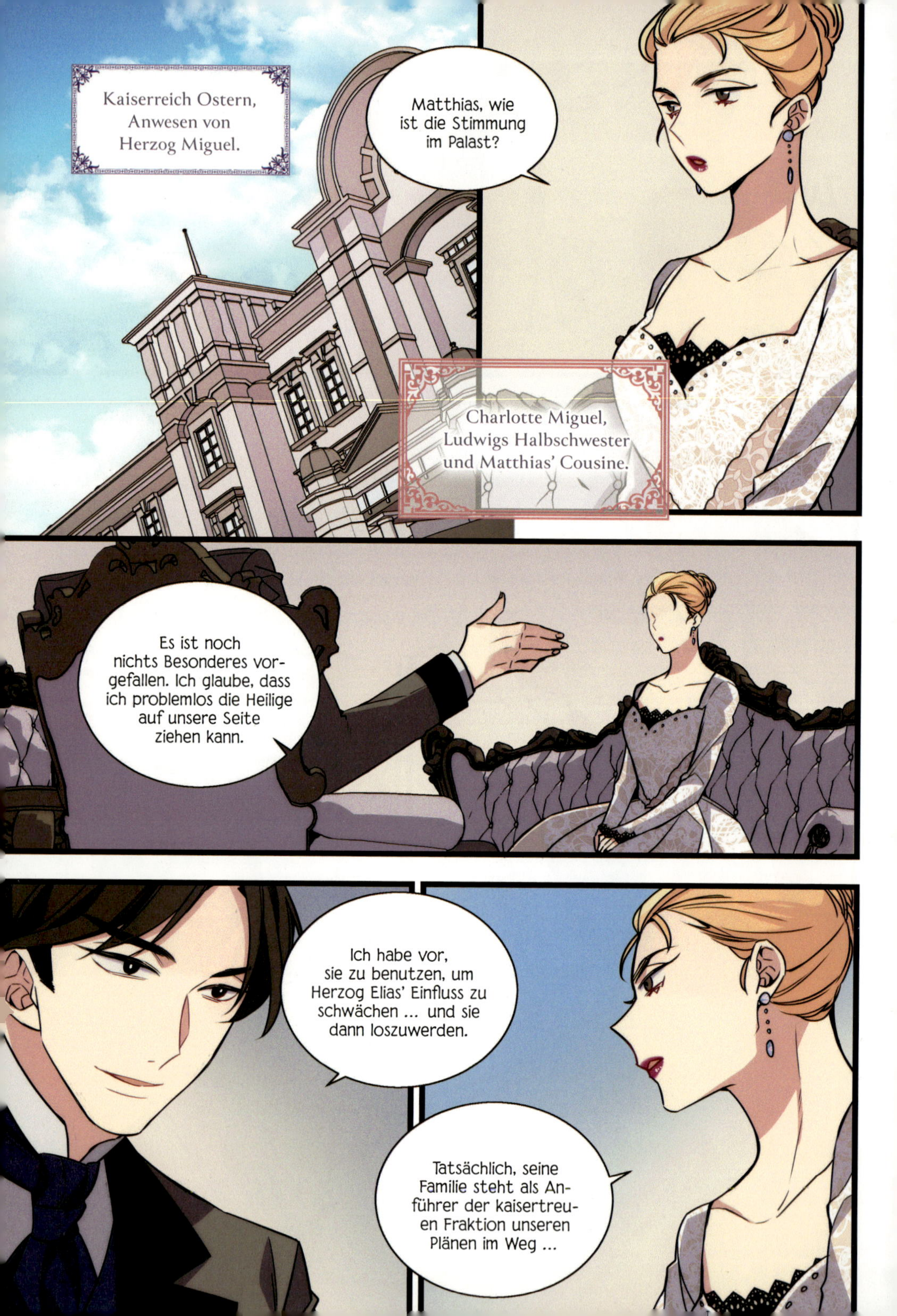
Kaiserreich Ostern, Anwesen von Herzog Miguel.
Matthias, wie ist die Stimmung im Palast?
Charlotte Miguel, Ludwigs Halbschwester und Matthias' Cousine.
Es ist noch nichts Besonderes vorgefallen. Ich glaube, dass ich problemlos die Heilige auf unsere Seite ziehen kann.
Ich habe vor, sie zu benutzen, um Herzog Elias' Einfluss zu schwächen ... und sie dann loszuwerden.
Tatsächlich, seine Familie steht als Anführer der kaisertreuen Fraktion unseren Plänen im Weg ...

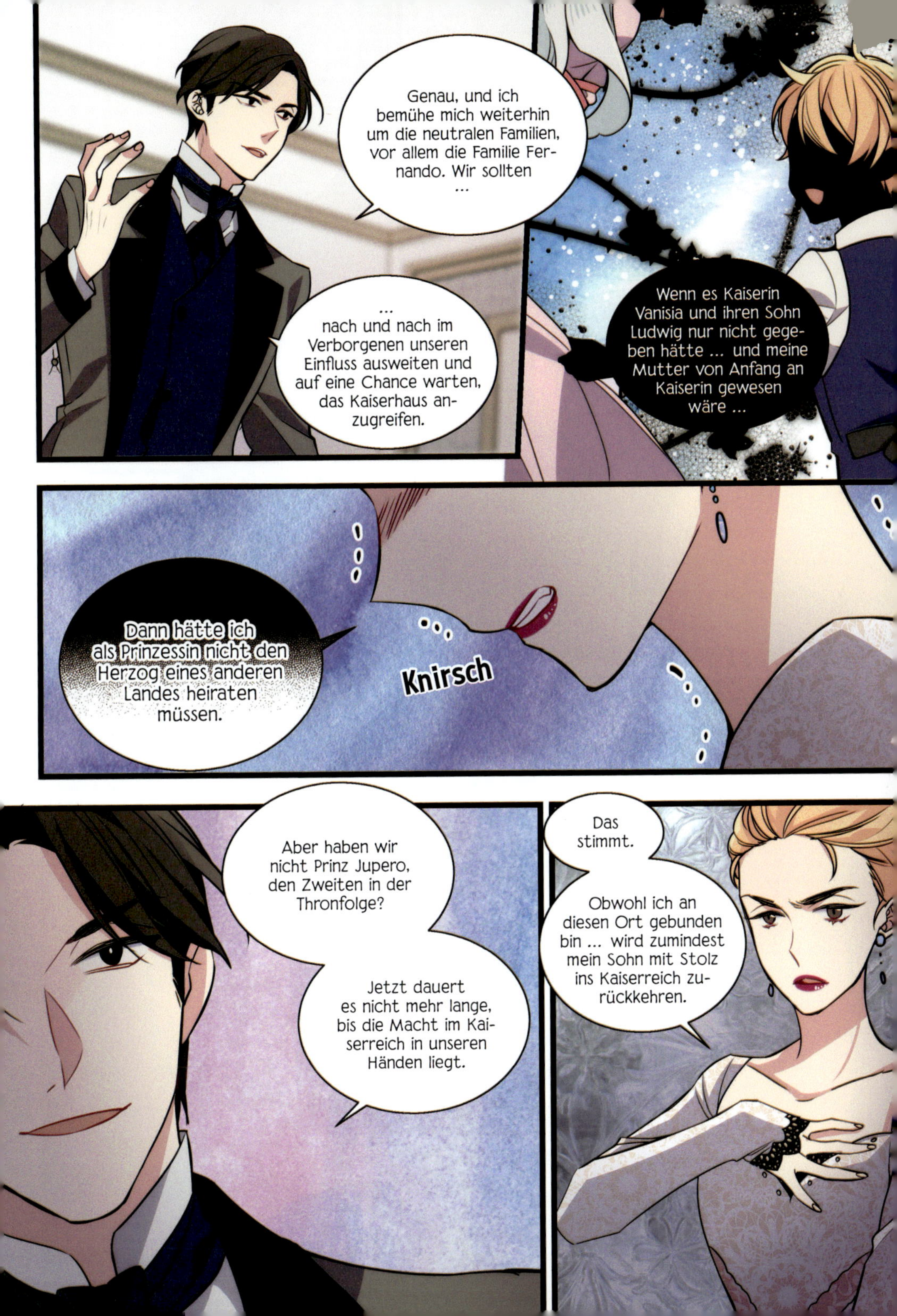
Genau, und ich bemühe mich weiterhin um die neutralen Familien, vor allem die Familie Fernando. Wir sollten ...
... nach und nach im Verborgenen unseren Einfluss ausweiten und auf eine Chance warten, das Kaiserhaus anzugreifen.
Wenn es Kaiserin Vanisia und ihren Sohn Ludwig nur nicht gegeben hätte ... und meine Mutter von Anfang an Kaiserin gewesen wäre ...
Dann hätte ich als Prinzessin nicht den Herzog eines anderen Landes heiraten müssen.
Knirsch
Aber haben wir nicht Prinz Jupero, den Zweiten in der Thronfolge?
Jetzt dauert es nicht mehr lange, bis die Macht im Kaiserreich in unseren Händen liegt.
Das stimmt.
Obwohl ich an diesen Ort gebunden bin ... wird zumindest mein Sohn mit Stolz ins Kaiserreich zurückkehren.

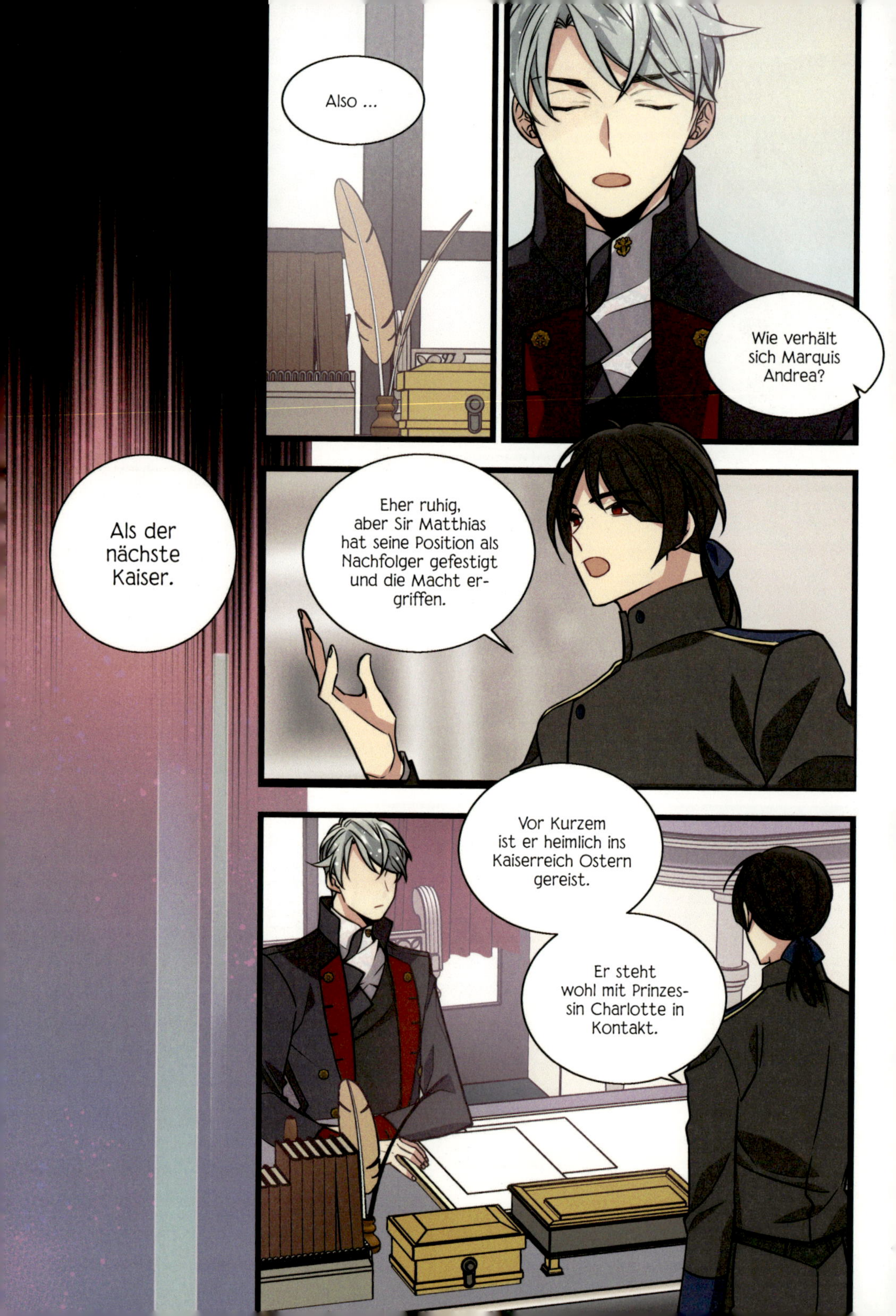

Also ...
Wie verhält sich Marquis Andrea?
Eher ruhig, aber Sir Matthias hat seine Position als Nachfolger gefestigt und die Macht ergriffen.
Als der nächste Kaiser.
Vor Kurzem ist er heimlich ins Kaiserreich Ostern gereist.
Er steht wohl mit Prinzessin Charlotte in Kontakt.

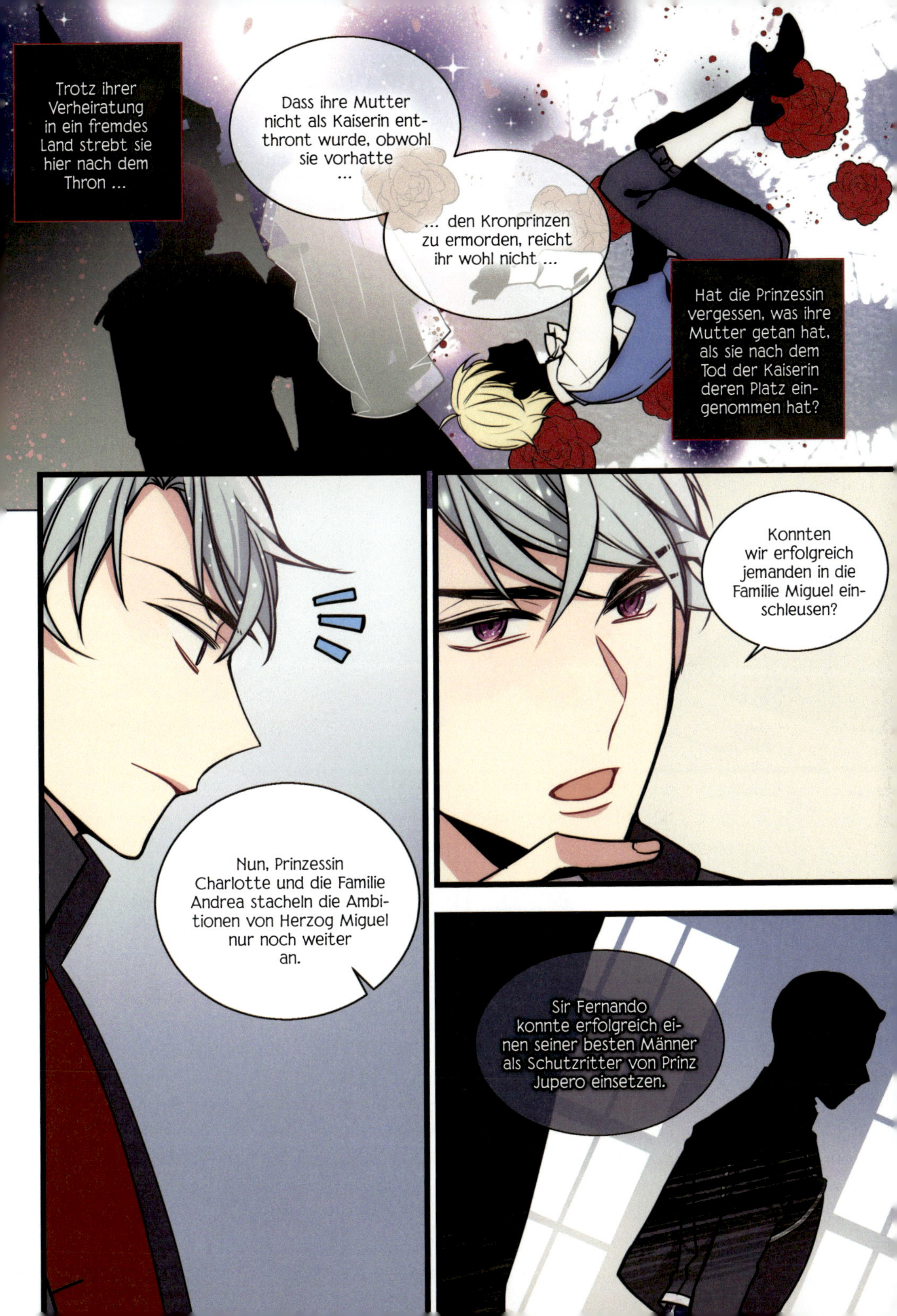

Trotz ihrer Verheiratung in ein fremdes Land strebt sie hier nach dem Thron ...
Dass ihre Mutter nicht als Kaiserin entthront wurde, obwohl sie vorhatte ...
... den Kronprinzen zu ermorden, reicht ihr wohl nicht ...
Hat die Prinzessin vergessen, was ihre Mutter getan hat, als sie nach dem Tod der Kaiserin deren Platz eingenommen hat?
Nun, Prinzessin Charlotte und die Familie Andrea stacheln die Ambitionen von Herzog Miguel nur noch weiter an.
Konnten wir erfolgreich jemanden in die Familie Miguel einschleusen?
Sir Fernando konnte erfolgreich einen seiner besten Männer als Schutzritter von Prinz Jupero einsetzen.

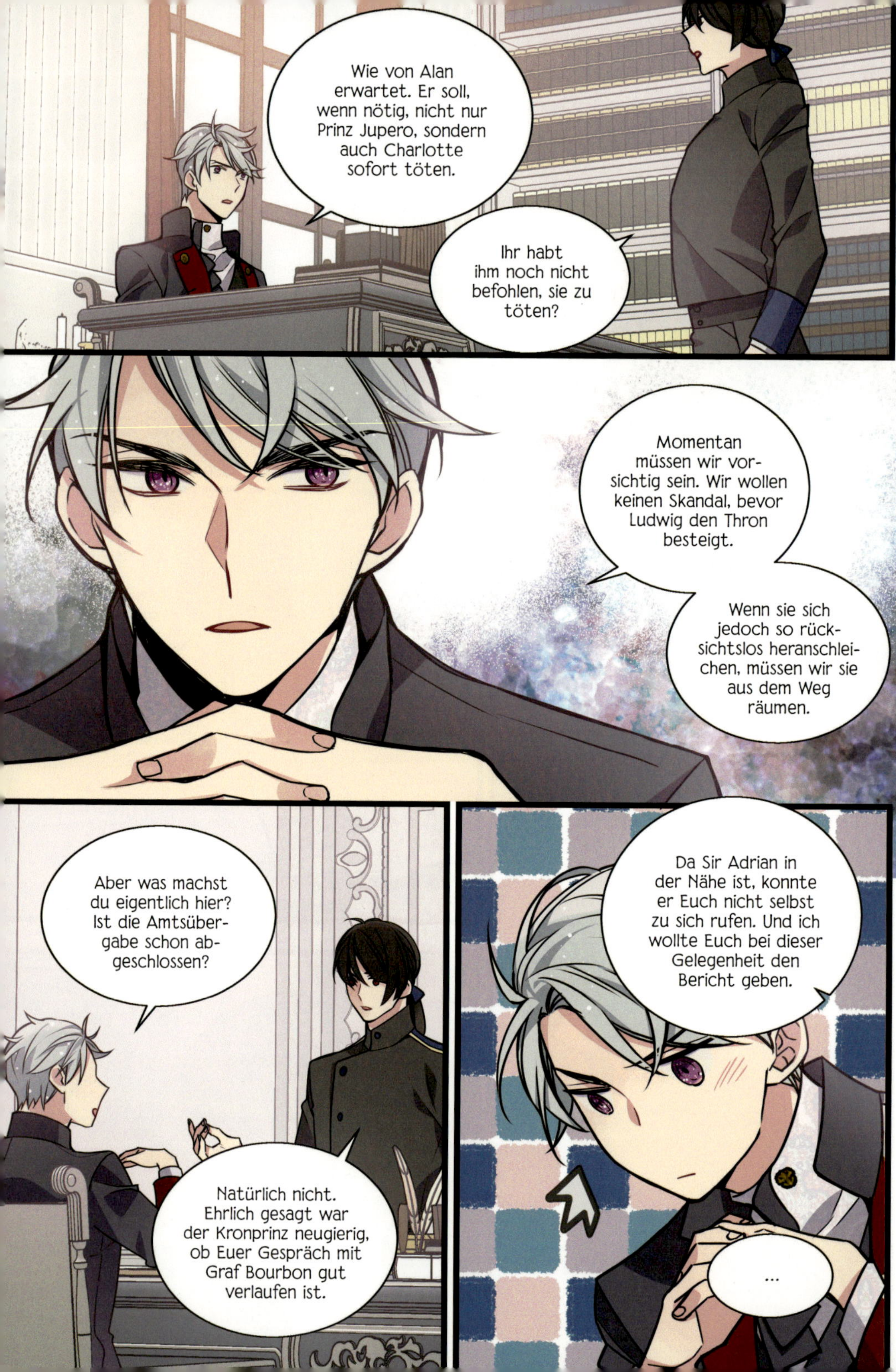

Wie von Alan erwartet. Er soll, wenn nötig, nicht nur Prinz Jupero, sondern auch Charlotte sofort töten.
Ihr habt ihm noch nicht befohlen, sie zu töten?
Momentan müssen wir vorsichtig sein. Wir wollen keinen Skandal, bevor Ludwig den Thron besteigt.
Wenn sie sich jedoch so rücksichtslos heranschleichen, müssen wir sie aus dem Weg räumen.
Aber was machst du eigentlich hier? Ist die Amtsübergabe schon abgeschlossen?
Natürlich nicht. Ehrlich gesagt war der Kronprinz neugierig, ob Euer Gespräch mit Graf Bourbon gut verlaufen ist.
Da Sir Adrian in der Nähe ist, konnte er Euch nicht selbst zu sich rufen. Und ich wollte Euch bei dieser Gelegenheit den Bericht geben.
...

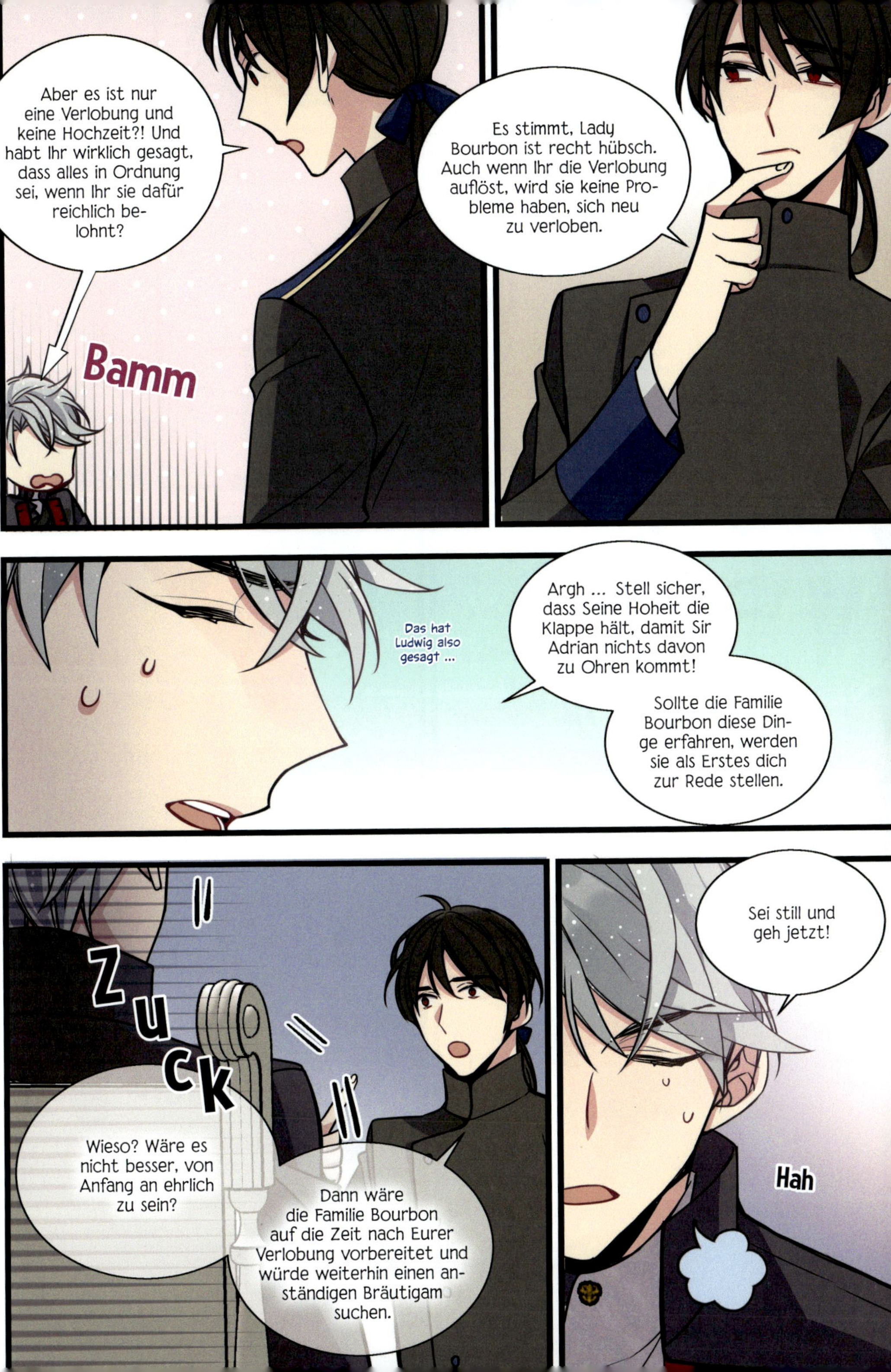

Aber es ist nur eine Verlobung und keine Hochzeit?! Und habt Ihr wirklich gesagt, dass alles in Ordnung sei, wenn Ihr sie dafür reichlich belohnt?
Bamm
Es stimmt, Lady Bourbon ist recht hübsch. Auch wenn Ihr die Verlobung auflöst, wird sie keine Probleme haben, sich neu zu verloben.
Das hat Ludwig also gesagt ...
Argh ... Stell sicher, dass Seine Hoheit die Klappe hält, damit Sir Adrian nichts davon zu Ohren kommt!
Sollte die Familie Bourbon diese Dinge erfahren, werden sie als Erstes dich zur Rede stellen.
Zuck
Wieso? Wäre es nicht besser, von Anfang an ehrlich zu sein?
Dann wäre die Familie Bourbon auf die Zeit nach Eurer Verlobung vorbereitet und würde weiterhin einen anständigen Bräutigam suchen.
Sei still und geh jetzt!
Hah

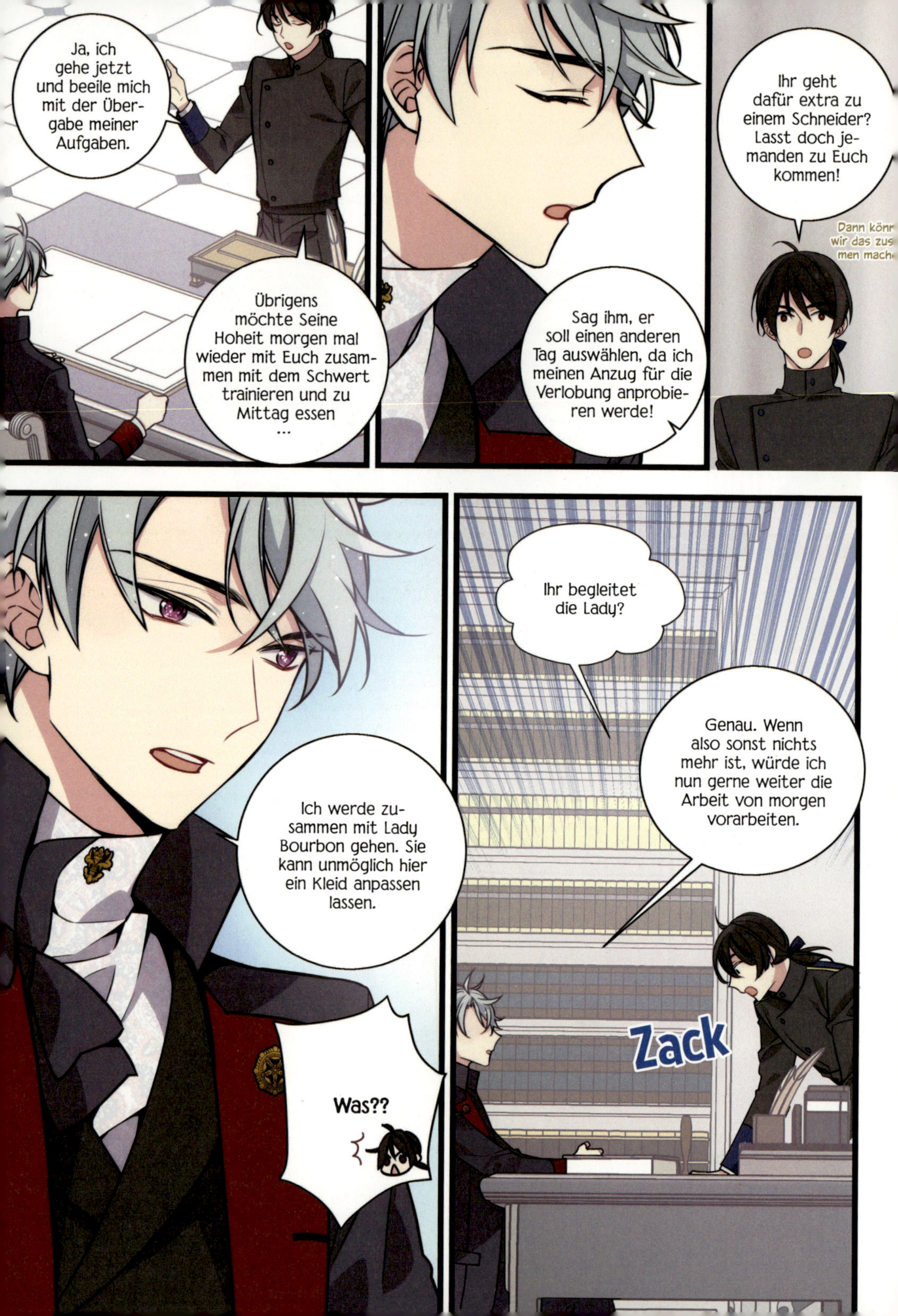

Ja, ich gehe jetzt und beeile mich mit der Übergabe meiner Aufgaben.
Übrigens möchte Seine Hoheit morgen mal wieder mit Euch zusammen mit dem Schwert trainieren und zu Mittag essen ...
Sag ihm, er soll einen anderen Tag auswählen, da ich meinen Anzug für die Verlobung anprobieren werde!
Ihr geht dafür extra zu einem Schneider? Lasst doch jemanden zu Euch kommen!
Ich werde zusammen mit Lady Bourbon gehen. Sie kann unmöglich hier ein Kleid anpassen lassen.
Was??
Ihr begleitet die Lady?
Genau. Wenn also sonst nichts mehr ist, würde ich nun gerne weiter die Arbeit von morgen vorarbeiten.
Zack

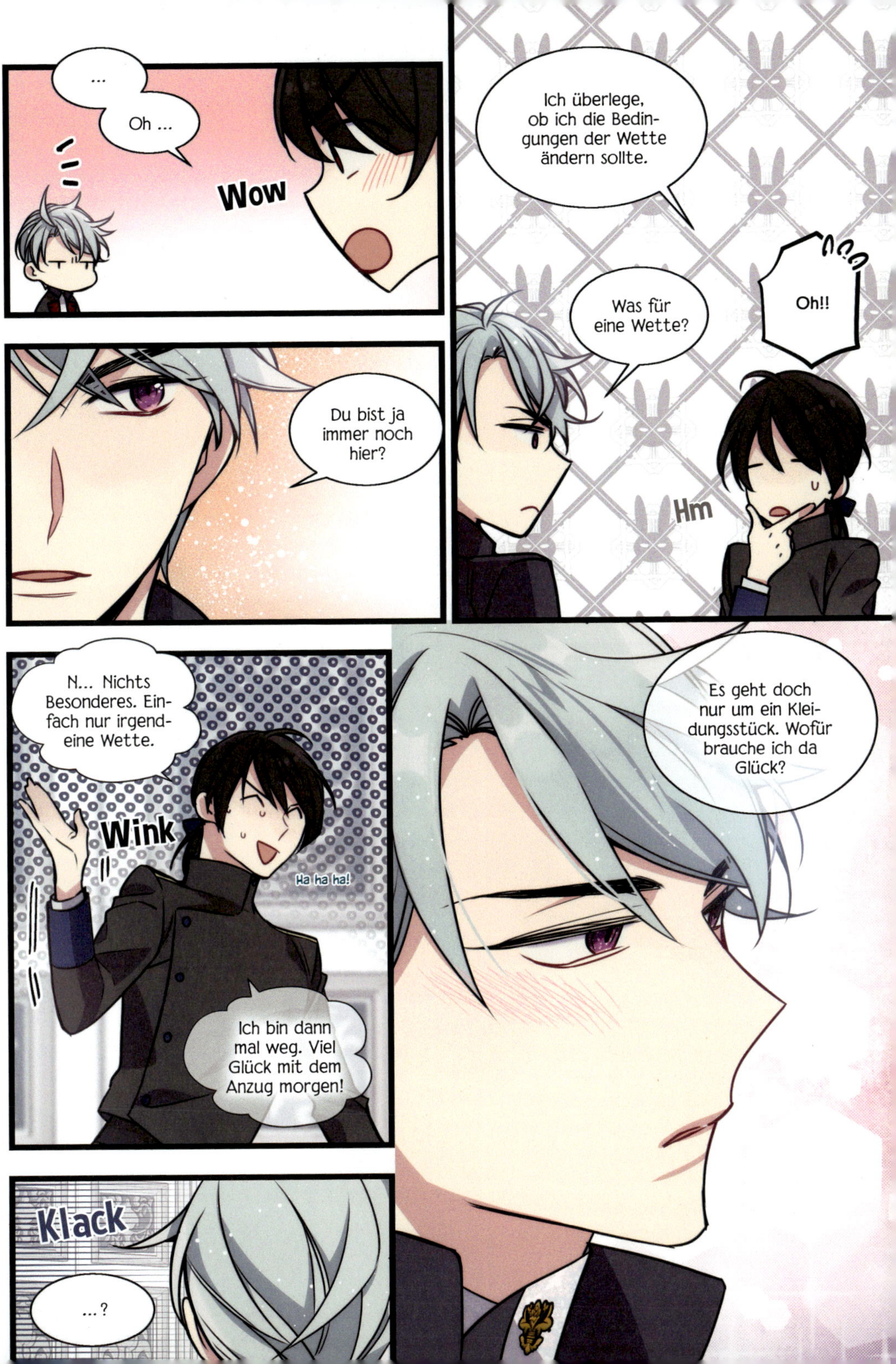
...
Oh ...
Wow
Ich überlege, ob ich die Bedingungen der Wette ändern sollte.
Du bist ja immer noch hier?
Was für eine Wette?
Oh!!
Hm
N... Nichts Besonderes. Einfach nur irgendeine Wette.
Wink
Ha ha ha!
Ich bin dann mal weg. Viel Glück mit dem Anzug morgen!
Es geht doch nur um ein Kleidungsstück. Wofür brauche ich da Glück?
Klack
...?

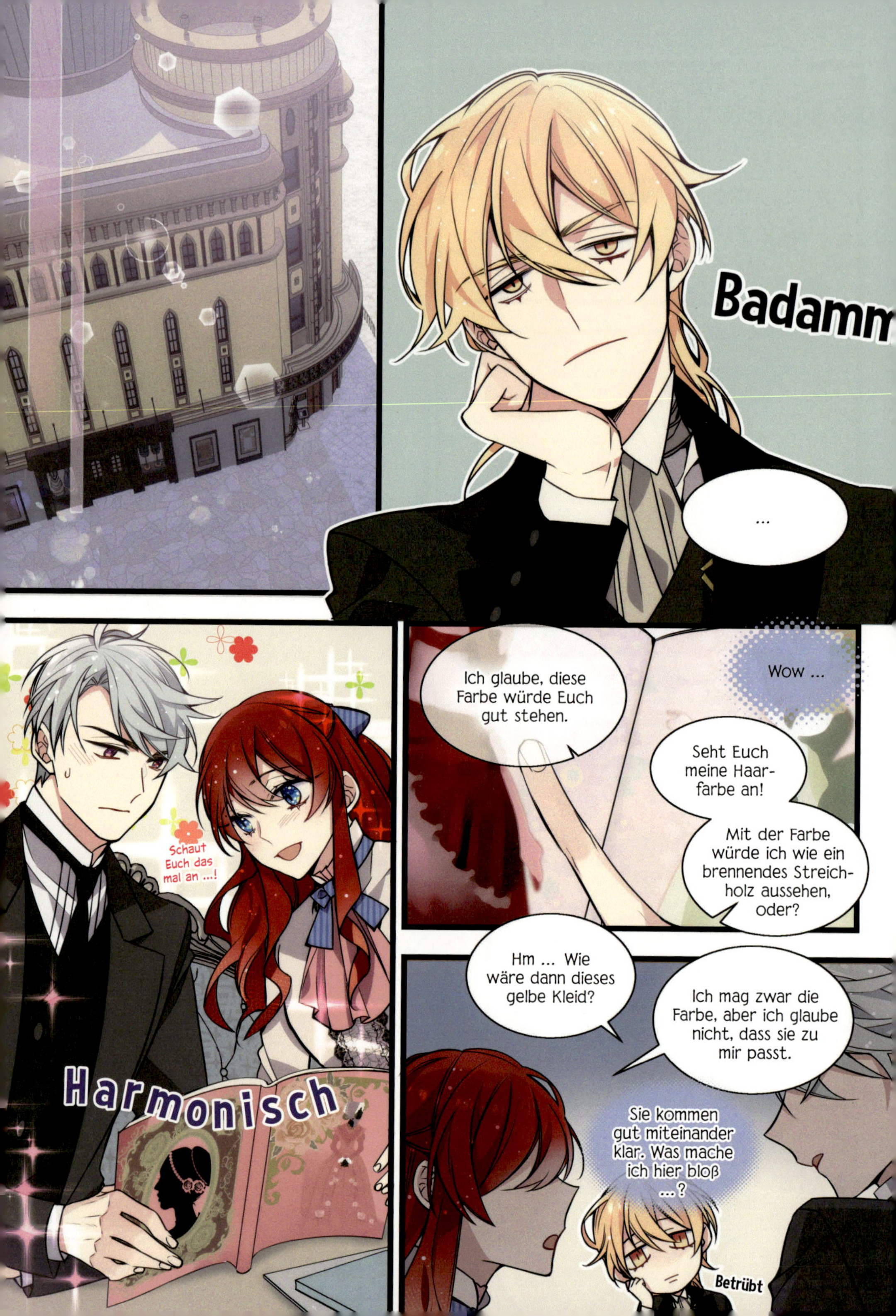
Badamm
...
Schaut Euch das mal an ...!
Harmonisch
Ich glaube, diese Farbe würde Euch gut stehen.
Wow ...
Seht Euch meine Haarfarbe an!
Mit der Farbe würde ich wie ein brennendes Streichholz aussehen, oder?
Hm ... Wie wäre dann dieses gelbe Kleid?
Ich mag zwar die Farbe, aber ich glaube nicht, dass sie zu mir passt.
Sie kommen gut miteinander klar. Was mache ich hier bloß ...?
Betrübt

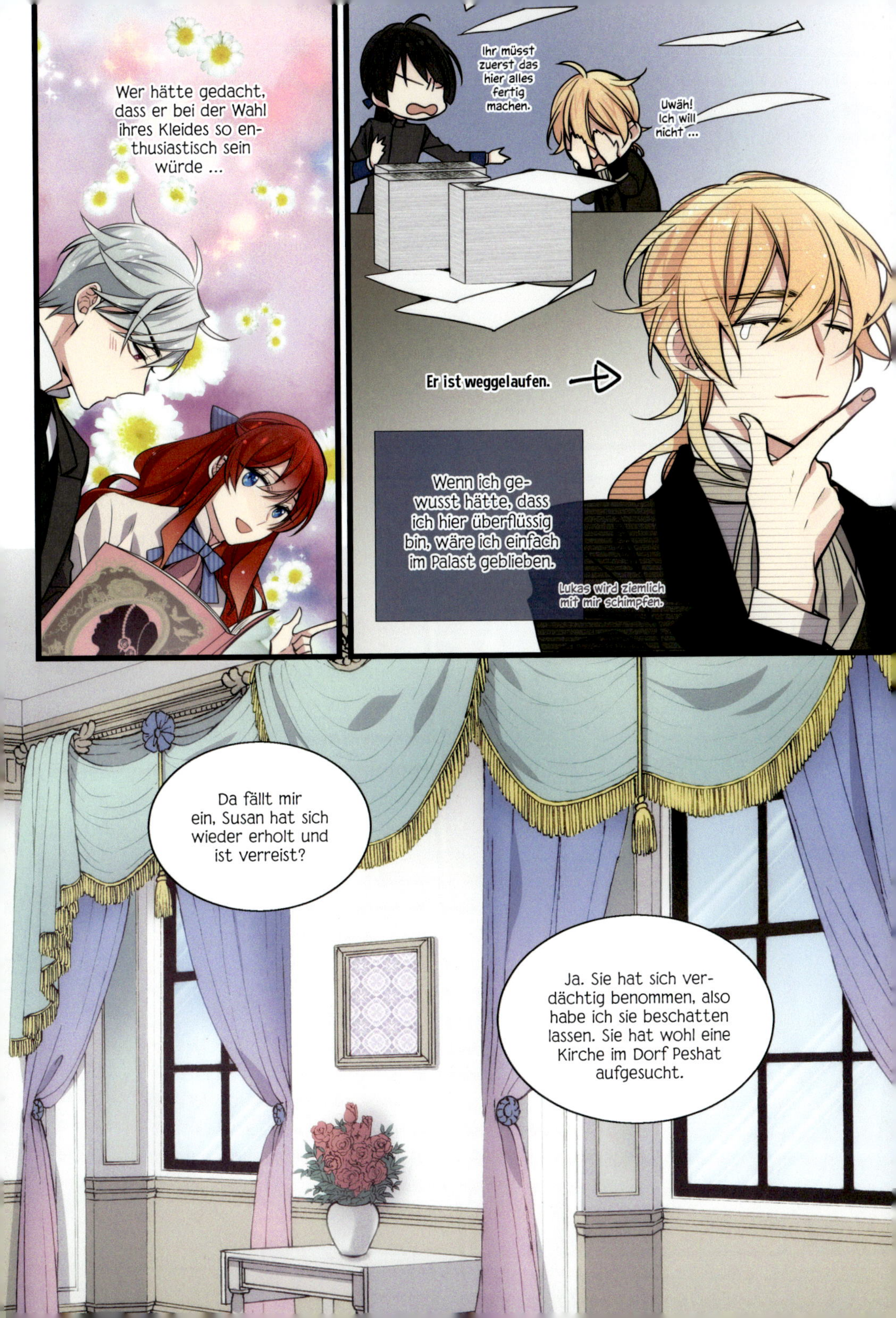
Wer hätte gedacht, dass er bei der Wahl ihres Kleides so enthusiastisch sein würde ...
Ihr müsst zuerst das hier alles fertig machen.
Uwäh! Ich will nicht ...
Er ist weggelaufen.
Wenn ich gewusst hätte, dass ich hier überflüssig bin, wäre ich einfach im Palast geblieben.
Lukas wird ziemlich mit mir schimpfen.
Da fällt mir ein, Susan hat sich wieder erholt und ist verreist?
Ja. Sie hat sich verdächtig benommen, also habe ich sie beschatten lassen. Sie hat wohl eine Kirche im Dorf Peshat aufgesucht.

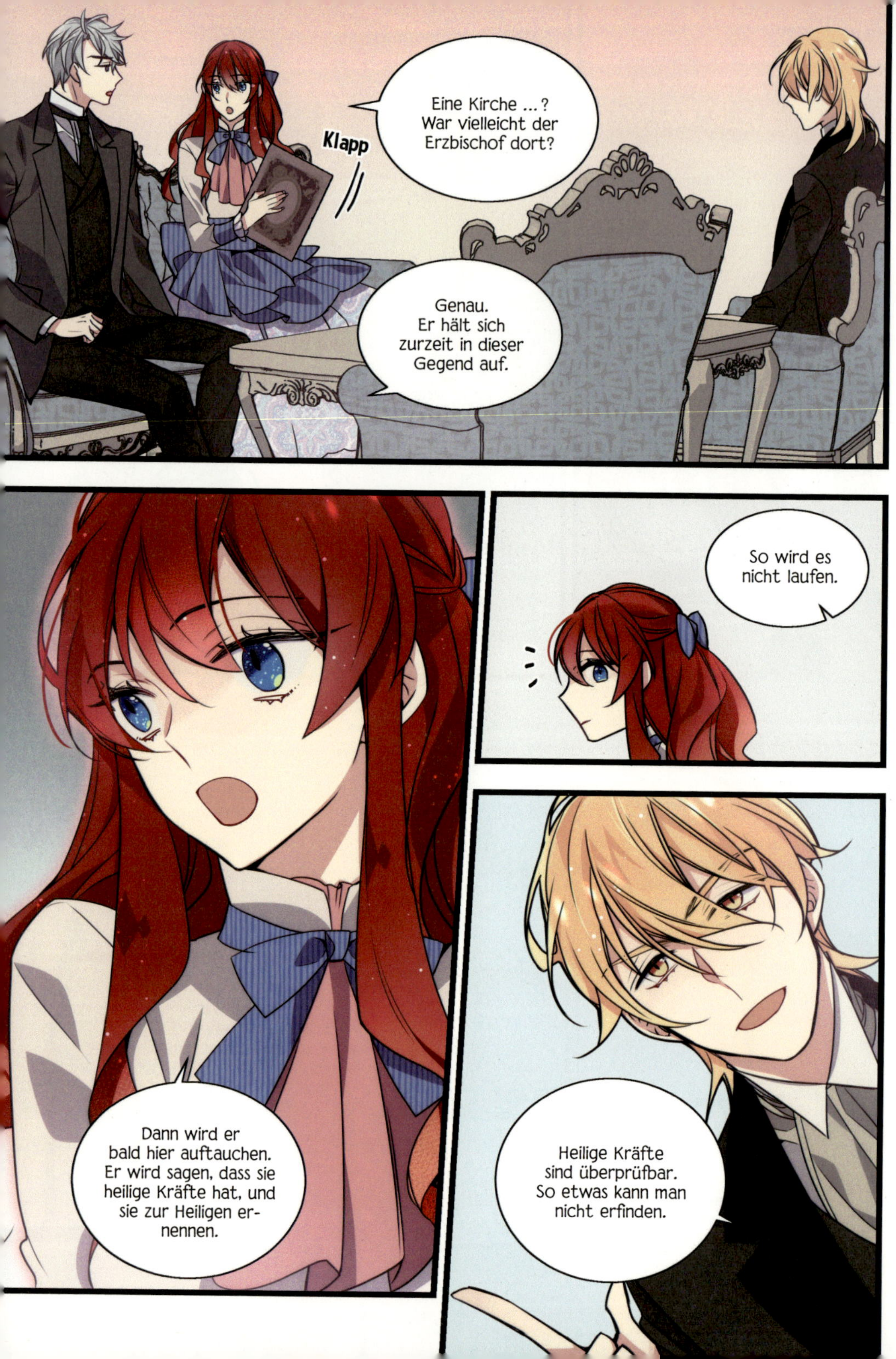
Eine Kirche ...?
War vielleicht der
Erzbischof dort?
Klapp
Genau.
Er hält sich
zurzeit in dieser
Gegend auf.
Dann wird er
bald hier auftauchen.
Er wird sagen, dass sie
heilige Kräfte hat, und
sie zur Heiligen er-
nennen.
So wird es
nicht laufen.
Heilige Kräfte
sind überprüfbar.
So etwas kann man
nicht erfinden.

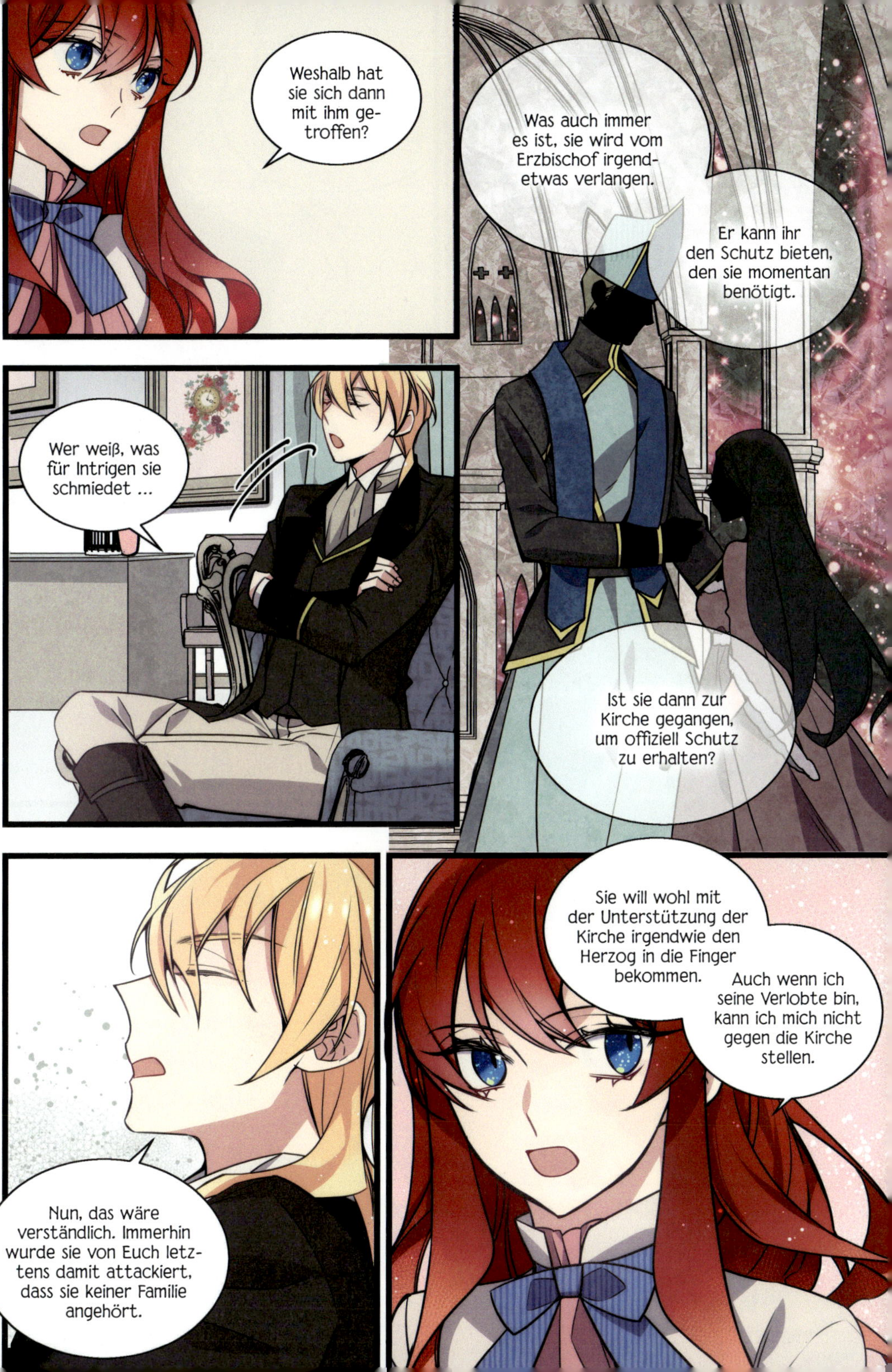
Weshalb hat sie sich dann mit ihm getroffen?
Was auch immer es ist, sie wird vom Erzbischof irgendetwas verlangen.
Er kann ihr den Schutz bieten, den sie momentan benötigt.
Wer weiß, was für Intrigen sie schmiedet ...
Ist sie dann zur Kirche gegangen, um offiziell Schutz zu erhalten?
Nun, das wäre verständlich. Immerhin wurde sie von Euch letztens damit attackiert, dass sie keiner Familie angehört.
Sie will wohl mit der Unterstützung der Kirche irgendwie den Herzog in die Finger bekommen.
Auch wenn ich seine Verlobte bin, kann ich mich nicht gegen die Kirche stellen.

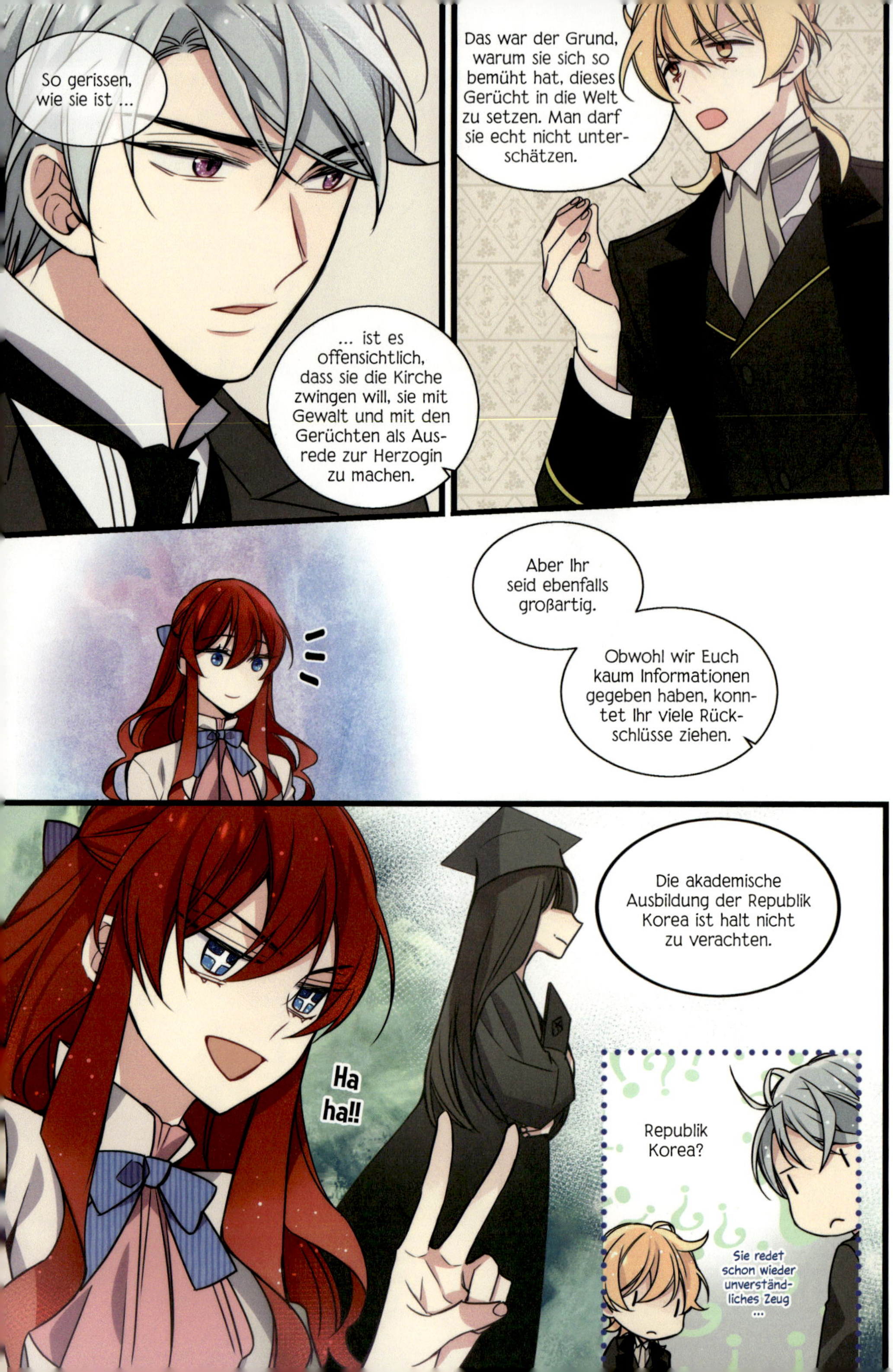
So gerissen, wie sie ist …
… ist es offensichtlich, dass sie die Kirche zwingen will, sie mit Gewalt und mit den Gerüchten als Ausrede zur Herzogin zu machen.
Das war der Grund, warum sie sich so bemüht hat, dieses Gerücht in die Welt zu setzen. Man darf sie echt nicht unterschätzen.
Aber Ihr seid ebenfalls großartig.
Obwohl wir Euch kaum Informationen gegeben haben, konntet Ihr viele Rückschlüsse ziehen.
Die akademische Ausbildung der Republik Korea ist halt nicht zu verachten.
Ha ha!!
Republik Korea?
Sie redet schon wieder unverständliches Zeug …

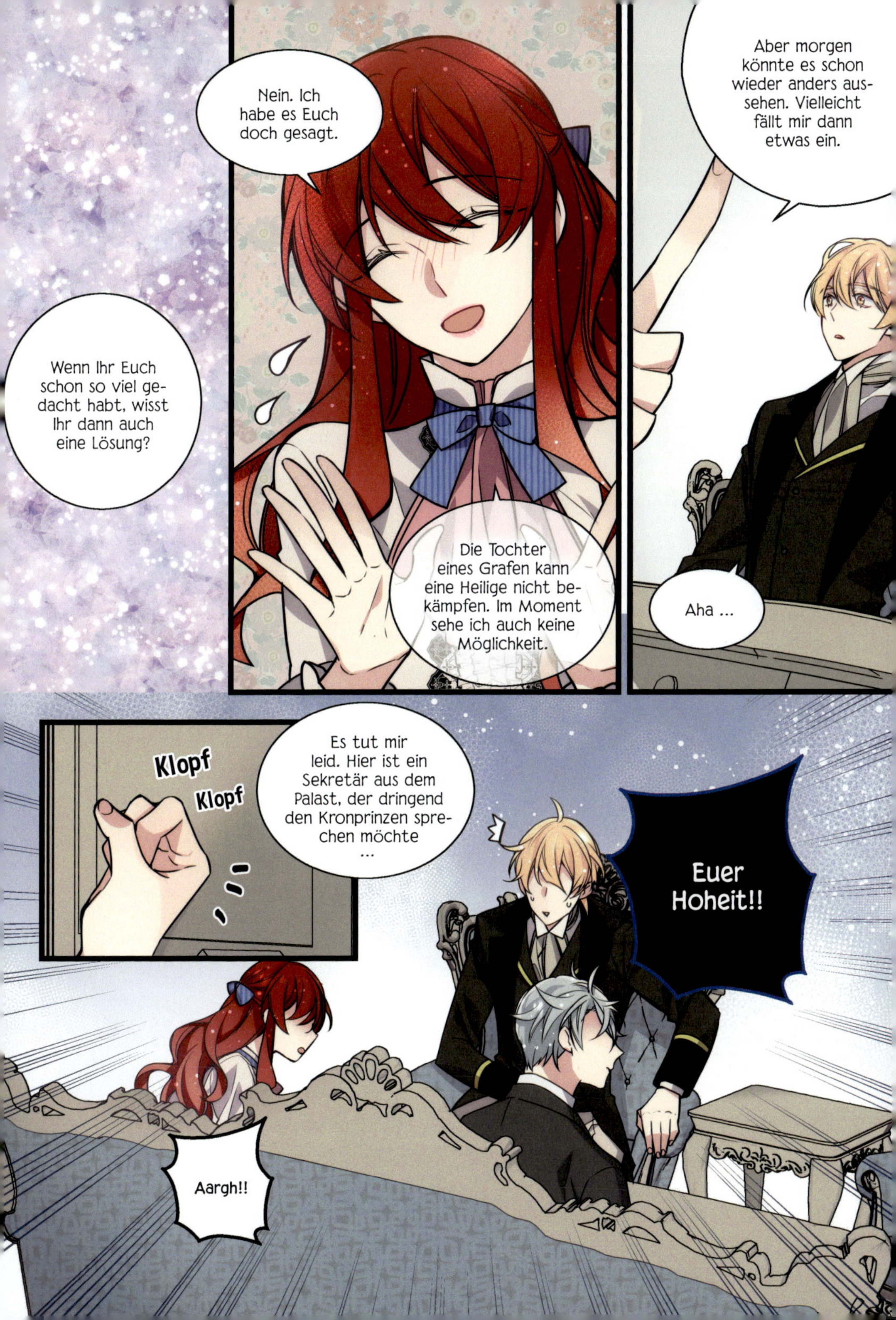
Wenn Ihr Euch schon so viel gedacht habt, wisst Ihr dann auch eine Lösung?
Nein. Ich habe es Euch doch gesagt.
Die Tochter eines Grafen kann eine Heilige nicht bekämpfen. Im Moment sehe ich auch keine Möglichkeit.
Aber morgen könnte es schon wieder anders aussehen. Vielleicht fällt mir dann etwas ein.
Aha ...
Klopf
Klopf
Es tut mir leid. Hier ist ein Sekretär aus dem Palast, der dringend den Kronprinzen sprechen möchte ...
Euer Hoheit!!
Aargh!!

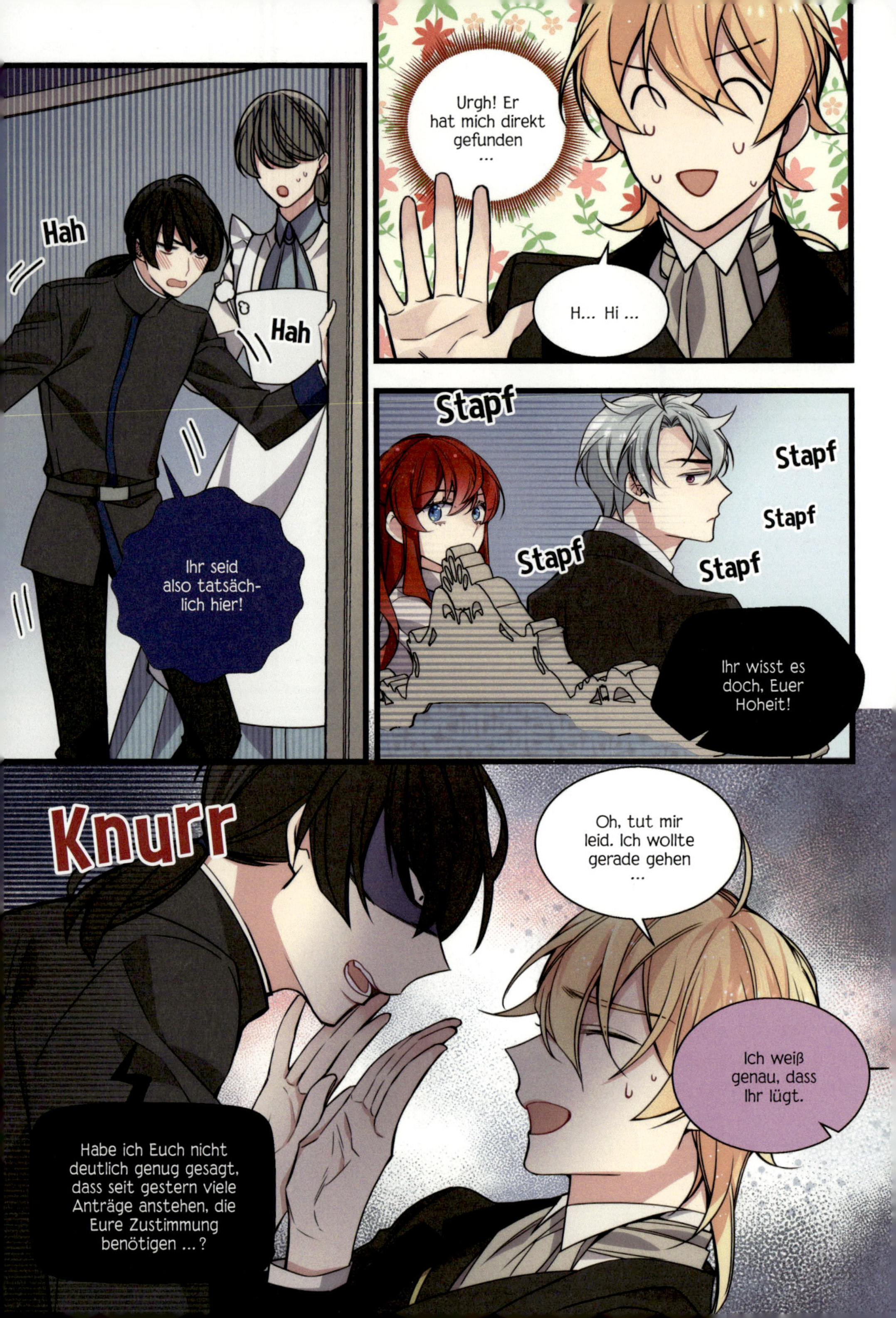
Hah
Hah
Ihr seid also tatsäch-lich hier!
Urgh! Er hat mich direkt gefunden …
H… Hi …
Stapf
Stapf
Stapf
Stapf
Stapf
Ihr wisst es doch, Euer Hoheit!
Knurr
Oh, tut mir leid. Ich wollte gerade gehen …
Ich weiß genau, dass Ihr lügt.
Habe ich Euch nicht deutlich genug gesagt, dass seit gestern viele Anträge anstehen, die Eure Zustimmung benötigen …?

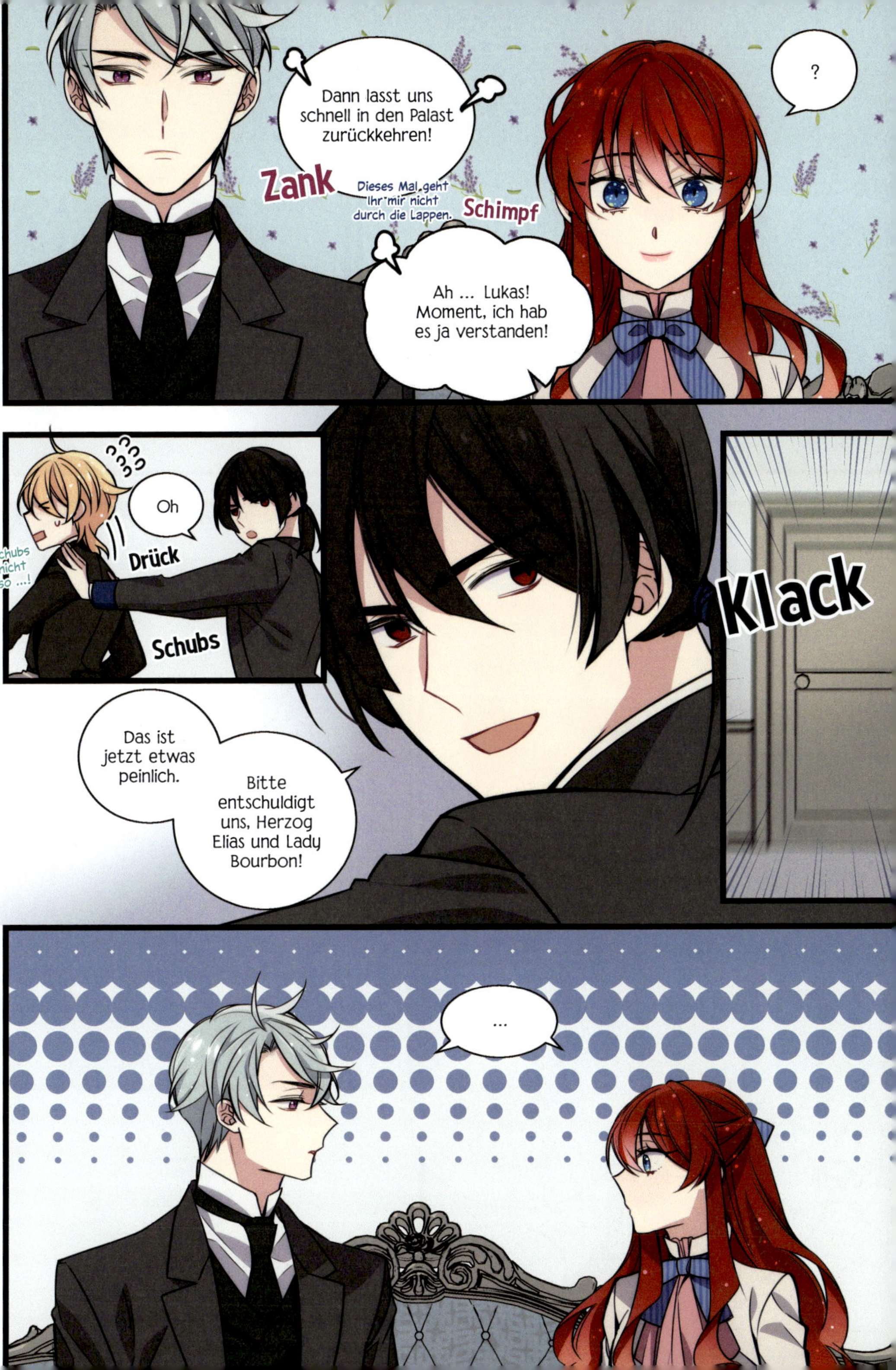
?
Dann lasst uns schnell in den Palast zurückkehren!
Zank
Dieses Mal geht Ihr mir nicht durch die Lappen.
Schimpf
Ah ... Lukas! Moment, ich hab es ja verstanden!
Oh
Drück
Schubs nicht so ...!
Schubs
Klack
Das ist jetzt etwas peinlich.
Bitte entschuldigt uns, Herzog Elias und Lady Bourbon!
...

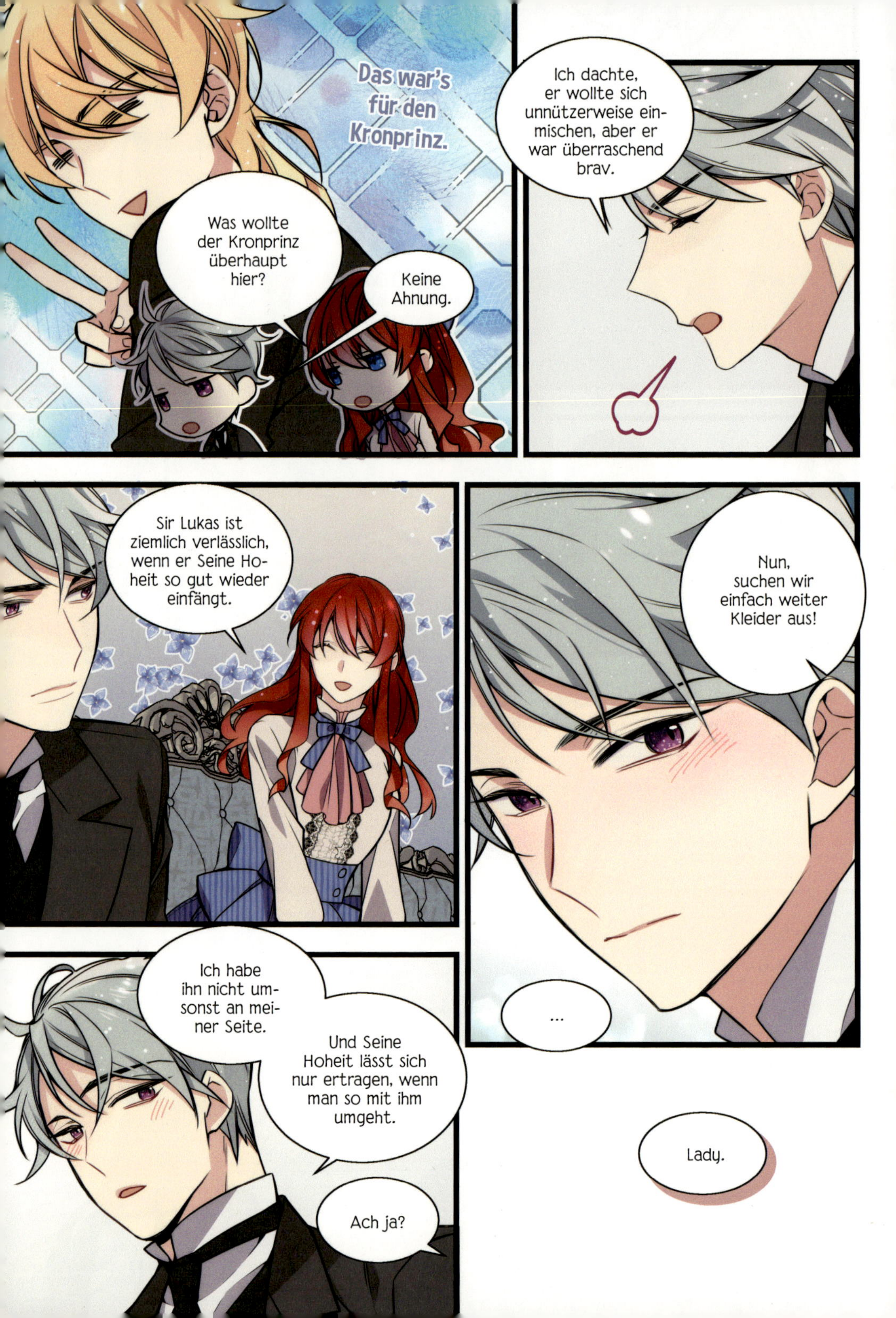
Das war's für den Kronprinz.
Was wollte der Kronprinz überhaupt hier?
Keine Ahnung.
Ich dachte, er wollte sich unnützerweise einmischen, aber er war überraschend brav.
Sir Lukas ist ziemlich verlässlich, wenn er Seine Hoheit so gut wieder einfängt.
Ich habe ihn nicht umsonst an meiner Seite.
Und Seine Hoheit lässt sich nur ertragen, wenn man so mit ihm umgeht.
Ach ja?
Nun, suchen wir einfach weiter Kleider aus!
...
Lady.

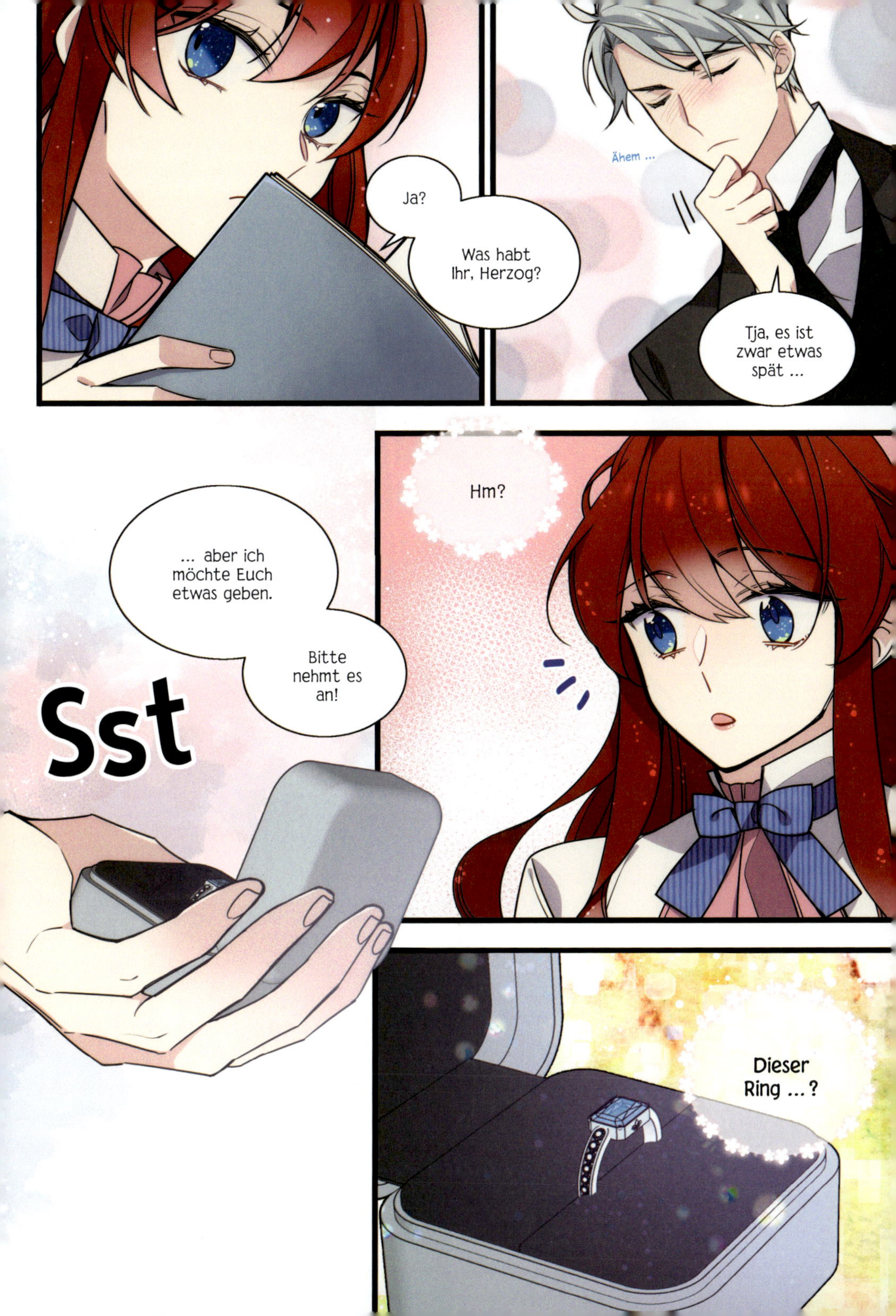

Ja?
Was habt Ihr, Herzog?
Ähem ...
Tja, es ist zwar etwas spät ...
Hm?
... aber ich möchte Euch etwas geben.
Bitte nehmt es an!
Sst
Dieser Ring ... ?

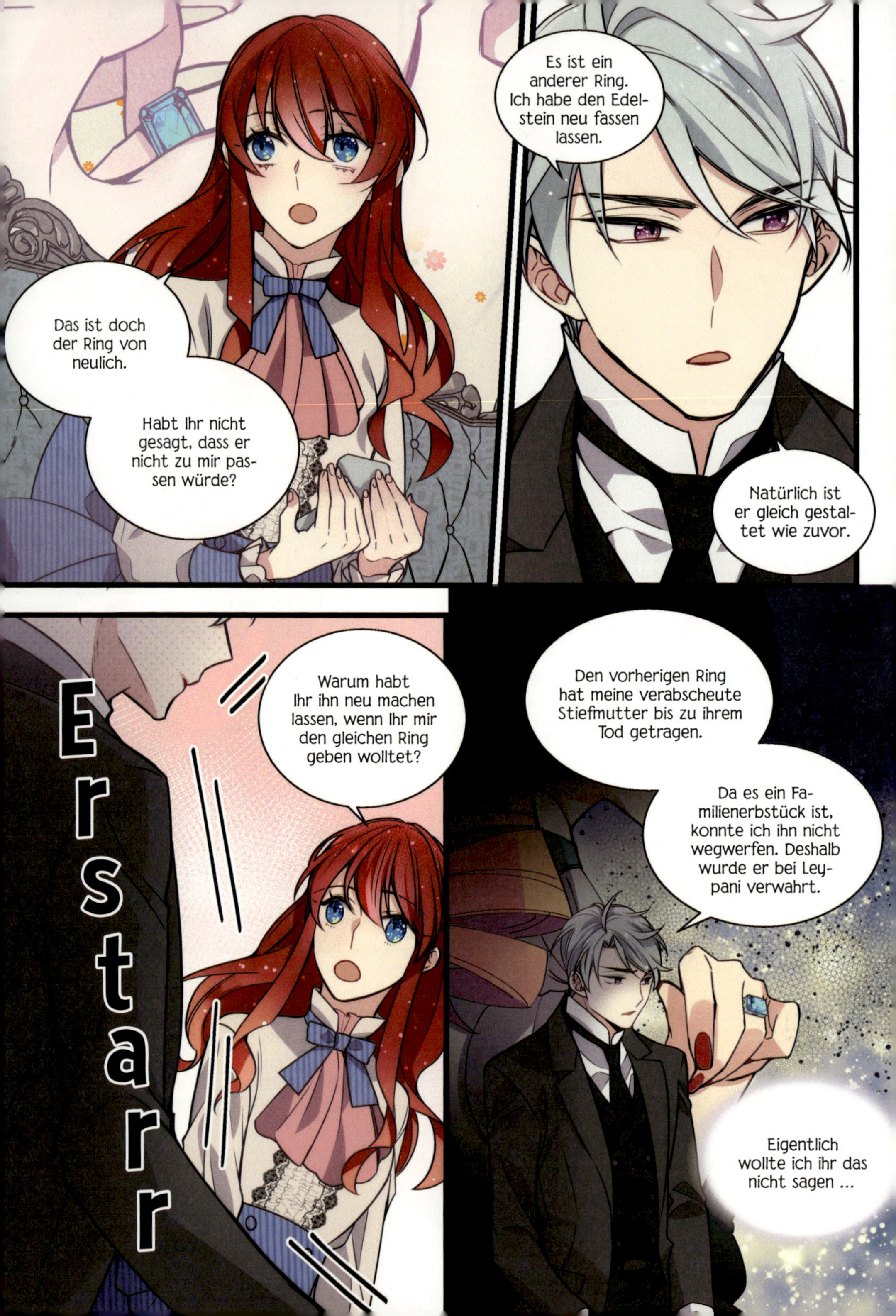
Das ist doch der Ring von neulich.
Habt Ihr nicht gesagt, dass er nicht zu mir passen würde?
Es ist ein anderer Ring. Ich habe den Edelstein neu fassen lassen.
Natürlich ist er gleich gestaltet wie zuvor.
Erstarr
Warum habt Ihr ihn neu machen lassen, wenn Ihr mir den gleichen Ring geben wolltet?
Den vorherigen Ring hat meine verabscheute Stiefmutter bis zu ihrem Tod getragen.
Da es ein Familienerbstück ist, konnte ich ihn nicht wegwerfen. Deshalb wurde er bei Leypani verwahrt.
Eigentlich wollte ich ihr das nicht sagen ...

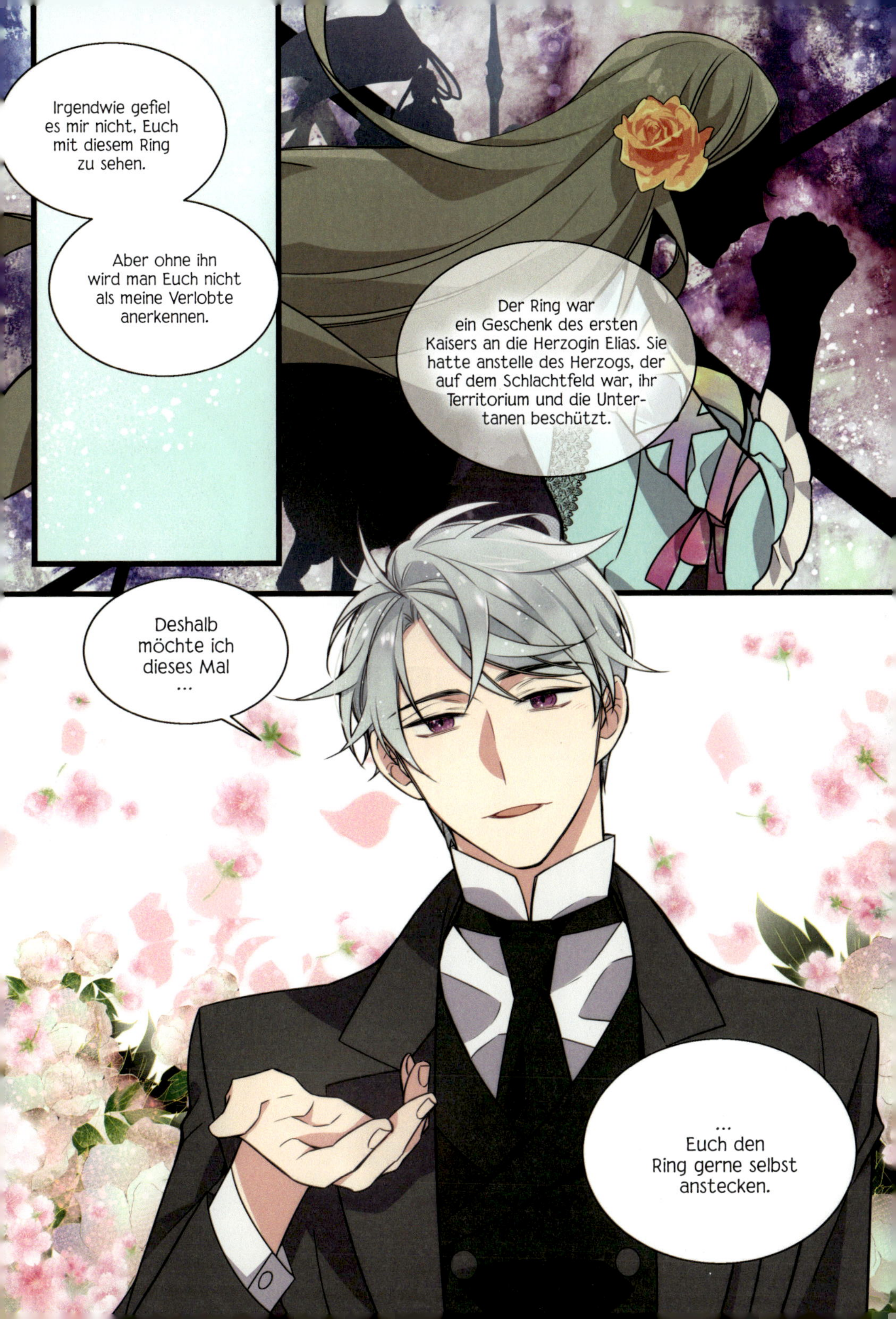
Irgendwie gefiel es mir nicht, Euch mit diesem Ring zu sehen.
Aber ohne ihn wird man Euch nicht als meine Verlobte anerkennen.
Der Ring war ein Geschenk des ersten Kaisers an die Herzogin Elias. Sie hatte anstelle des Herzogs, der auf dem Schlachtfeld war, ihr Territorium und die Untertanen beschützt.
Deshalb möchte ich dieses Mal ...
... Euch den Ring gerne selbst anstecken.

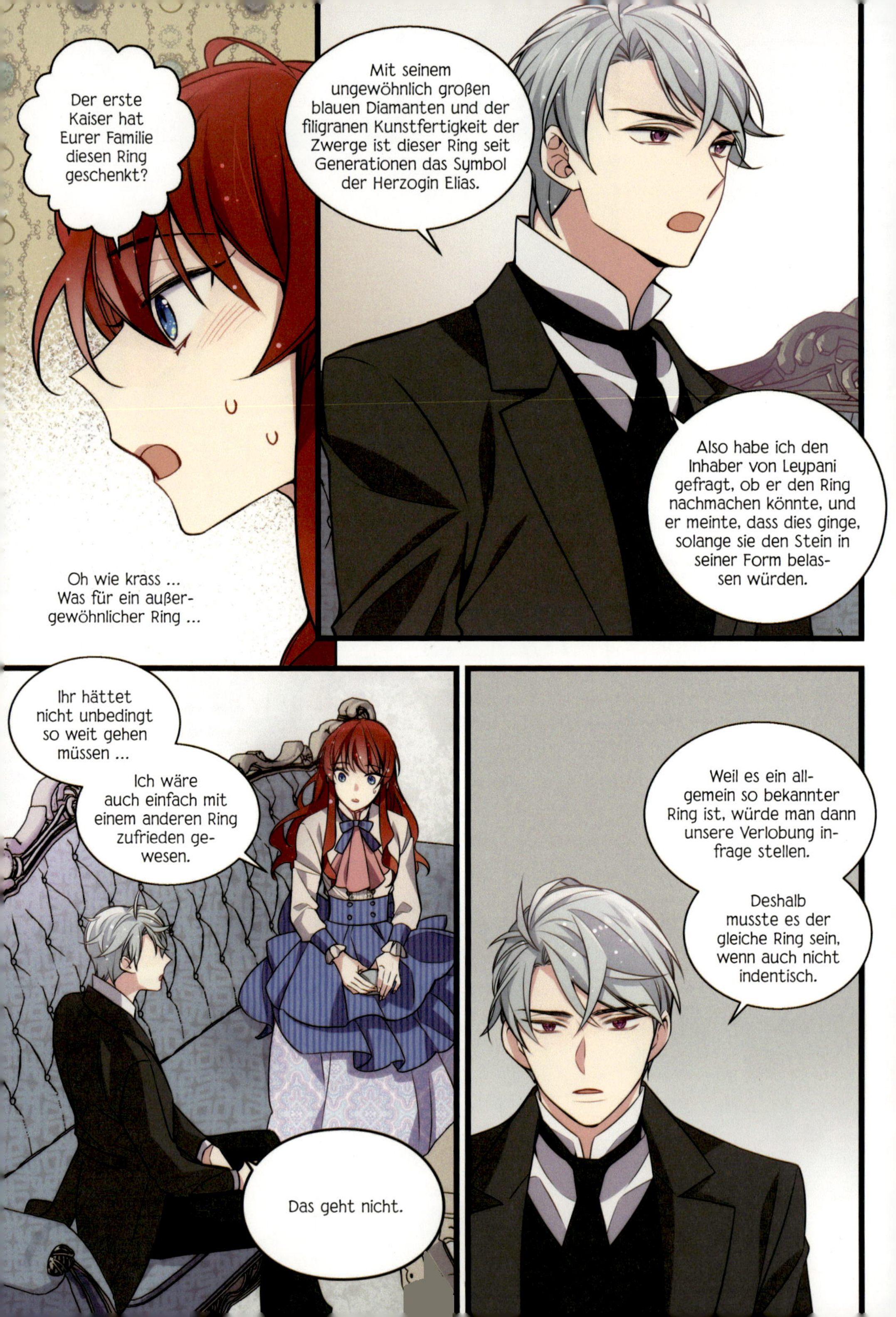
Der erste Kaiser hat Eurer Familie diesen Ring geschenkt?
Mit seinem ungewöhnlich großen blauen Diamanten und der filigranen Kunstfertigkeit der Zwerge ist dieser Ring seit Generationen das Symbol der Herzogin Elias.
Oh wie krass ... Was für ein außergewöhnlicher Ring ...
Also habe ich den Inhaber von Leypani gefragt, ob er den Ring nachmachen könnte, und er meinte, dass dies ginge, solange sie den Stein in seiner Form belassen würden.
Ihr hättet nicht unbedingt so weit gehen müssen ...
Ich wäre auch einfach mit einem anderen Ring zufrieden gewesen.
Das geht nicht.
Weil es ein allgemein so bekannter Ring ist, würde man dann unsere Verlobung infrage stellen.
Deshalb musste es der gleiche Ring sein, wenn auch nicht indentisch.

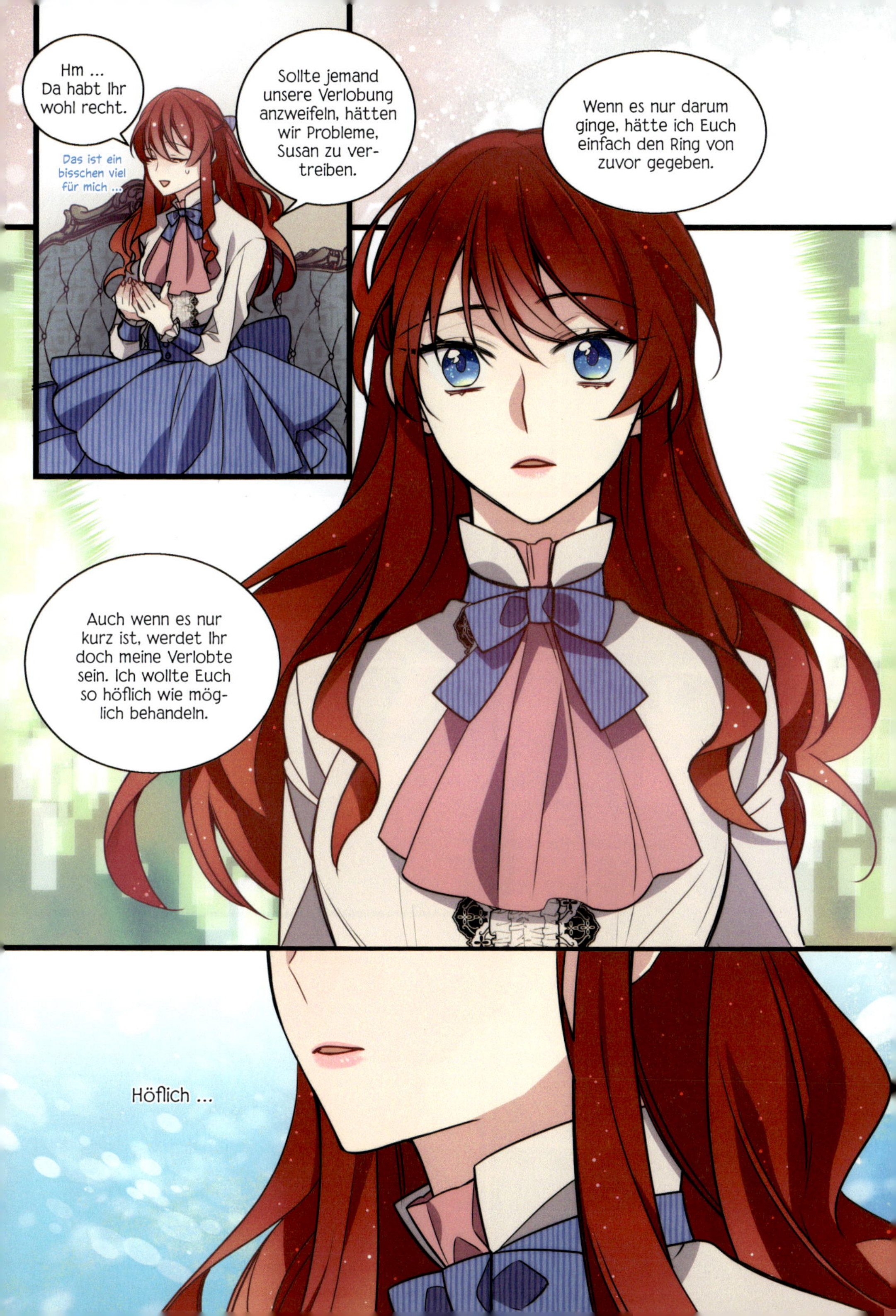

Hm ... Da habt Ihr wohl recht.
Das ist ein bisschen viel für mich ...
Sollte jemand unsere Verlobung anzweifeln, hätten wir Probleme, Susan zu vertreiben.
Wenn es nur darum ginge, hätte ich Euch einfach den Ring von zuvor gegeben.
Auch wenn es nur kurz ist, werdet Ihr doch meine Verlobte sein. Ich wollte Euch so höflich wie möglich behandeln.
Höflich ...

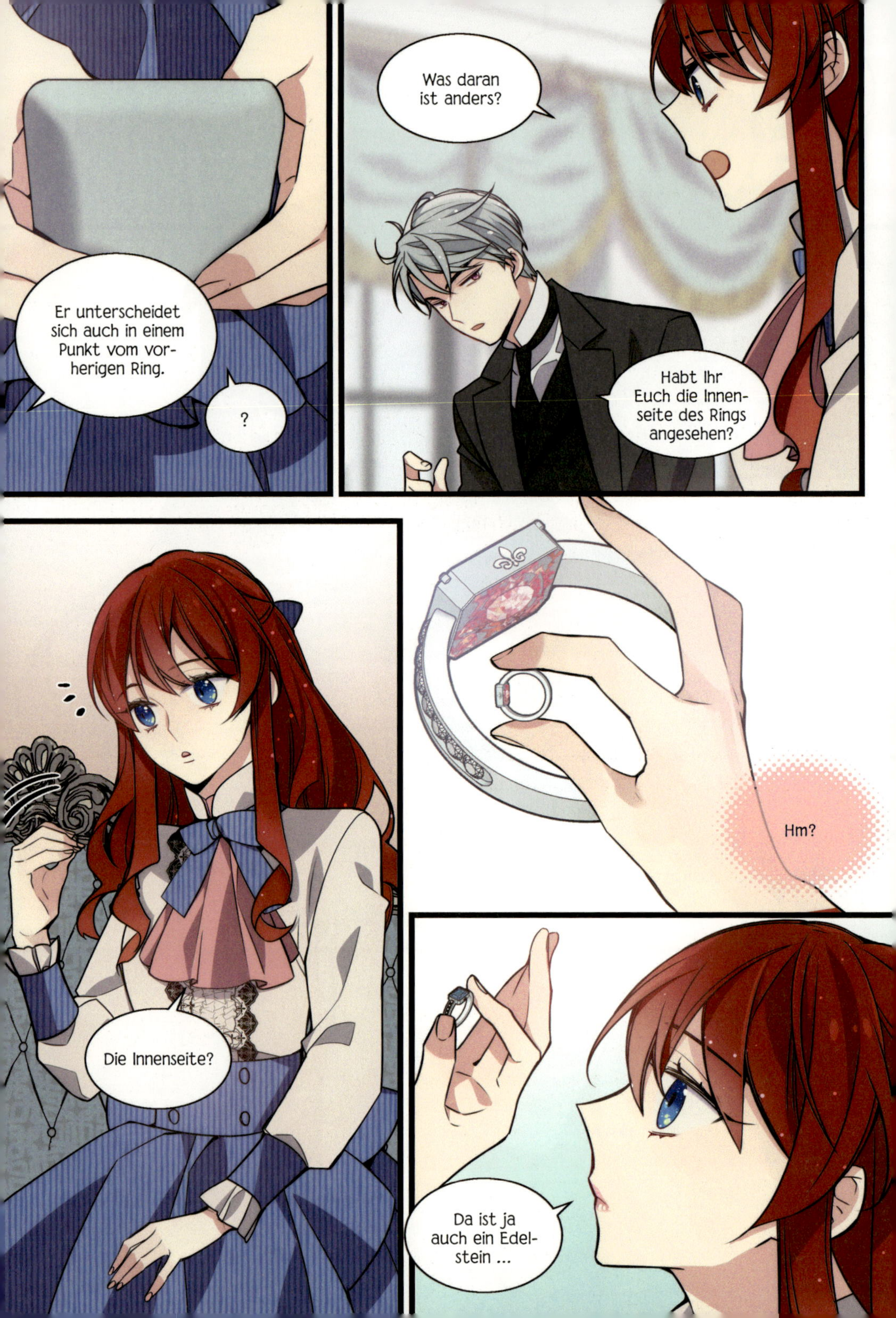
Er unterscheidet sich auch in einem Punkt vom vorherigen Ring.
?
Was daran ist anders?
Habt Ihr Euch die Innenseite des Rings angesehen?
Die Innenseite?
Hm?
Da ist ja auch ein Edelstein ...

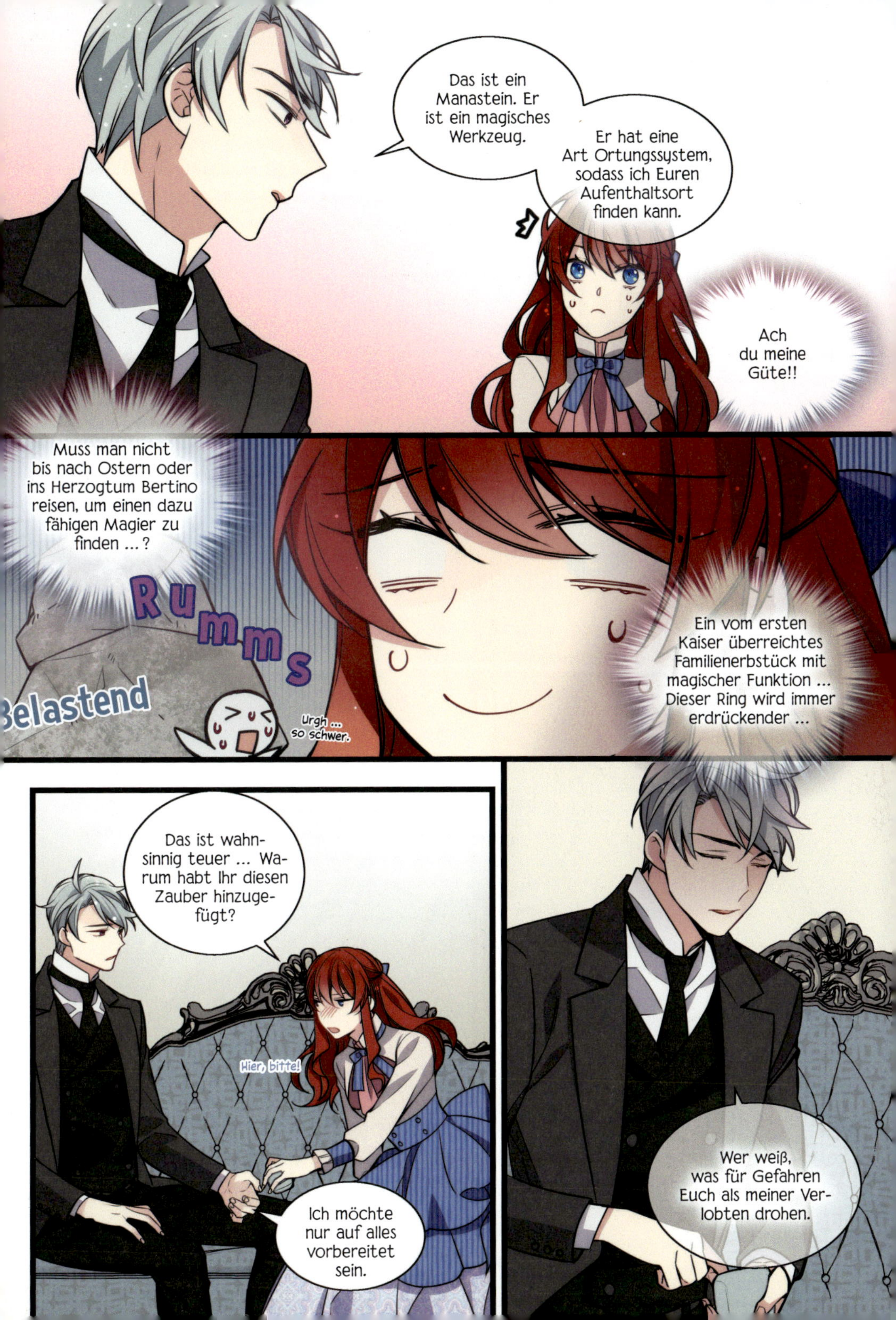
Das ist ein Manastein. Er ist ein magisches Werkzeug.
Er hat eine Art Ortungssystem, sodass ich Euren Aufenthaltsort finden kann.
Ach du meine Güte!!
Muss man nicht bis nach Ostern oder ins Herzogtum Bertino reisen, um einen dazu fähigen Magier zu finden ...?
Rumms
Belastend
Urgh ... so schwer.
Ein vom ersten Kaiser überreichtes Familienerbstück mit magischer Funktion ... Dieser Ring wird immer erdrückender ...
Das ist wahnsinnig teuer ... Warum habt Ihr diesen Zauber hinzugefügt?
Hier, bitte!
Ich möchte nur auf alles vorbereitet sein.
Wer weiß, was für Gefahren Euch als meiner Verlobten drohen.

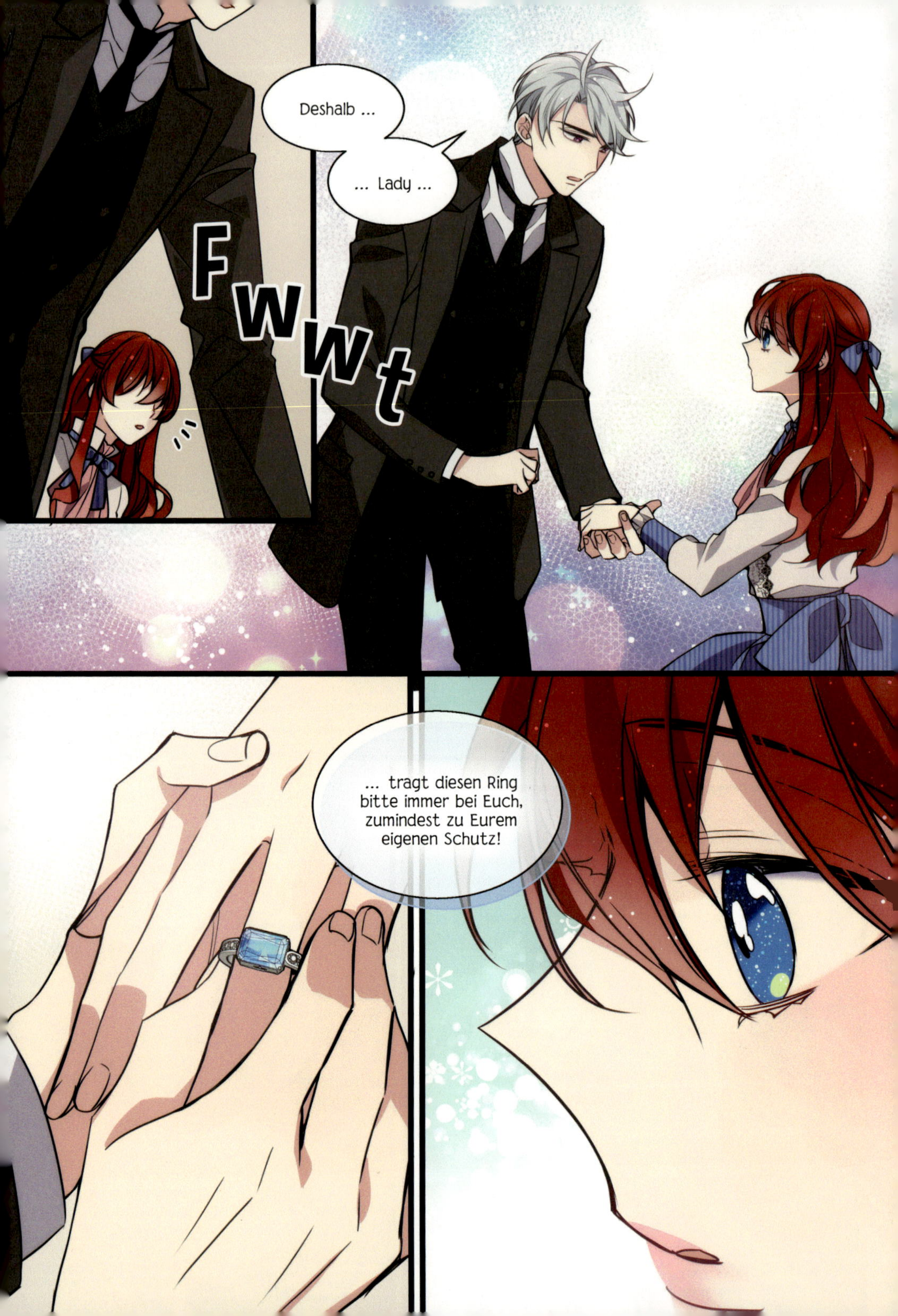
Deshalb ...
... Lady ...
Fwwt
... tragt diesen Ring bitte immer bei Euch, zumindest zu Eurem eigenen Schutz!

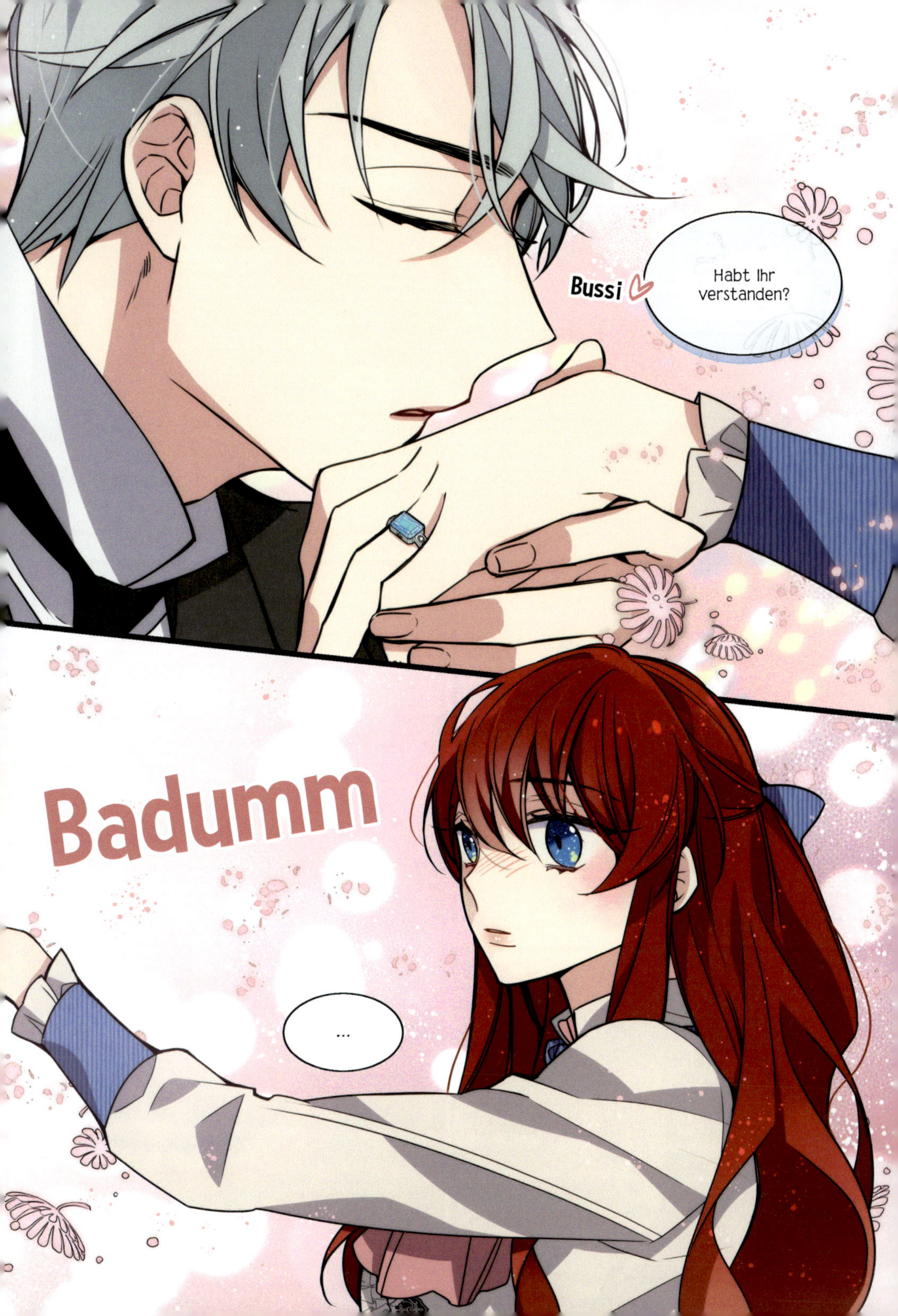
Bussi
Habt Ihr verstanden?
Badumm
...

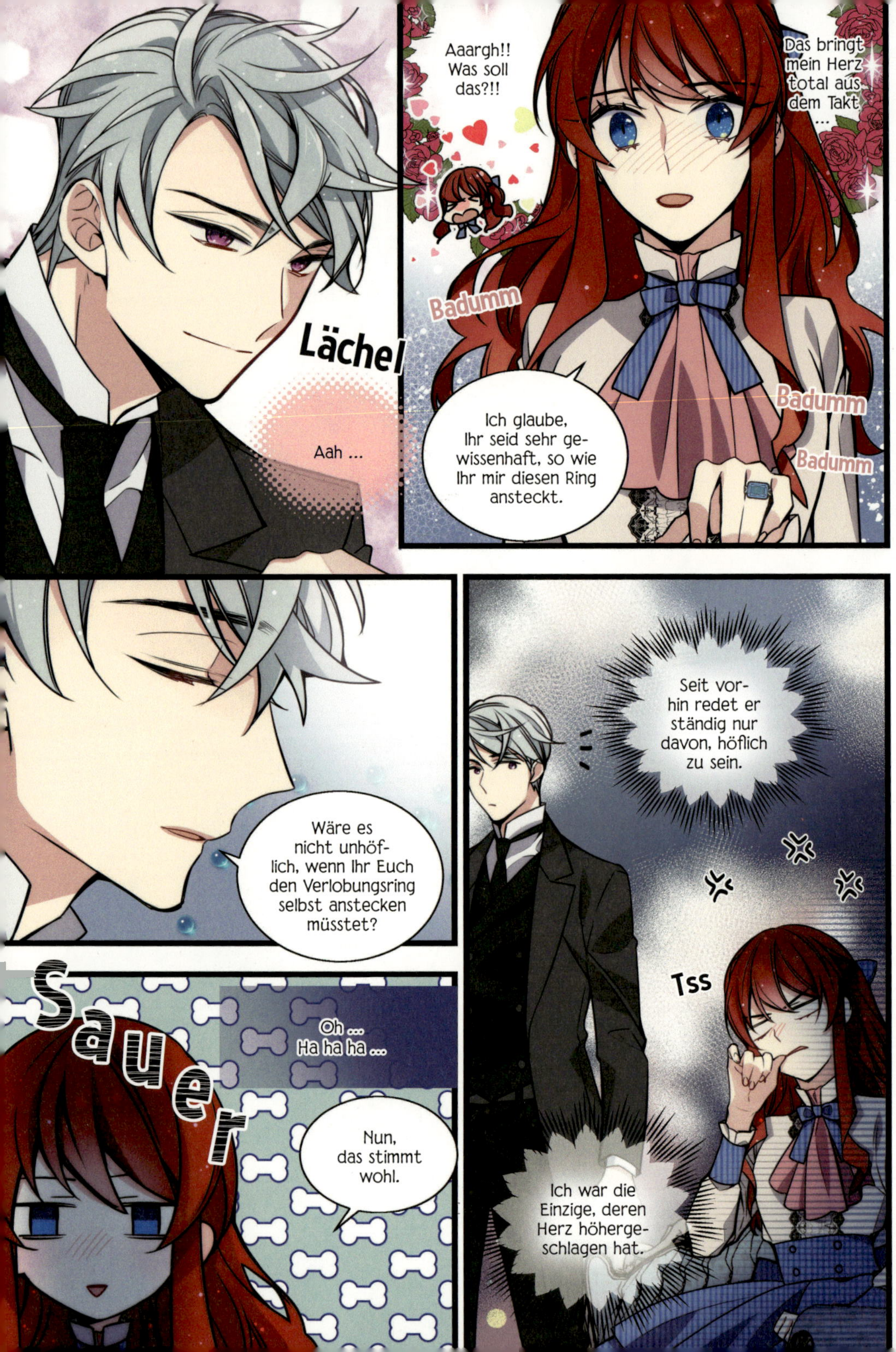
Lächel
Aah ...
Aaargh!! Was soll das?!!
Badumm
Das bringt mein Herz total aus dem Takt ...
Ich glaube, Ihr seid sehr gewissenhaft, so wie Ihr mir diesen Ring ansteckt.
Badumm
Badumm
Wäre es nicht unhöflich, wenn Ihr Euch den Verlobungsring selbst anstecken müsstet?
Sauer
Oh ... Ha ha ha ...
Nun, das stimmt wohl.
Seit vorhin redet er ständig nur davon, höflich zu sein.
Tss
Ich war die Einzige, deren Herz höhergeschlagen hat.

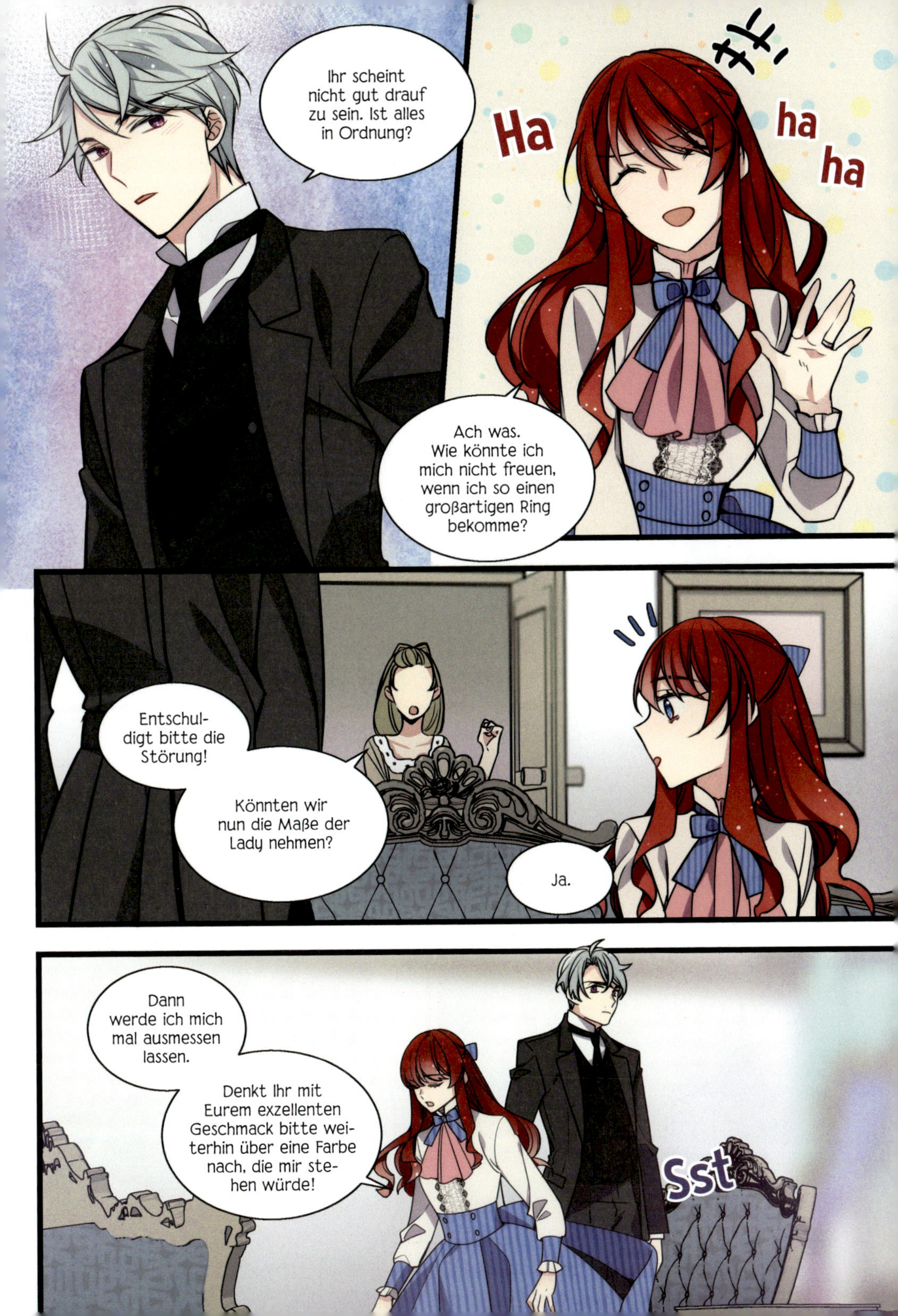

Ihr scheint nicht gut drauf zu sein. Ist alles in Ordnung?
Ha
ha
ha
Ach was. Wie könnte ich mich nicht freuen, wenn ich so einen großartigen Ring bekomme?
Entschuldigt bitte die Störung!
Könnten wir nun die Maße der Lady nehmen?
Ja.
Dann werde ich mich mal ausmessen lassen.
Denkt Ihr mit Eurem exzellenten Geschmack bitte weiterhin über eine Farbe nach, die mir stehen würde!
Sst

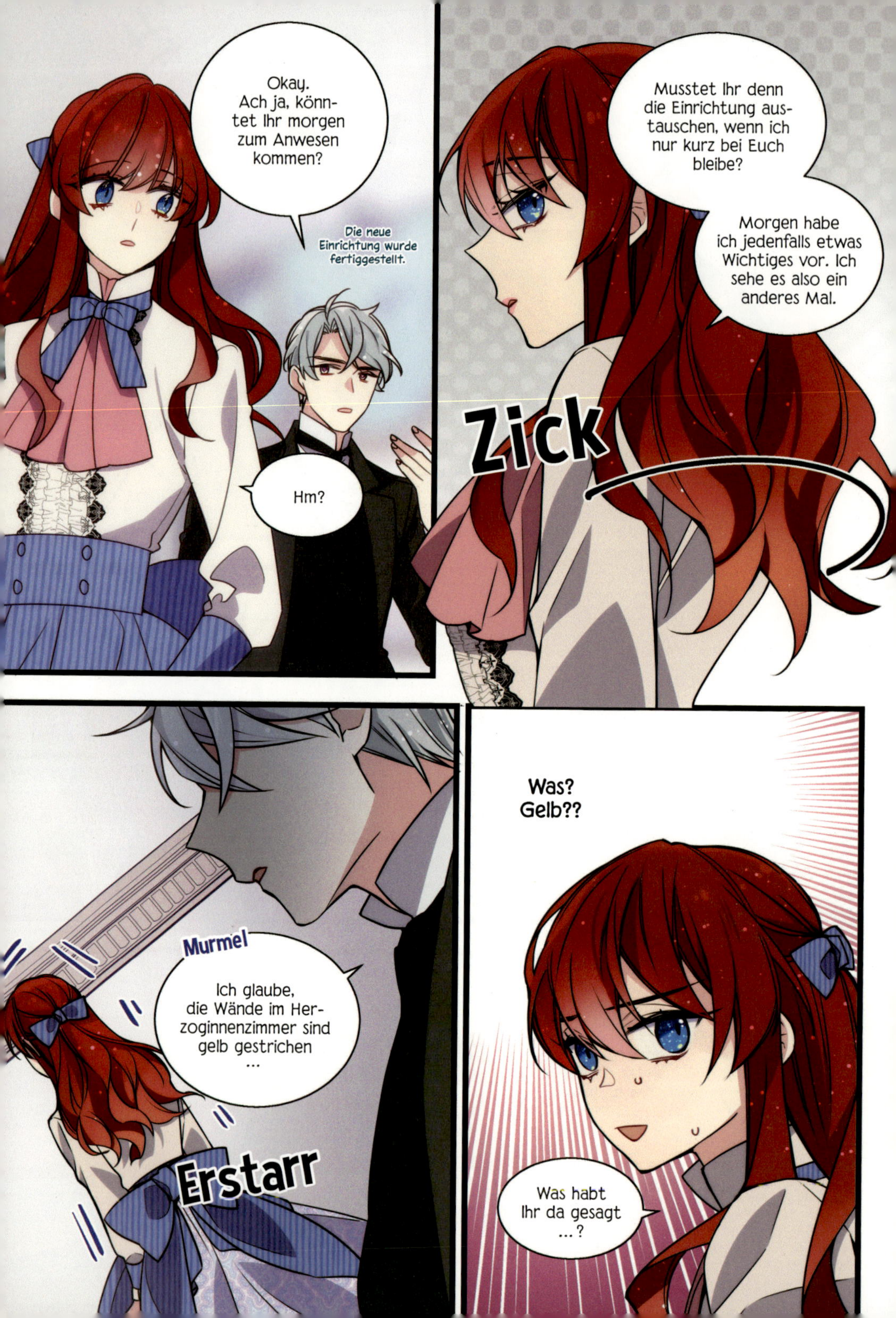
Okay.
Ach ja, könn-
tet Ihr morgen
zum Anwesen
kommen?
Die neue
Einrichtung wurde
fertiggestellt.
Hm?
Musstet Ihr denn
die Einrichtung aus-
tauschen, wenn ich
nur kurz bei Euch
bleibe?
Morgen habe
ich jedenfalls etwas
Wichtiges vor. Ich
sehe es also ein
anderes Mal.
Zick
Murmel
Ich glaube,
die Wände im Her-
zoginnenzimmer sind
gelb gestrichen
...
Erstarr
Was?
Gelb??
Was habt
Ihr da gesagt
...?

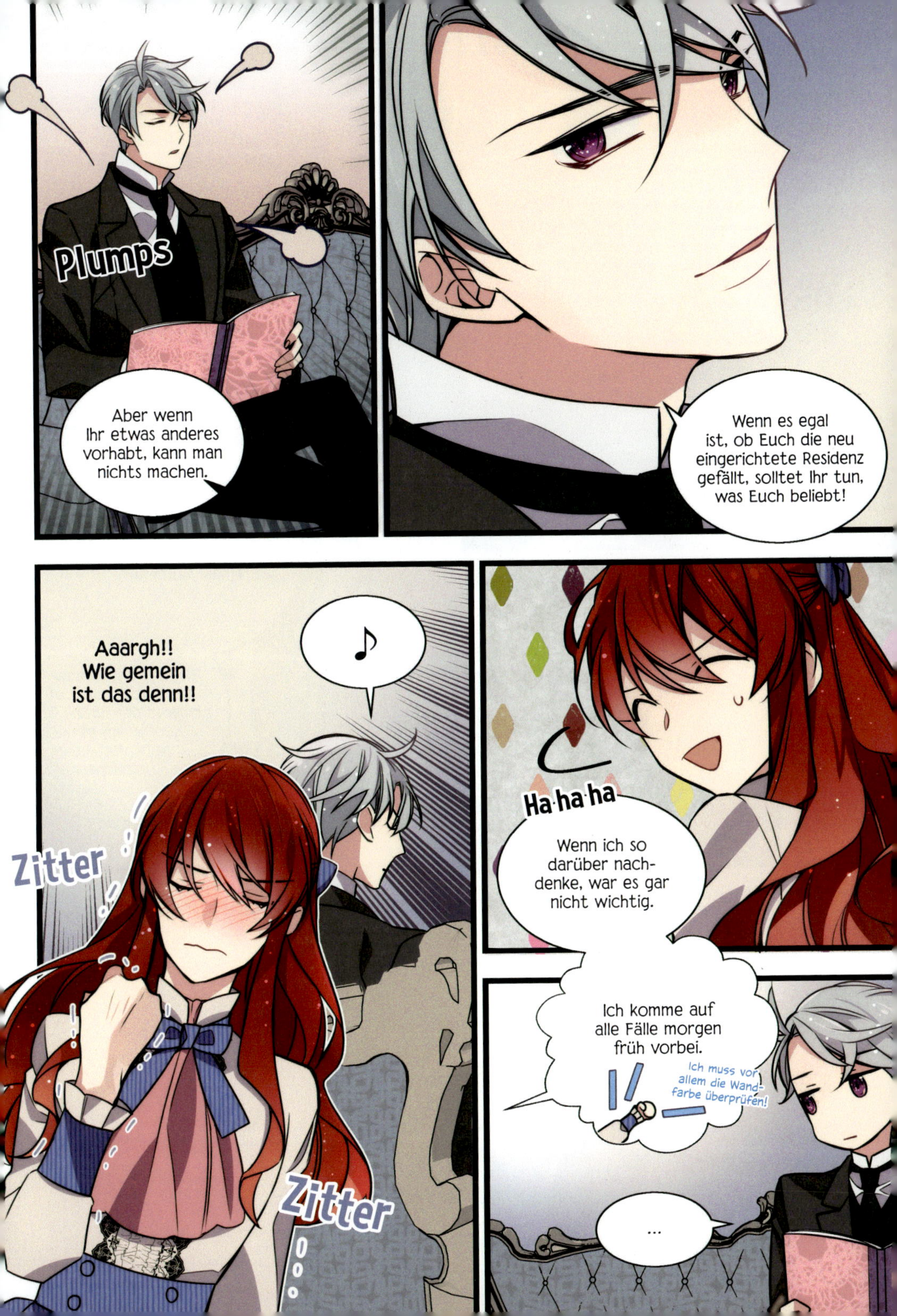
Plumps
Aber wenn Ihr etwas anderes vorhabt, kann man nichts machen.
Wenn es egal ist, ob Euch die neu eingerichtete Residenz gefällt, solltet Ihr tun, was Euch beliebt!
Aaargh!! Wie gemein ist das denn!!
♪
Zitter
Zitter
Ha·ha·ha
Wenn ich so darüber nach-denke, war es gar nicht wichtig.
Ich komme auf alle Fälle morgen früh vorbei.
Ich muss vor allem die Wandfarbe überprüfen!
...

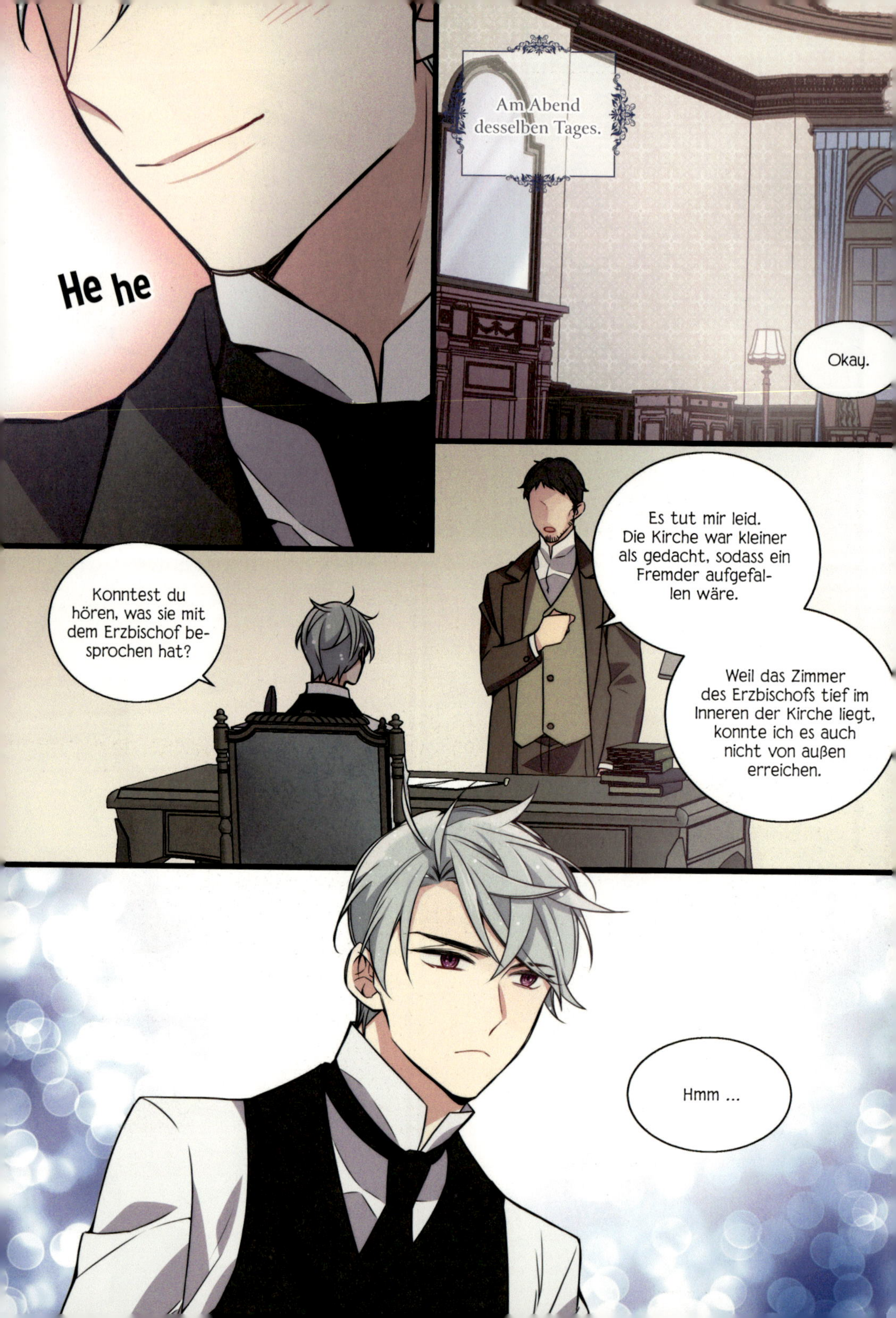
He he
Am Abend desselben Tages.
Okay.
Konntest du hören, was sie mit dem Erzbischof besprochen hat?
Es tut mir leid. Die Kirche war kleiner als gedacht, sodass ein Fremder aufgefallen wäre.
Weil das Zimmer des Erzbischofs tief im Inneren der Kirche liegt, konnte ich es auch nicht von außen erreichen.
Hmm ...

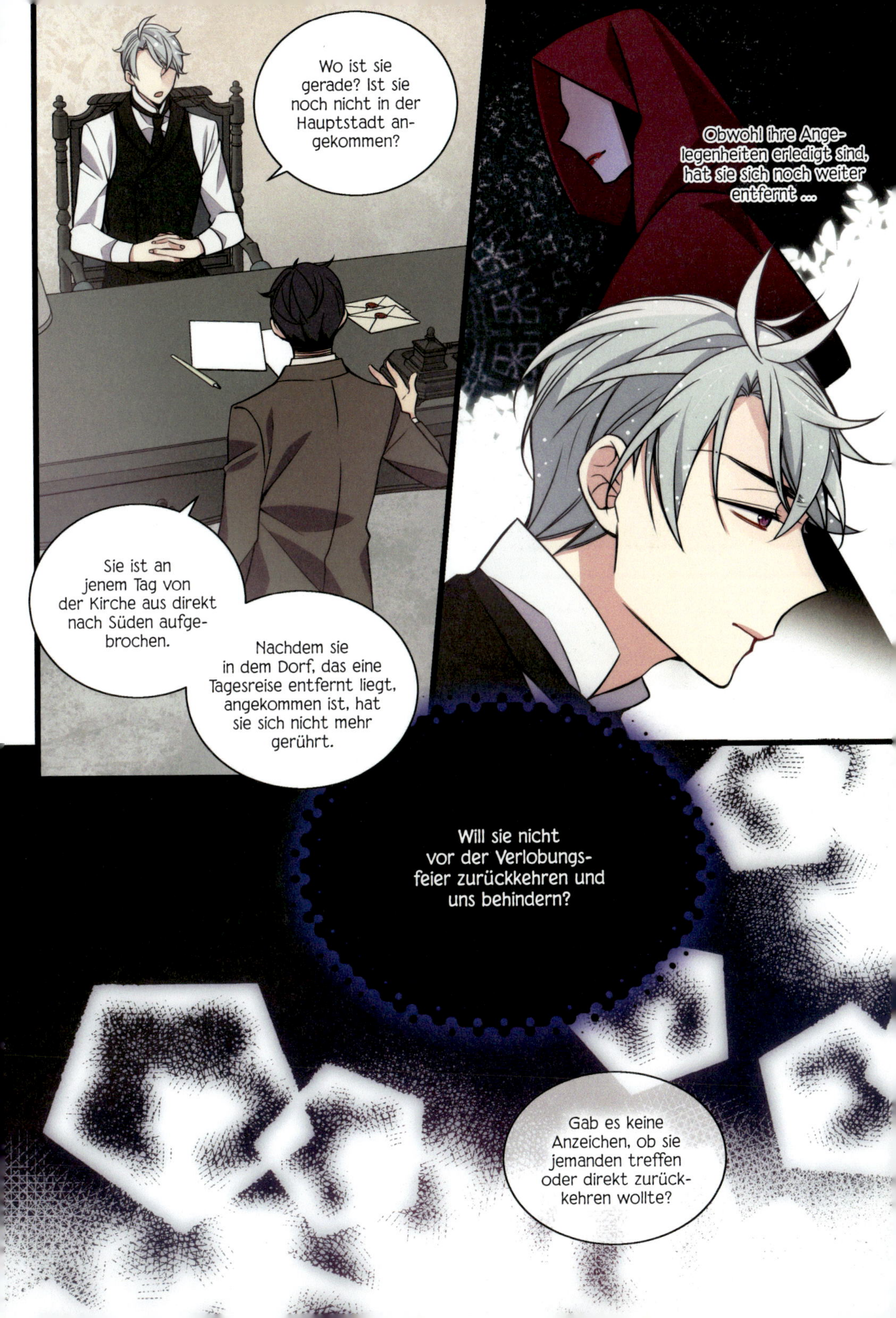
Wo ist sie gerade? Ist sie noch nicht in der Hauptstadt angekommen?
Obwohl ihre Angelegenheiten erledigt sind, hat sie sich noch weiter entfernt ...
Sie ist an jenem Tag von der Kirche aus direkt nach Süden aufgebrochen.
Nachdem sie in dem Dorf, das eine Tagesreise entfernt liegt, angekommen ist, hat sie sich nicht mehr gerührt.
Will sie nicht vor der Verlobungsfeier zurückkehren und uns behindern?
Gab es keine Anzeichen, ob sie jemanden treffen oder direkt zurückkehren wollte?

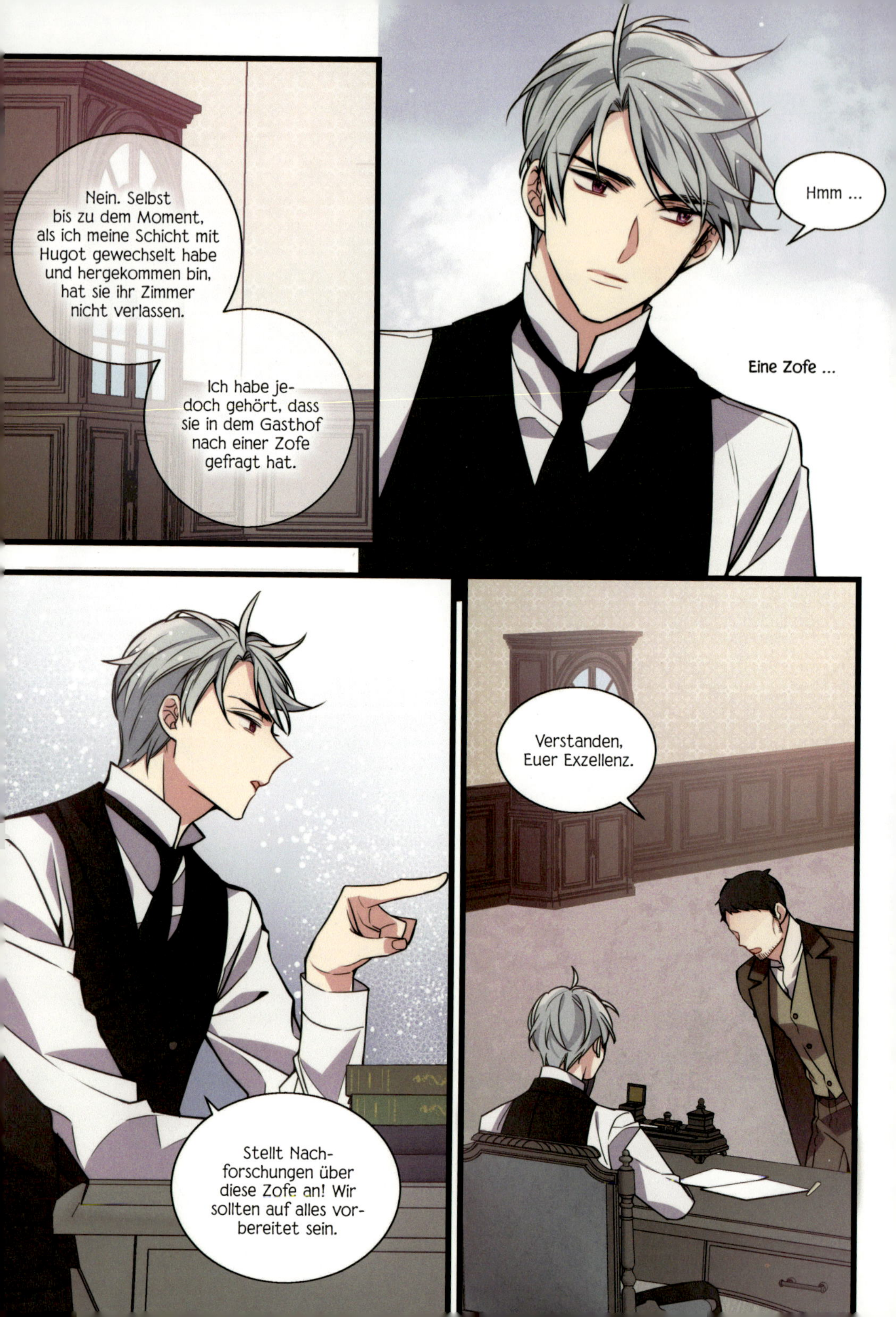
Nein. Selbst bis zu dem Moment, als ich meine Schicht mit Hugot gewechselt habe und hergekommen bin, hat sie ihr Zimmer nicht verlassen.
Ich habe jedoch gehört, dass sie in dem Gasthof nach einer Zofe gefragt hat.
Hmm ...
Eine Zofe ...
Stellt Nachforschungen über diese Zofe an! Wir sollten auf alles vorbereitet sein.
Verstanden, Euer Exzellenz.

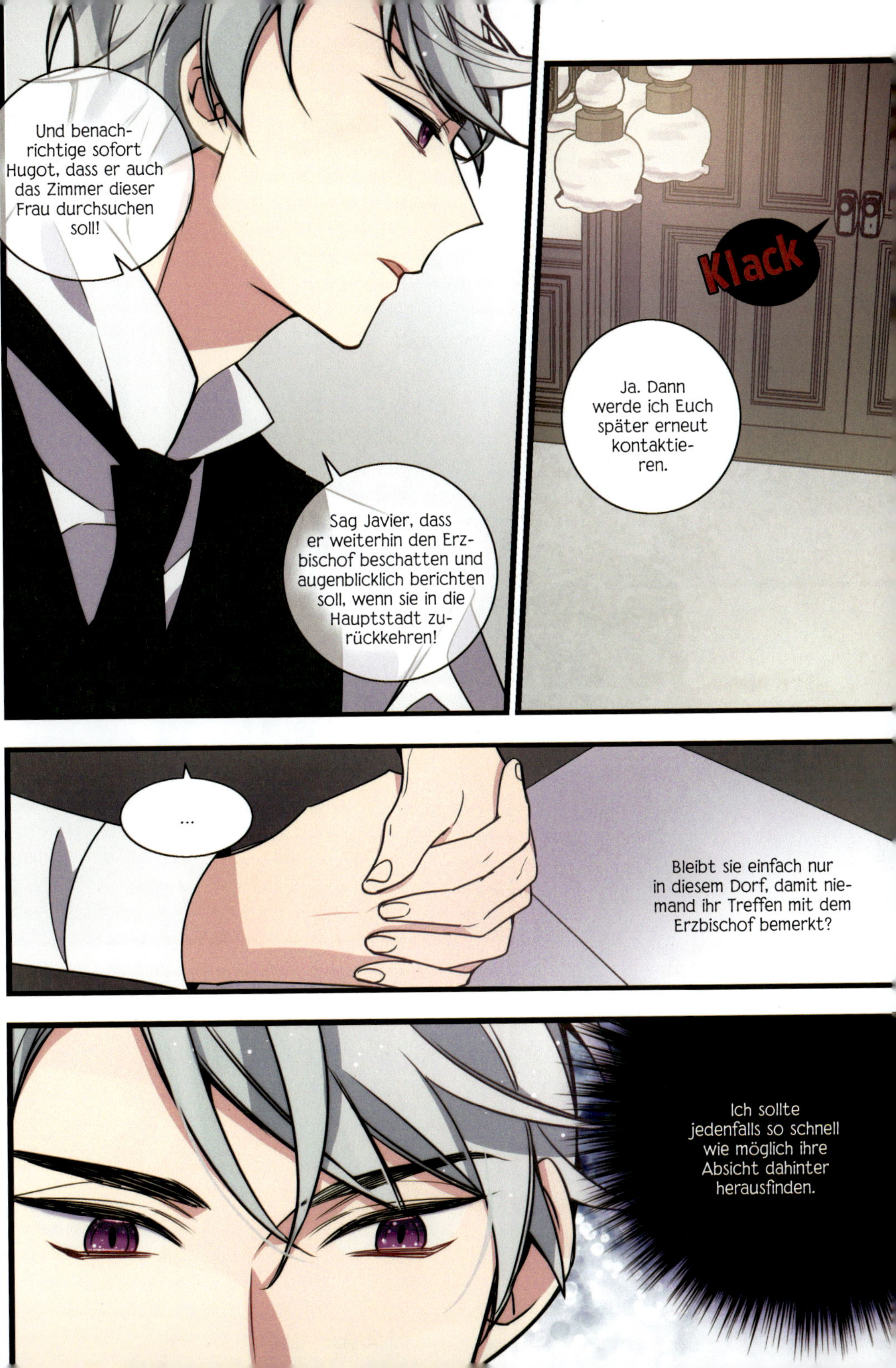
Und benachrichtige sofort Hugot, dass er auch das Zimmer dieser Frau durchsuchen soll!
Sag Javier, dass er weiterhin den Erzbischof beschatten und augenblicklich berichten soll, wenn sie in die Hauptstadt zurückkehren!
Klack
Ja. Dann werde ich Euch später erneut kontaktieren.
...
Bleibt sie einfach nur in diesem Dorf, damit niemand ihr Treffen mit dem Erzbischof bemerkt?
Ich sollte jedenfalls so schnell wie möglich ihre Absicht dahinter herausfinden.

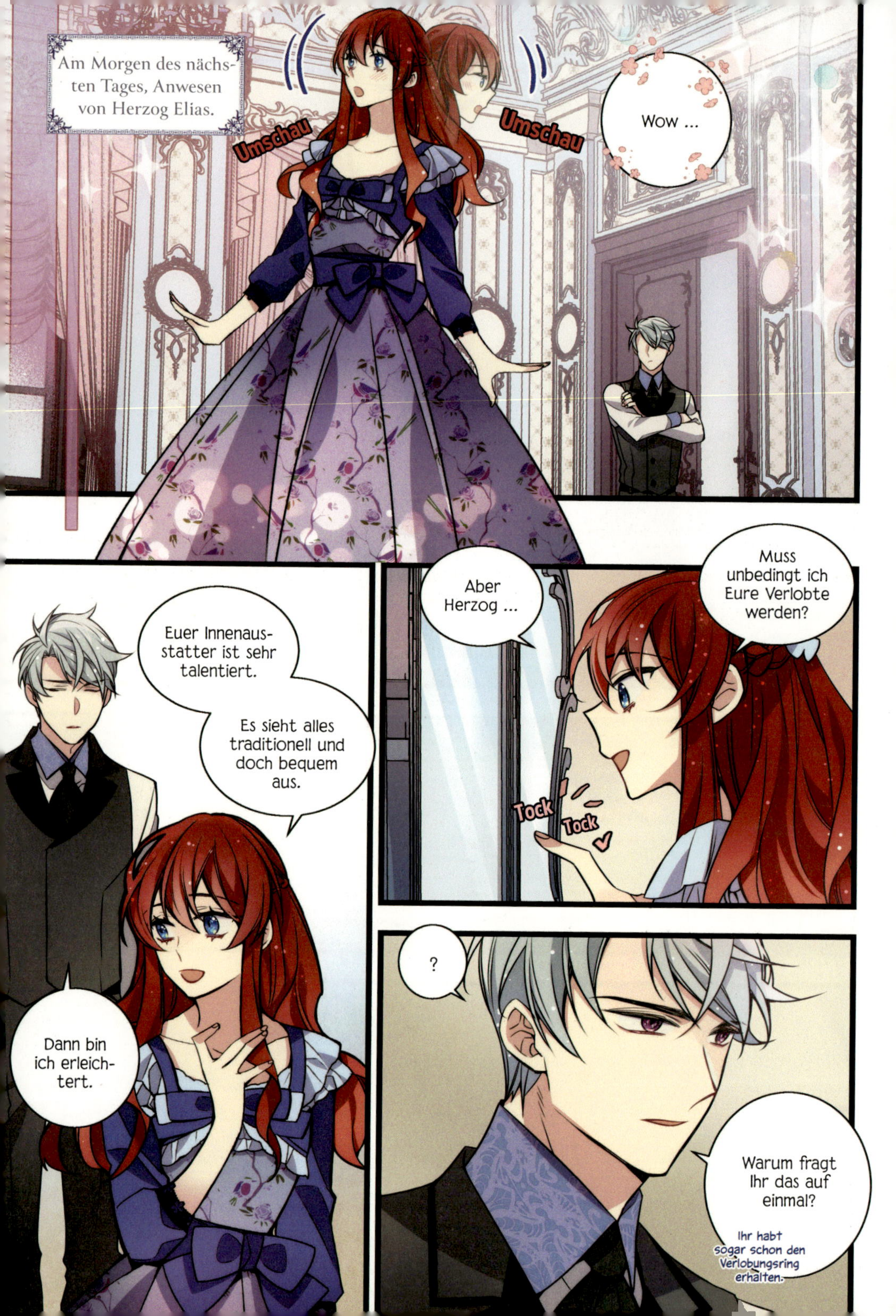
Am Morgen des nächsten Tages, Anwesen von Herzog Elias.
Umschau
Umschau
Wow ...
Euer Innenausstatter ist sehr talentiert.
Es sieht alles traditionell und doch bequem aus.
Dann bin ich erleichtert.
Aber Herzog ...
Muss unbedingt ich Eure Verlobte werden?
Tock
Tock
?
Warum fragt Ihr das auf einmal?
Ihr habt sogar schon den Verlobungsring erhalten.

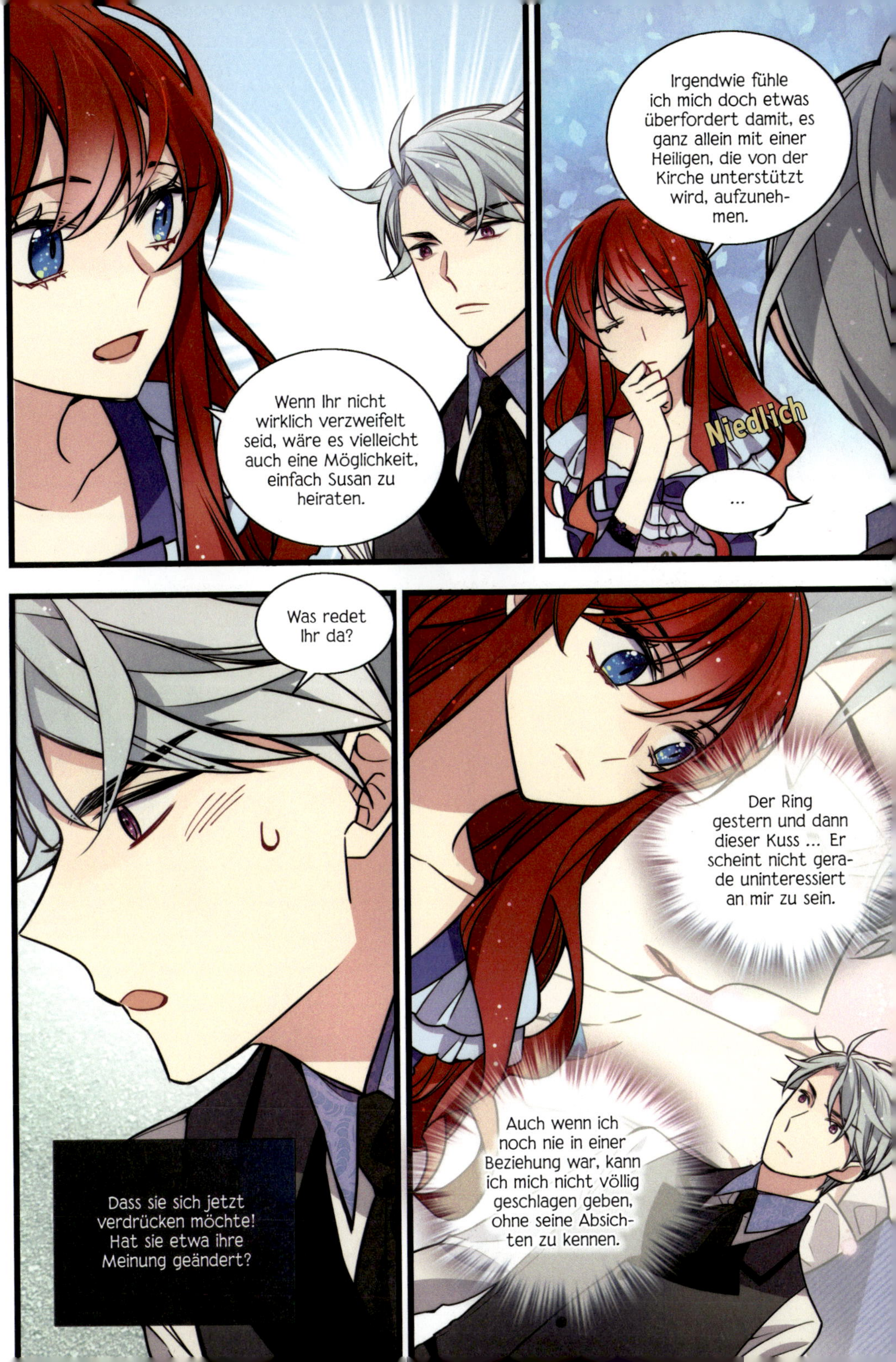
Wenn Ihr nicht wirklich verzweifelt seid, wäre es vielleicht auch eine Möglichkeit, einfach Susan zu heiraten.
Irgendwie fühle ich mich doch etwas überfordert damit, es ganz allein mit einer Heiligen, die von der Kirche unterstützt wird, aufzunehmen.
Niedlich
...
Was redet Ihr da?
Dass sie sich jetzt verdrücken möchte! Hat sie etwa ihre Meinung geändert?
Der Ring gestern und dann dieser Kuss ... Er scheint nicht gerade uninteressiert an mir zu sein.
Auch wenn ich noch nie in einer Beziehung war, kann ich mich nicht völlig geschlagen geben, ohne seine Absichten zu kennen.

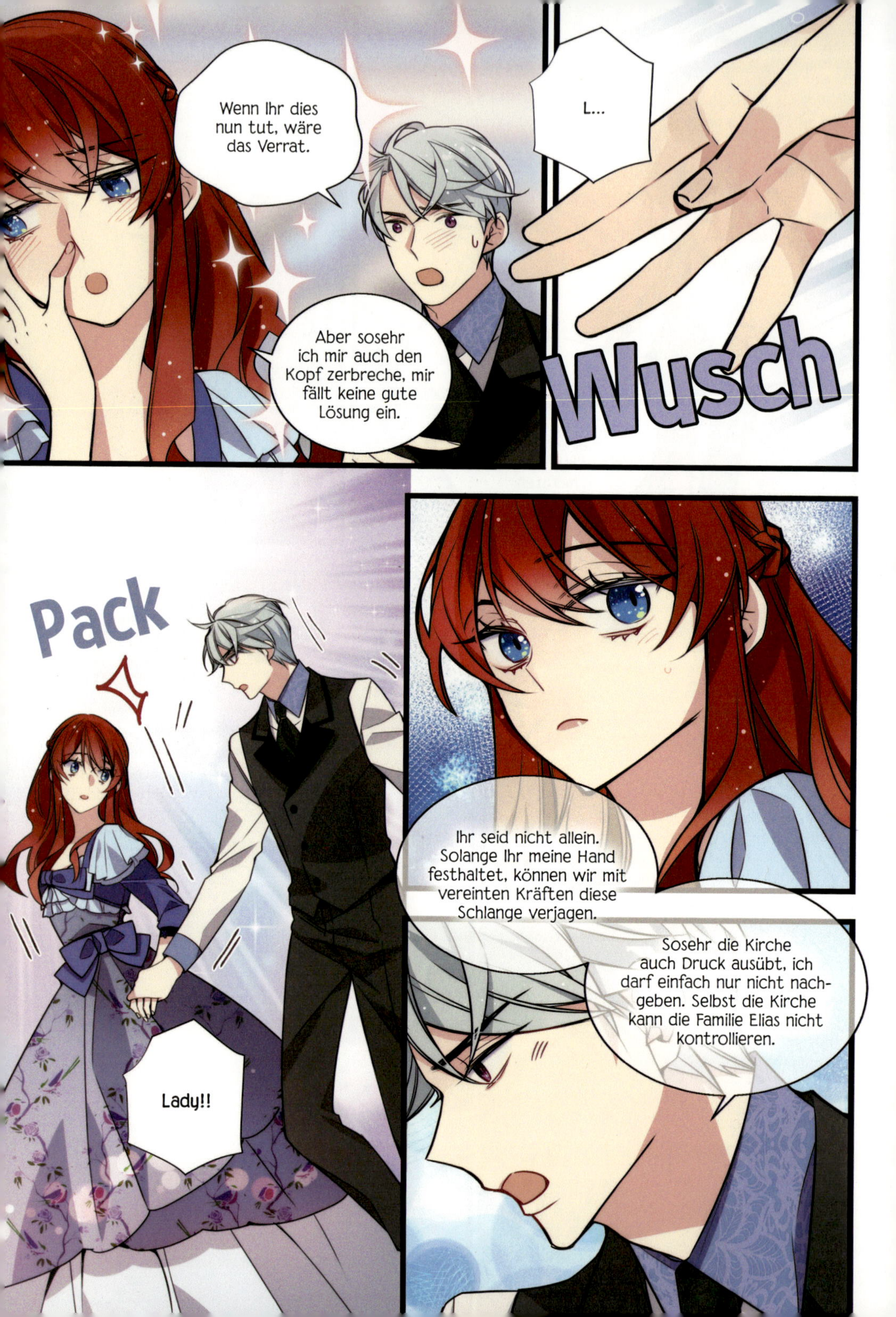

Wenn Ihr dies nun tut, wäre das Verrat.
Aber sosehr ich mir auch den Kopf zerbreche, mir fällt keine gute Lösung ein.
L...
Wusch
Pack
Lady!!
Ihr seid nicht allein. Solange Ihr meine Hand festhaltet, können wir mit vereinten Kräften diese Schlange verjagen.
Sosehr die Kirche auch Druck ausübt, ich darf einfach nur nicht nachgeben. Selbst die Kirche kann die Familie Elias nicht kontrollieren.

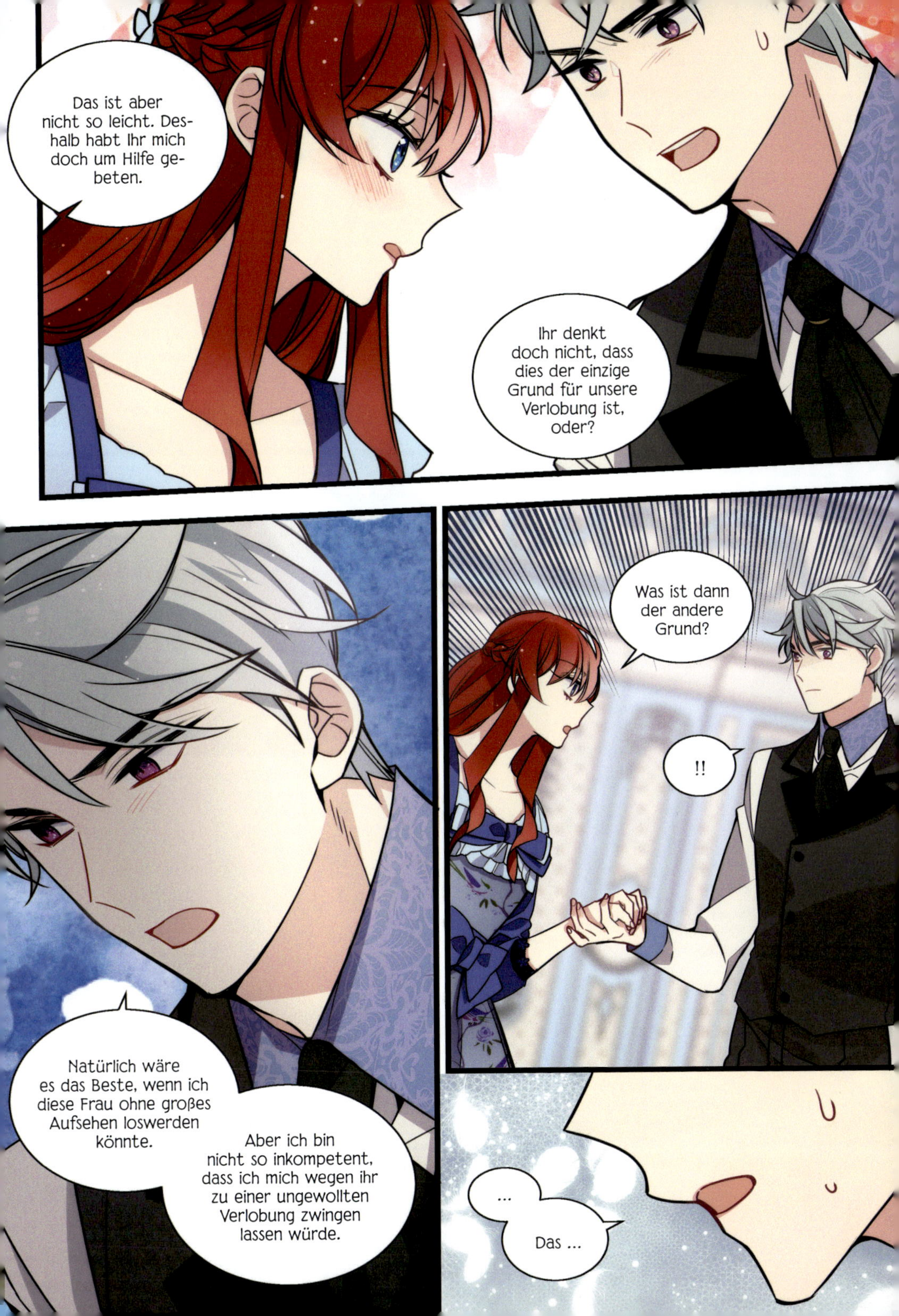
Das ist aber nicht so leicht. Deshalb habt Ihr mich doch um Hilfe gebeten.
Ihr denkt doch nicht, dass dies der einzige Grund für unsere Verlobung ist, oder?
Was ist dann der andere Grund?
!!
Natürlich wäre es das Beste, wenn ich diese Frau ohne großes Aufsehen loswerden könnte.
Aber ich bin nicht so inkompetent, dass ich mich wegen ihr zu einer ungewollten Verlobung zwingen lassen würde.
...
Das ...

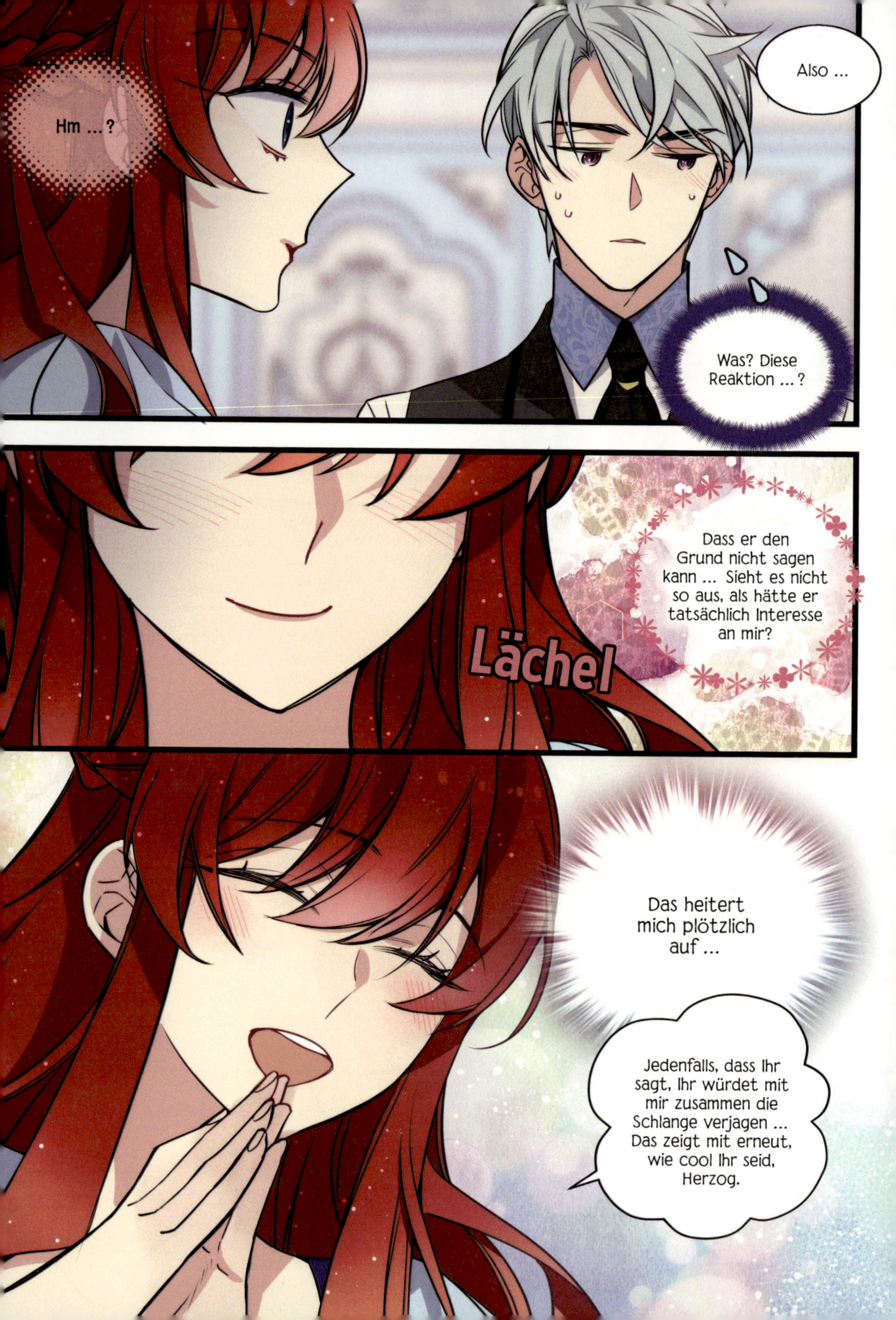
Hm ...?
Also ...
Was? Diese Reaktion ...?
Lächel
Dass er den Grund nicht sagen kann ... Sieht es nicht so aus, als hätte er tatsächlich Interesse an mir?
Das heitert mich plötzlich auf ...
Jedenfalls, dass Ihr sagt, Ihr würdet mit mir zusammen die Schlange verjagen ... Das zeigt mit erneut, wie cool Ihr seid, Herzog.

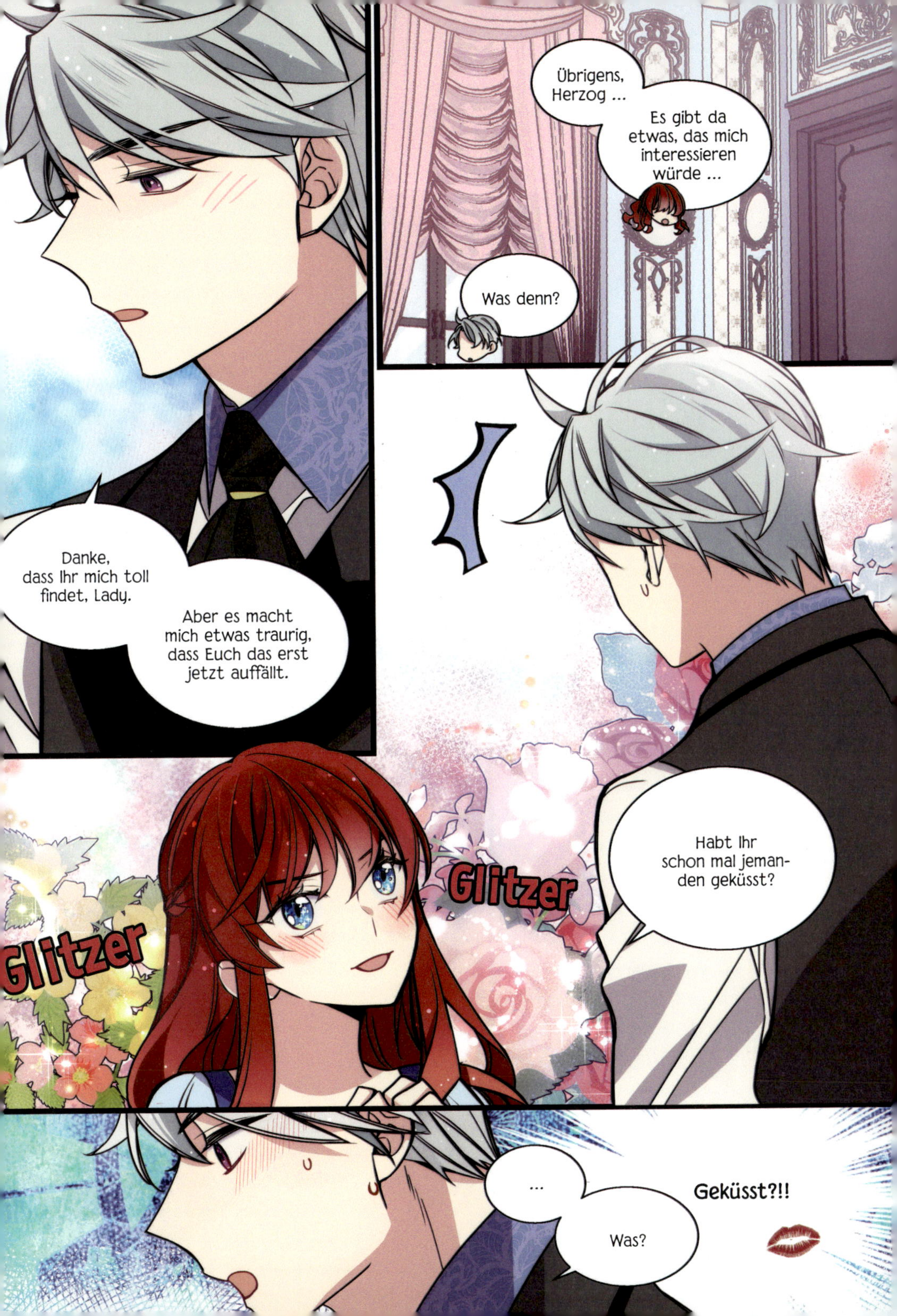
Übrigens, Herzog ...
Es gibt da etwas, das mich interessieren würde ...
Was denn?
Danke, dass Ihr mich toll findet, Lady.
Aber es macht mich etwas traurig, dass Euch das erst jetzt auffällt.
Glitzer
Glitzer
Habt Ihr schon mal jemanden geküsst?
...
Was?
Geküsst?!!

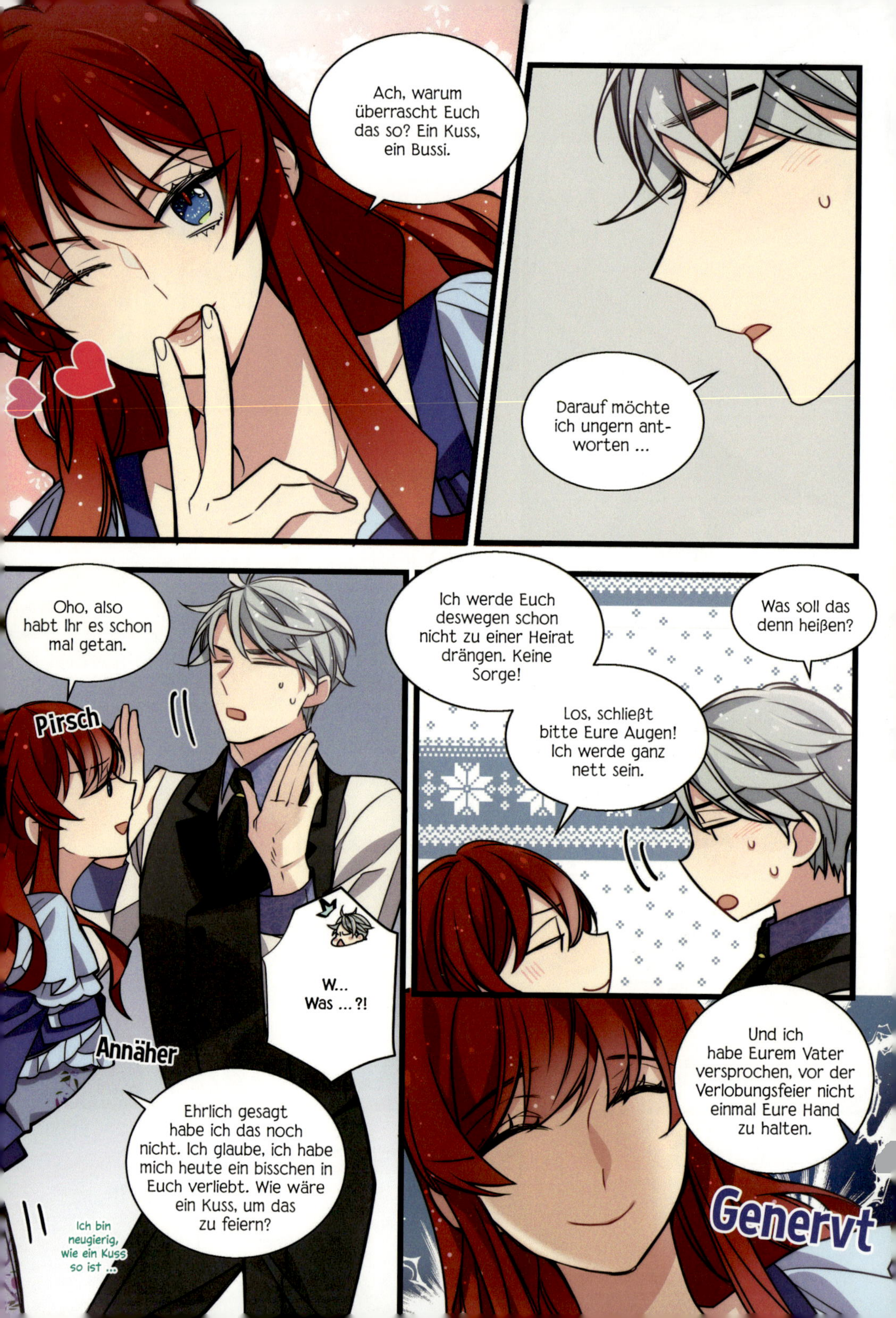
Ach, warum überrascht Euch das so? Ein Kuss, ein Bussi.
Darauf möchte ich ungern antworten ...
Oho, also habt Ihr es schon mal getan.
Pirsch
Annäher
W... Was ... ?!
Ehrlich gesagt habe ich das noch nicht. Ich glaube, ich habe mich heute ein bisschen in Euch verliebt. Wie wäre ein Kuss, um das zu feiern?
Ich bin neugierig, wie ein Kuss so ist ...
Was soll das denn heißen?
Ich werde Euch deswegen schon nicht zu einer Heirat drängen. Keine Sorge!
Los, schließt bitte Eure Augen! Ich werde ganz nett sein.
Und ich habe Eurem Vater versprochen, vor der Verlobungsfeier nicht einmal Eure Hand zu halten.
Genervt

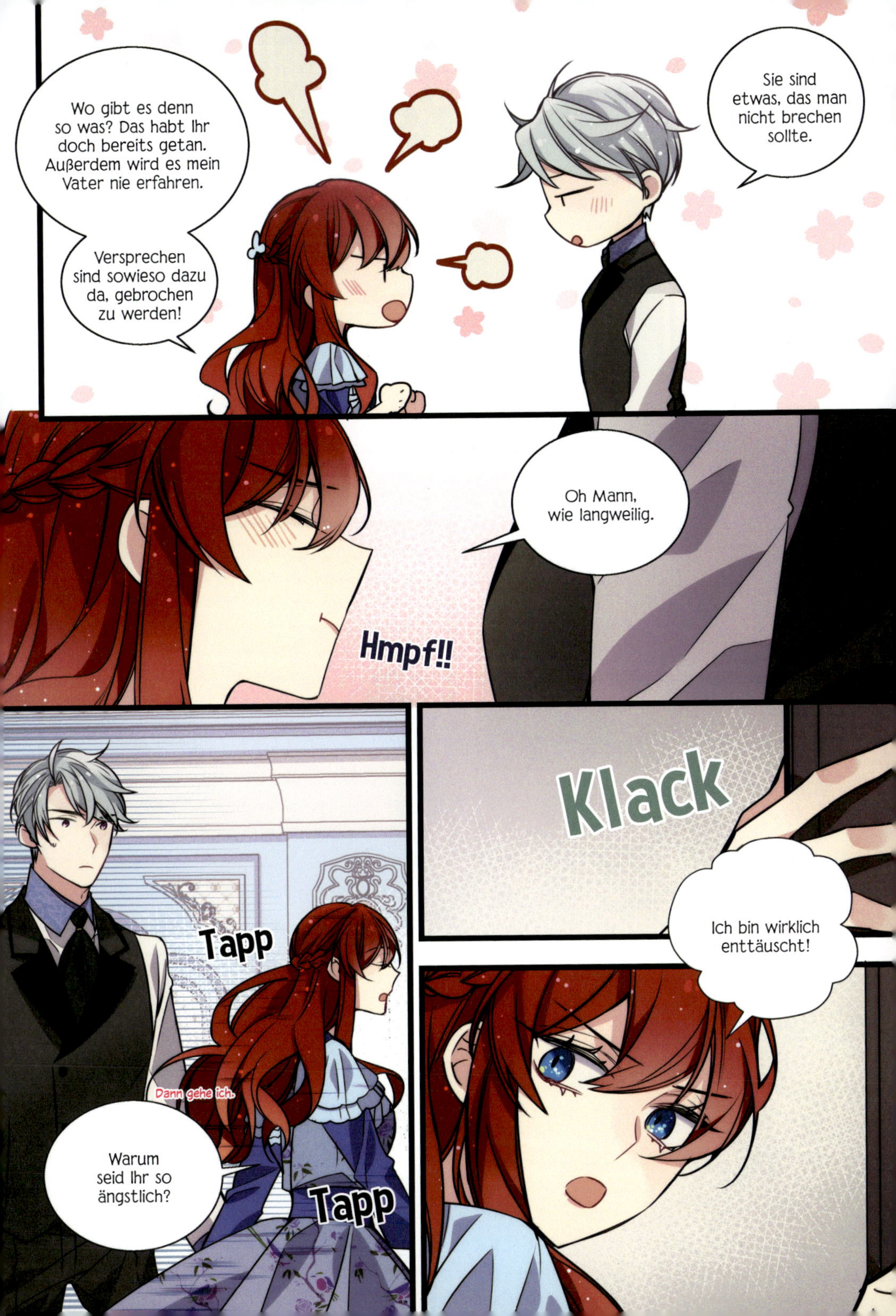
Wo gibt es denn so was? Das habt Ihr doch bereits getan. Außerdem wird es mein Vater nie erfahren.
Versprechen sind sowieso dazu da, gebrochen zu werden!
Sie sind etwas, das man nicht brechen sollte.
Oh Mann, wie langweilig.
Hmpf!!
Tapp
Dann gehe ich.
Warum seid Ihr so ängstlich?
Tapp
Klack
Ich bin wirklich enttäuscht!

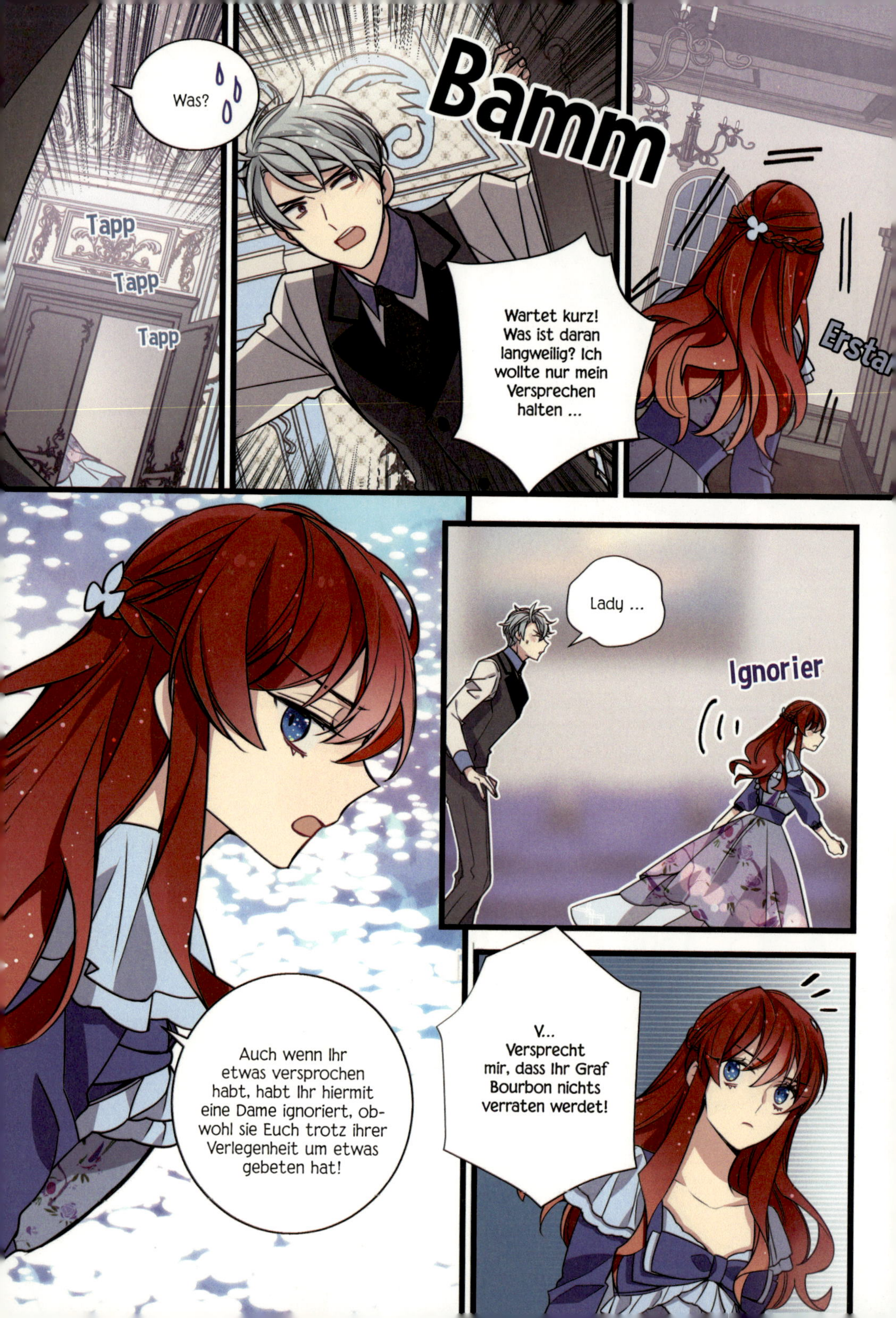
Was?
Tapp
Tapp
Tapp
Bamm
Wartet kurz! Was ist daran langweilig? Ich wollte nur mein Versprechen halten ...
Erstar
Lady ...
Ignorier
Auch wenn Ihr etwas versprochen habt, habt Ihr hiermit eine Dame ignoriert, obwohl sie Euch trotz ihrer Verlegenheit um etwas gebeten hat!
V... Versprecht mir, dass Ihr Graf Bourbon nichts verraten werdet!

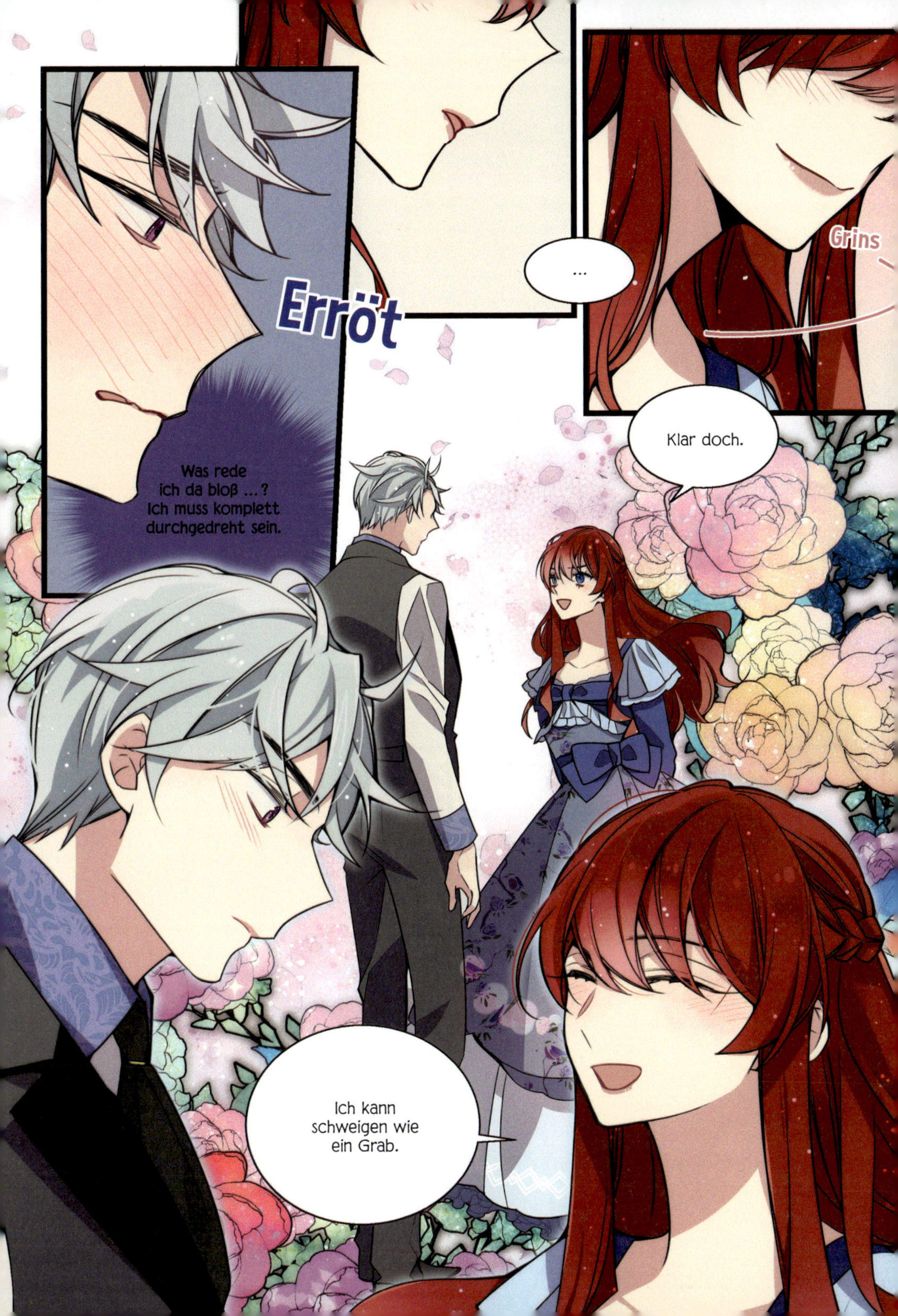
Erröt
...
Grins
Was rede ich da bloß ...? Ich muss komplett durchgedreht sein.
Klar doch.
Ich kann schweigen wie ein Grab.

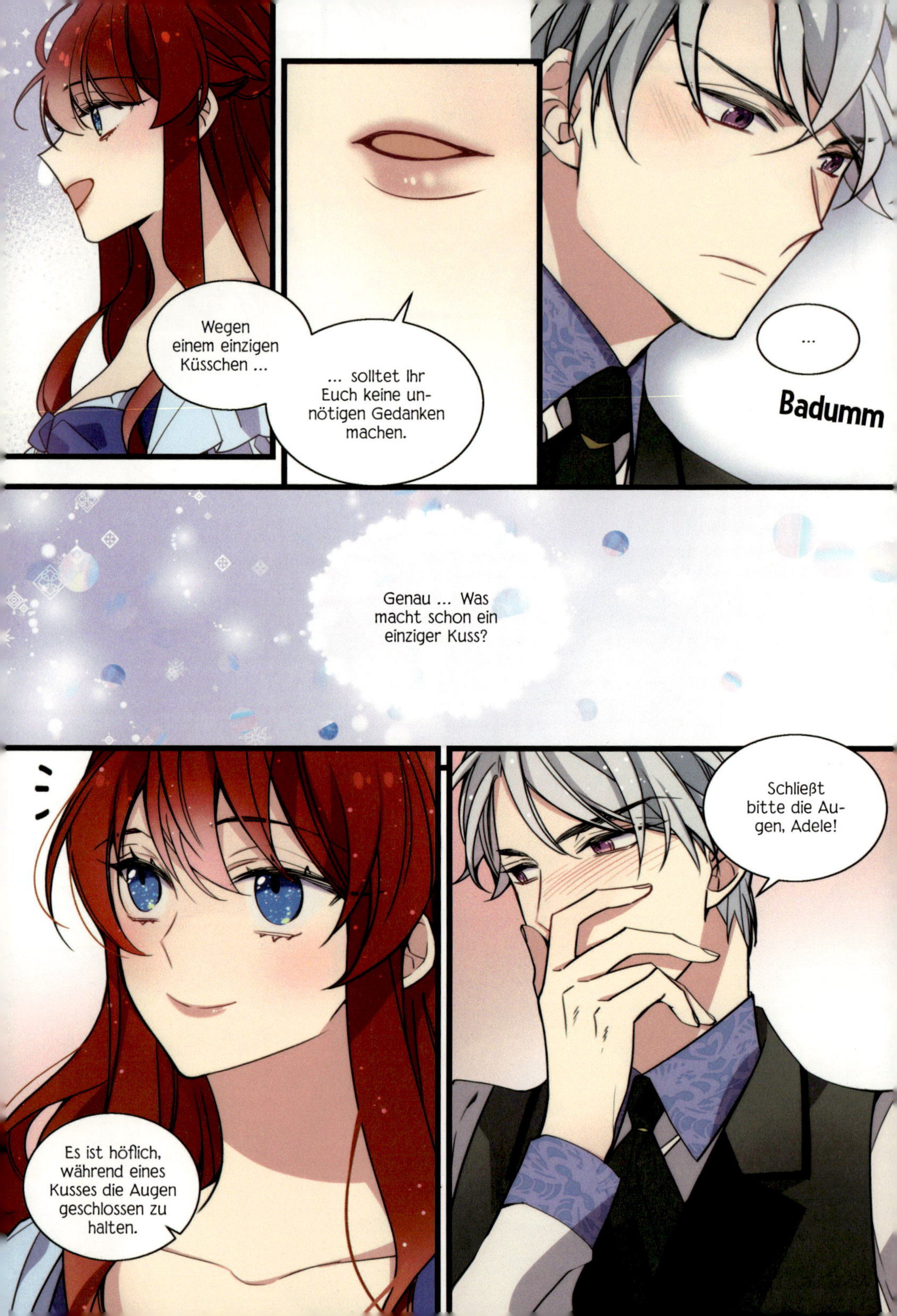
Wegen einem einzigen Küsschen ...
... solltet Ihr Euch keine un-nötigen Gedanken machen.
...
Badumm
Genau ... Was macht schon ein einziger Kuss?
Schließt bitte die Au-gen, Adele!
Es ist höflich, während eines Kusses die Augen geschlossen zu halten.

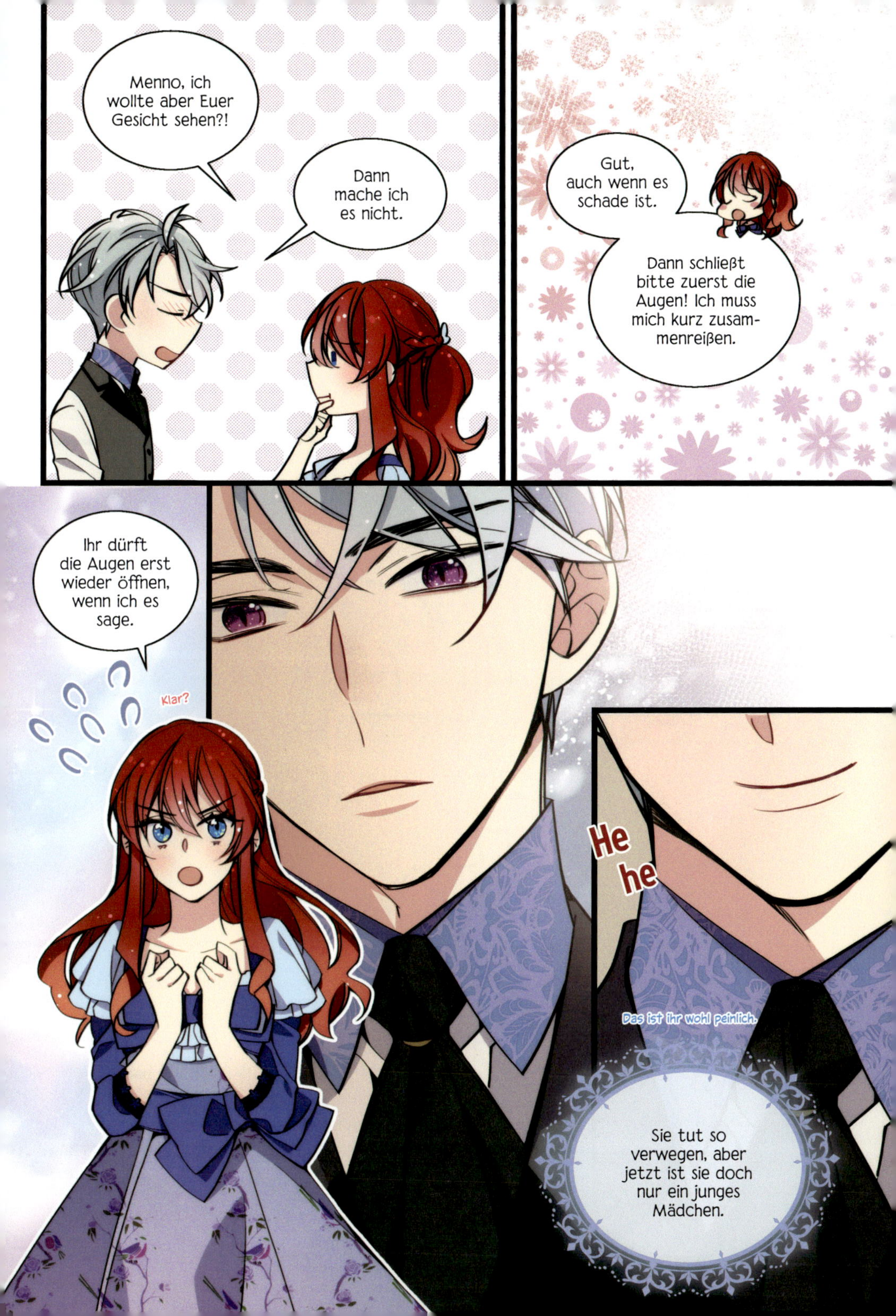

Menno, ich wollte aber Euer Gesicht sehen?!
Dann mache ich es nicht.
Gut, auch wenn es schade ist.
Dann schließt bitte zuerst die Augen! Ich muss mich kurz zusammenreißen.
Ihr dürft die Augen erst wieder öffnen, wenn ich es sage.
Klar?
He he
Das ist ihr wohl peinlich.
Sie tut so verwegen, aber jetzt ist sie doch nur ein junges Mädchen.

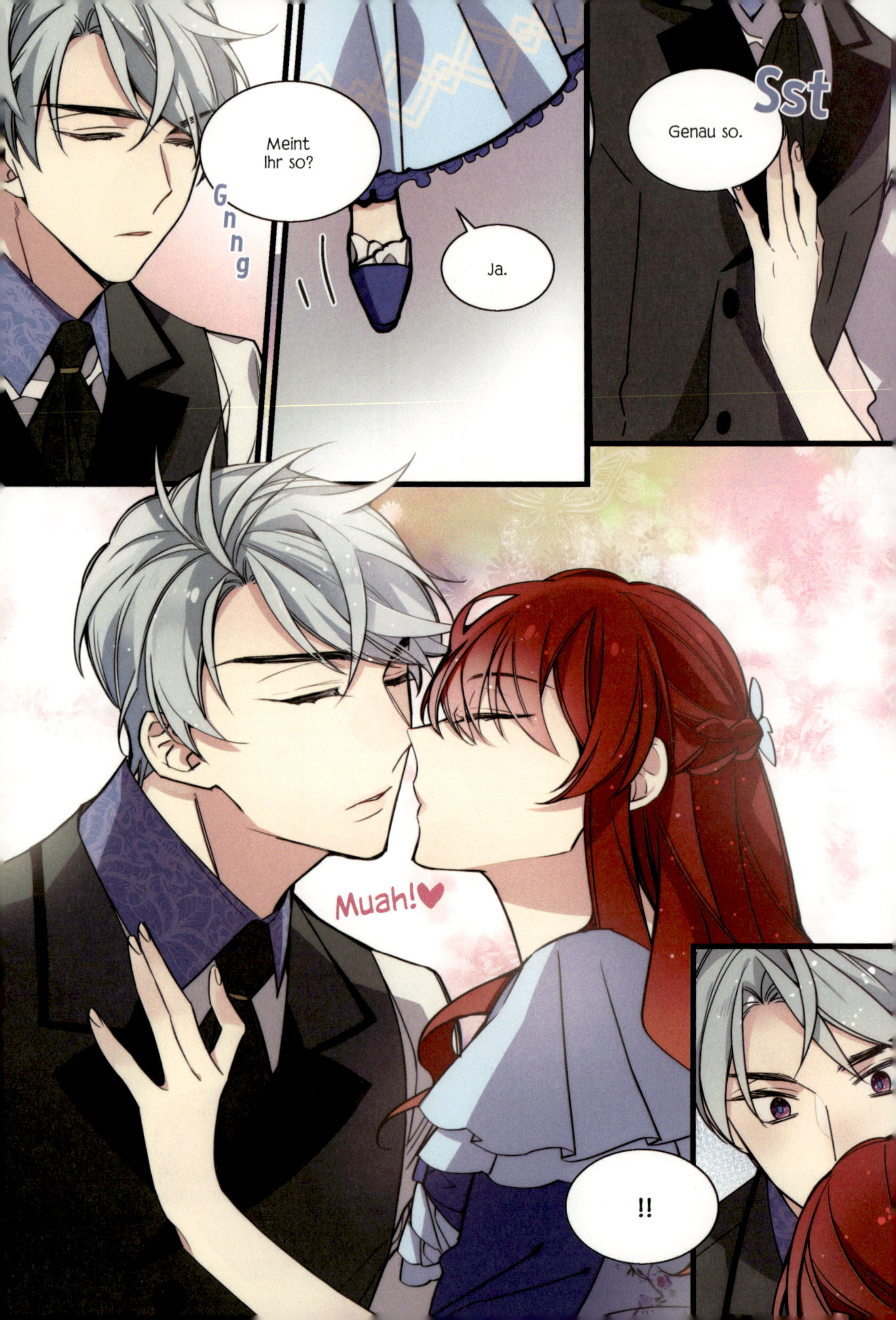
Meint
Ihr so?
Gnng
Ja.
Genau so.
Sst
Muah!
!!

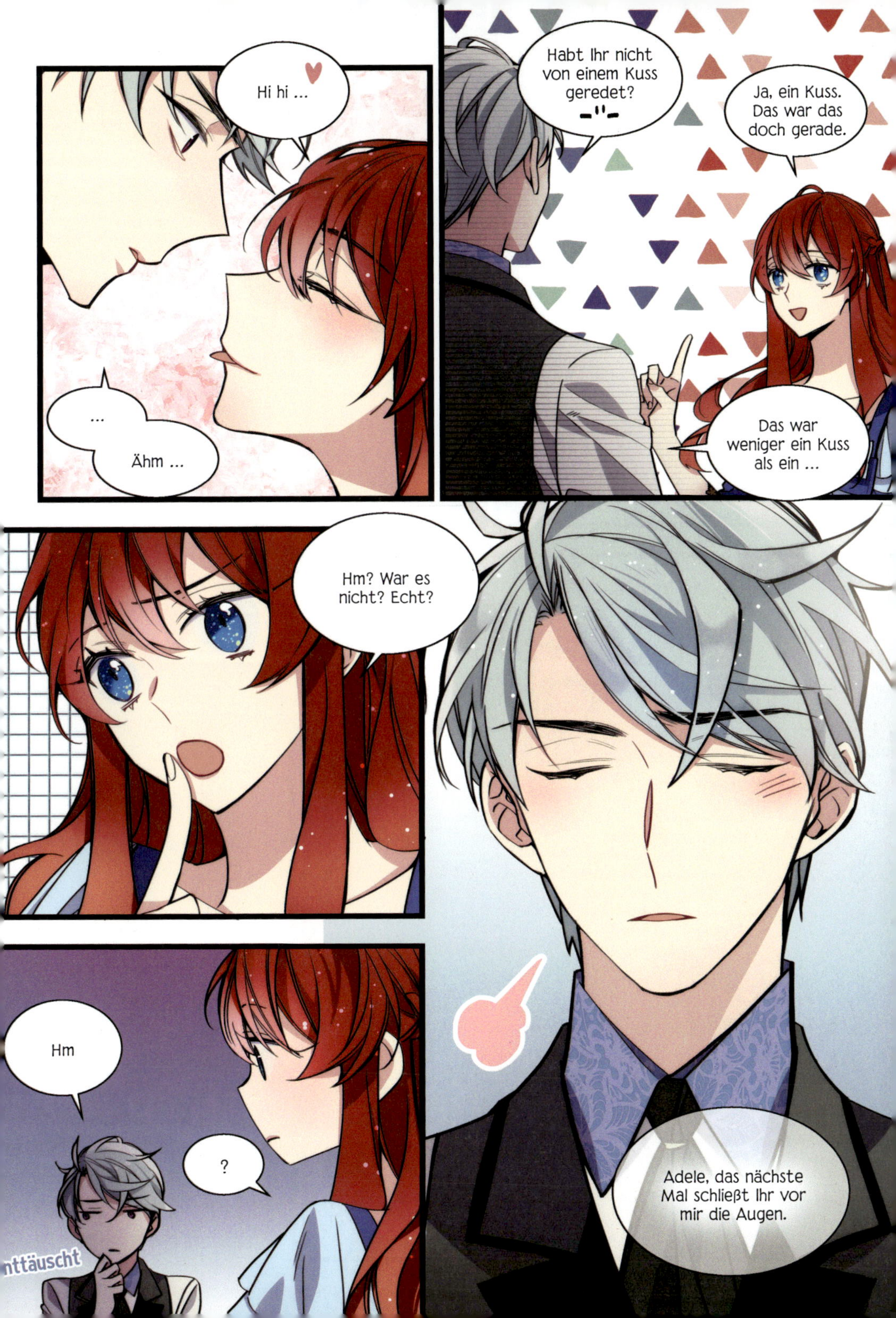

Hi hi ...
...
Ähm ...
Habt Ihr nicht von einem Kuss geredet?
Ja, ein Kuss. Das war das doch gerade.
Das war weniger ein Kuss als ein ...
Hm? War es nicht? Echt?
Hm
?
nttäuscht
Adele, das nächste Mal schließt Ihr vor mir die Augen.

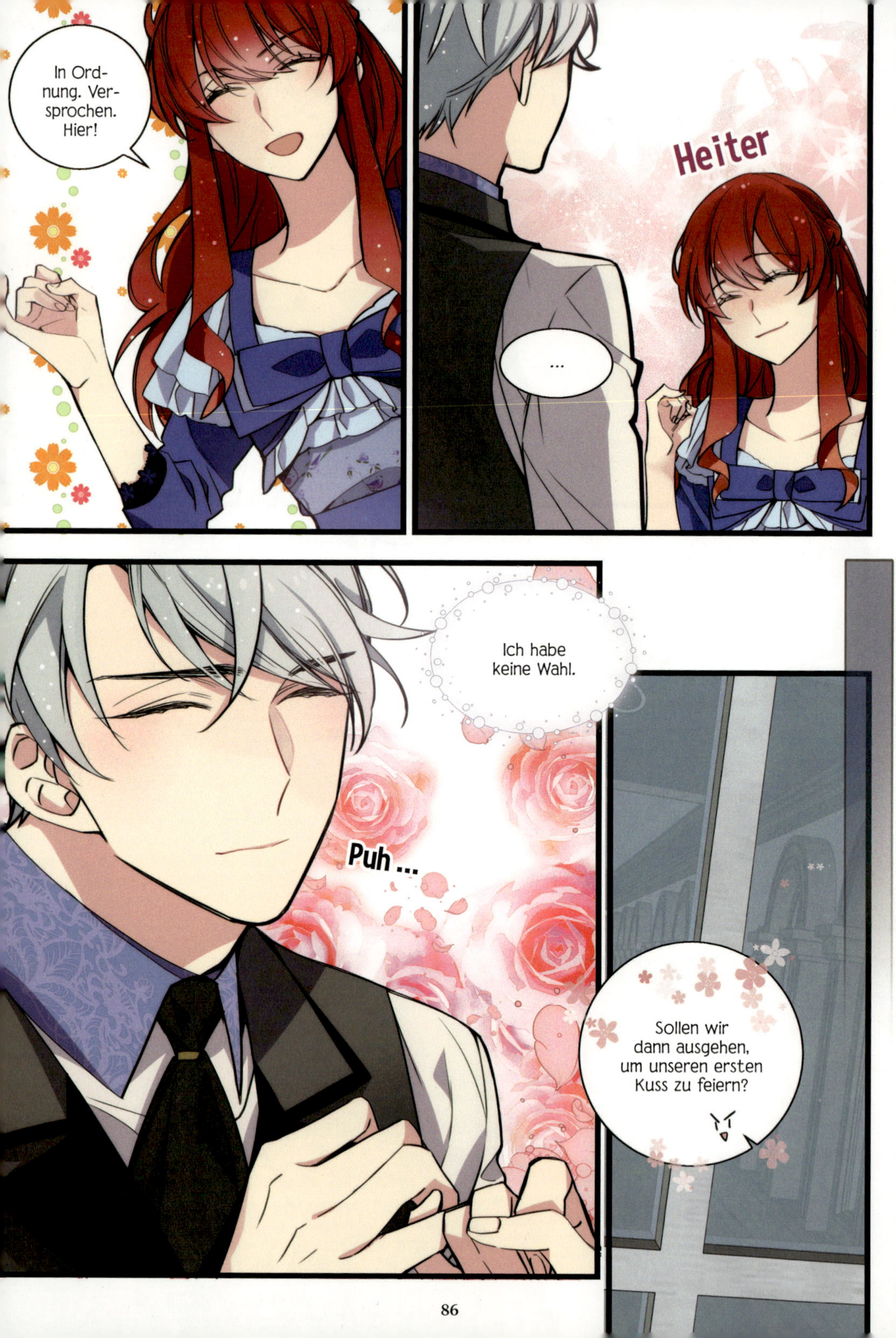
In Ordnung. Versprochen. Hier!
Heiter
...
Ich habe keine Wahl.
Puh ...
Sollen wir dann ausgehen, um unseren ersten Kuss zu feiern?

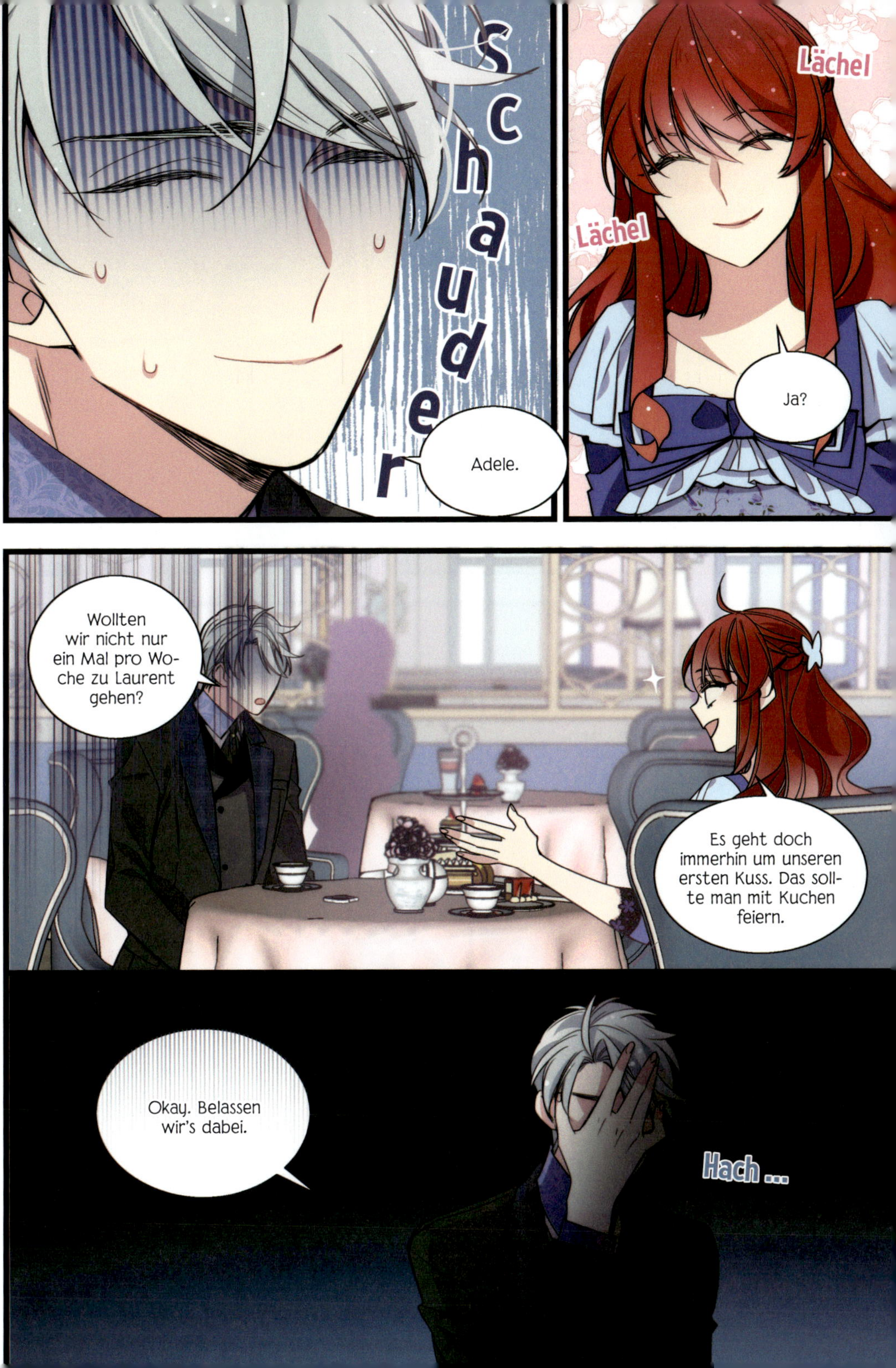
Schauder
Adele.
Lächel
Lächel
Ja?
Wollten wir nicht nur ein Mal pro Woche zu Laurent gehen?
Es geht doch immerhin um unseren ersten Kuss. Das sollte man mit Kuchen feiern.
Okay. Belassen wir's dabei.
Hach ...

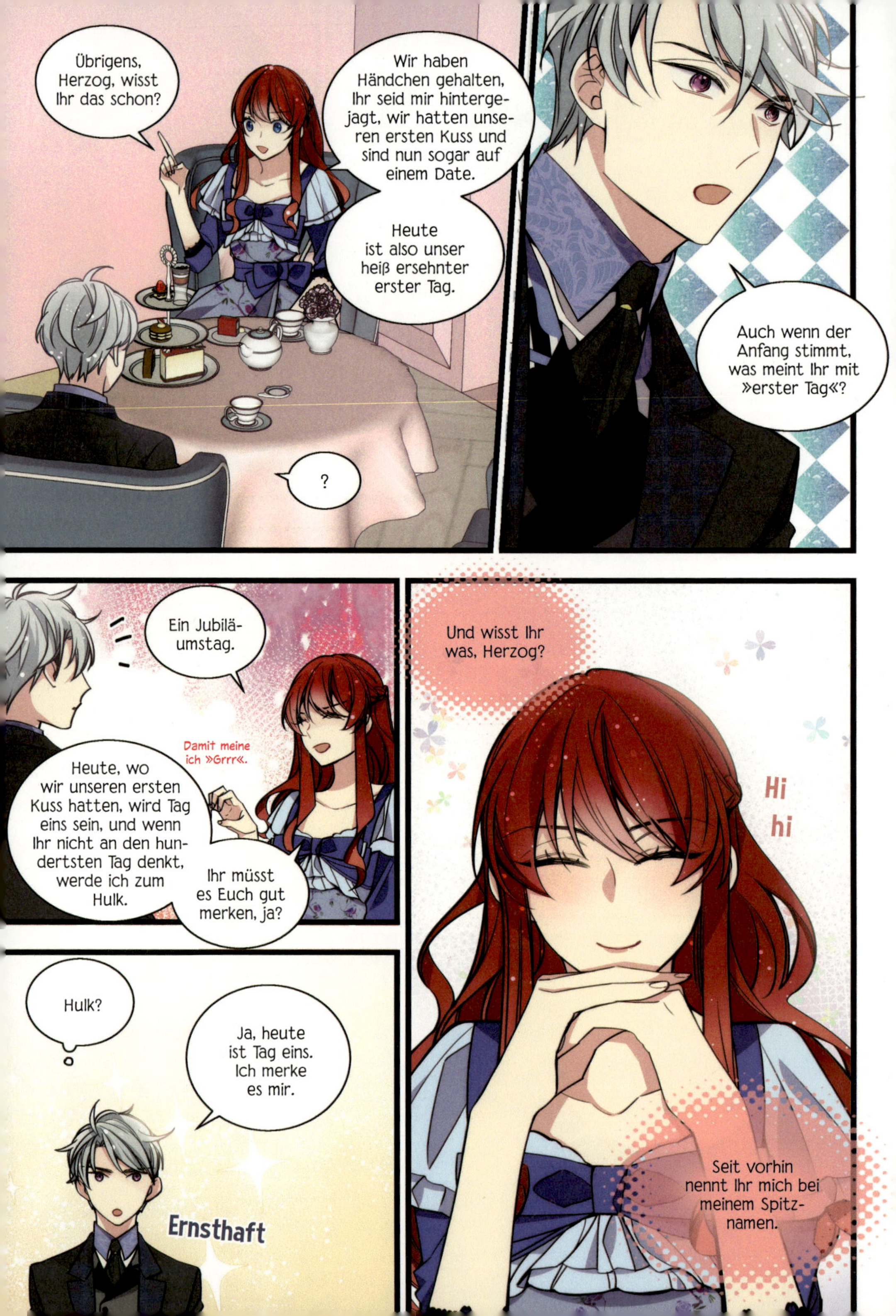
Übrigens, Herzog, wisst Ihr das schon?
Wir haben Händchen gehalten, Ihr seid mir hintergejagt, wir hatten unseren ersten Kuss und sind nun sogar auf einem Date.
Heute ist also unser heiß ersehnter erster Tag.
?
Auch wenn der Anfang stimmt, was meint Ihr mit »erster Tag«?
Ein Jubiläumstag.
Damit meine ich »Grrr«.
Heute, wo wir unseren ersten Kuss hatten, wird Tag eins sein, und wenn Ihr nicht an den hundertsten Tag denkt, werde ich zum Hulk.
Ihr müsst es Euch gut merken, ja?
Hulk?
Ja, heute ist Tag eins. Ich merke es mir.
Ernsthaft
Und wisst Ihr was, Herzog?
Hi hi
Seit vorhin nennt Ihr mich bei meinem Spitznamen.

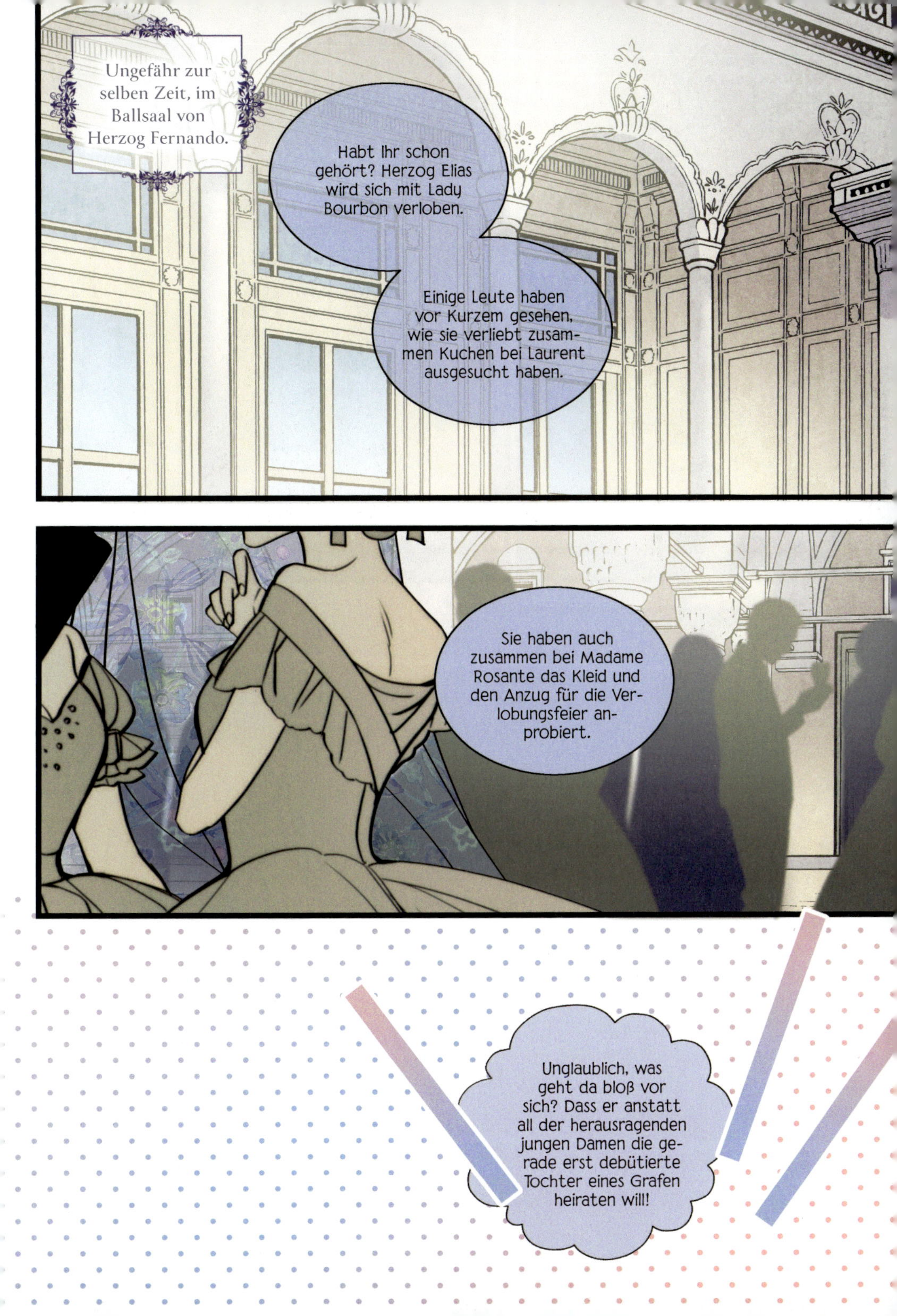

Ungefähr zur selben Zeit, im Ballsaal von Herzog Fernando.
Habt Ihr schon gehört? Herzog Elias wird sich mit Lady Bourbon verloben.
Einige Leute haben vor Kurzem gesehen, wie sie verliebt zusammen Kuchen bei Laurent ausgesucht haben.
Sie haben auch zusammen bei Madame Rosante das Kleid und den Anzug für die Verlobungsfeier anprobiert.
Unglaublich, was geht da bloß vor sich? Dass er anstatt all der herausragenden jungen Damen die gerade erst debütierte Tochter eines Grafen heiraten will!

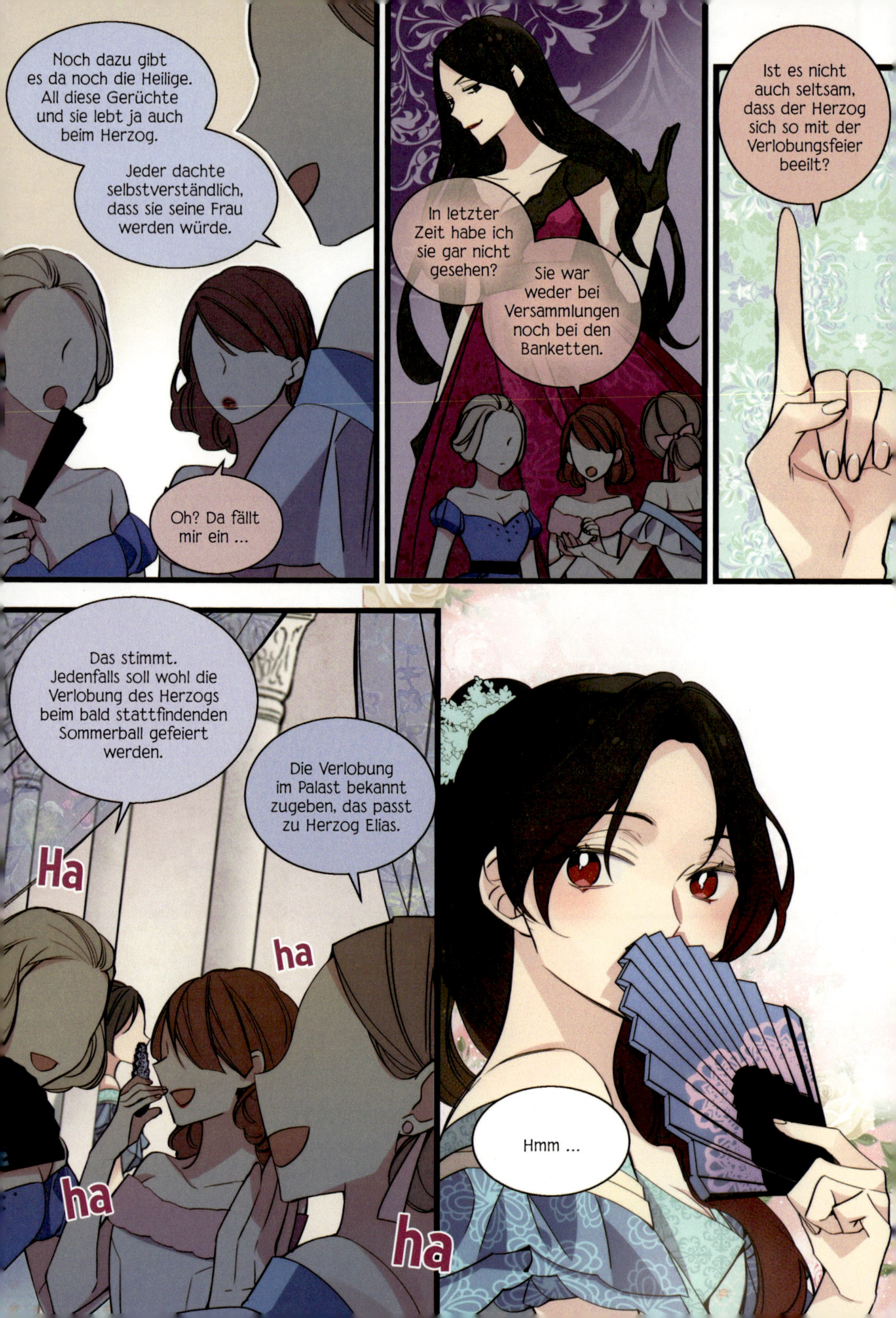
Noch dazu gibt es da noch die Heilige. All diese Gerüchte und sie lebt ja auch beim Herzog.
Jeder dachte selbstverständlich, dass sie seine Frau werden würde.
Oh? Da fällt mir ein ...
In letzter Zeit habe ich sie gar nicht gesehen?
Sie war weder bei Versammlungen noch bei den Banketten.
Ist es nicht auch seltsam, dass der Herzog sich so mit der Verlobungsfeier beeilt?
Das stimmt. Jedenfalls soll wohl die Verlobung des Herzogs beim bald stattfindenden Sommerball gefeiert werden.
Die Verlobung im Palast bekannt zugeben, das passt zu Herzog Elias.
Ha
ha
ha
ha
Hmm ...

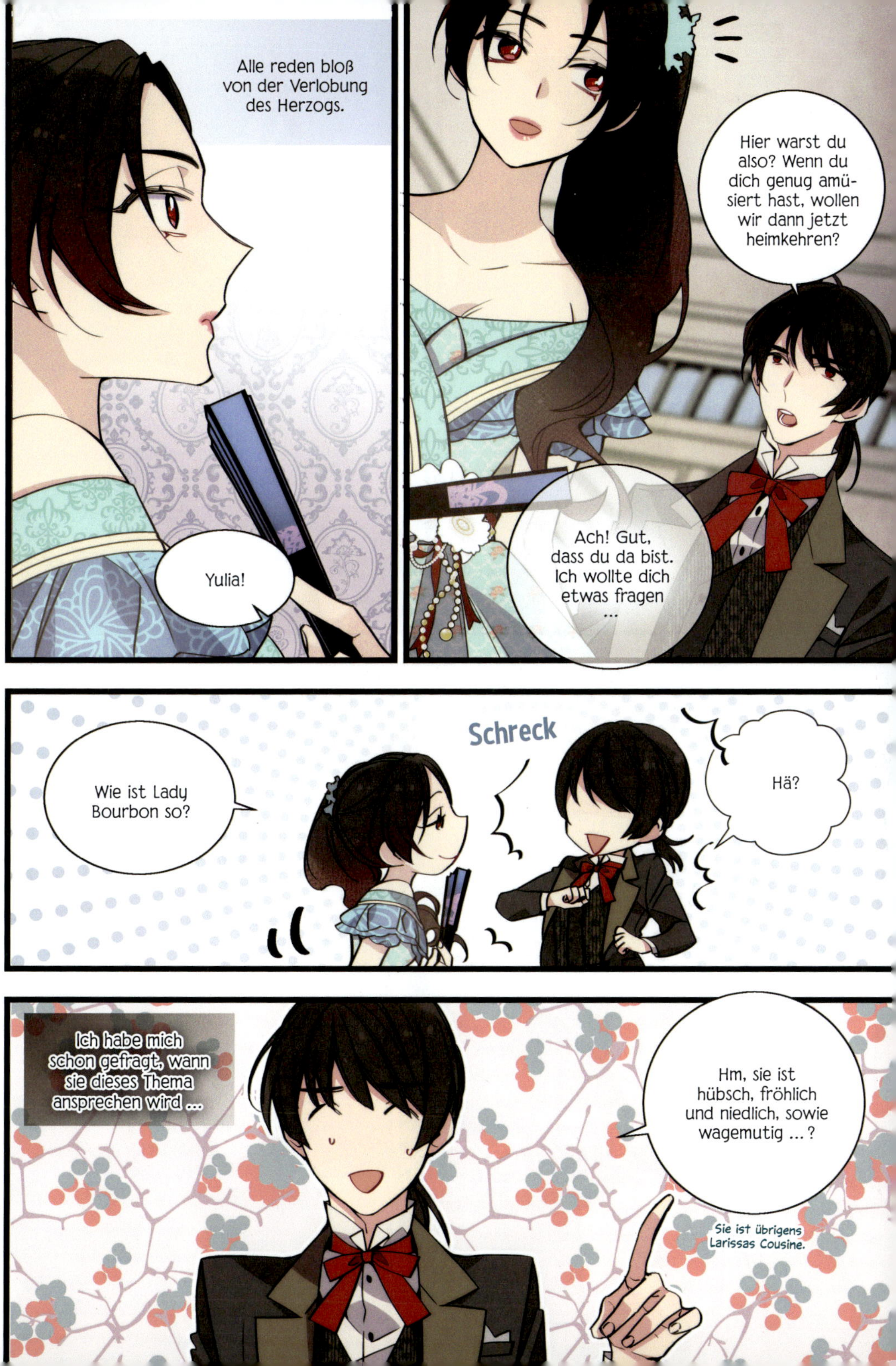
Alle reden bloß von der Verlobung des Herzogs.
Yulia!
Hier warst du also? Wenn du dich genug amüsiert hast, wollen wir dann jetzt heimkehren?
Ach! Gut, dass du da bist. Ich wollte dich etwas fragen ...
Schreck
Wie ist Lady Bourbon so?
Hä?
Ich habe mich schon gefragt, wann sie dieses Thema ansprechen wird ...
Hm, sie ist hübsch, fröhlich und niedlich, sowie wagemutig ...?
Sie ist übrigens Larissas Cousine.

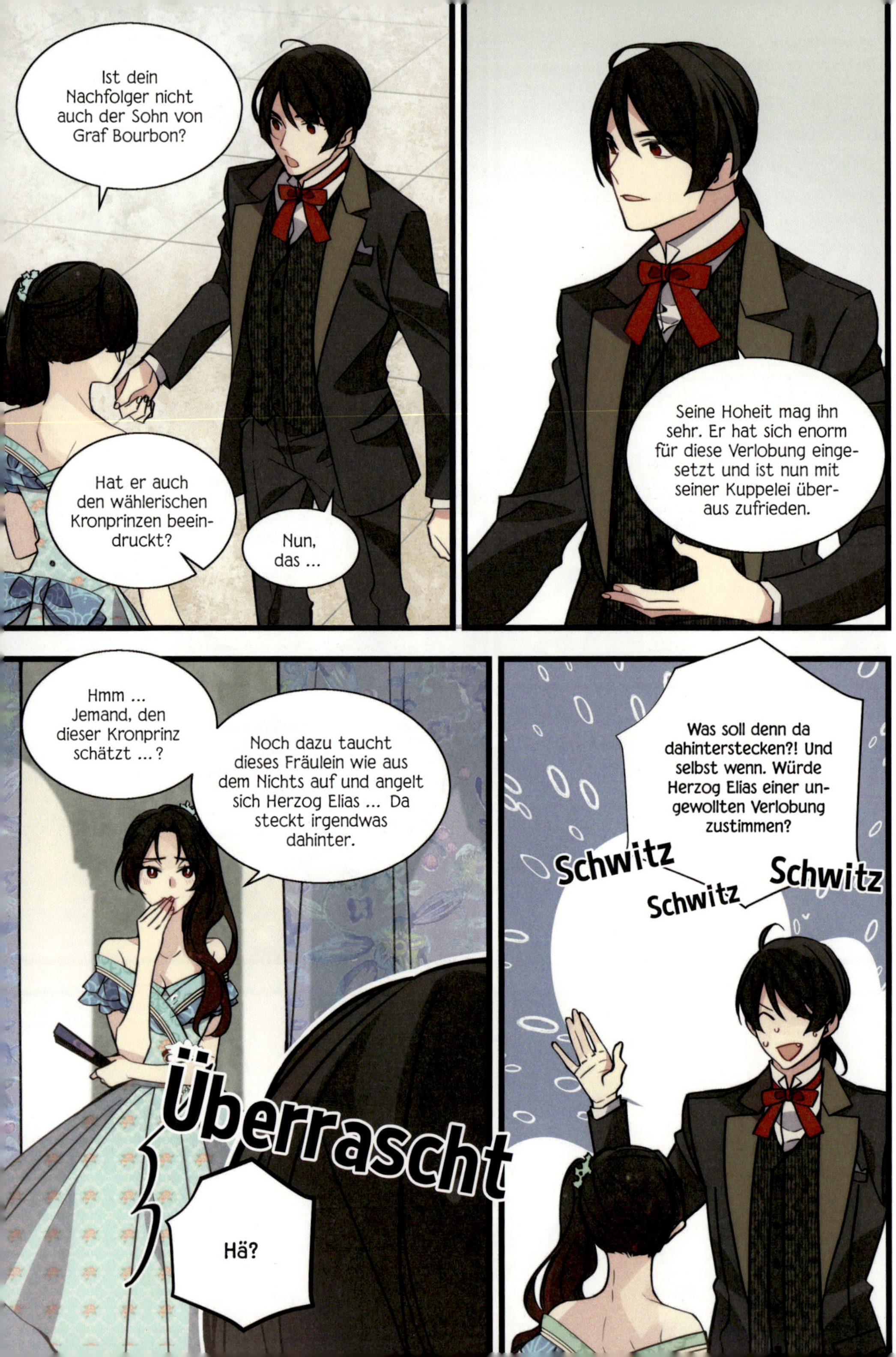
Ist dein Nachfolger nicht auch der Sohn von Graf Bourbon?
Hat er auch den wählerischen Kronprinzen beein-druckt?
Nun, das ...
Seine Hoheit mag ihn sehr. Er hat sich enorm für diese Verlobung einge-setzt und ist nun mit seiner Kuppelei über-aus zufrieden.
Hmm ... Jemand, den dieser Kronprinz schätzt ...?
Noch dazu taucht dieses Fräulein wie aus dem Nichts auf und angelt sich Herzog Elias ... Da steckt irgendwas dahinter.
Überrascht
Hä?
Was soll denn da dahinterstecken?! Und selbst wenn. Würde Herzog Elias einer un-gewollten Verlobung zustimmen?
Schwitz
Schwitz
Schwitz

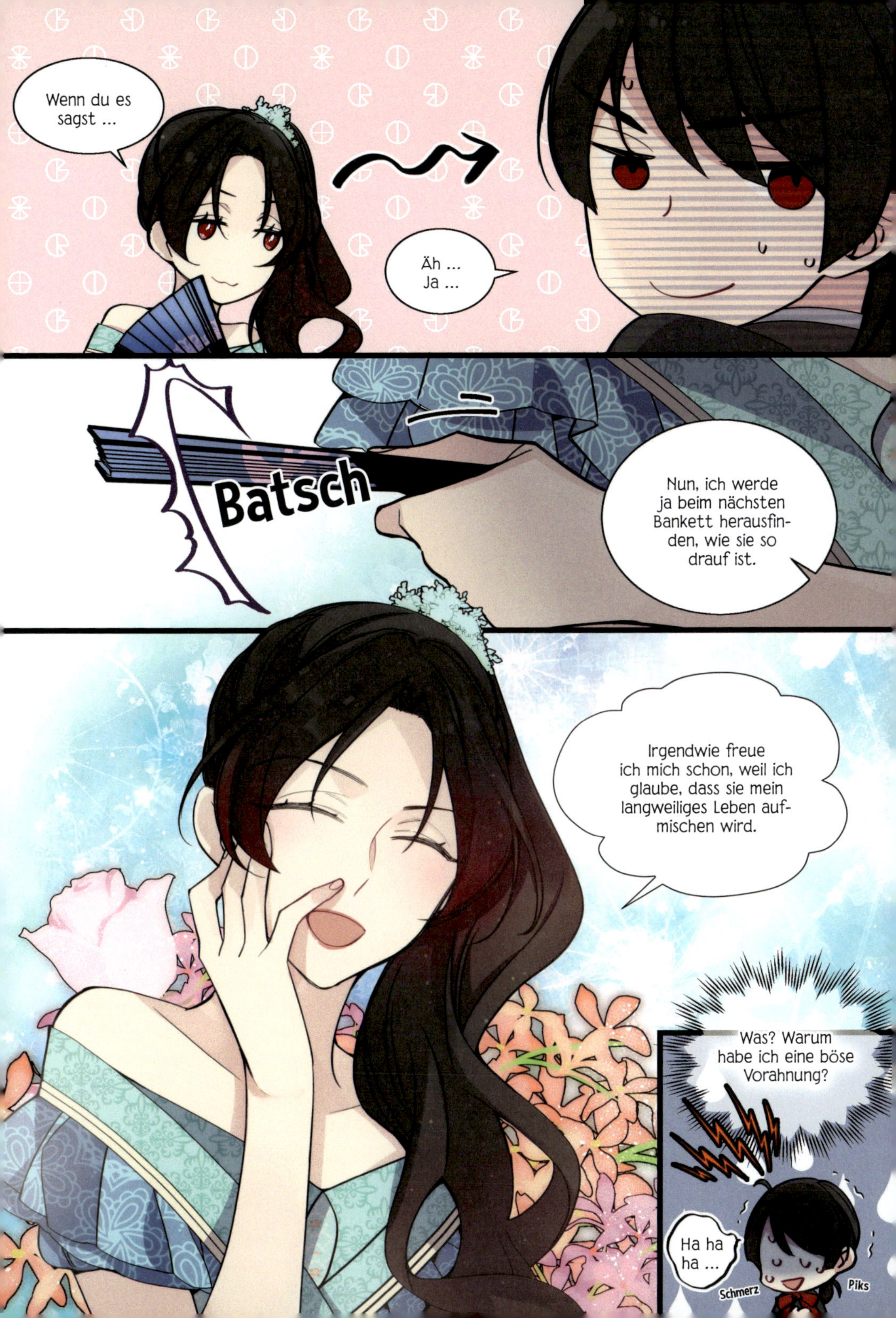
Wenn du es sagst ...
Äh ... Ja ...
Batsch
Nun, ich werde ja beim nächsten Bankett herausfinden, wie sie so drauf ist.
Irgendwie freue ich mich schon, weil ich glaube, dass sie mein langweiliges Leben aufmischen wird.
Was? Warum habe ich eine böse Vorahnung?
Ha ha ha ...
Schmerz
Piks

Adelaide

Das süße Leben

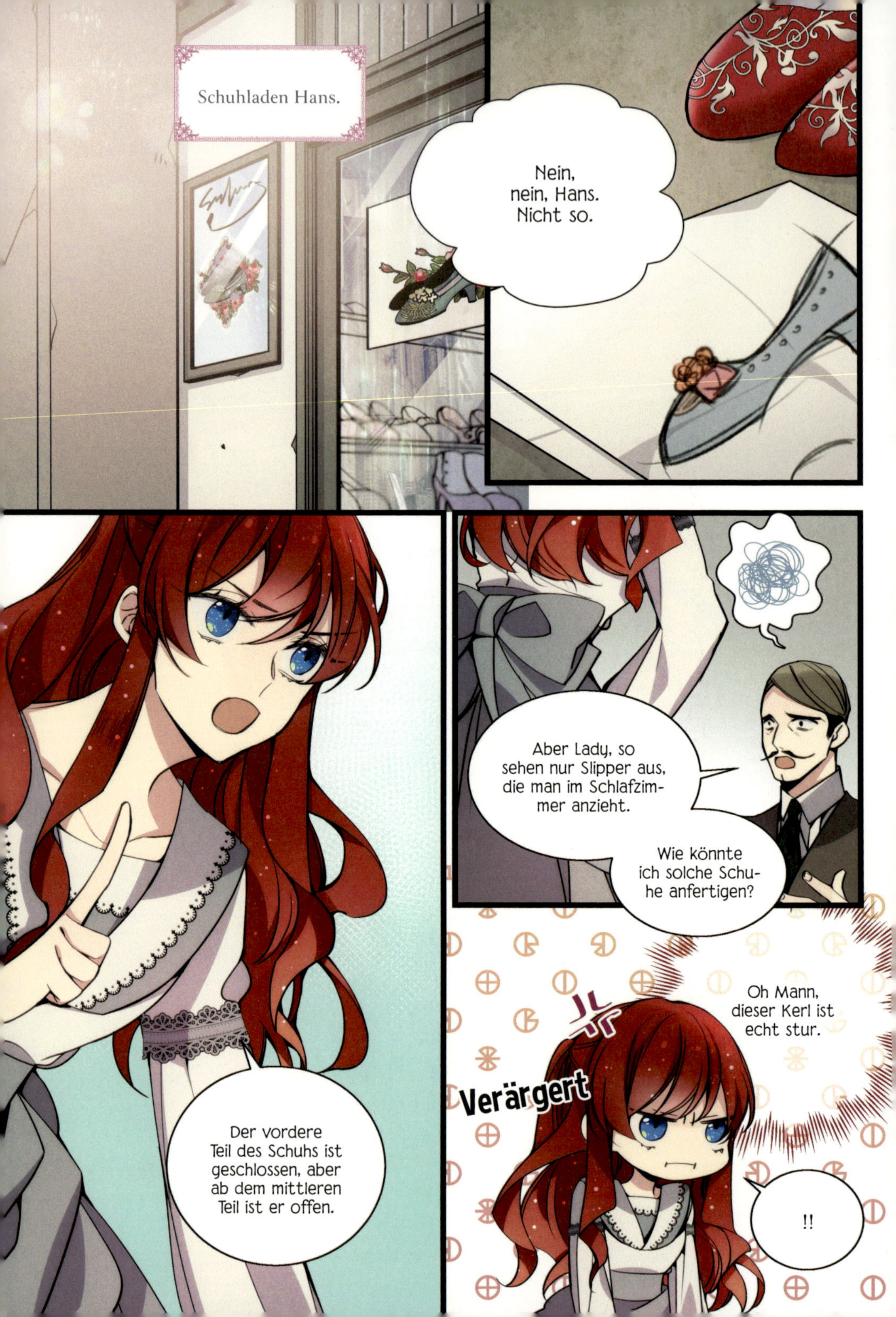
Schuhladen Hans.
Nein, nein, Hans. Nicht so.
Der vordere Teil des Schuhs ist geschlossen, aber ab dem mittleren Teil ist er offen.
Aber Lady, so sehen nur Slipper aus, die man im Schlafzimmer anzieht.
Wie könnte ich solche Schuhe anfertigen?
Verärgert
Oh Mann, dieser Kerl ist echt stur.
!!

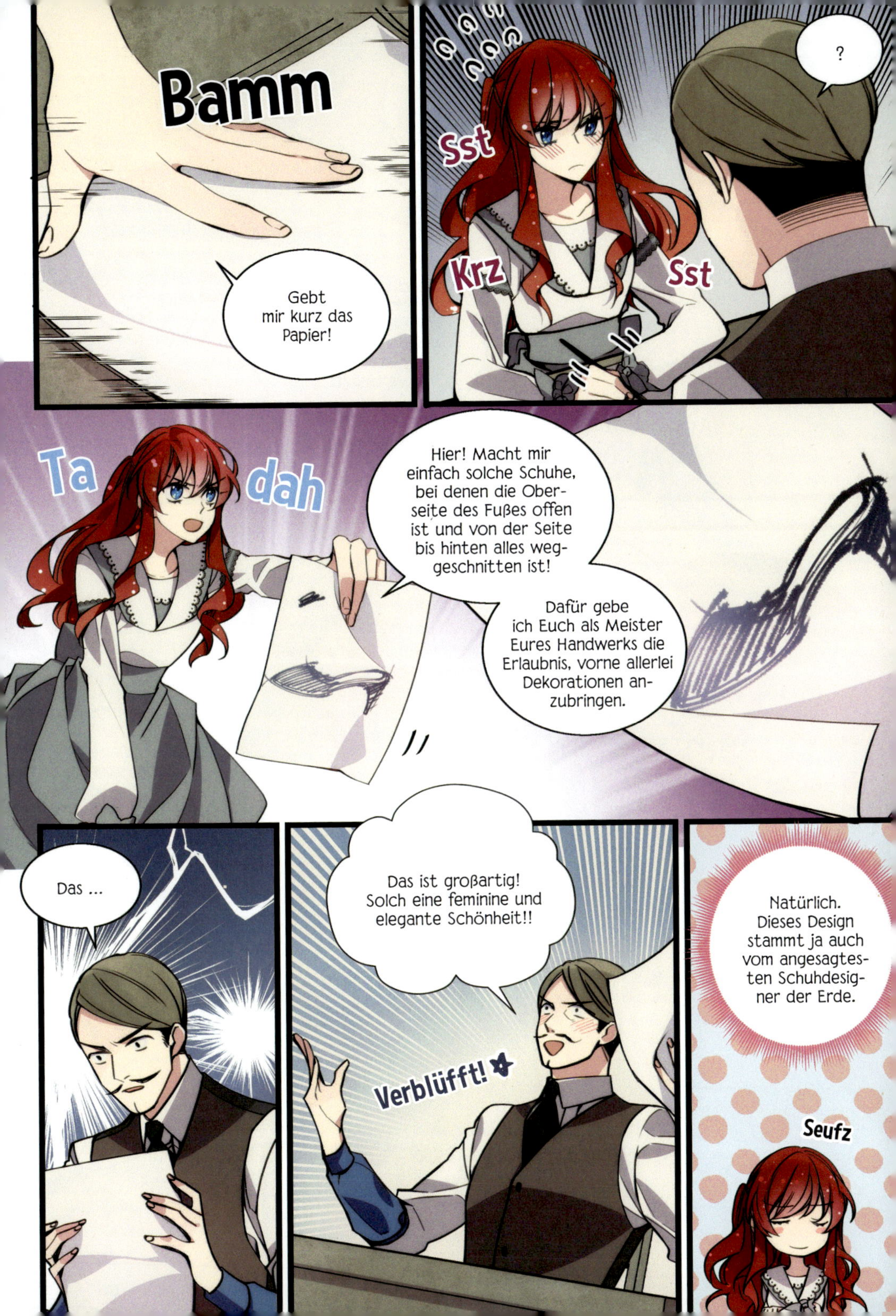
Bamm
Gebt mir kurz das Papier!
?
Sst
Krz
Sst
Ta dah
Hier! Macht mir einfach solche Schuhe, bei denen die Oberseite des Fußes offen ist und von der Seite bis hinten alles weggeschnitten ist!
Dafür gebe ich Euch als Meister Eures Handwerks die Erlaubnis, vorne allerlei Dekorationen anzubringen.
Das ...
Das ist großartig! Solch eine feminine und elegante Schönheit!!
Verblüfft!
Natürlich. Dieses Design stammt ja auch vom angesagtesten Schuhdesigner der Erde.
Seufz

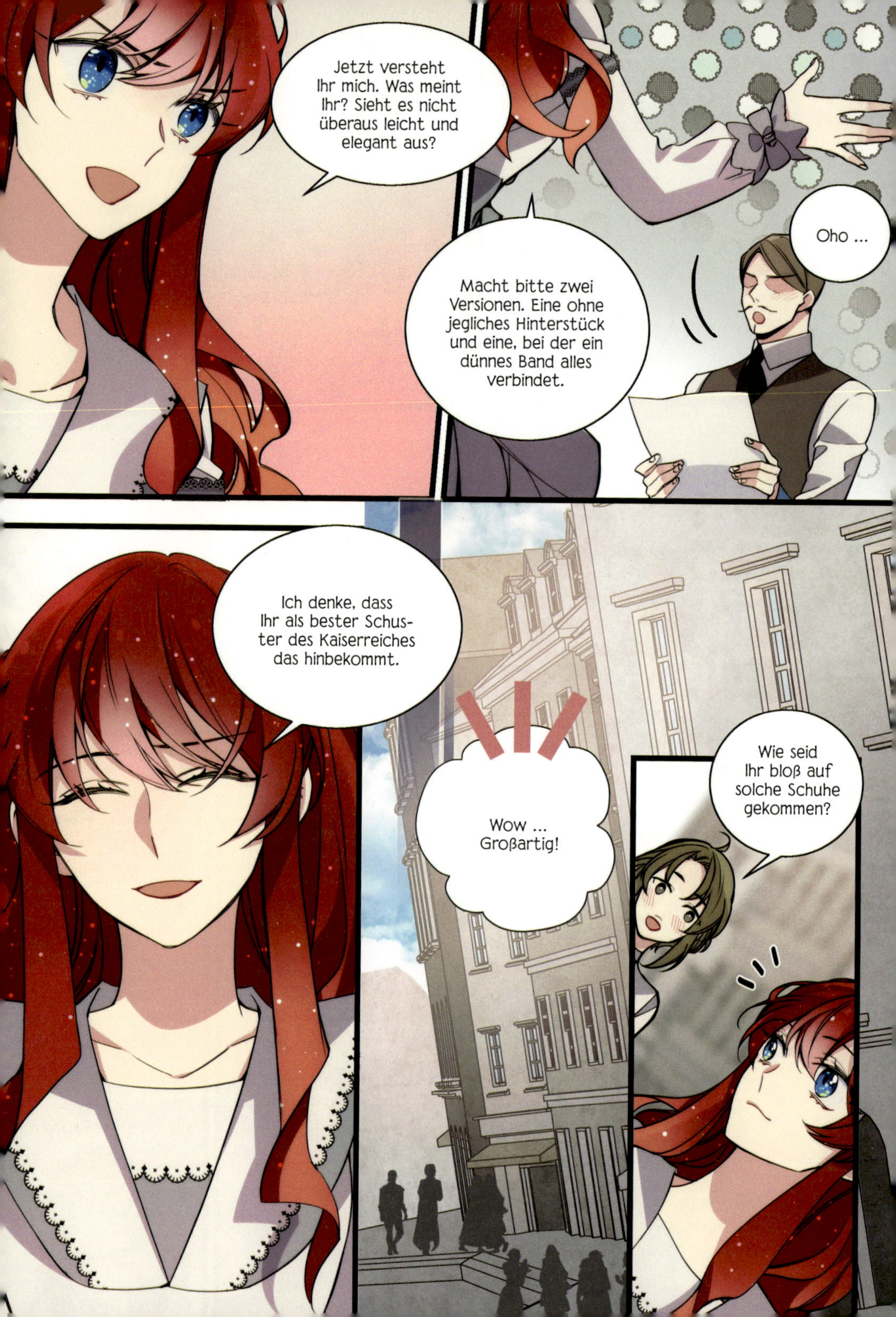
Jetzt versteht Ihr mich. Was meint Ihr? Sieht es nicht überaus leicht und elegant aus?
Oho ...
Macht bitte zwei Versionen. Eine ohne jegliches Hinterstück und eine, bei der ein dünnes Band alles verbindet.
Ich denke, dass Ihr als bester Schuster des Kaiserreiches das hinbekommt.
Wow ... Großartig!
Wie seid Ihr bloß auf solche Schuhe gekommen?

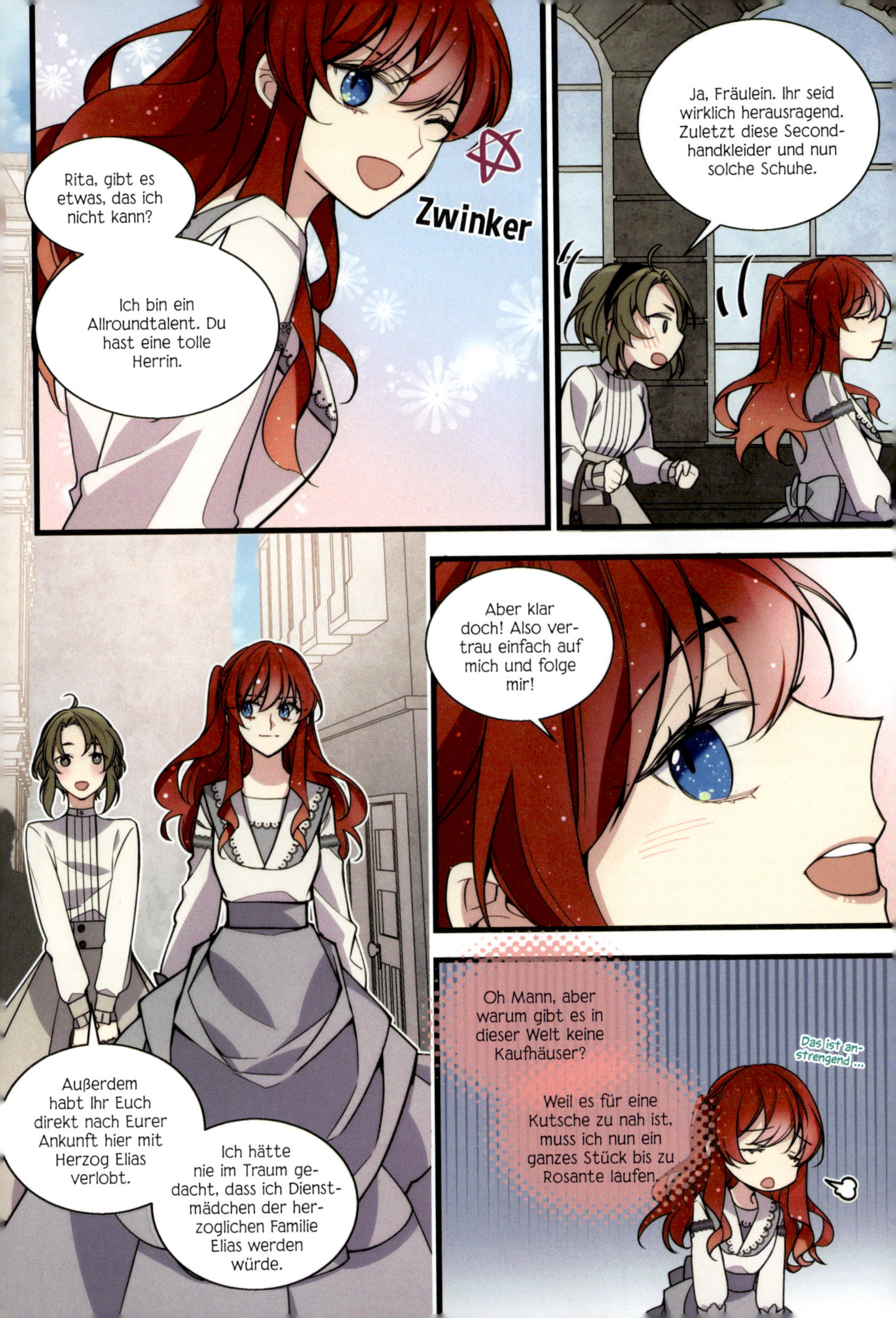
Rita, gibt es etwas, das ich nicht kann?
Ich bin ein Allroundtalent. Du hast eine tolle Herrin.
Zwinker
Ja, Fräulein. Ihr seid wirklich herausragend. Zuletzt diese Secondhandkleider und nun solche Schuhe.
Aber klar doch! Also vertrau einfach auf mich und folge mir!
Außerdem habt Ihr Euch direkt nach Eurer Ankunft hier mit Herzog Elias verlobt.
Ich hätte nie im Traum gedacht, dass ich Dienstmädchen der herzoglichen Familie Elias werden würde.
Oh Mann, aber warum gibt es in dieser Welt keine Kaufhäuser?
Weil es für eine Kutsche zu nah ist, muss ich nun ein ganzes Stück bis zu Rosante laufen.
Das ist anstrengend ...

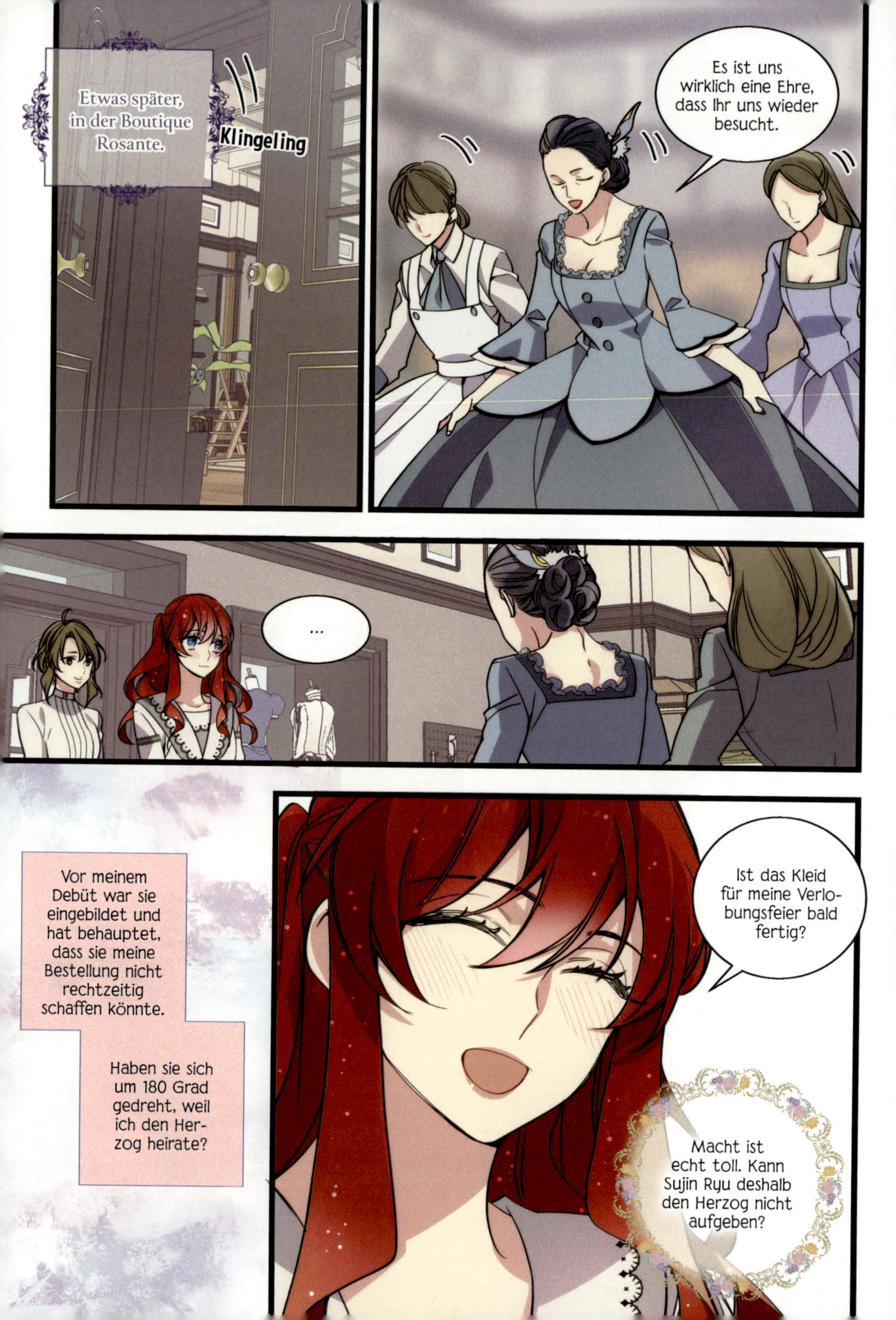
Etwas später, in der Boutique Rosante.
Klingeling
Es ist uns wirklich eine Ehre, dass Ihr uns wieder besucht.
...
Ist das Kleid für meine Verlobungsfeier bald fertig?
Vor meinem Debüt war sie eingebildet und hat behauptet, dass sie meine Bestellung nicht rechtzeitig schaffen könnte.
Haben sie sich um 180 Grad gedreht, weil ich den Herzog heirate?
Macht ist echt toll. Kann Sujin Ryu deshalb den Herzog nicht aufgeben?

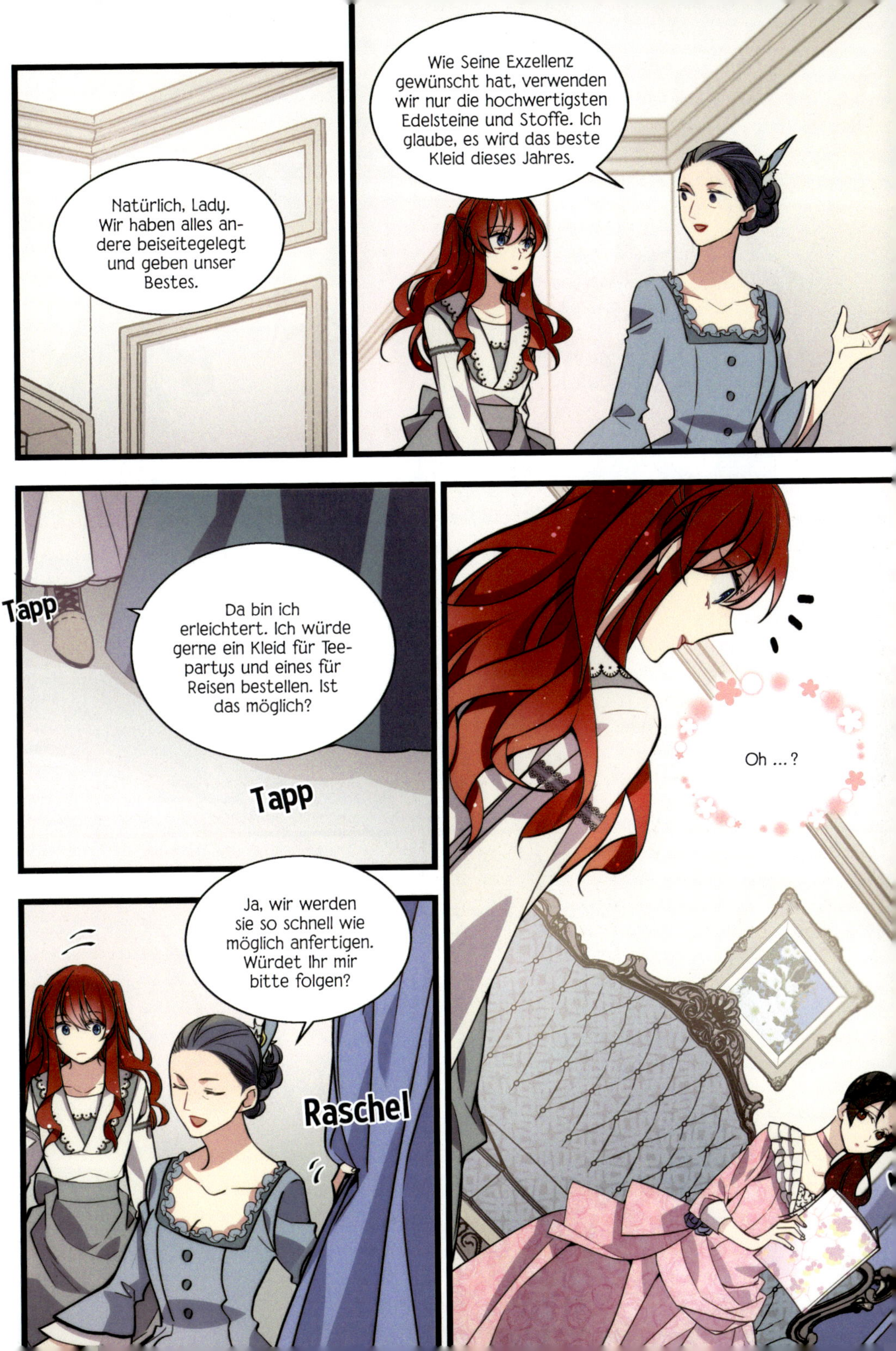
Wie Seine Exzellenz gewünscht hat, verwenden wir nur die hochwertigsten Edelsteine und Stoffe. Ich glaube, es wird das beste Kleid dieses Jahres.
Natürlich, Lady. Wir haben alles andere beiseitegelegt und geben unser Bestes.
Tapp
Da bin ich erleichtert. Ich würde gerne ein Kleid für Teepartys und eines für Reisen bestellen. Ist das möglich?
Tapp
Oh …?
Ja, wir werden sie so schnell wie möglich anfertigen. Würdet Ihr mir bitte folgen?
Raschel

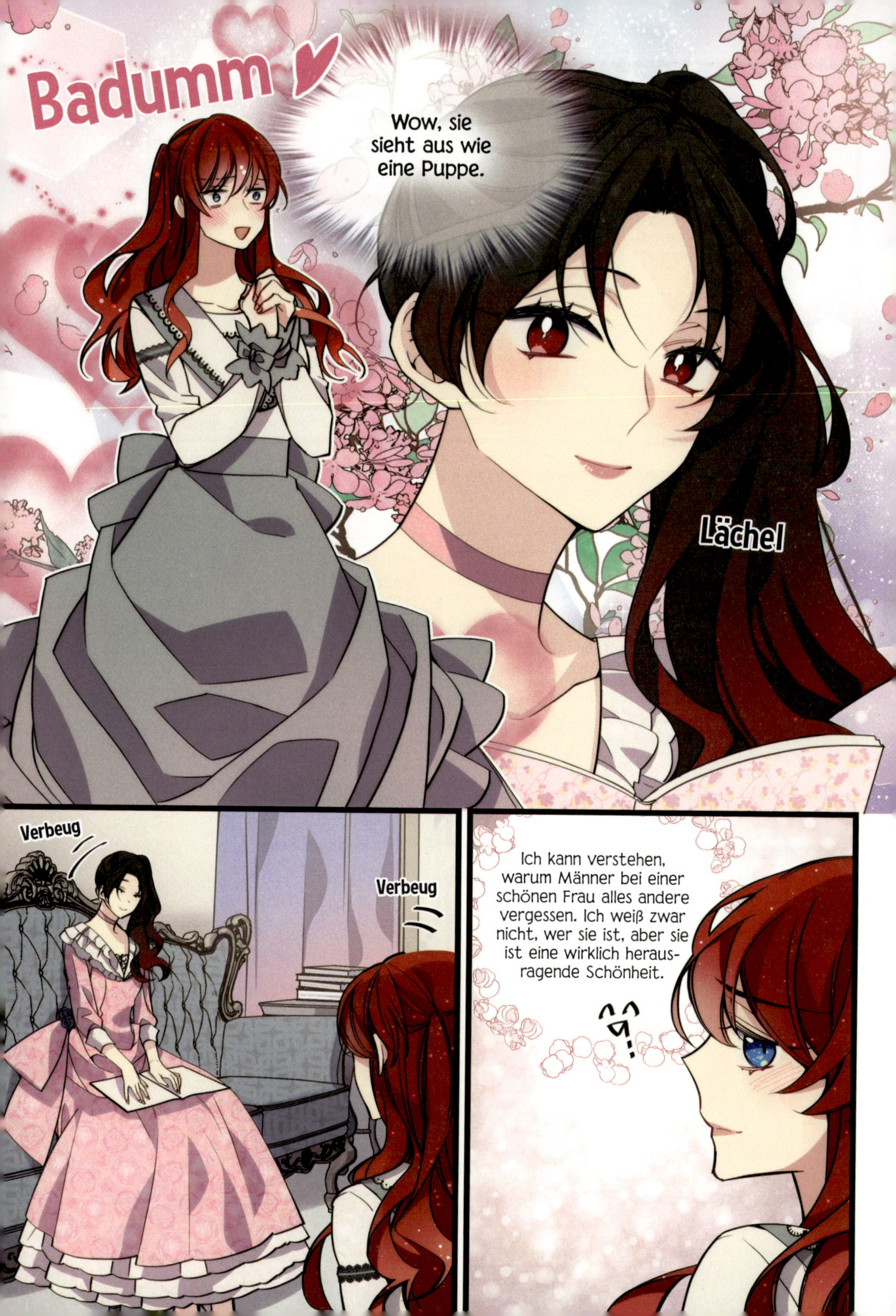
Badumm
Wow, sie sieht aus wie eine Puppe.
Lächel
Verbeug
Verbeug
Ich kann verstehen, warum Männer bei einer schönen Frau alles andere vergessen. Ich weiß zwar nicht, wer sie ist, aber sie ist eine wirklich heraus-ragende Schönheit.

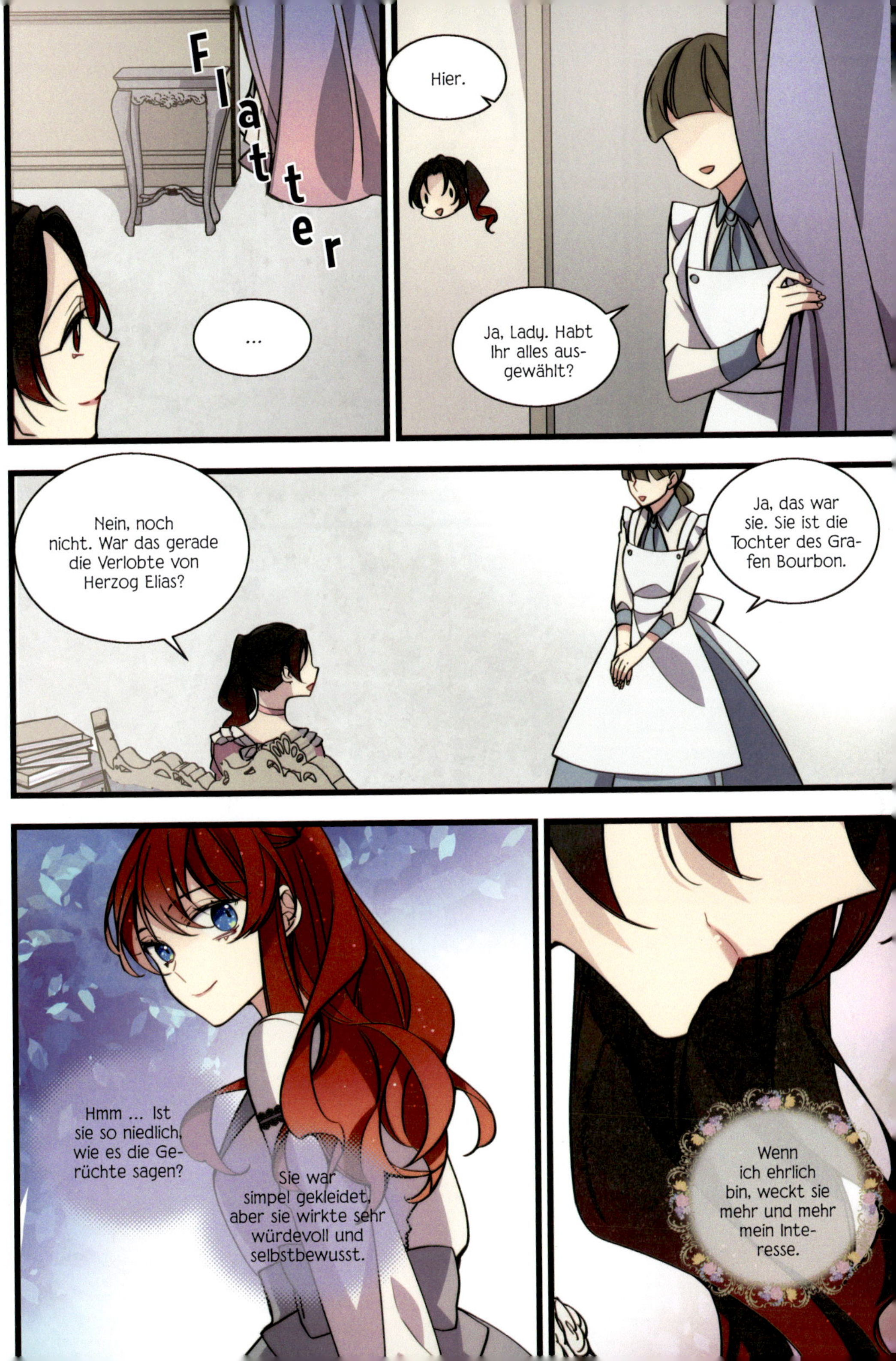
Flatter
...
Hier.
Ja, Lady. Habt Ihr alles ausgewählt?
Nein, noch nicht. War das gerade die Verlobte von Herzog Elias?
Ja, das war sie. Sie ist die Tochter des Grafen Bourbon.
Hmm ... Ist sie so niedlich, wie es die Gerüchte sagen?
Sie war simpel gekleidet, aber sie wirkte sehr würdevoll und selbstbewusst.
Wenn ich ehrlich bin, weckt sie mehr und mehr mein Interesse.

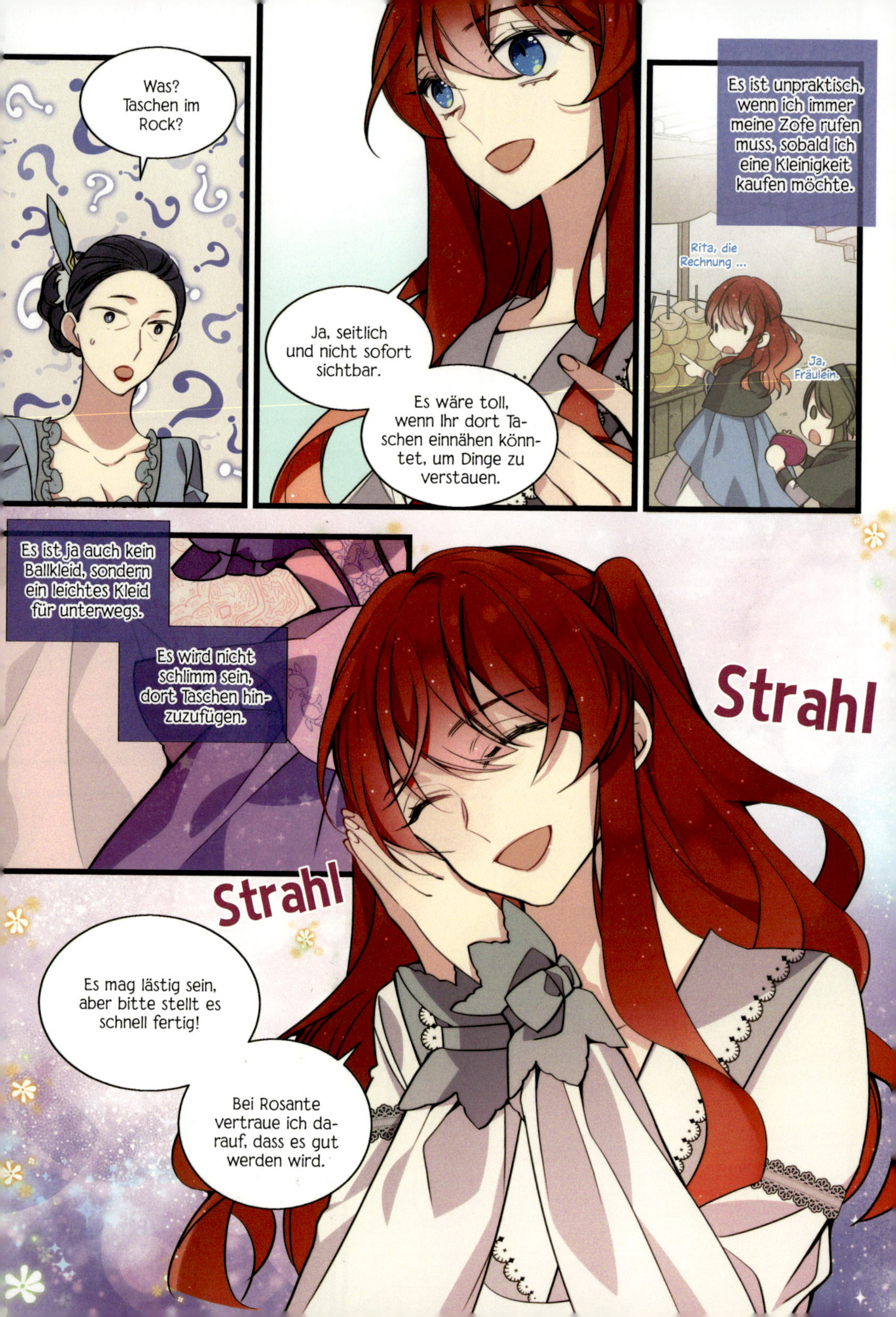
Was? Taschen im Rock?
Ja, seitlich und nicht sofort sichtbar.
Es wäre toll, wenn Ihr dort Taschen einnähen könntet, um Dinge zu verstauen.
Es ist unpraktisch, wenn ich immer meine Zofe rufen muss, sobald ich eine Kleinigkeit kaufen möchte.
Rita, die Rechnung ...
Ja, Fräulein.
Es ist ja auch kein Ballkleid, sondern ein leichtes Kleid für unterwegs.
Es wird nicht schlimm sein, dort Taschen hinzuzufügen.
Strahl
Strahl
Es mag lästig sein, aber bitte stellt es schnell fertig!
Bei Rosante vertraue ich darauf, dass es gut werden wird.

Adelaide

Das süße Leben

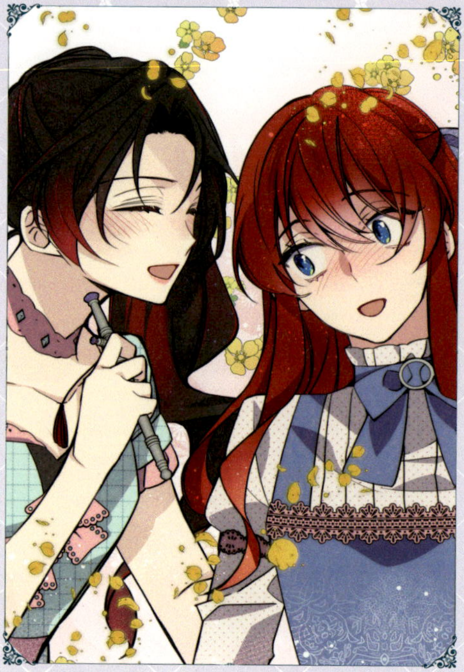

Kapitel 5

Krisenmanagement

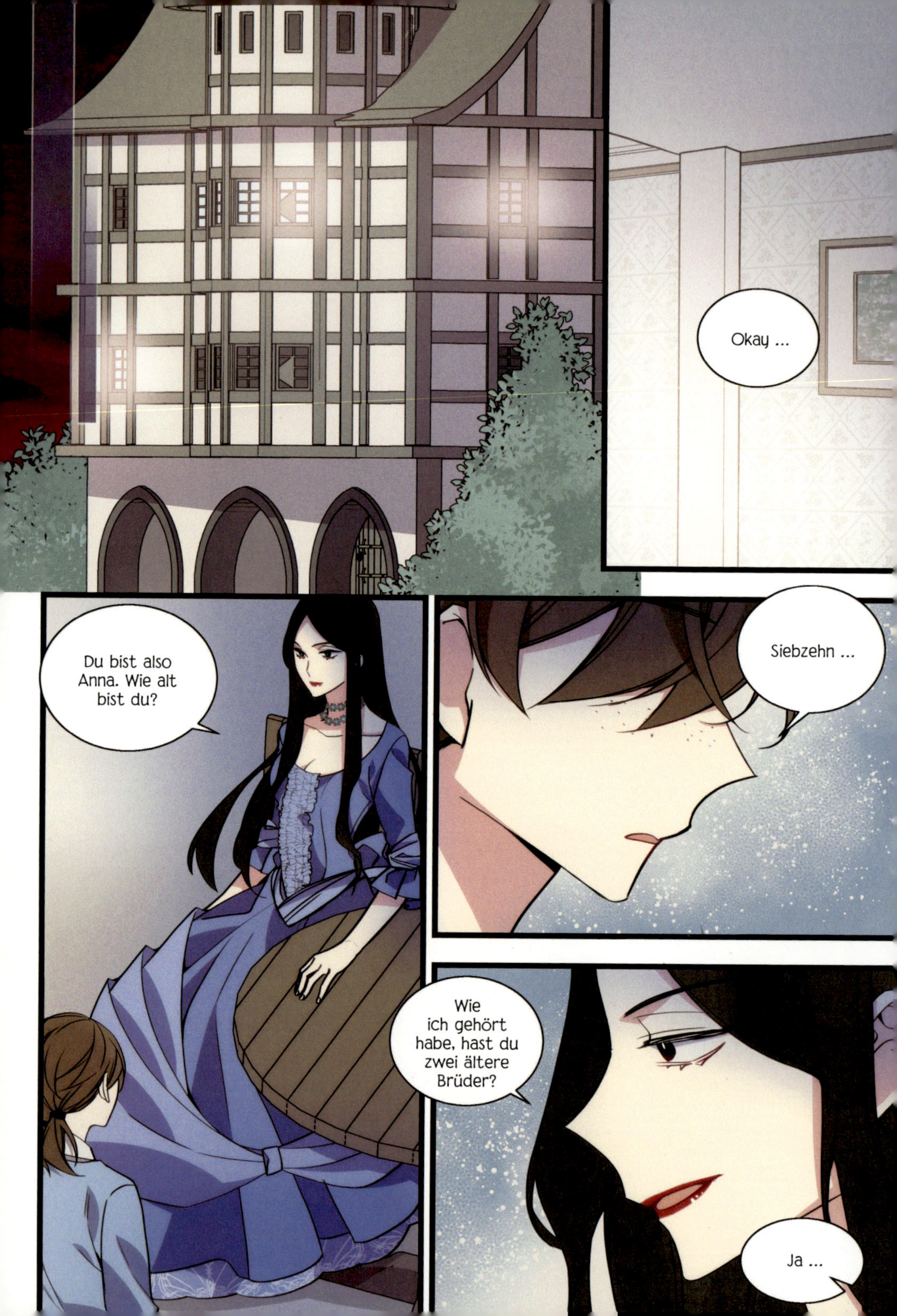
Okay ...
Du bist also Anna. Wie alt bist du?
Siebzehn ...
Wie ich gehört habe, hast du zwei ältere Brüder?
Ja ...

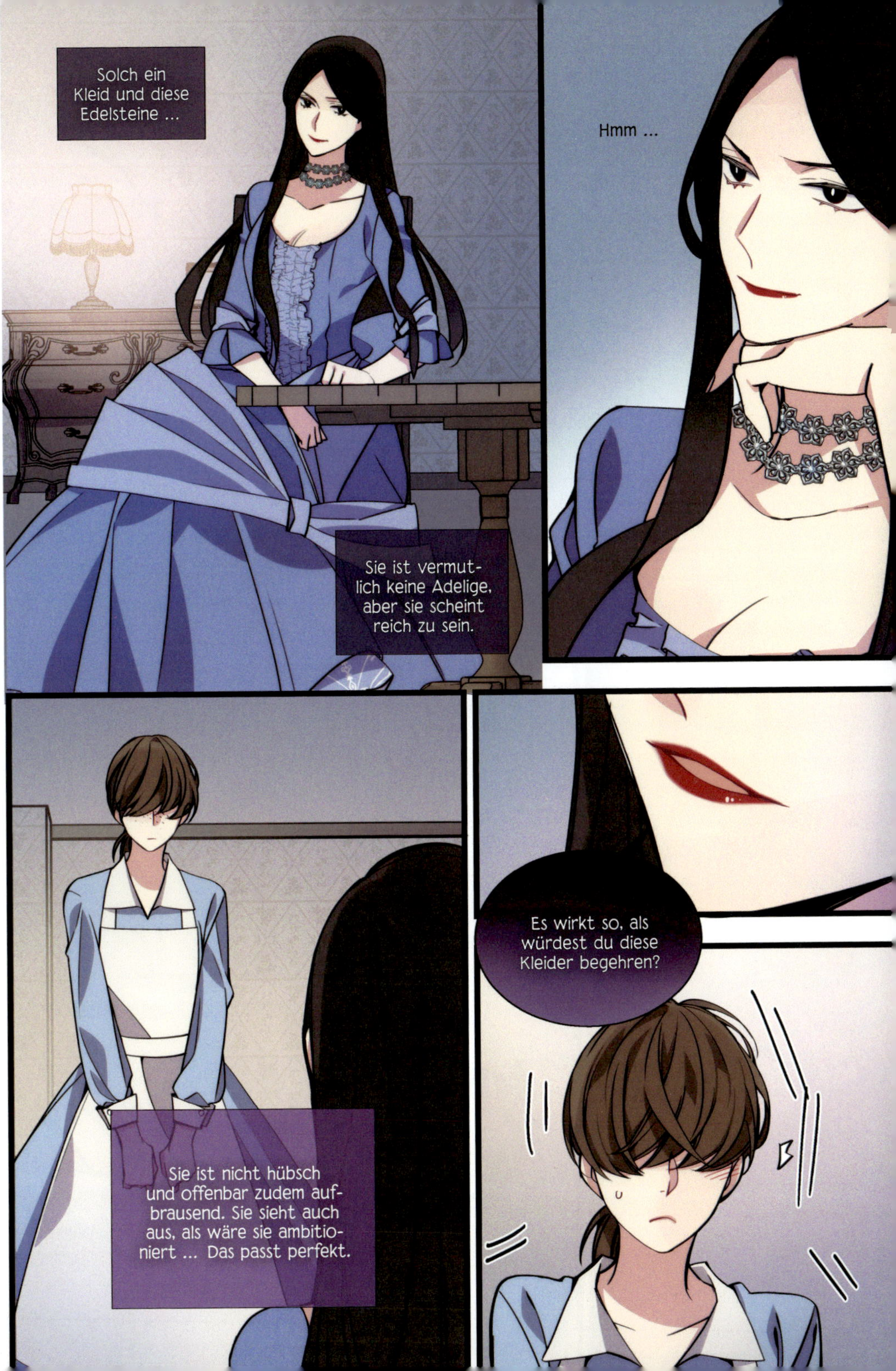
Solch ein Kleid und diese Edelsteine ...
Hmm ...
Sie ist vermutlich keine Adelige, aber sie scheint reich zu sein.
Es wirkt so, als würdest du diese Kleider begehren?
Sie ist nicht hübsch und offenbar zudem aufbrausend. Sie sieht auch aus, als wäre sie ambitioniert ... Das passt perfekt.

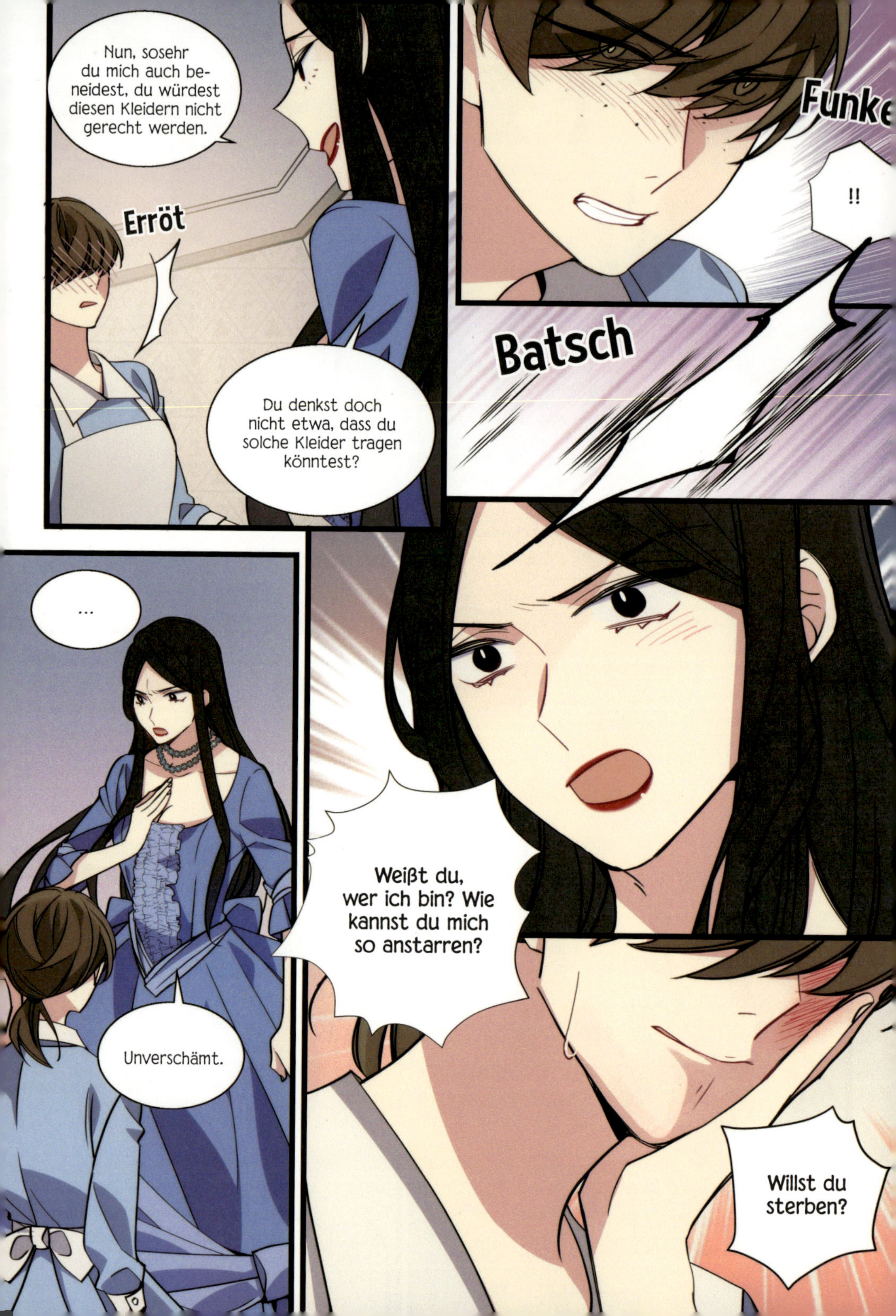

Nun, sosehr du mich auch beneidest, du würdest diesen Kleidern nicht gerecht werden.
Errööt
Du denkst doch nicht etwa, dass du solche Kleider tragen könntest?
Funke
!!
Batsch
...
Unverschämt.
Weißt du, wer ich bin? Wie kannst du mich so anstarren?
Willst du sterben?

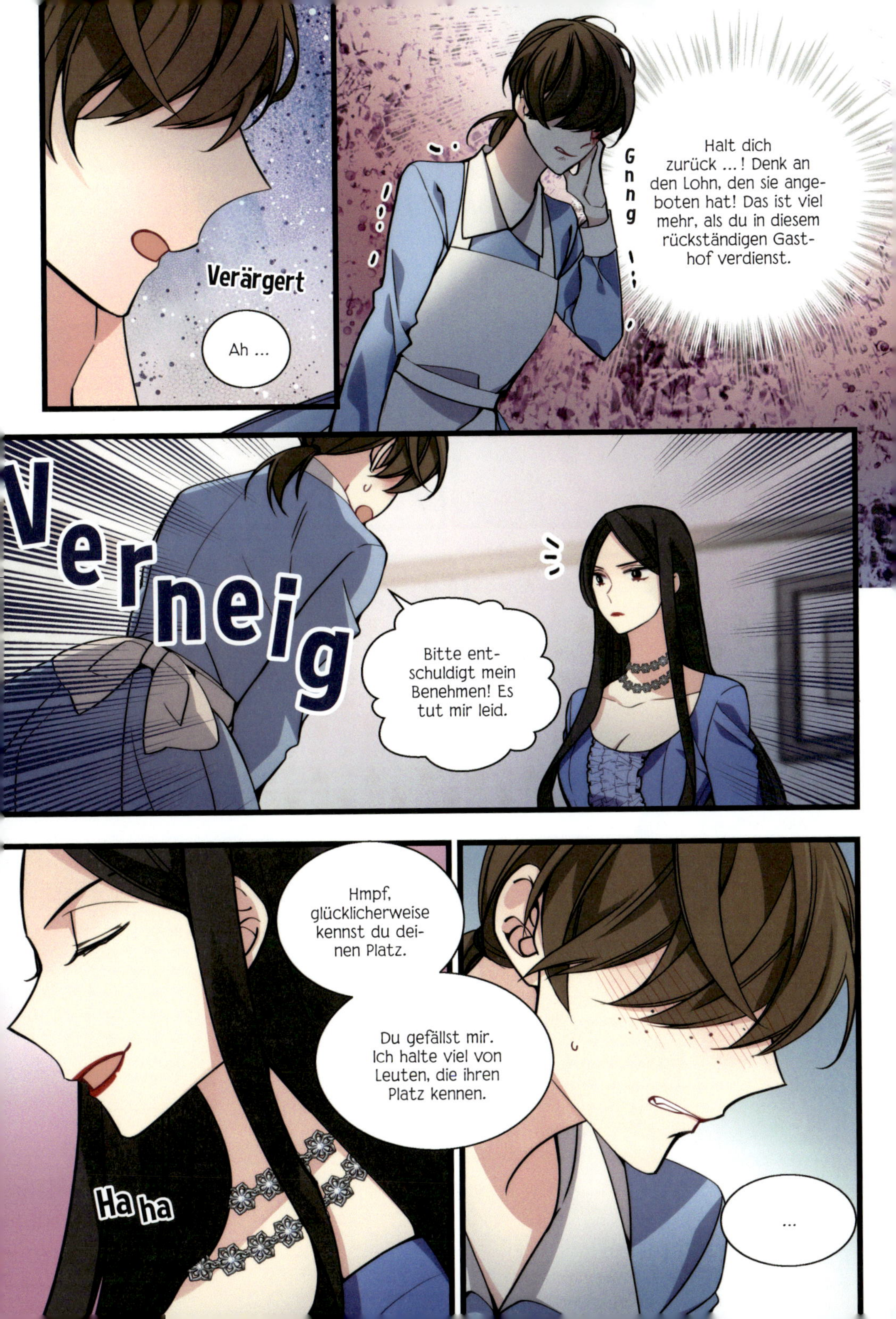
Verärgert
Ah ...
Gnng
Halt dich zurück ...! Denk an den Lohn, den sie angeboten hat! Das ist viel mehr, als du in diesem rückständigen Gasthof verdienst.
Verneig
Bitte entschuldigt mein Benehmen! Es tut mir leid.
Hmpf, glücklicherweise kennst du deinen Platz.
Du gefällst mir. Ich halte viel von Leuten, die ihren Platz kennen.
Ha ha
...

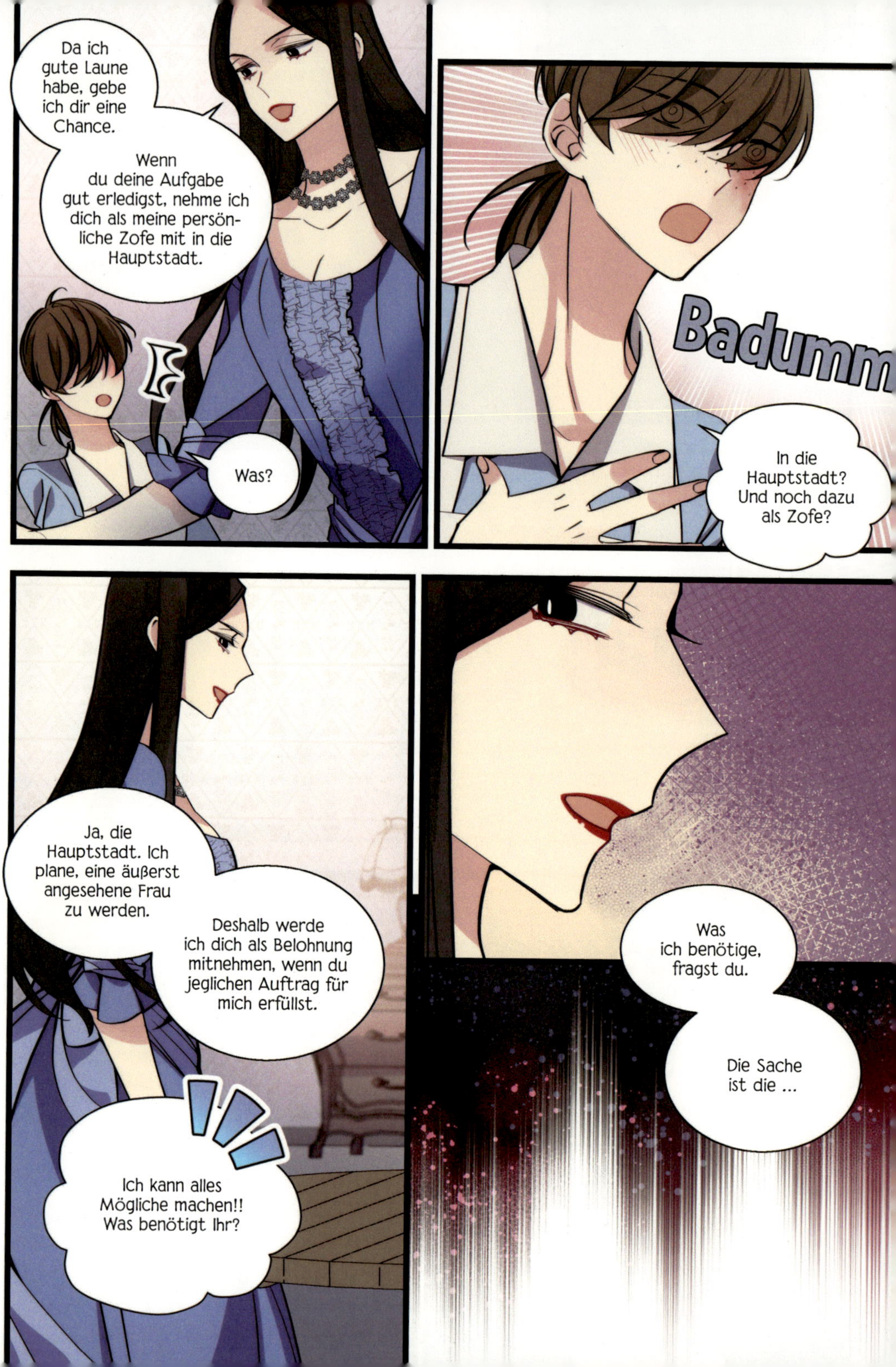
Da ich gute Laune habe, gebe ich dir eine Chance.
Wenn du deine Aufgabe gut erledigst, nehme ich dich als meine persönliche Zofe mit in die Hauptstadt.
Was?
Badumm
In die Hauptstadt? Und noch dazu als Zofe?
Ja, die Hauptstadt. Ich plane, eine äußerst angesehene Frau zu werden.
Deshalb werde ich dich als Belohnung mitnehmen, wenn du jeglichen Auftrag für mich erfüllst.
Ich kann alles Mögliche machen!! Was benötigt Ihr?
Was ich benötige, fragst du.
Die Sache ist die ...

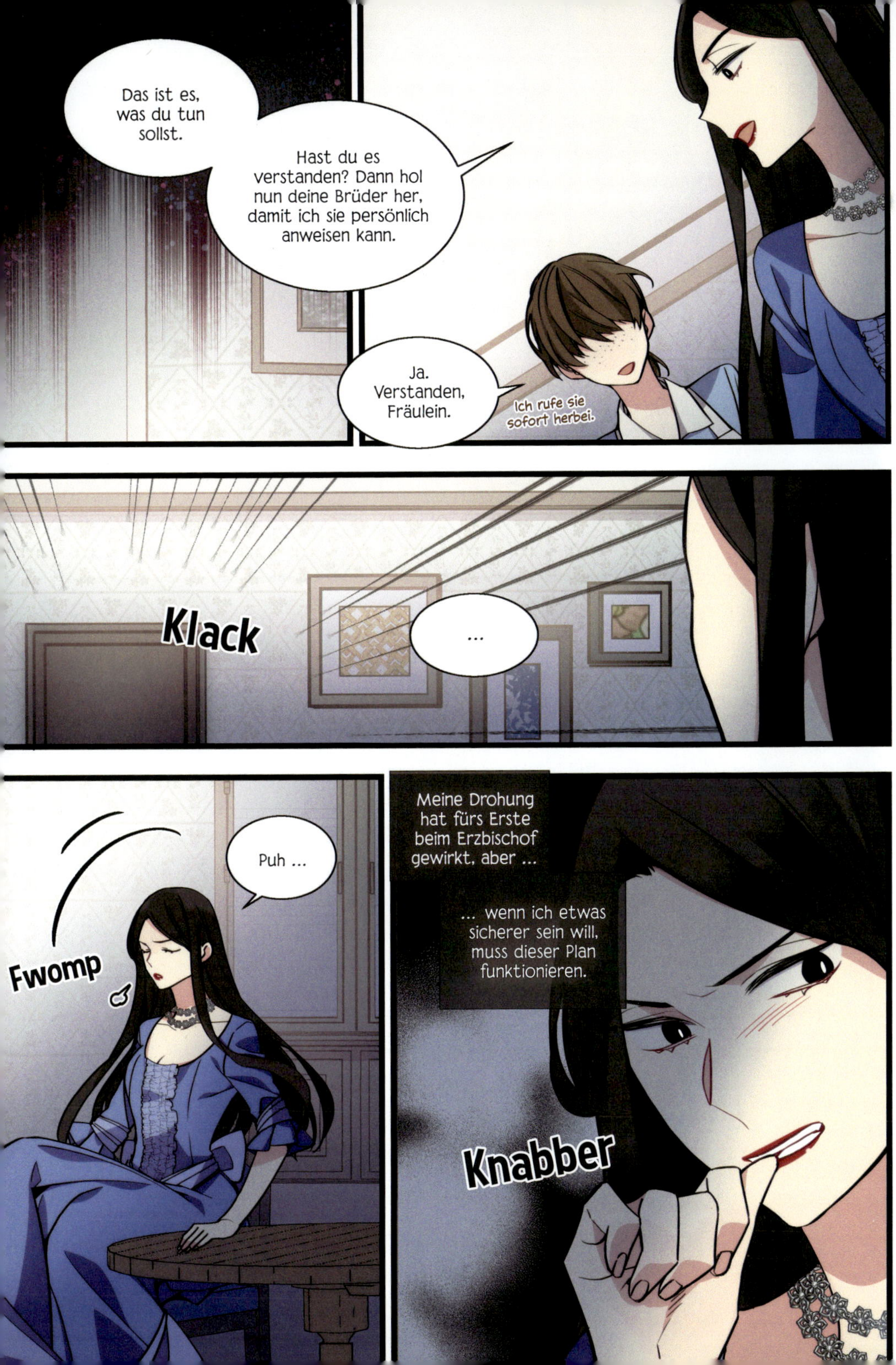

Das ist es, was du tun sollst.
Hast du es verstanden? Dann hol nun deine Brüder her, damit ich sie persönlich anweisen kann.
Ja. Verstanden, Fräulein.
Ich rufe sie sofort herbei.
Klack
...
Puh ...
Fwomp
Meine Drohung hat fürs Erste beim Erzbischof gewirkt, aber ...
... wenn ich etwas sicherer sein will, muss dieser Plan funktionieren.
Knabber

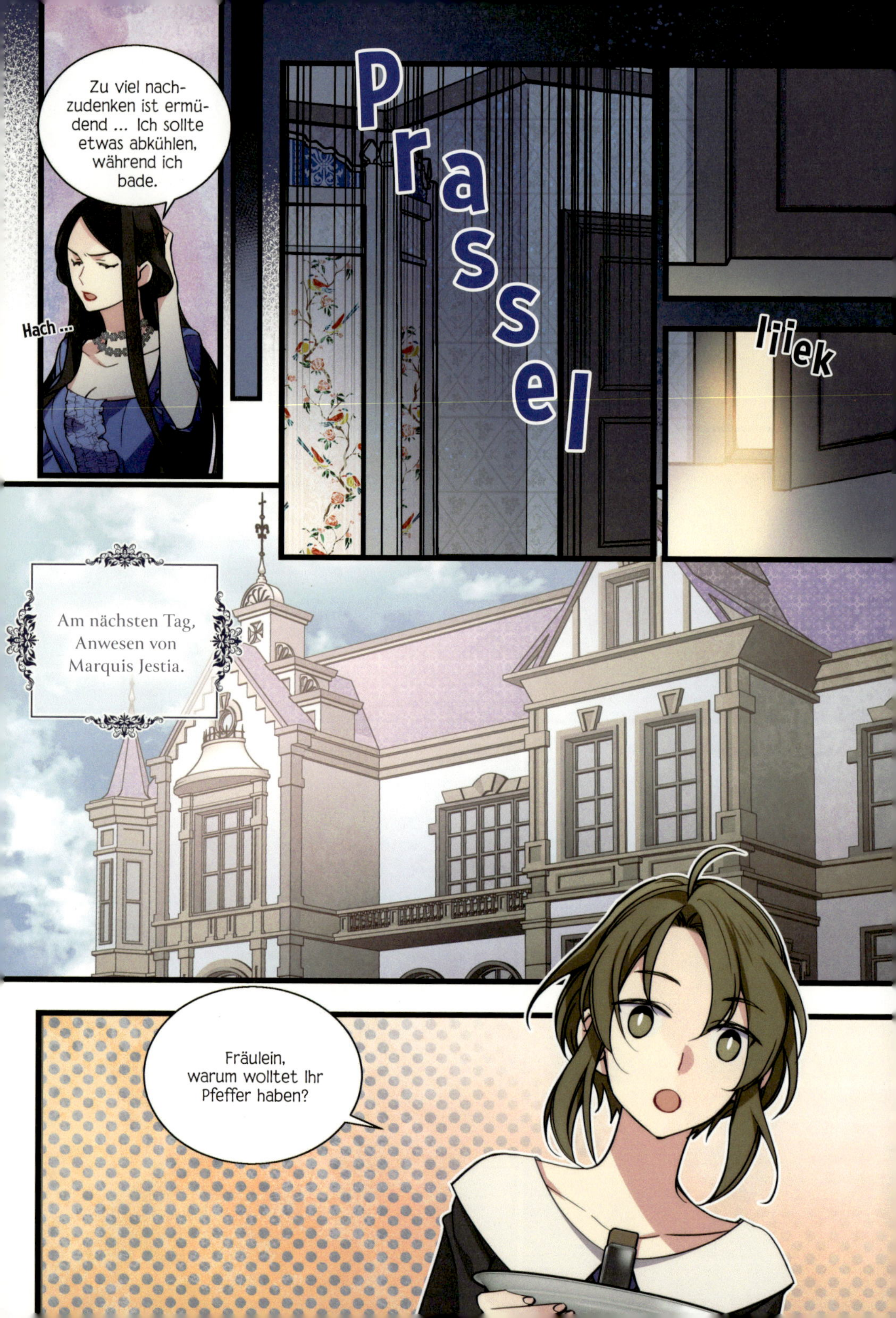
Zu viel nachzudenken ist ermüdend ... Ich sollte etwas abkühlen, während ich bade.
Hach ...
Prassel
Iiiek
Am nächsten Tag, Anwesen von Marquis Jestia.
Fräulein, warum wolltet Ihr Pfeffer haben?

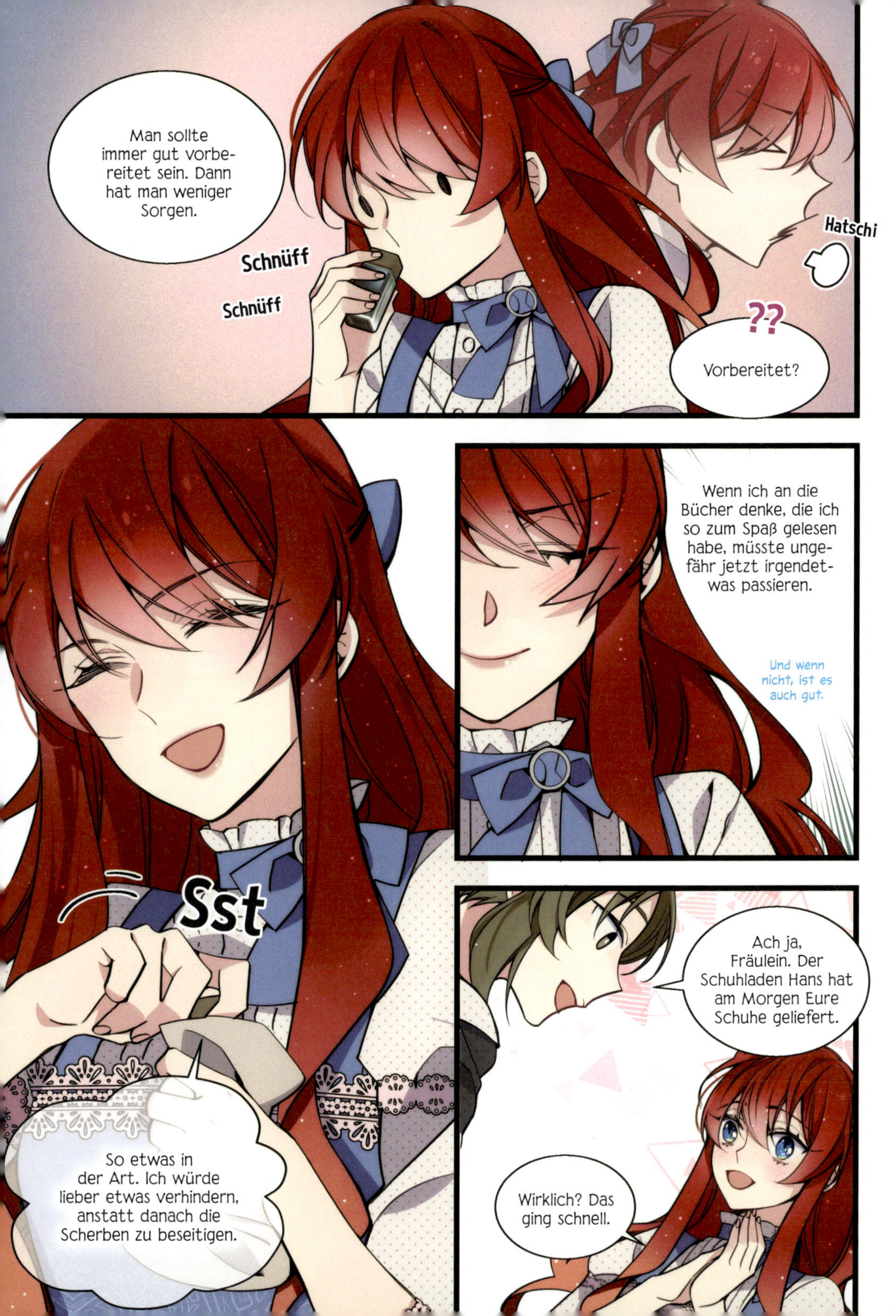
Man sollte immer gut vorbereitet sein. Dann hat man weniger Sorgen.
Schnüff
Schnüff
Hatschi
??
Vorbereitet?
Sst
So etwas in der Art. Ich würde lieber etwas verhindern, anstatt danach die Scherben zu beseitigen.
Wenn ich an die Bücher denke, die ich so zum Spaß gelesen habe, müsste ungefähr jetzt irgendetwas passieren.
Und wenn nicht, ist es auch gut.
Ach ja, Fräulein. Der Schuhladen Hans hat am Morgen Eure Schuhe geliefert.
Wirklich? Das ging schnell.

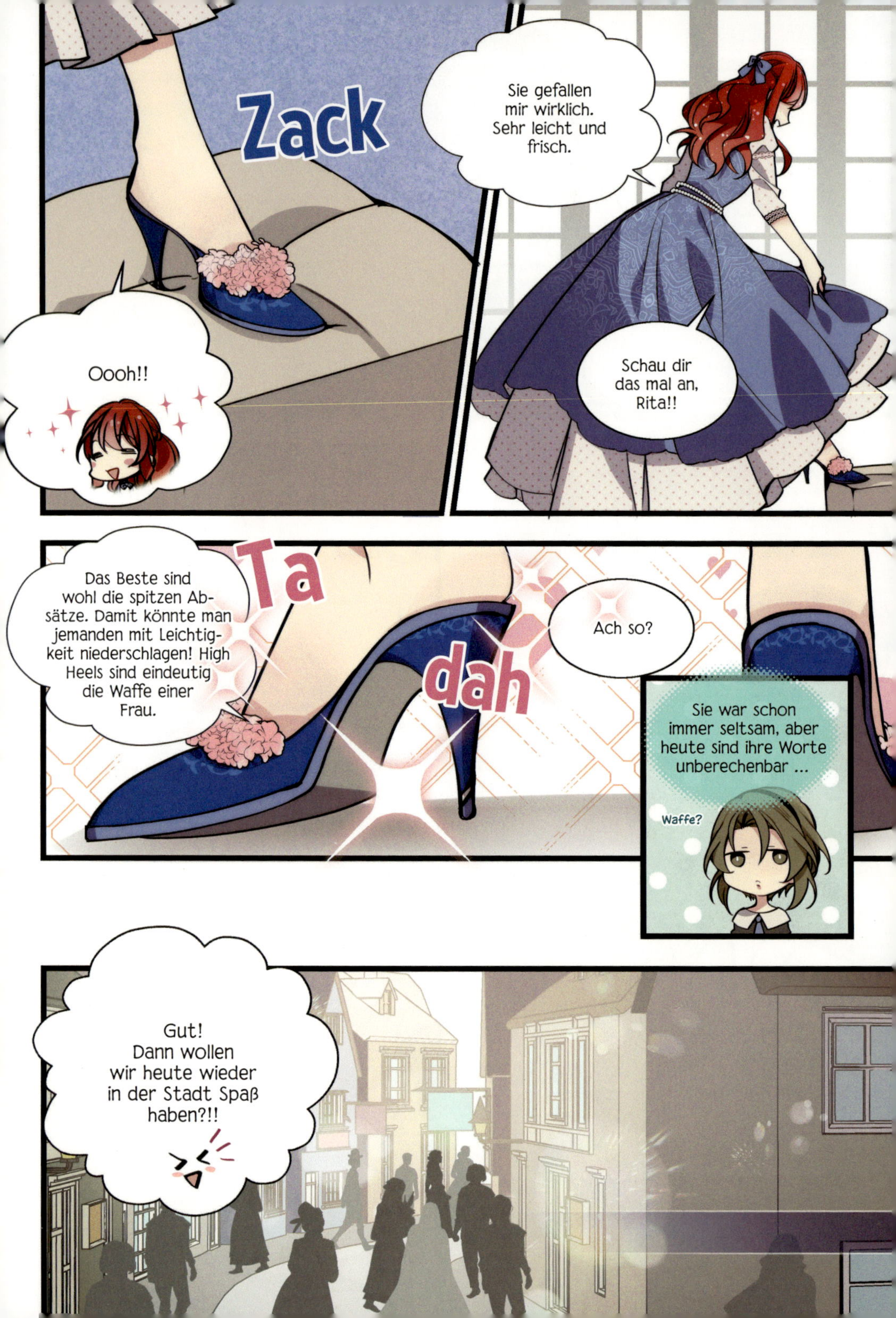
Zack
Oooh!!
Sie gefallen mir wirklich. Sehr leicht und frisch.
Schau dir das mal an, Rita!!
Ta
dah
Das Beste sind wohl die spitzen Absätze. Damit könnte man jemanden mit Leichtigkeit niederschlagen! High Heels sind eindeutig die Waffe einer Frau.
Ach so?
Sie war schon immer seltsam, aber heute sind ihre Worte unberechenbar ...
Waffe?
Gut! Dann wollen wir heute wieder in der Stadt Spaß haben?!!

Adelaide

Das süße Leben

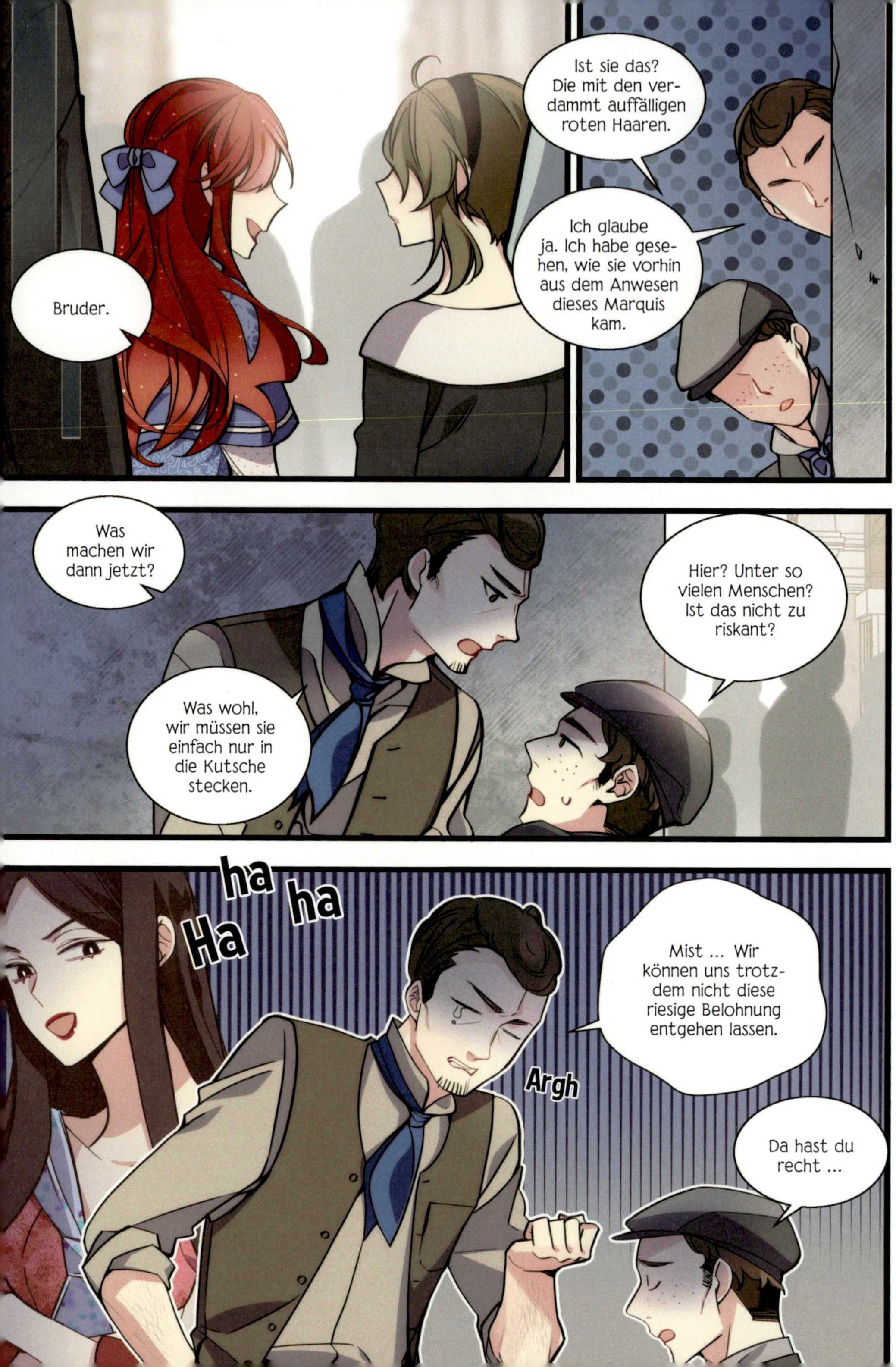
Bruder.
Ist sie das? Die mit den verdammt auffälligen roten Haaren.
Ich glaube ja. Ich habe gesehen, wie sie vorhin aus dem Anwesen dieses Marquis kam.
Was machen wir dann jetzt?
Was wohl, wir müssen sie einfach nur in die Kutsche stecken.
Hier? Unter so vielen Menschen? Ist das nicht zu riskant?
Ha
ha
ha
Mist ... Wir können uns trotzdem nicht diese riesige Belohnung entgehen lassen.
Argh
Da hast du recht ...

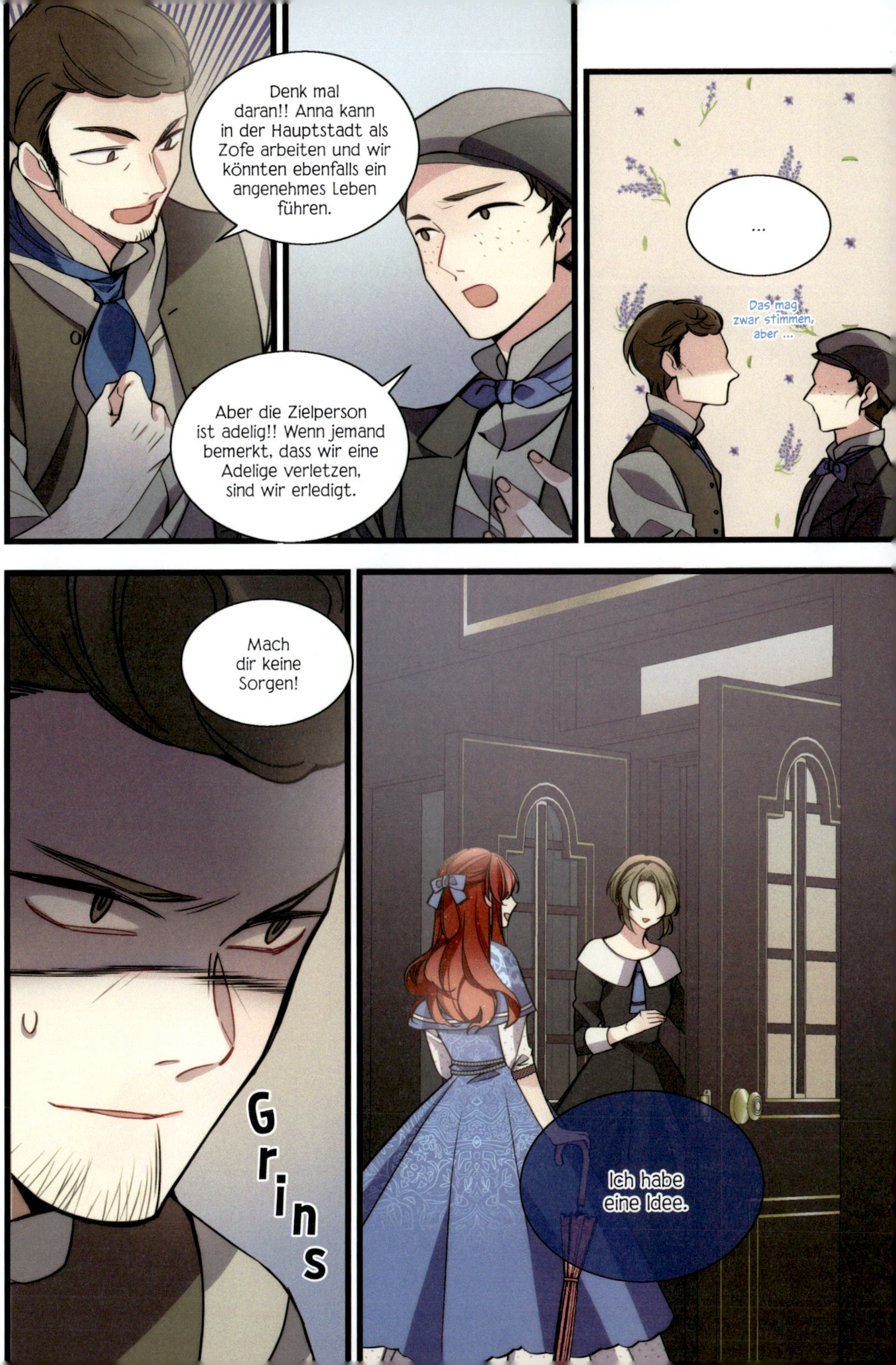
Denk mal daran!! Anna kann in der Hauptstadt als Zofe arbeiten und wir könnten ebenfalls ein angenehmes Leben führen.
Aber die Zielperson ist adelig!! Wenn jemand bemerkt, dass wir eine Adelige verletzen, sind wir erledigt.
...
Das mag zwar stimmen, aber ...
Mach dir keine Sorgen!
Grins
Ich habe eine Idee.

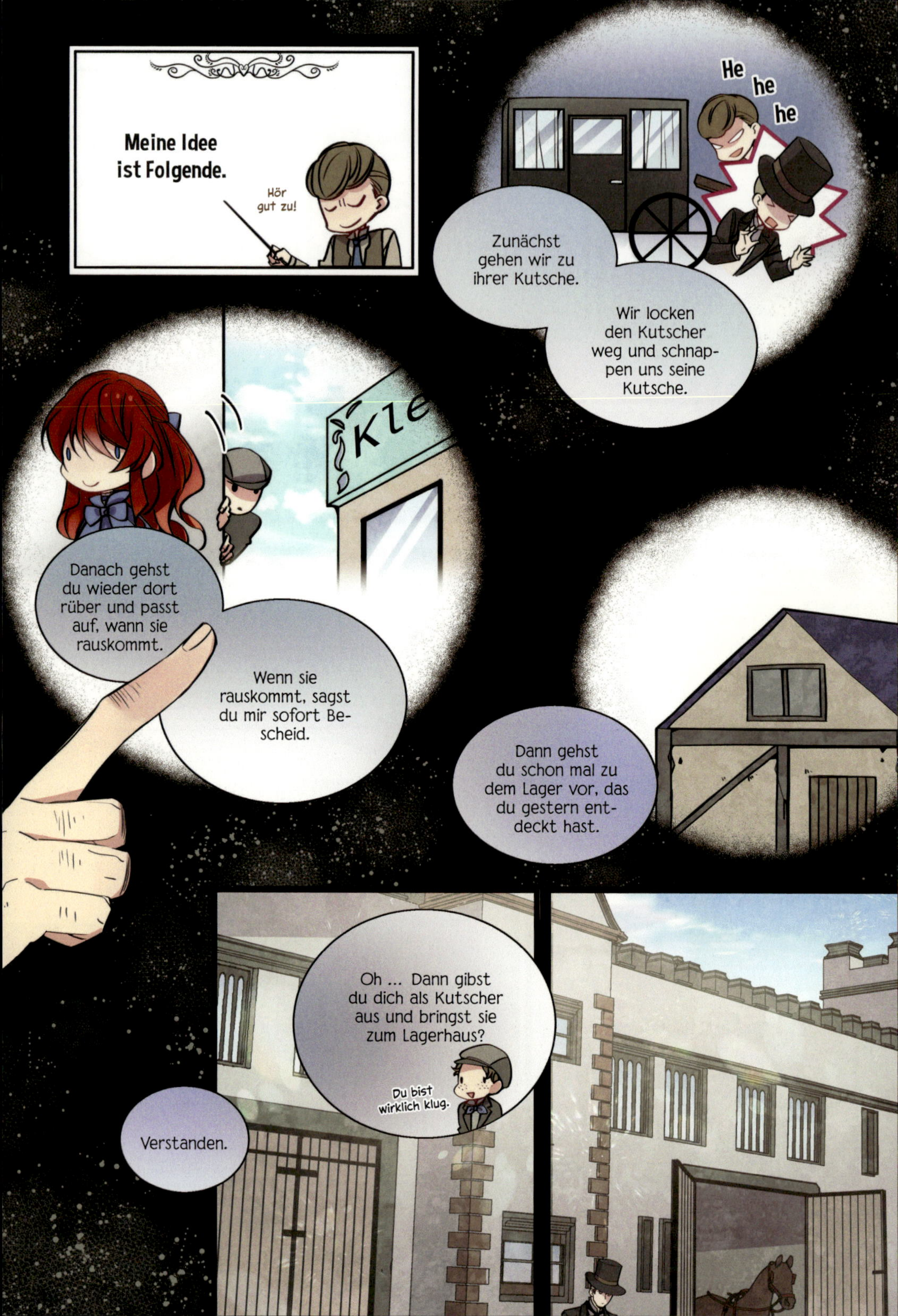
Meine Idee ist Folgende.
Hör gut zu!
He he he
Zunächst gehen wir zu ihrer Kutsche.
Wir locken den Kutscher weg und schnappen uns seine Kutsche.
Danach gehst du wieder dort rüber und passt auf, wann sie rauskommt.
Wenn sie rauskommt, sagst du mir sofort Bescheid.
Dann gehst du schon mal zu dem Lager vor, das du gestern entdeckt hast.
Oh ... Dann gibst du dich als Kutscher aus und bringst sie zum Lagerhaus?
Du bist wirklich klug.
Verstanden.

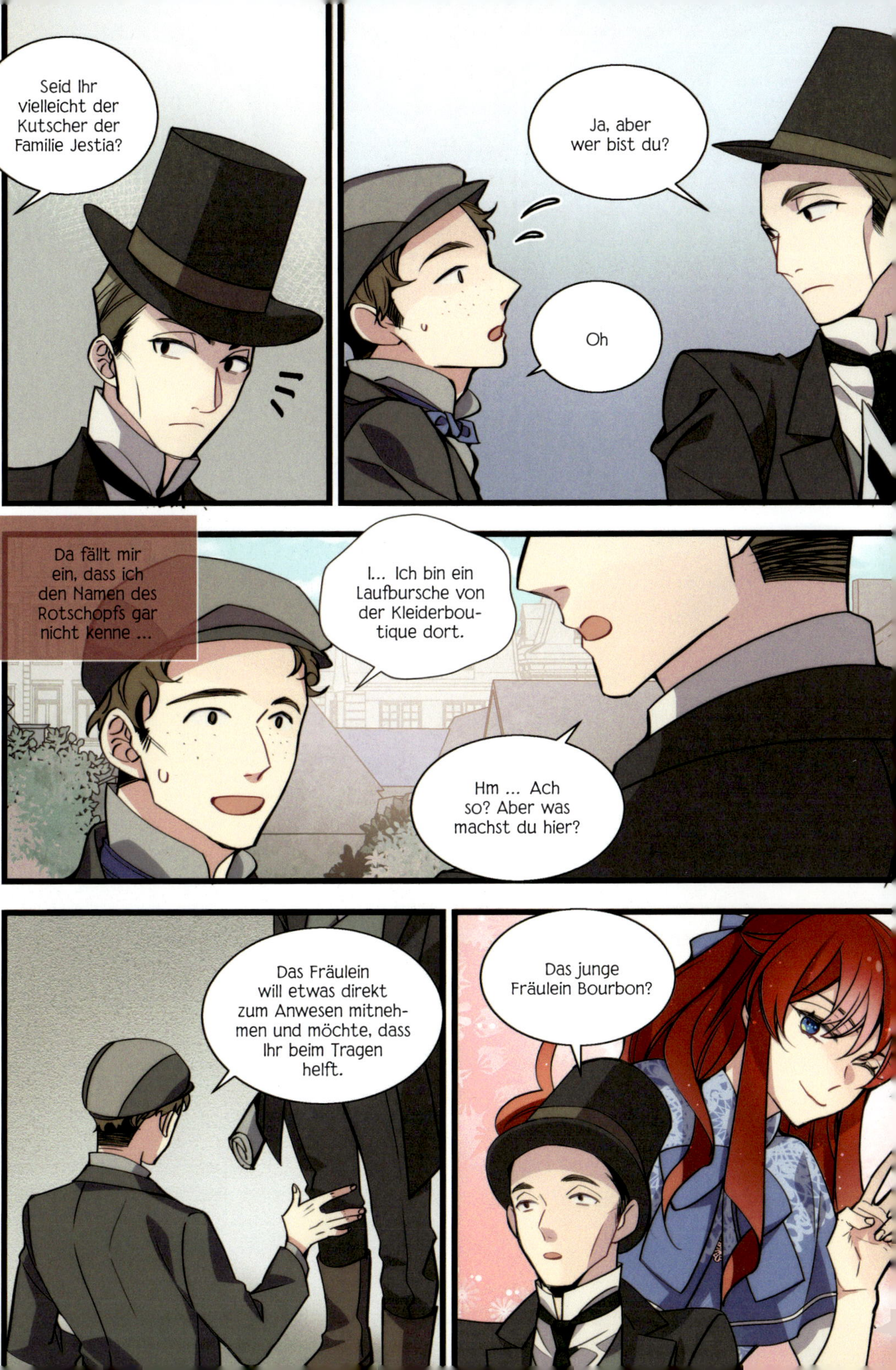
Seid Ihr vielleicht der Kutscher der Familie Jestia?
Ja, aber wer bist du?
Oh
Da fällt mir ein, dass ich den Namen des Rotschopfs gar nicht kenne …
I… Ich bin ein Laufbursche von der Kleiderboutique dort.
Hm … Ach so? Aber was machst du hier?
Das Fräulein will etwas direkt zum Anwesen mitnehmen und möchte, dass Ihr beim Tragen helft.
Das junge Fräulein Bourbon?

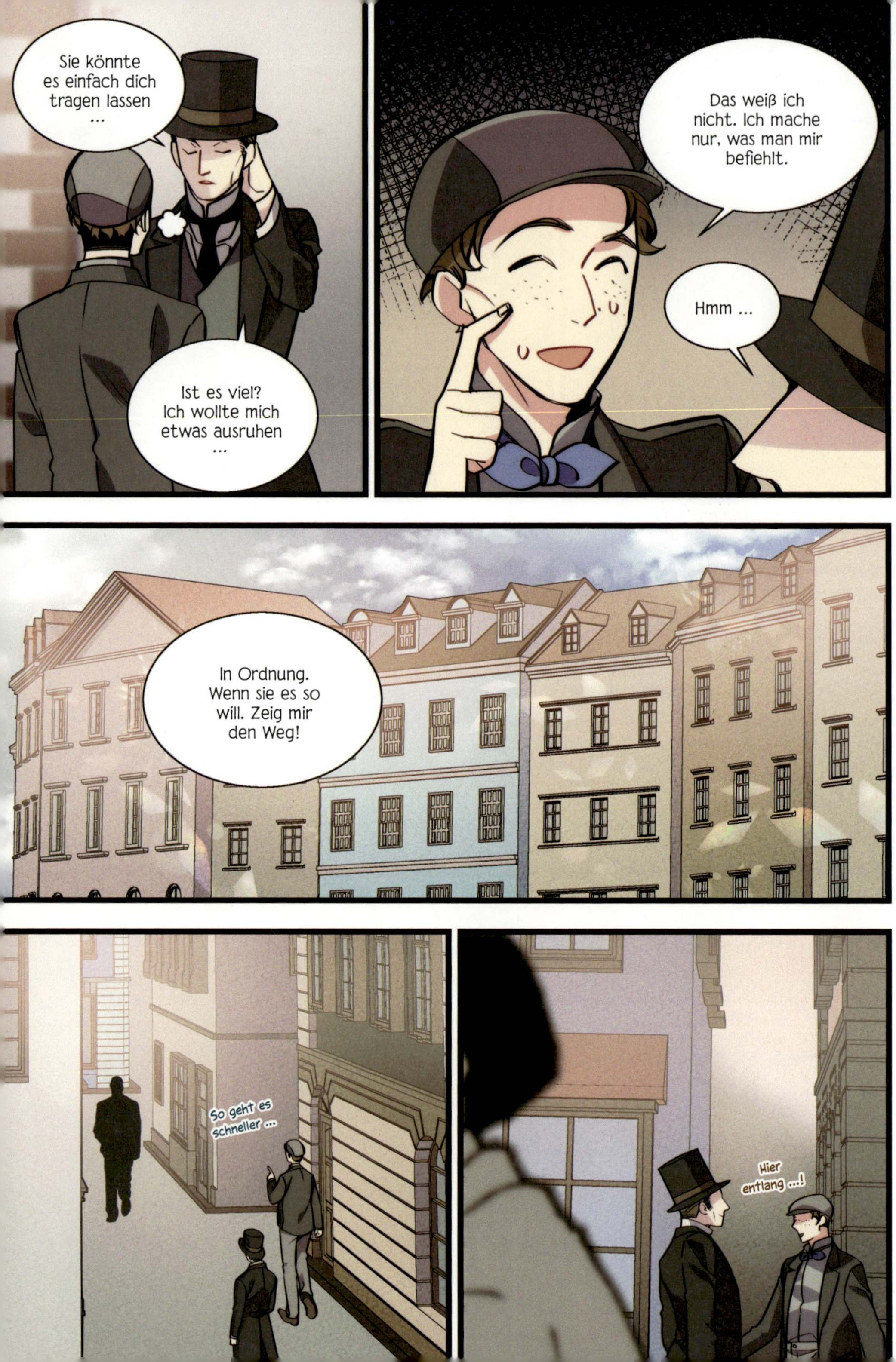
Sie könnte es einfach dich tragen lassen …
Ist es viel? Ich wollte mich etwas ausruhen …
Das weiß ich nicht. Ich mache nur, was man mir befiehlt.
Hmm …
In Ordnung. Wenn sie es so will. Zeig mir den Weg!
So geht es schneller …
Hier entlang …!

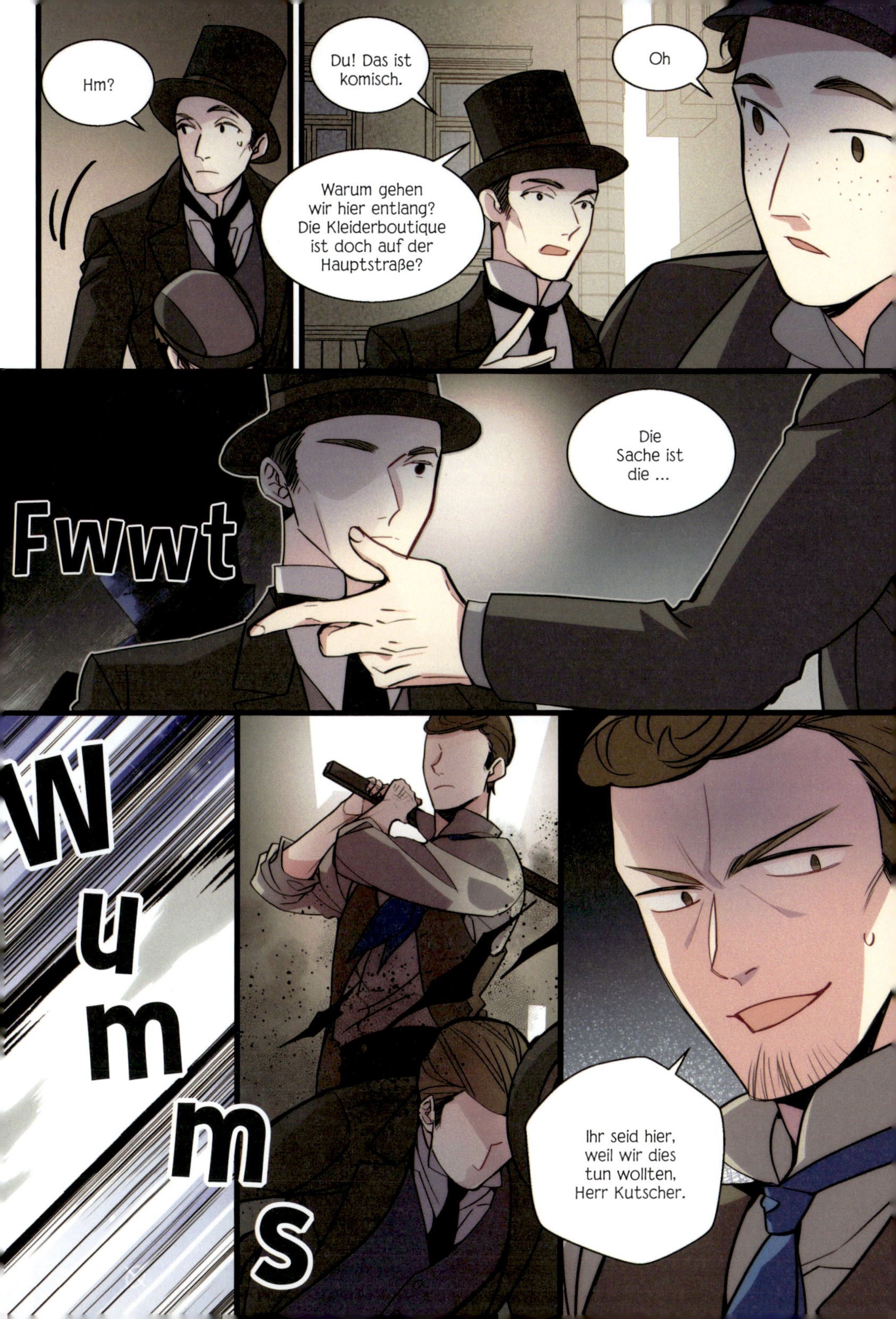
Hm?
Du! Das ist komisch.
Warum gehen wir hier entlang? Die Kleiderboutique ist doch auf der Hauptstraße?
Oh
Die Sache ist die ...
Fwwt
Wumms
Ihr seid hier, weil wir dies tun wollten, Herr Kutscher.

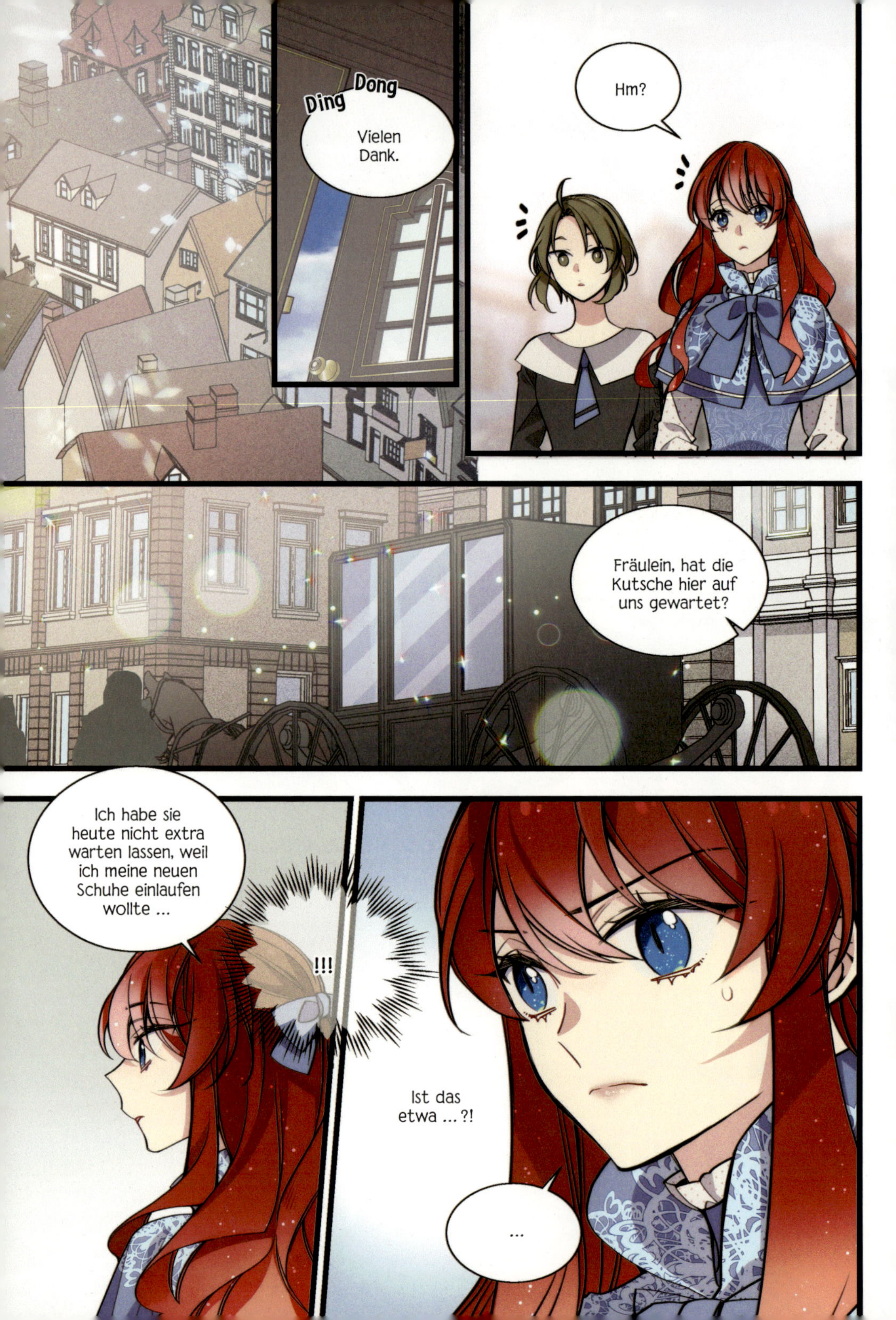
Ding Dong
Vielen Dank.
Hm?
Fräulein, hat die Kutsche hier auf uns gewartet?
Ich habe sie heute nicht extra warten lassen, weil ich meine neuen Schuhe einlaufen wollte ...
!!!
Ist das etwa ...?!
...

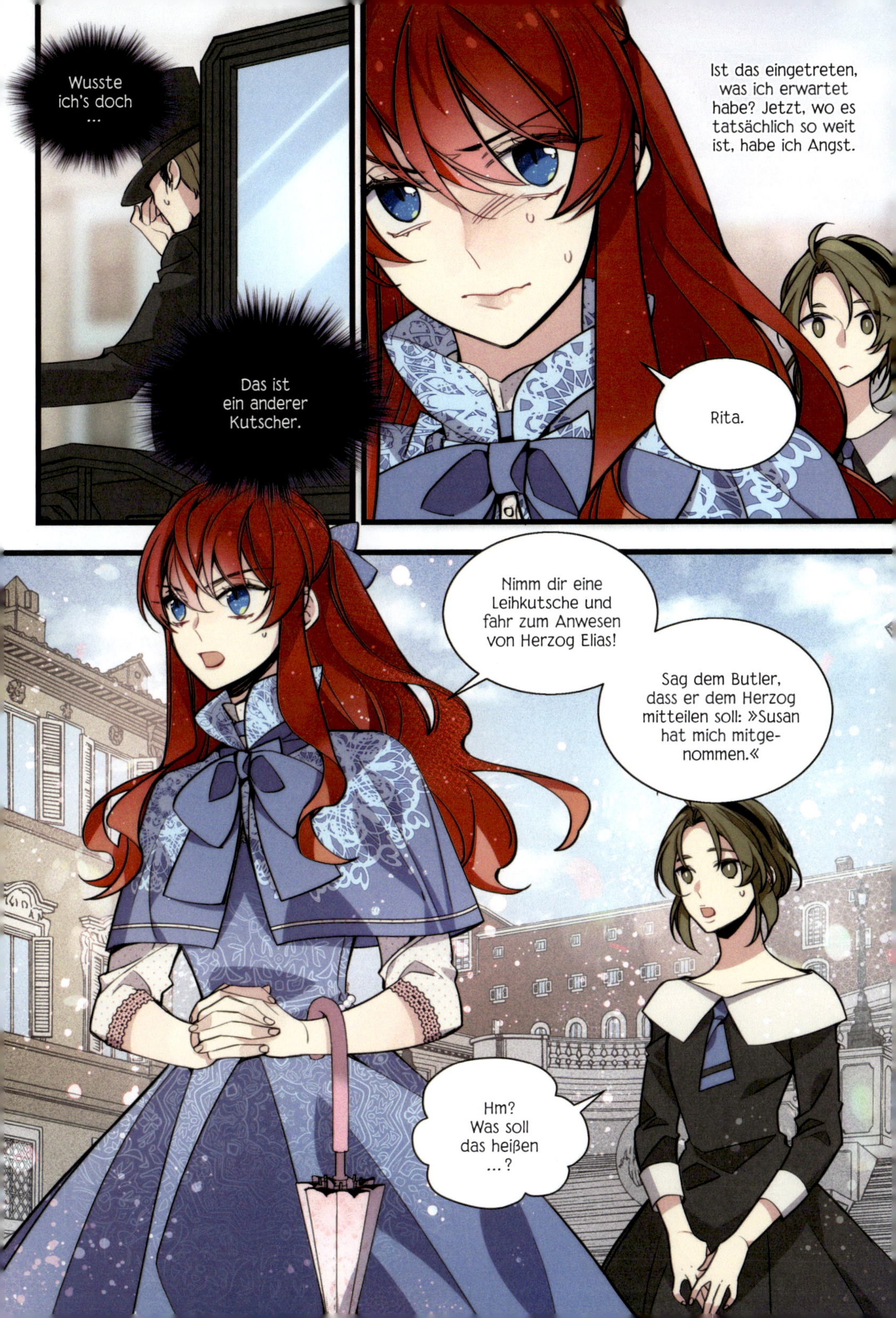

Wusste ich's doch …
Das ist ein anderer Kutscher.
Ist das eingetreten, was ich erwartet habe? Jetzt, wo es tatsächlich so weit ist, habe ich Angst.
Rita.
Nimm dir eine Leihkutsche und fahr zum Anwesen von Herzog Elias!
Sag dem Butler, dass er dem Herzog mitteilen soll: »Susan hat mich mitgenommen.«
Hm? Was soll das heißen …?

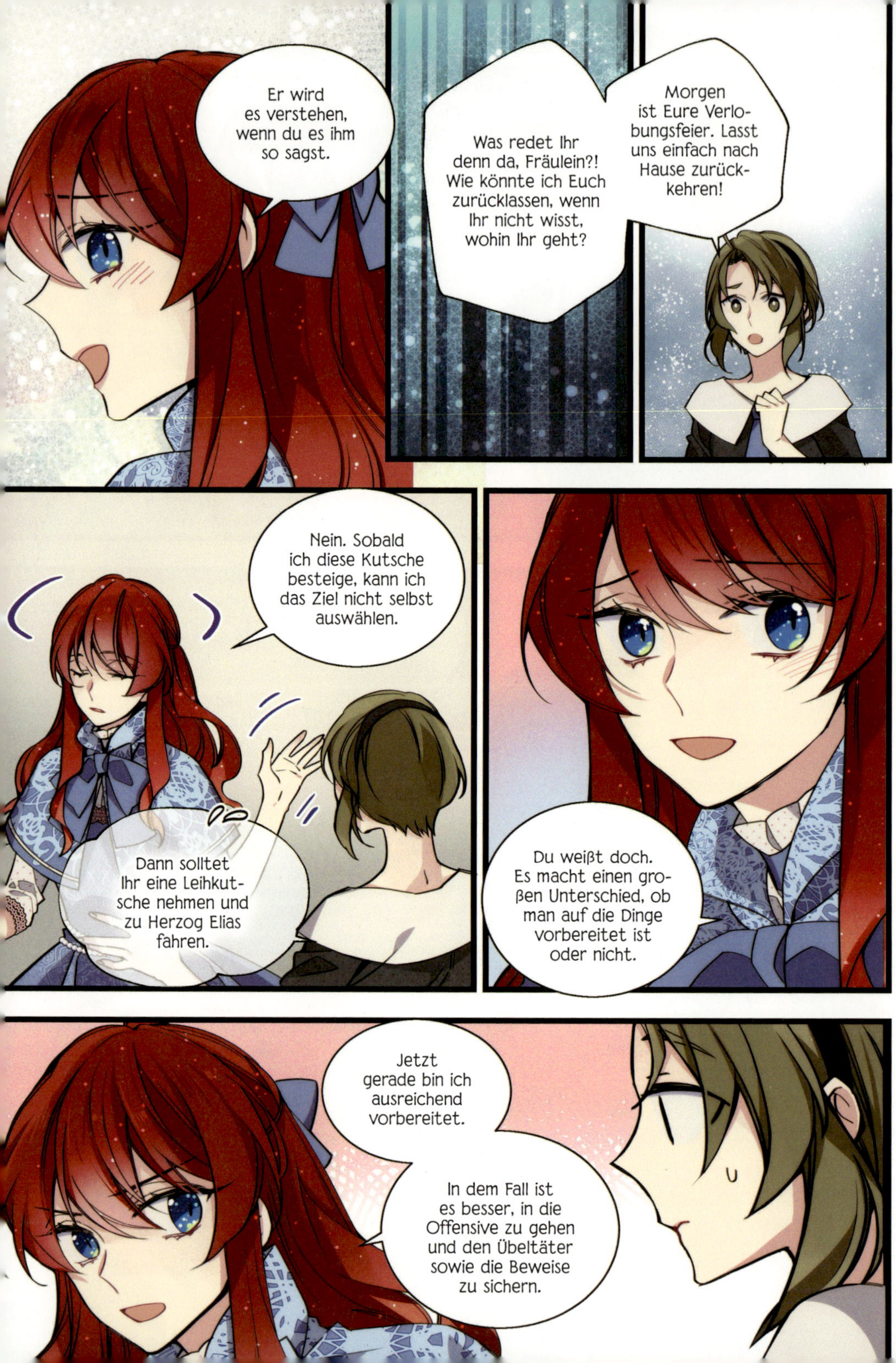
Er wird es verstehen, wenn du es ihm so sagst.
Was redet Ihr denn da, Fräulein?! Wie könnte ich Euch zurücklassen, wenn Ihr nicht wisst, wohin Ihr geht?
Morgen ist Eure Verlobungsfeier. Lasst uns einfach nach Hause zurückkehren!
Nein. Sobald ich diese Kutsche besteige, kann ich das Ziel nicht selbst auswählen.
Dann solltet Ihr eine Leihkutsche nehmen und zu Herzog Elias fahren.
Du weißt doch. Es macht einen großen Unterschied, ob man auf die Dinge vorbereitet ist oder nicht.
Jetzt gerade bin ich ausreichend vorbereitet.
In dem Fall ist es besser, in die Offensive zu gehen und den Übeltäter sowie die Beweise zu sichern.

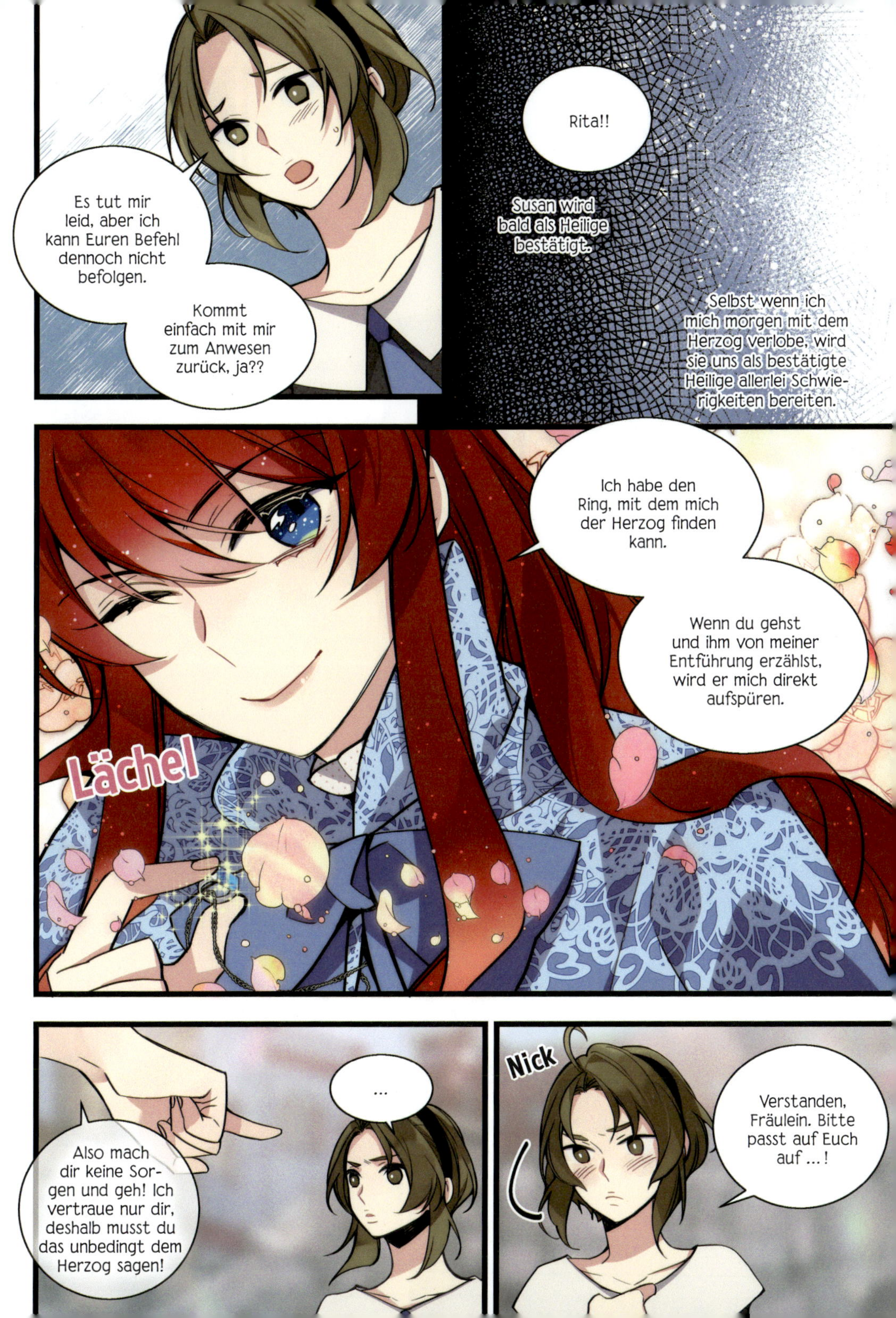
Es tut mir leid, aber ich kann Euren Befehl dennoch nicht befolgen.
Kommt einfach mit mir zum Anwesen zurück, ja??
Rita!!
Susan wird bald als Heilige bestätigt.
Selbst wenn ich mich morgen mit dem Herzog verlobe, wird sie uns als bestätigte Heilige allerlei Schwierigkeiten bereiten.
Ich habe den Ring, mit dem mich der Herzog finden kann.
Wenn du gehst und ihm von meiner Entführung erzählst, wird er mich direkt aufspüren.
Lächel
Also mach dir keine Sorgen und geh! Ich vertraue nur dir, deshalb musst du das unbedingt dem Herzog sagen!
...
Nick
Verstanden, Fräulein. Bitte passt auf Euch auf ... !

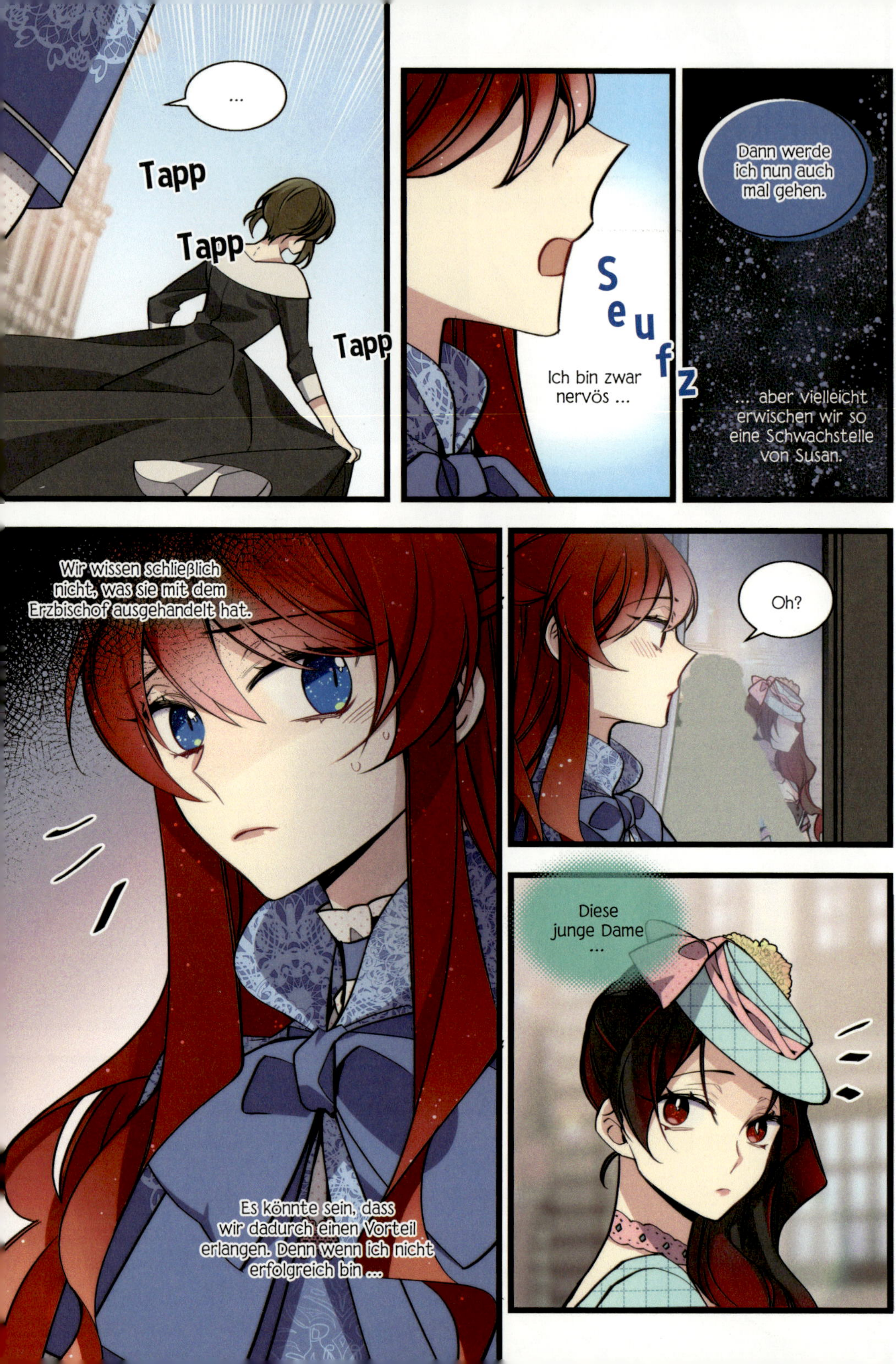

...
Tapp
Tapp
Tapp
Seufz
Ich bin zwar nervös ...
Dann werde ich nun auch mal gehen.
... aber vielleicht erwischen wir so eine Schwachstelle von Susan.
Wir wissen schließlich nicht, was sie mit dem Erzbischof ausgehandelt hat.
Es könnte sein, dass wir dadurch einen Vorteil erlangen. Denn wenn ich nicht erfolgreich bin ...
Oh?
Diese junge Dame ...

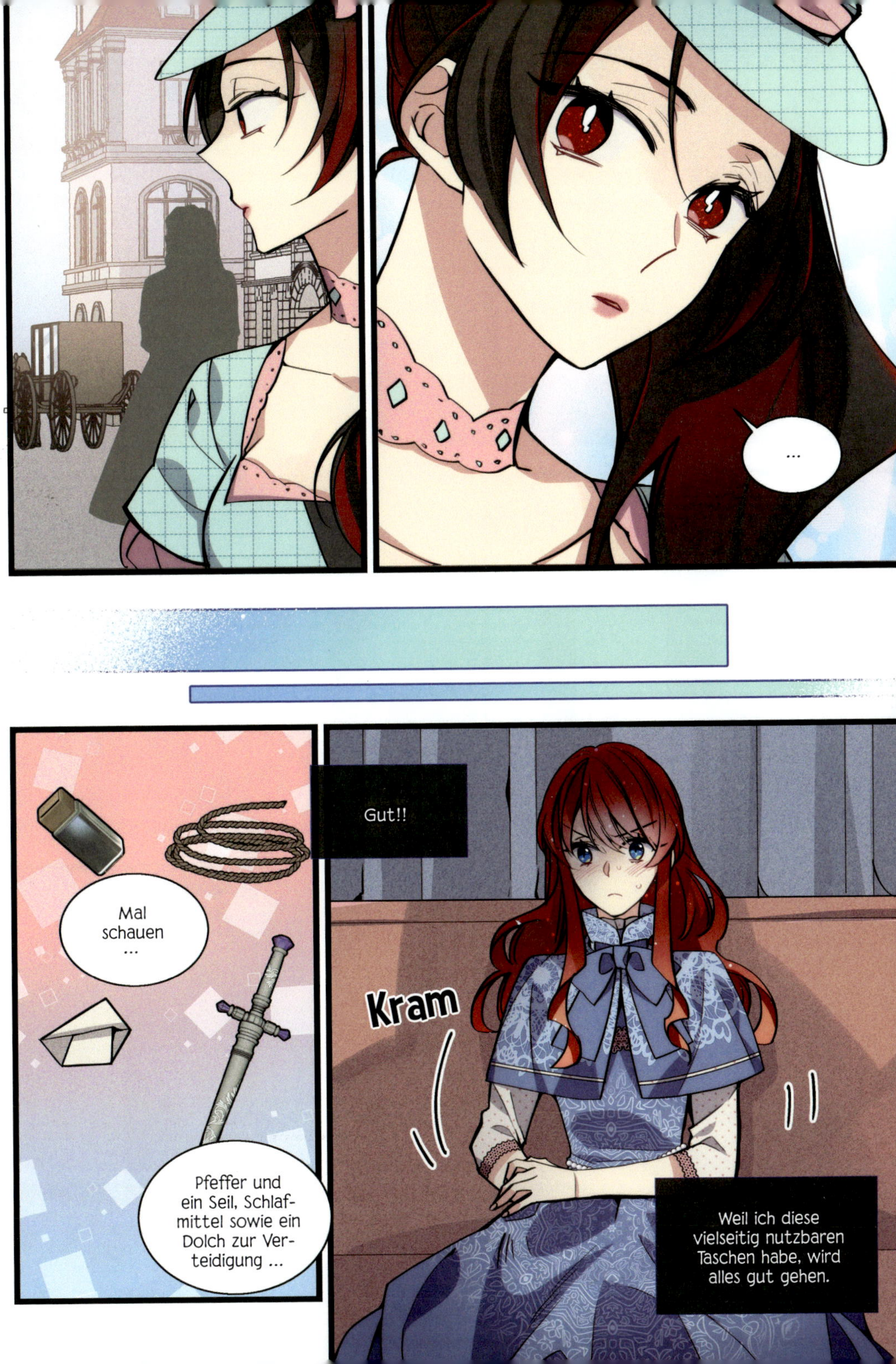
...
Gut!!
Mal schauen ...
Pfeffer und ein Seil, Schlafmittel sowie ein Dolch zur Verteidigung ...
Kram
Weil ich diese vielseitig nutzbaren Taschen habe, wird alles gut gehen.

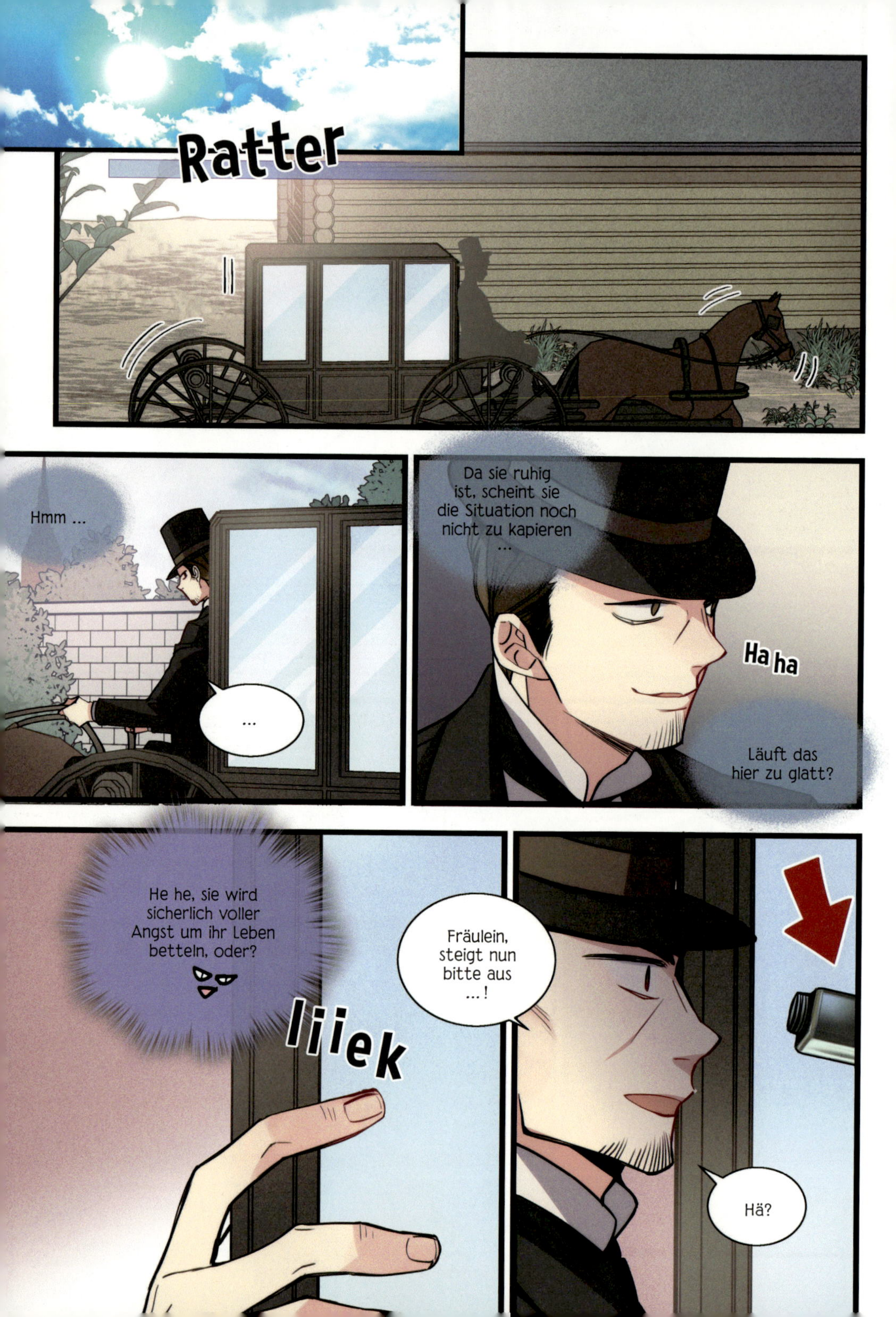
Ratter
Hmm ...
...
Da sie ruhig ist, scheint sie die Situation noch nicht zu kapieren ...
Ha ha
Läuft das hier zu glatt?
He he, sie wird sicherlich voller Angst um ihr Leben betteln, oder?
Iiiek
Fräulein, steigt nun bitte aus ...!
Hä?

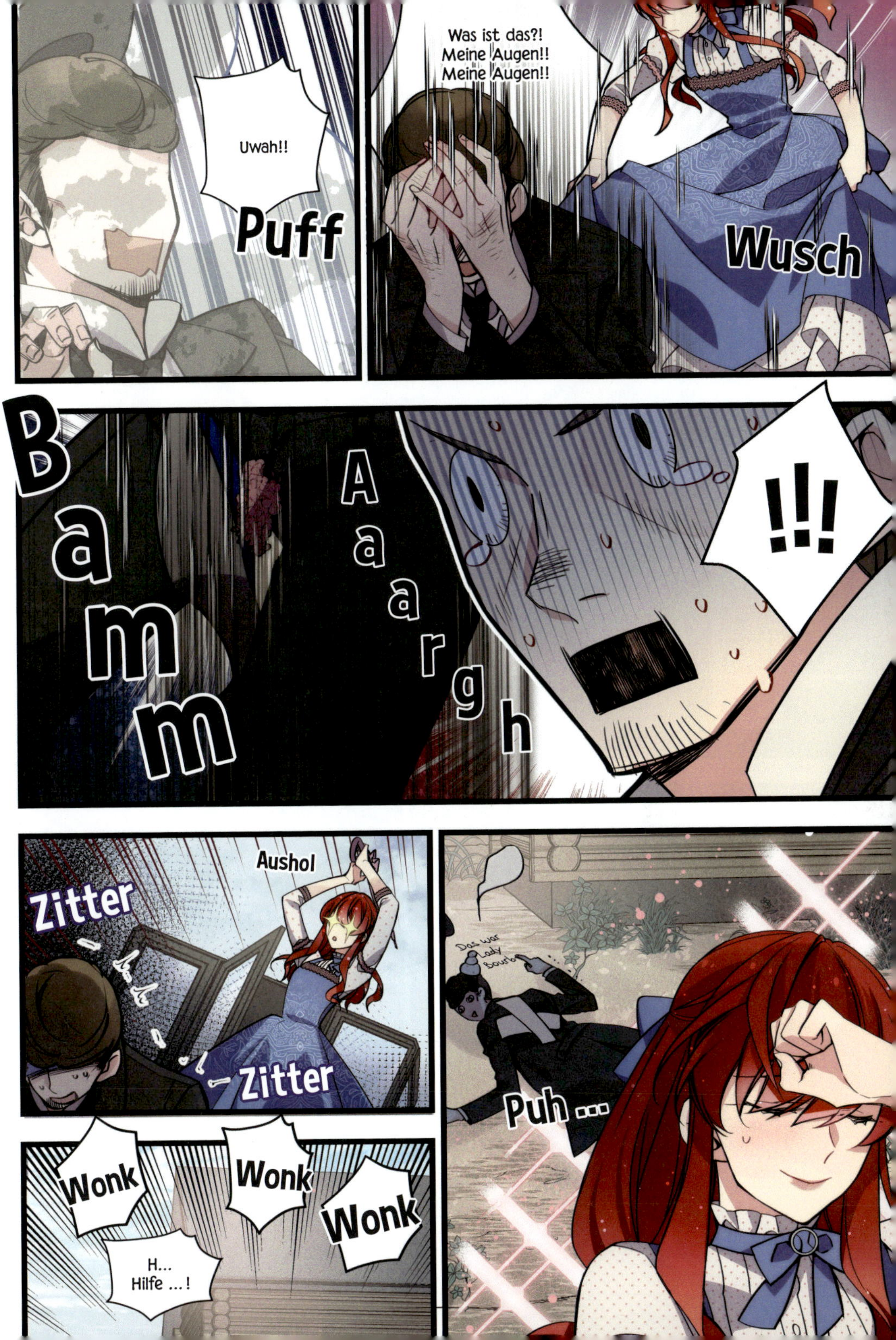
Uwah!!
Puff
Was ist das?!
Meine Augen!!
Meine Augen!!
Wusch
Bamm
Aaargh
!!!
Aushol
Zitter
Zitter
Puh ...
Wonk
Wonk
Wonk
H...
Hilfe ...!

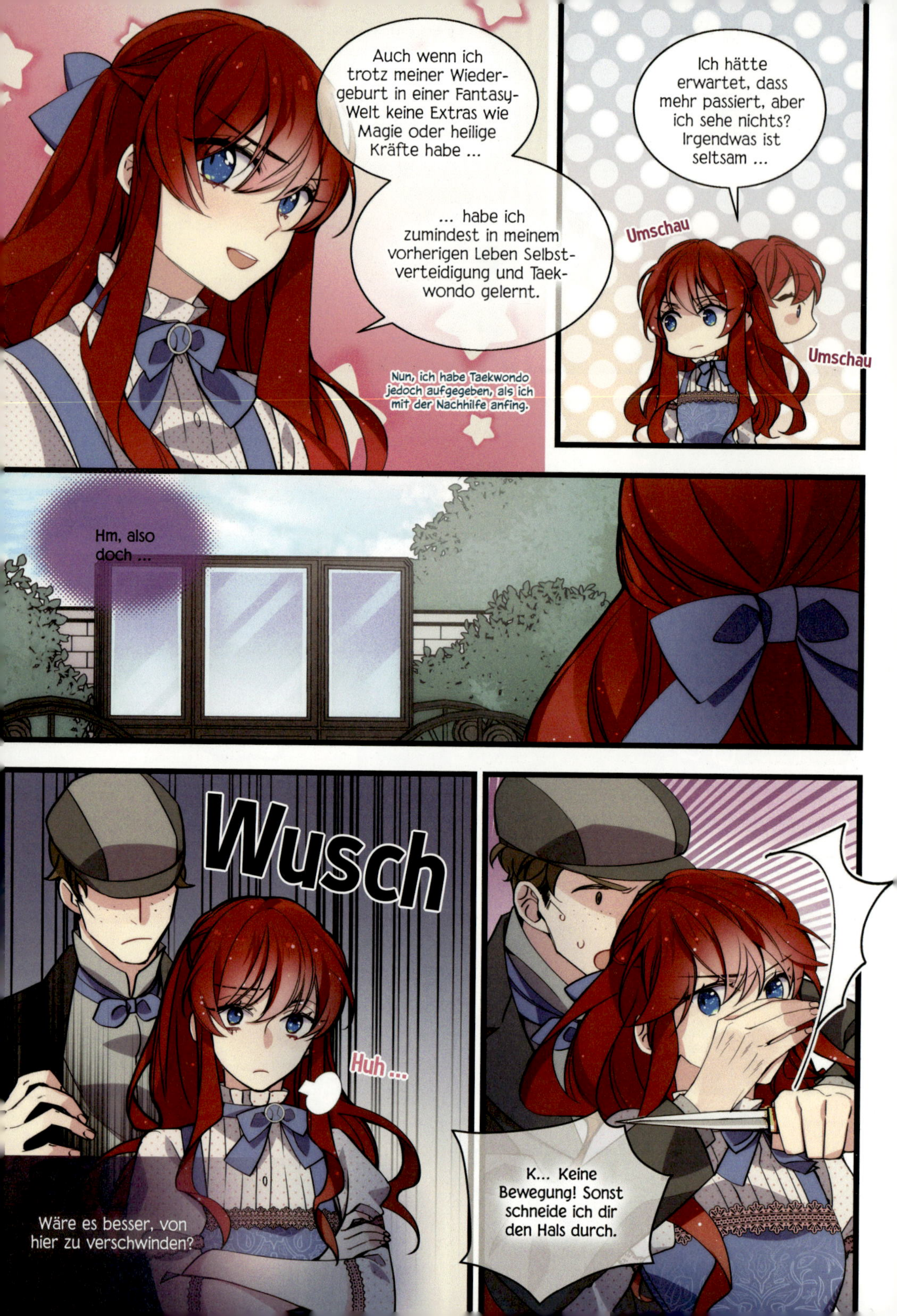
Auch wenn ich trotz meiner Wiedergeburt in einer Fantasy-Welt keine Extras wie Magie oder heilige Kräfte habe ...
... habe ich zumindest in meinem vorherigen Leben Selbstverteidigung und Taekwondo gelernt.
Nun, ich habe Taekwondo jedoch aufgegeben, als ich mit der Nachhilfe anfing.
Ich hätte erwartet, dass mehr passiert, aber ich sehe nichts? Irgendwas ist seltsam ...
Umschau
Umschau
Hm, also doch ...
Wusch
Huh ...
Wäre es besser, von hier zu verschwinden?
K... Keine Bewegung! Sonst schneide ich dir den Hals durch.

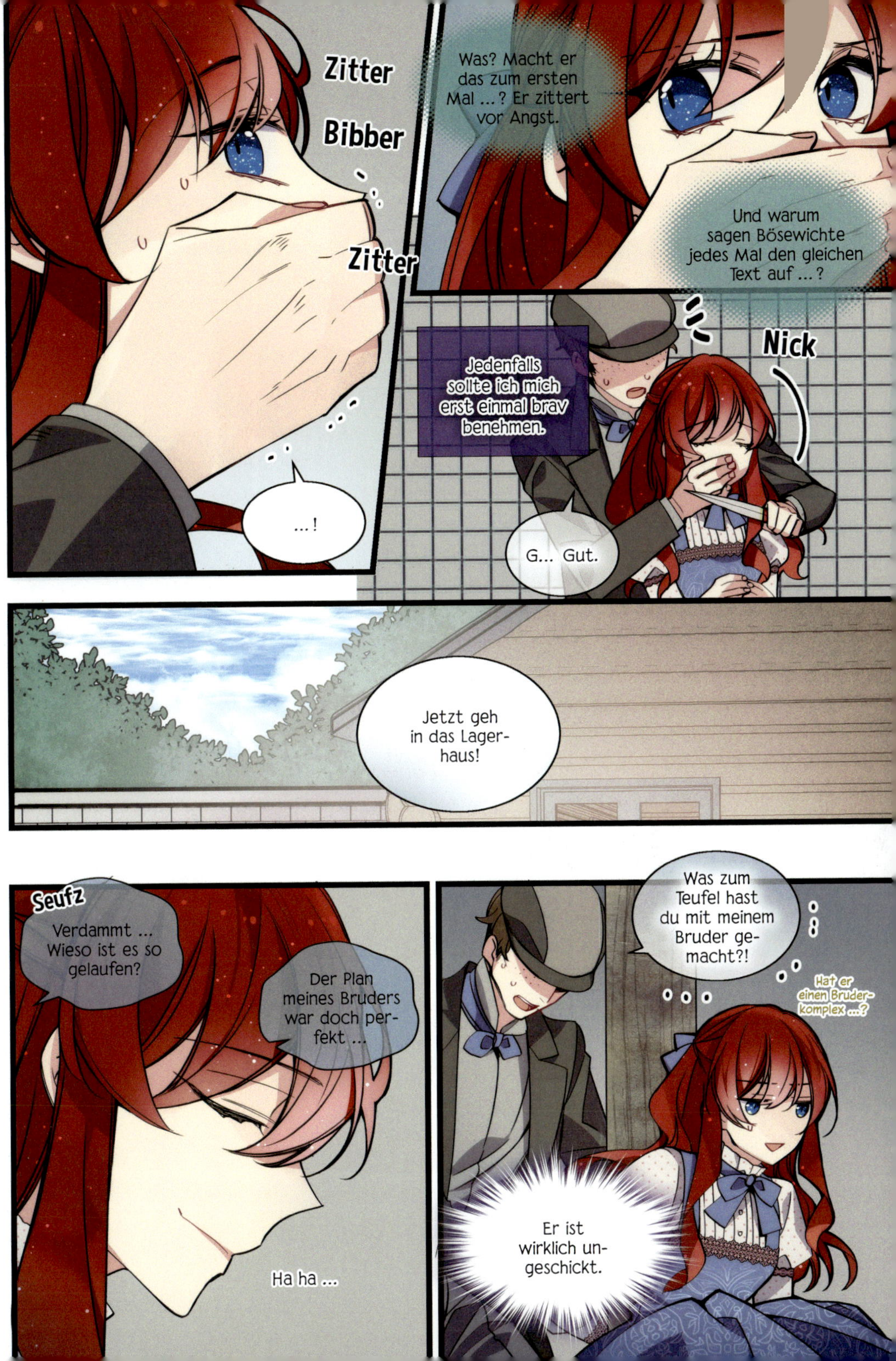
Zitter
Bibber
Zitter
...!
Was? Macht er das zum ersten Mal ...? Er zittert vor Angst.
Und warum sagen Bösewichte jedes Mal den gleichen Text auf ...?
Nick
Jedenfalls sollte ich mich erst einmal brav benehmen.
G... Gut.
Jetzt geh in das Lagerhaus!
Seufz
Verdammt ... Wieso ist es so gelaufen?
Der Plan meines Bruders war doch perfekt ...
Ha ha ...
Was zum Teufel hast du mit meinem Bruder gemacht?!
Hat er einen Bruderkomplex ...?
Er ist wirklich ungeschickt.

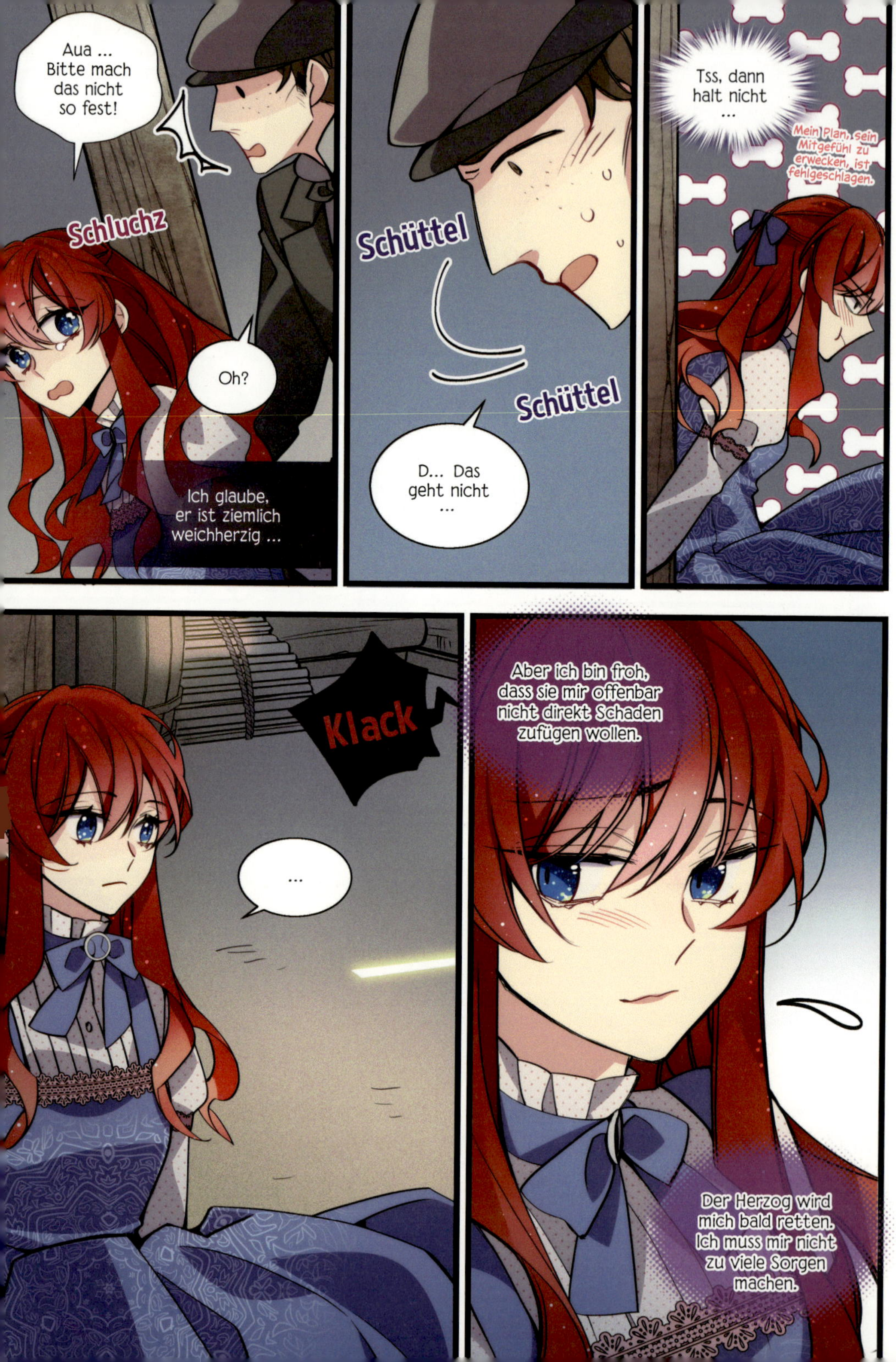
Aua ... Bitte mach das nicht so fest!
Schluchz
Oh?
Ich glaube, er ist ziemlich weichherzig ...
Schüttel
Schüttel
D... Das geht nicht ...
Tss, dann halt nicht ...
Mein Plan, sein Mitgefühl zu erwecken, ist fehlgeschlagen.
Klack
...
Aber ich bin froh, dass sie mir offenbar nicht direkt Schaden zufügen wollen.
Der Herzog wird mich bald retten. Ich muss mir nicht zu viele Sorgen machen.

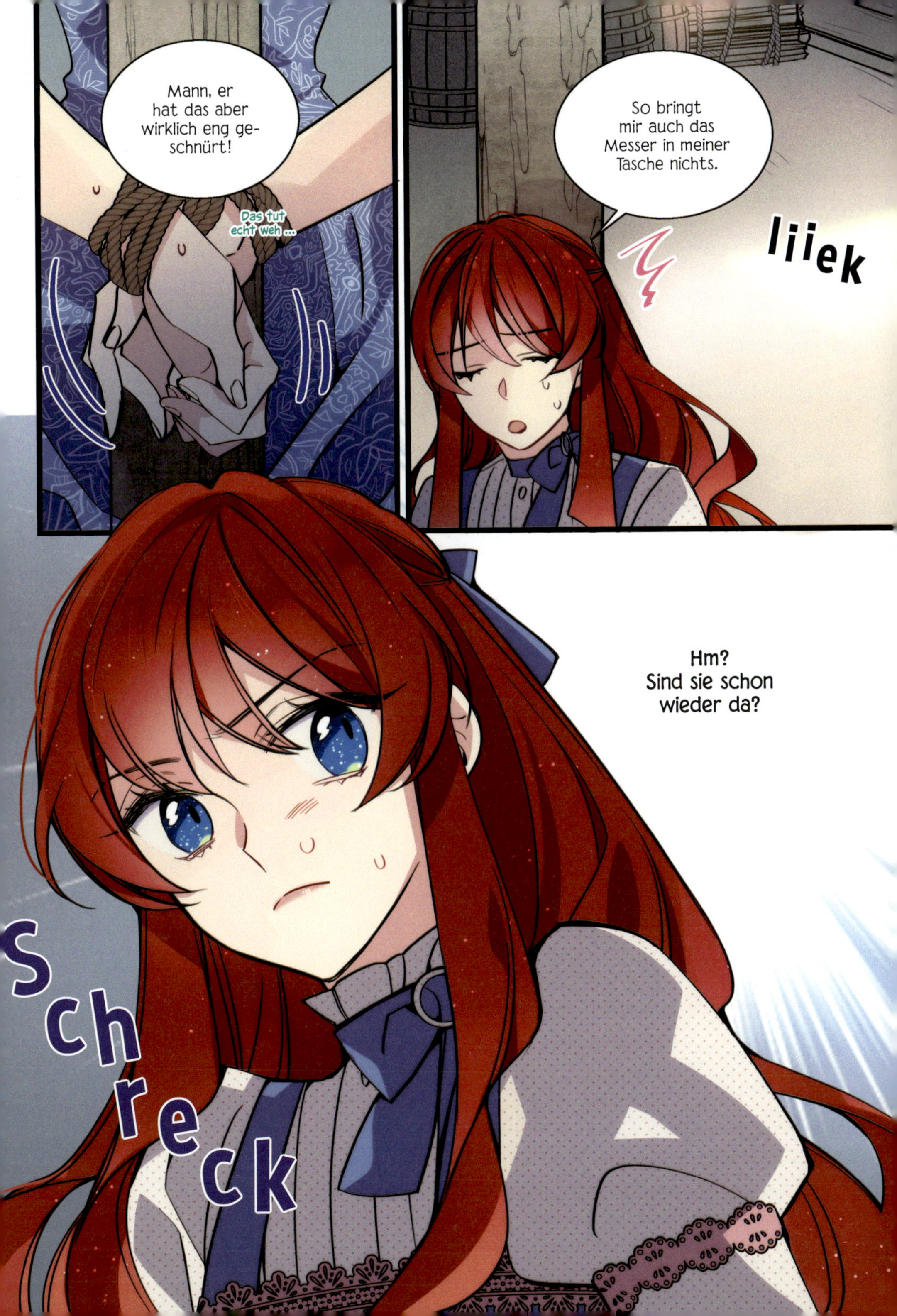
Mann, er hat das aber wirklich eng geschnürt!
Das tut echt weh ...
So bringt mir auch das Messer in meiner Tasche nichts.
Iiiek
Hm? Sind sie schon wieder da?
Schreck

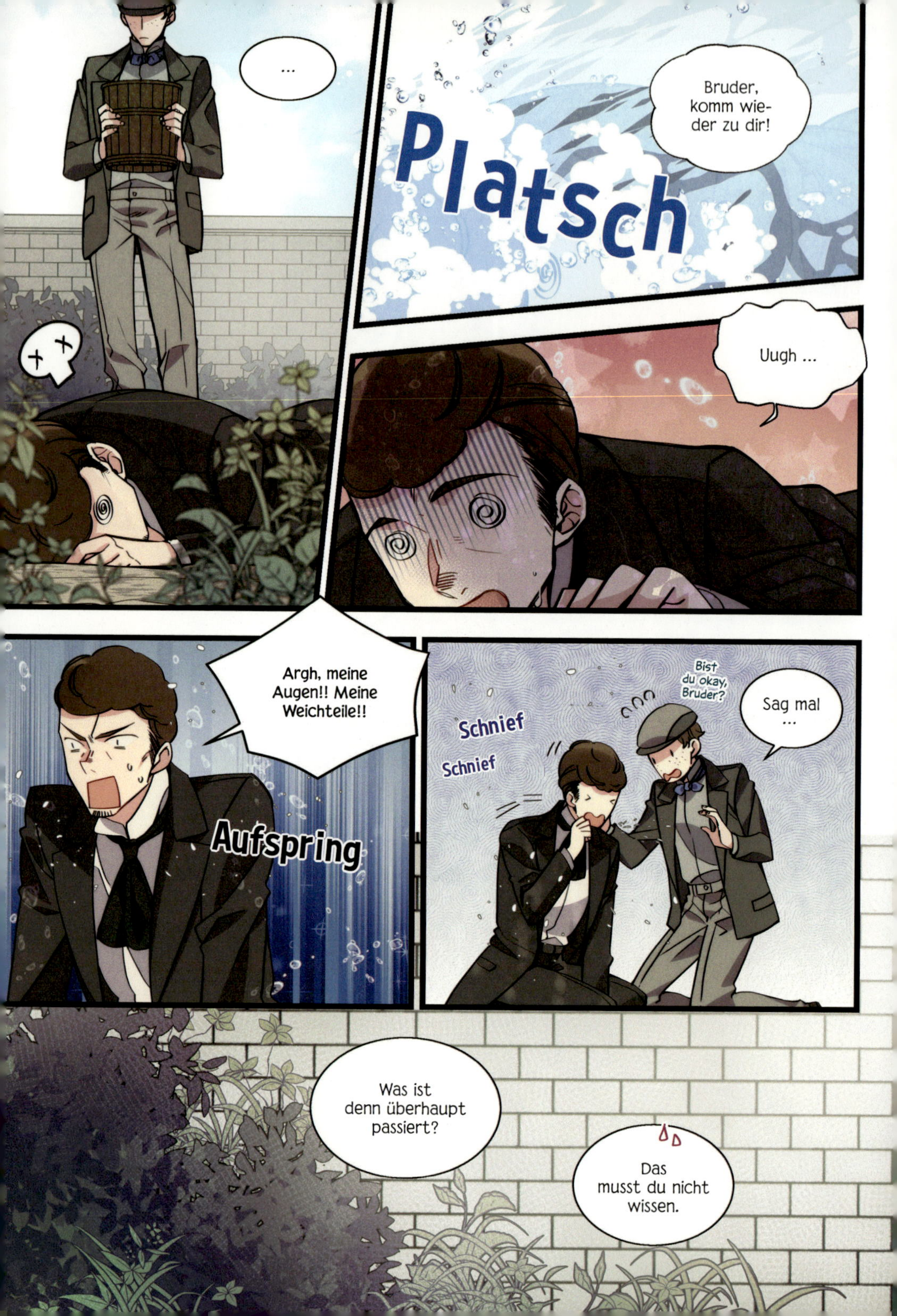
...
Bruder, komm wieder zu dir!
Platsch
Uugh ...
Argh, meine Augen!! Meine Weichteile!!
Aufspring
Sag mal ...
Bist du okay, Bruder?
Schnief
Schnief
Was ist denn überhaupt passiert?
Das musst du nicht wissen.

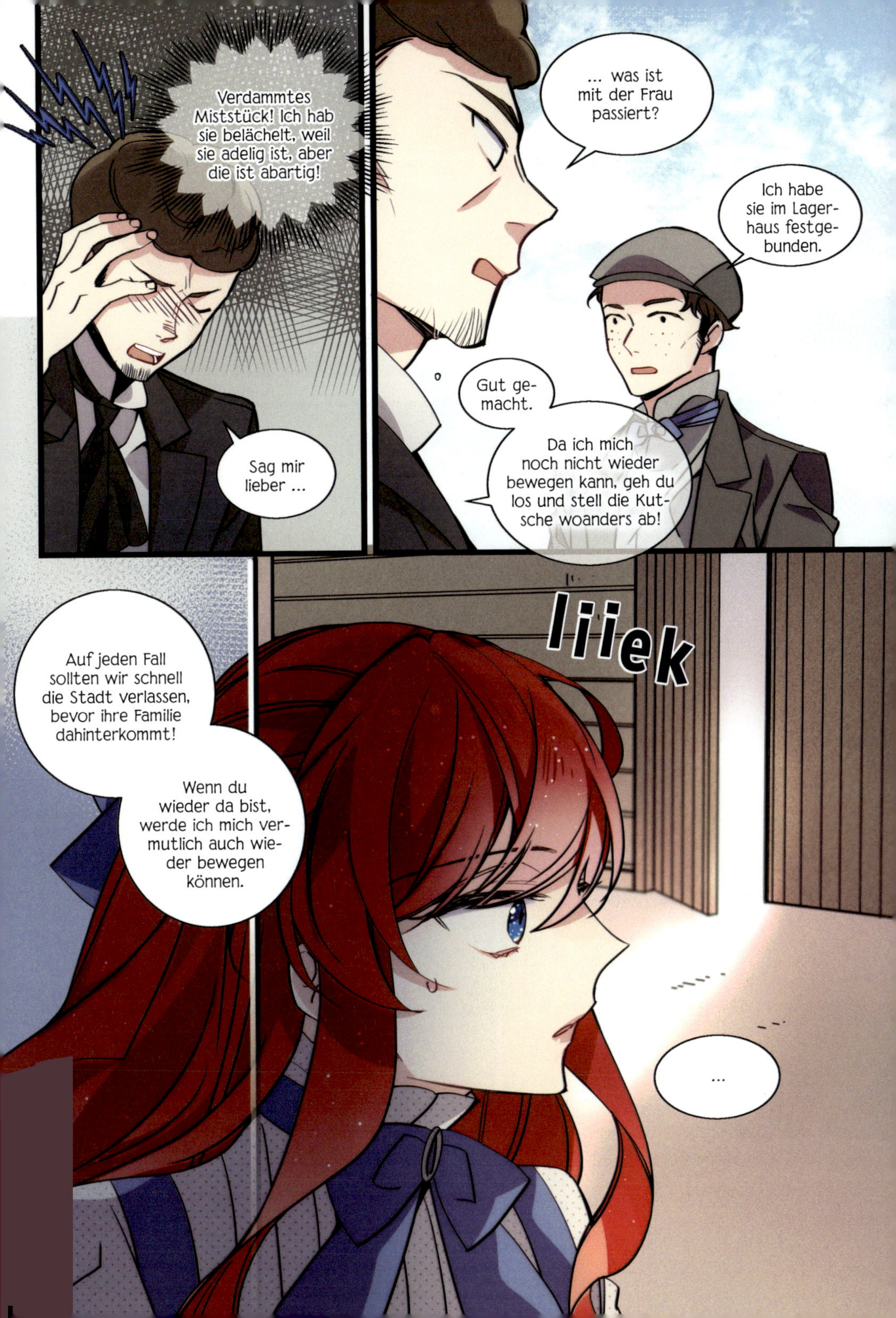
Verdammtes Miststück! Ich hab sie belächelt, weil sie adelig ist, aber die ist abartig!
Sag mir lieber …
… was ist mit der Frau passiert?
Ich habe sie im Lagerhaus festgebunden.
Gut gemacht.
Da ich mich noch nicht wieder bewegen kann, geh du los und stell die Kutsche woanders ab!
Iiiek
Auf jeden Fall sollten wir schnell die Stadt verlassen, bevor ihre Familie dahinterkommt!
Wenn du wieder da bist, werde ich mich vermutlich auch wieder bewegen können.
…

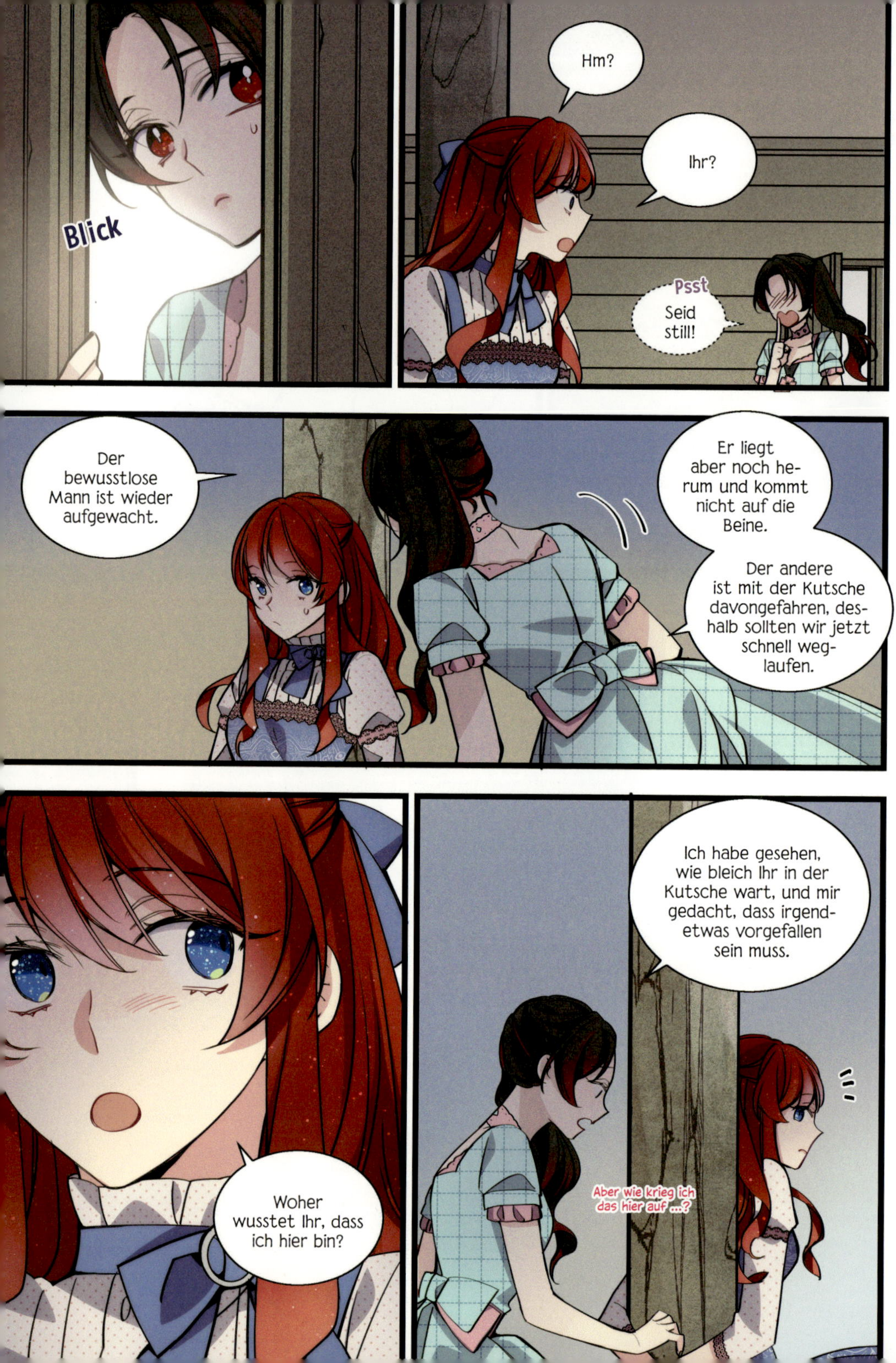

Blick
Hm?
Ihr?
Psst
Seid still!
Der bewusstlose Mann ist wieder aufgewacht.
Er liegt aber noch herum und kommt nicht auf die Beine.
Der andere ist mit der Kutsche davongefahren, deshalb sollten wir jetzt schnell weglaufen.
Woher wusstet Ihr, dass ich hier bin?
Ich habe gesehen, wie bleich Ihr in der Kutsche wart, und mir gedacht, dass irgendetwas vorgefallen sein muss.
Aber wie krieg ich das hier auf ...?

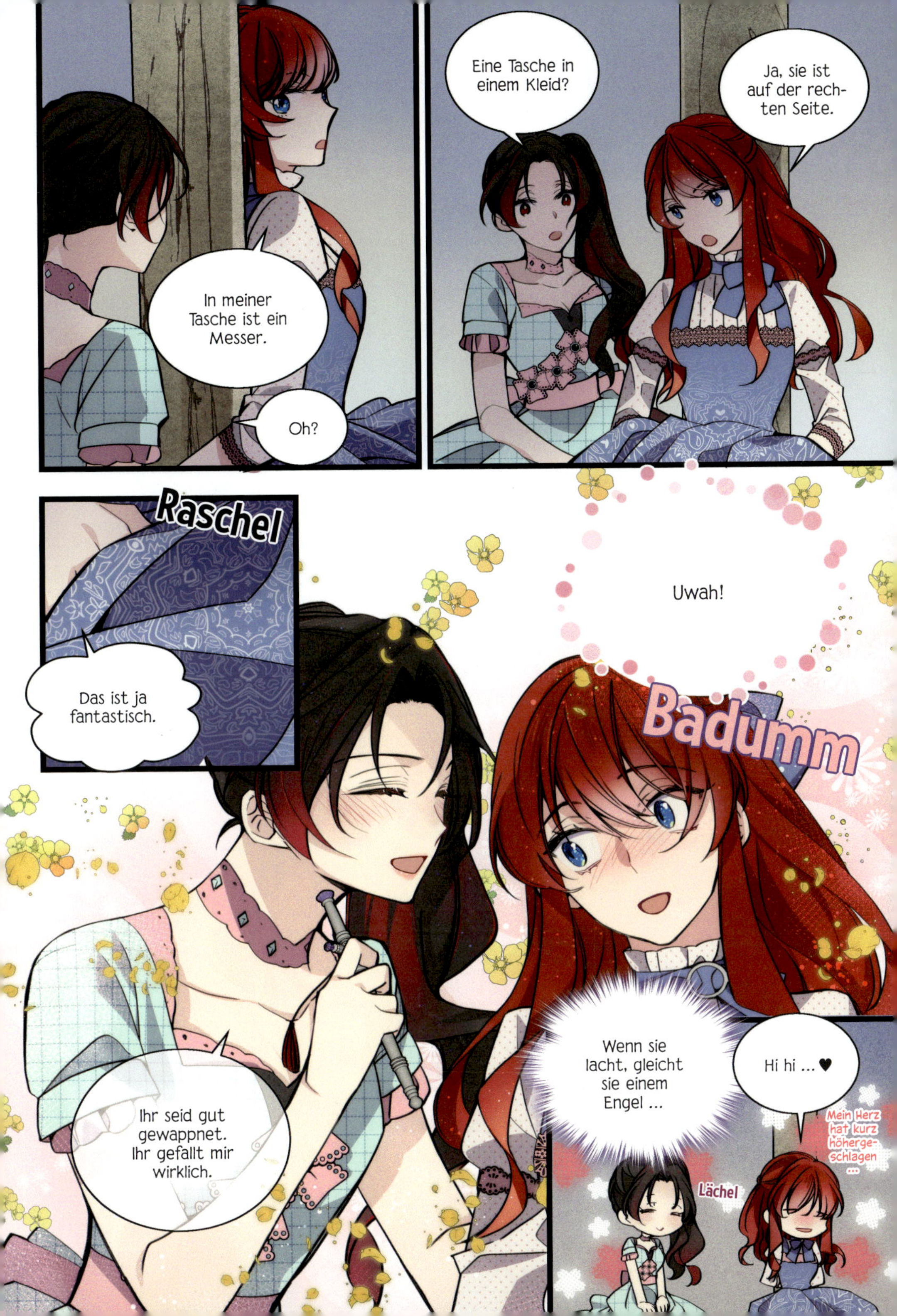
In meiner Tasche ist ein Messer.
Oh?
Eine Tasche in einem Kleid?
Ja, sie ist auf der rechten Seite.
Raschel
Das ist ja fantastisch.
Uwah!
Badumm
Ihr seid gut gewappnet. Ihr gefallt mir wirklich.
Wenn sie lacht, gleicht sie einem Engel ...
Hi hi ...♥
Lächel
Mein Herz hat kurz höhergeschlagen ...

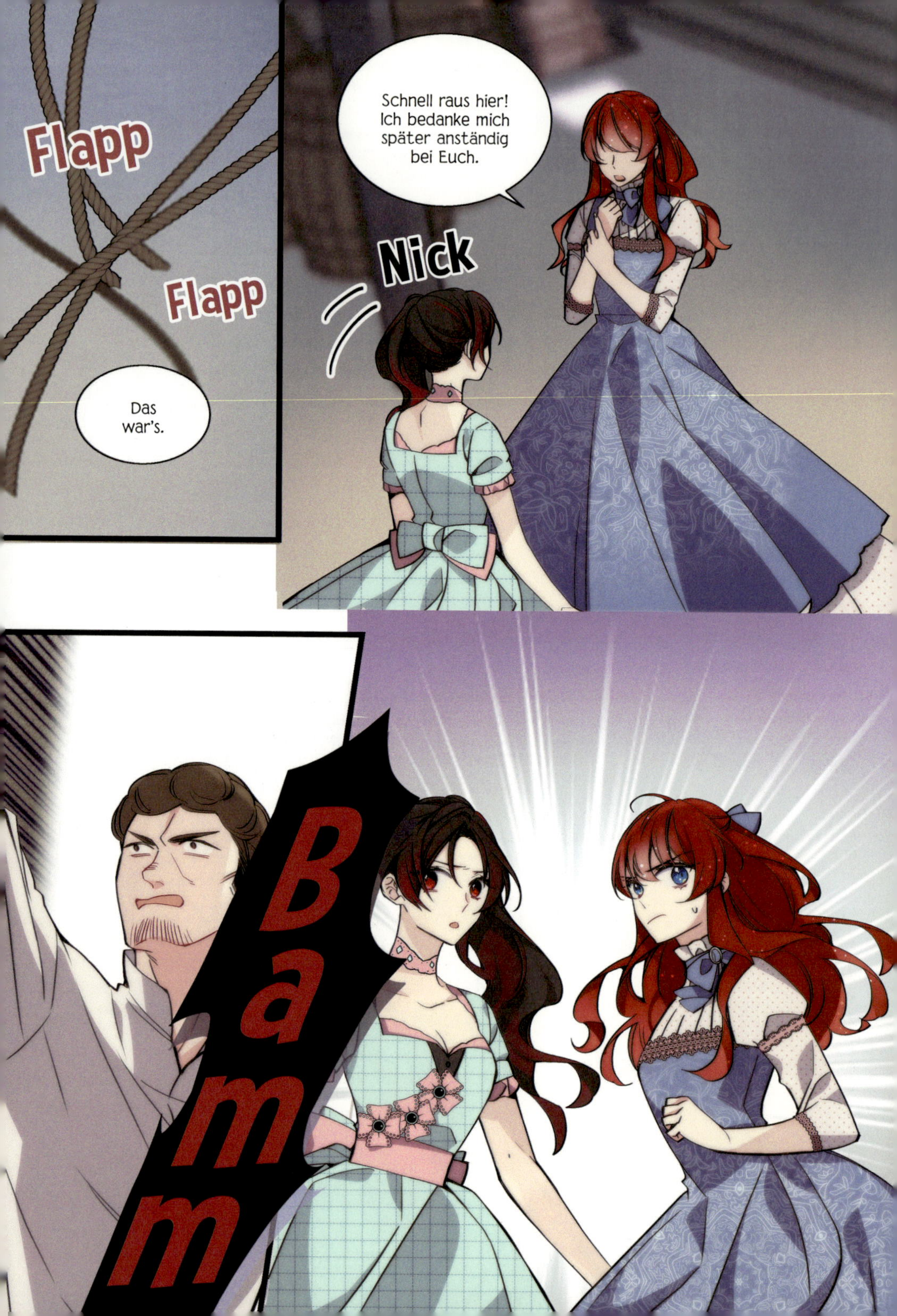
Flapp
Flapp
Das war's.
Schnell raus hier! Ich bedanke mich später anständig bei Euch.
Nick
Bamm

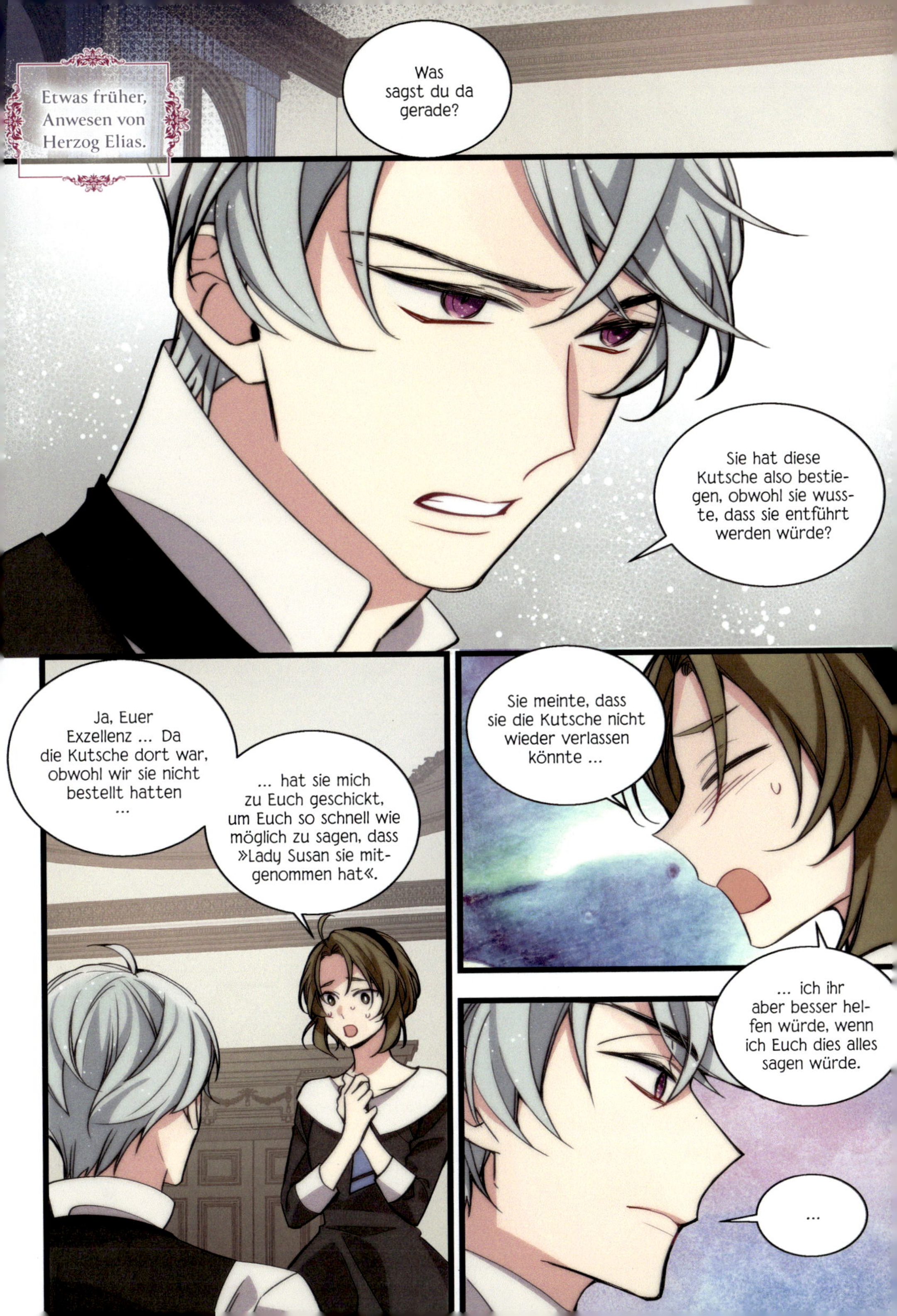
Etwas früher, Anwesen von Herzog Elias.
Was sagst du da gerade?
Sie hat diese Kutsche also bestiegen, obwohl sie wusste, dass sie entführt werden würde?
Ja, Euer Exzellenz ... Da die Kutsche dort war, obwohl wir sie nicht bestellt hatten ...
... hat sie mich zu Euch geschickt, um Euch so schnell wie möglich zu sagen, dass »Lady Susan sie mitgenommen hat«.
Sie meinte, dass sie die Kutsche nicht wieder verlassen könnte ...
... ich ihr aber besser helfen würde, wenn ich Euch dies alles sagen würde.
...

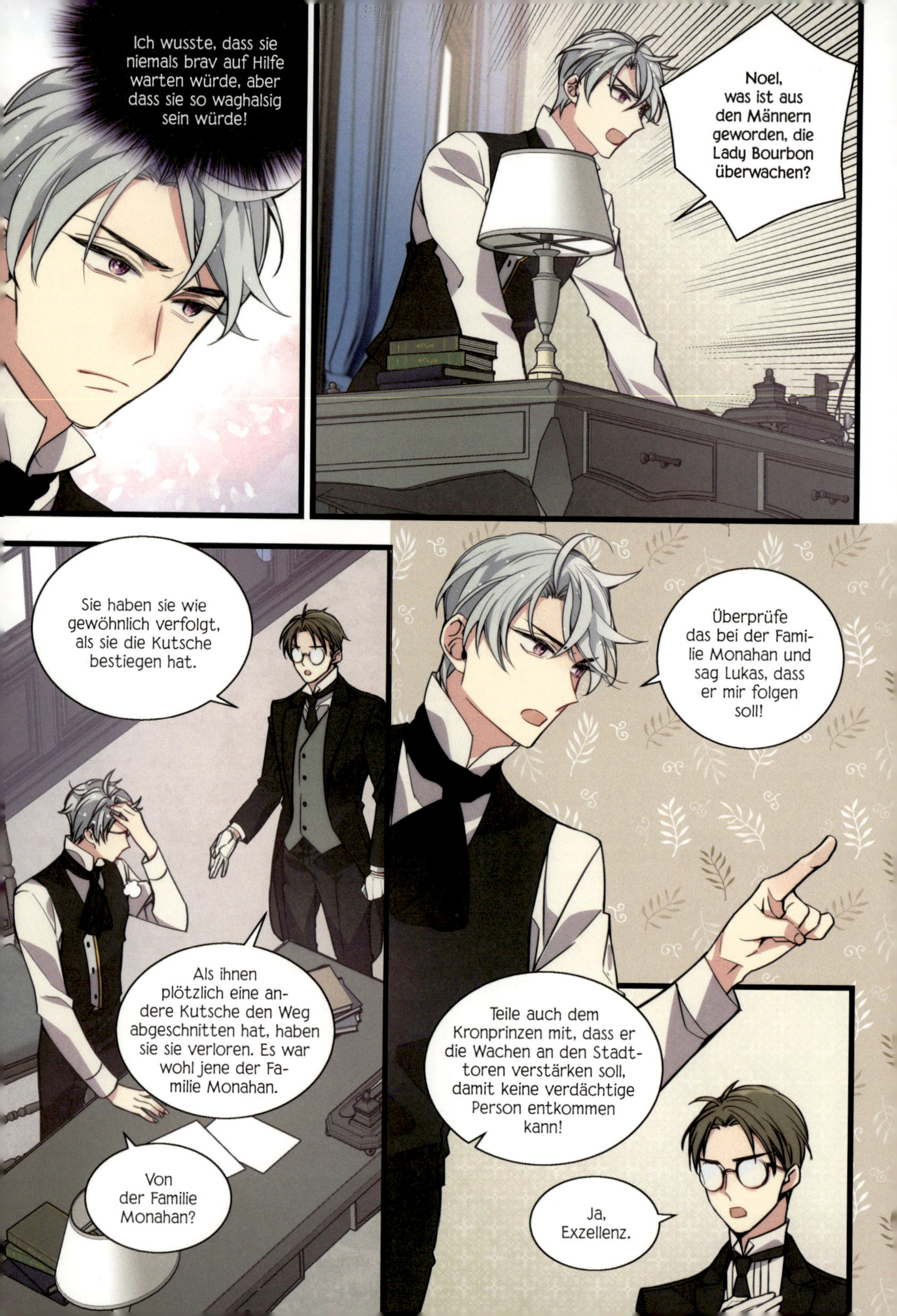
Ich wusste, dass sie niemals brav auf Hilfe warten würde, aber dass sie so waghalsig sein würde!
Noel, was ist aus den Männern geworden, die Lady Bourbon überwachen?
Sie haben sie wie gewöhnlich verfolgt, als sie die Kutsche bestiegen hat.
Als ihnen plötzlich eine andere Kutsche den Weg abgeschnitten hat, haben sie sie verloren. Es war wohl jene der Familie Monahan.
Von der Familie Monahan?
Überprüfe das bei der Familie Monahan und sag Lukas, dass er mir folgen soll!
Teile auch dem Kronprinzen mit, dass er die Wachen an den Stadttoren verstärken soll, damit keine verdächtige Person entkommen kann!
Ja, Exzellenz.

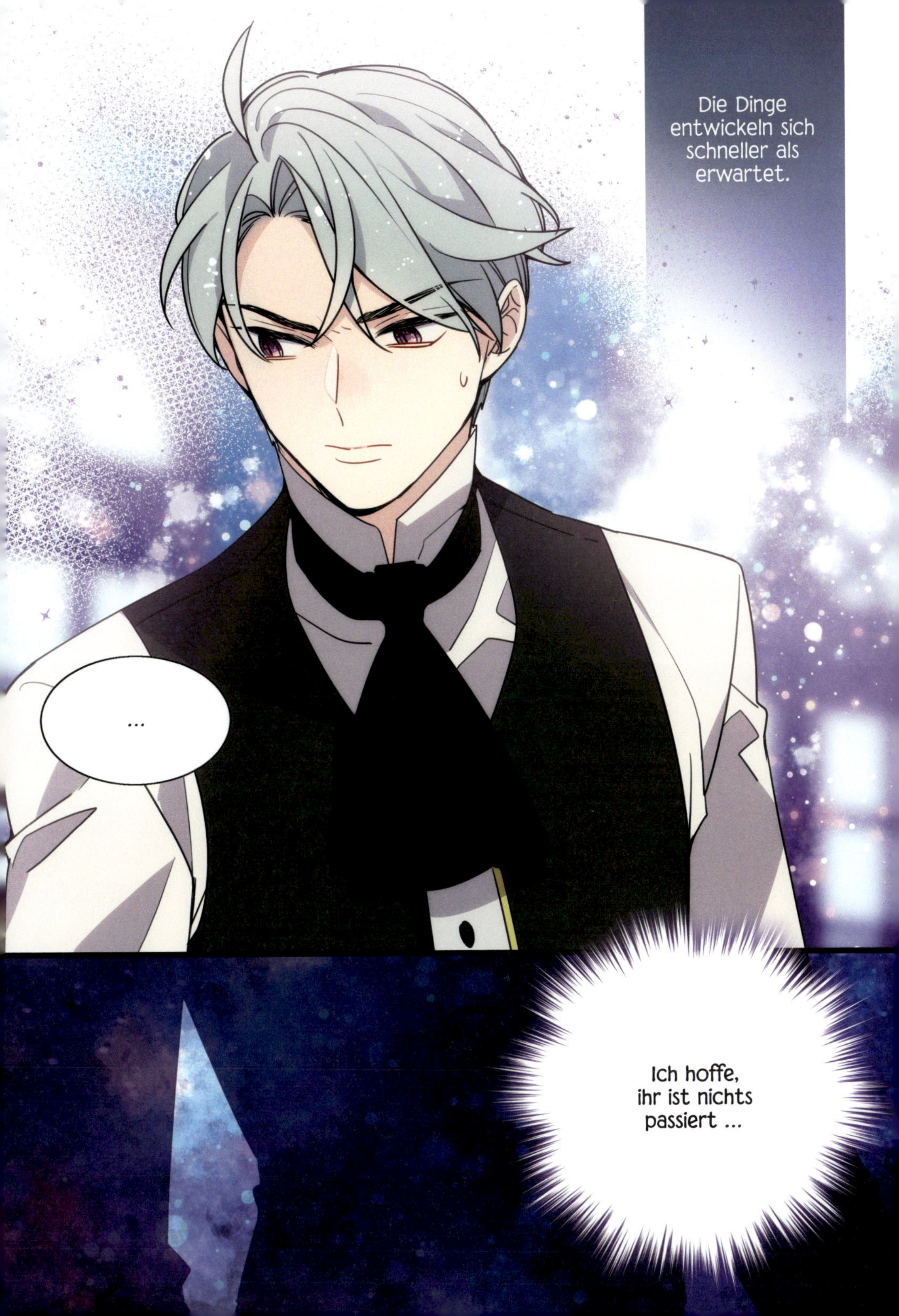
Die Dinge entwickeln sich schneller als erwartet.
...
Ich hoffe, ihr ist nichts passiert ...

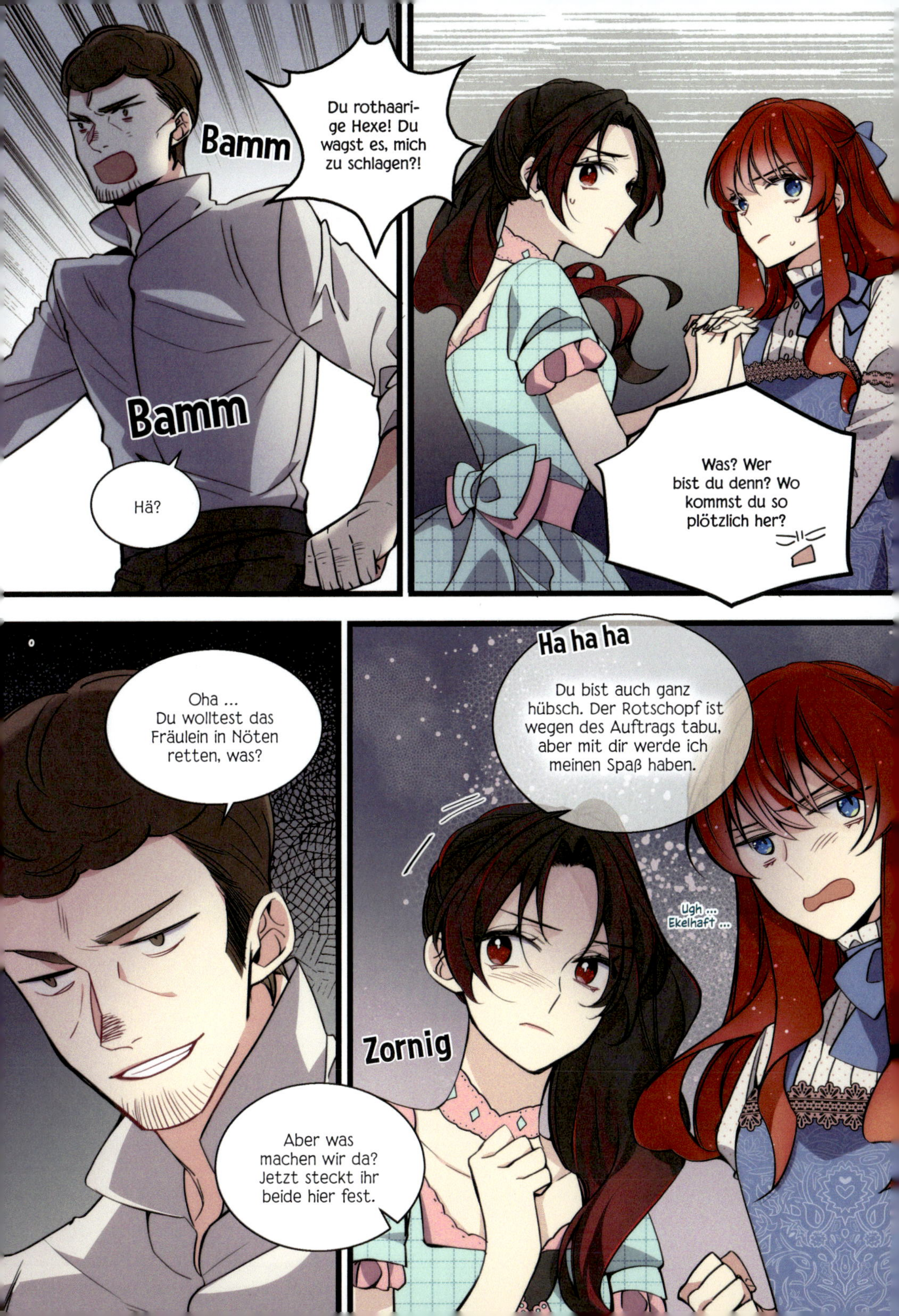
Du rothaarige Hexe! Du wagst es, mich zu schlagen?!
Bamm
Bamm
Hä?
Was? Wer bist du denn? Wo kommst du so plötzlich her?
Oha ... Du wolltest das Fräulein in Nöten retten, was?
Aber was machen wir da? Jetzt steckt ihr beide hier fest.
Ha ha ha
Du bist auch ganz hübsch. Der Rotschopf ist wegen des Auftrags tabu, aber mit dir werde ich meinen Spaß haben.
Zornig
Ugh ... Ekelhaft ...

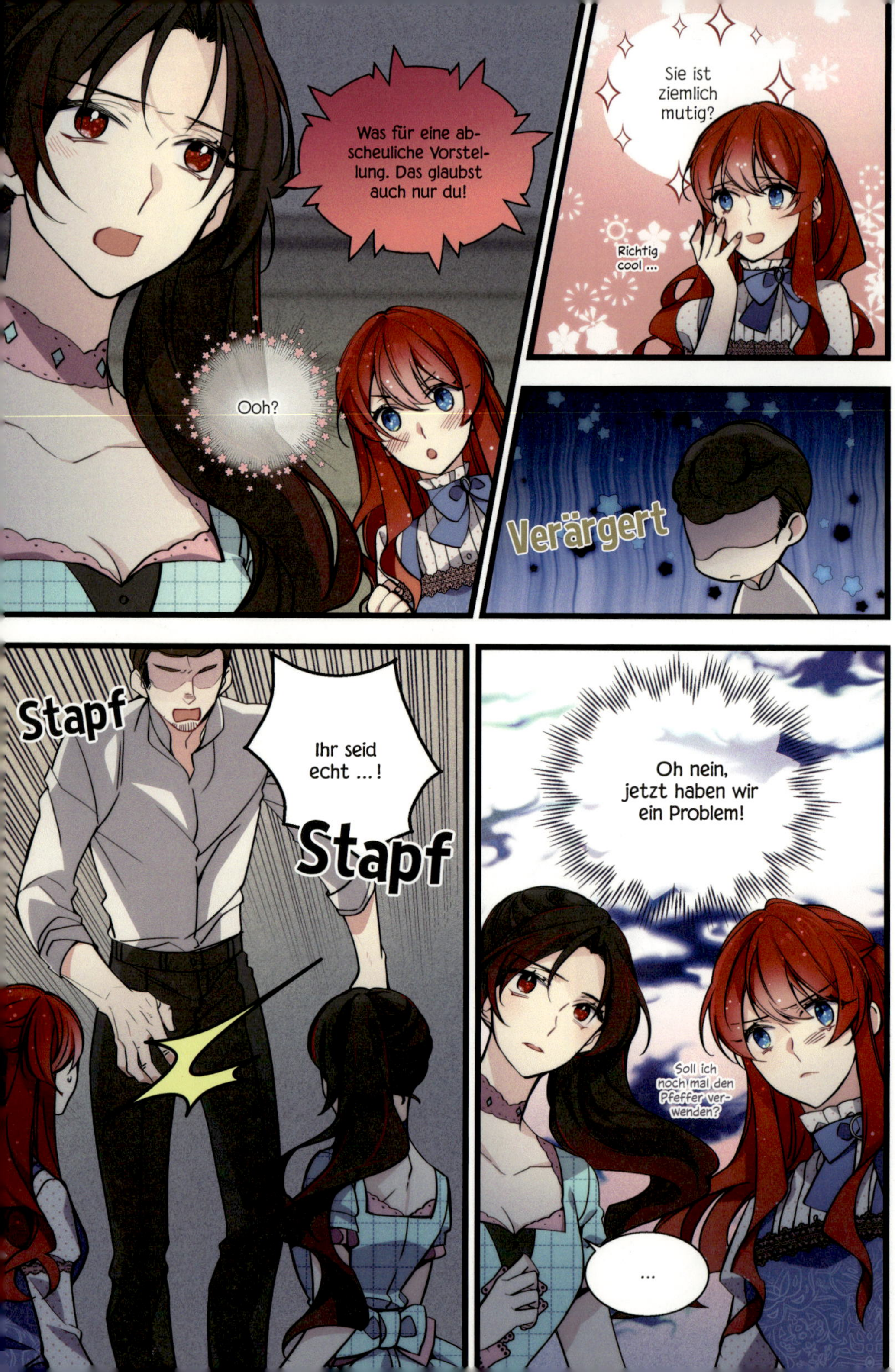
Was für eine abscheuliche Vorstellung. Das glaubst auch nur du!
Ooh?
Sie ist ziemlich mutig?
Richtig cool ...
Verärgert
Stapf
Ihr seid echt ...!
Stapf
Oh nein, jetzt haben wir ein Problem!
Soll ich noch mal den Pfeffer verwenden?
...

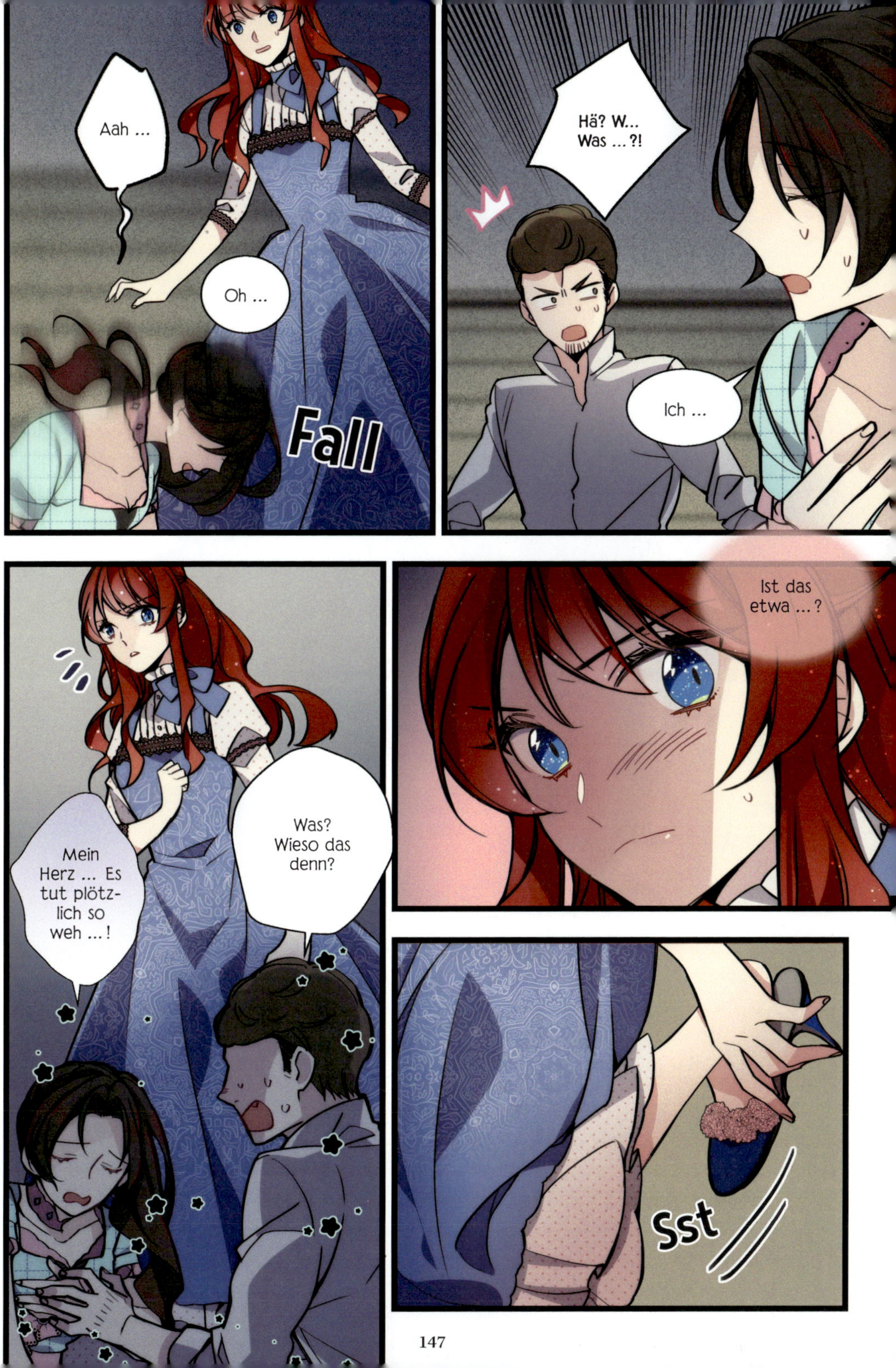
Aah ...
Oh ...
Fall
Hä? W...
Was ...?!
Ich ...
Mein Herz ... Es tut plötzlich so weh ...!
Was? Wieso das denn?
Ist das etwa ...?
Sst

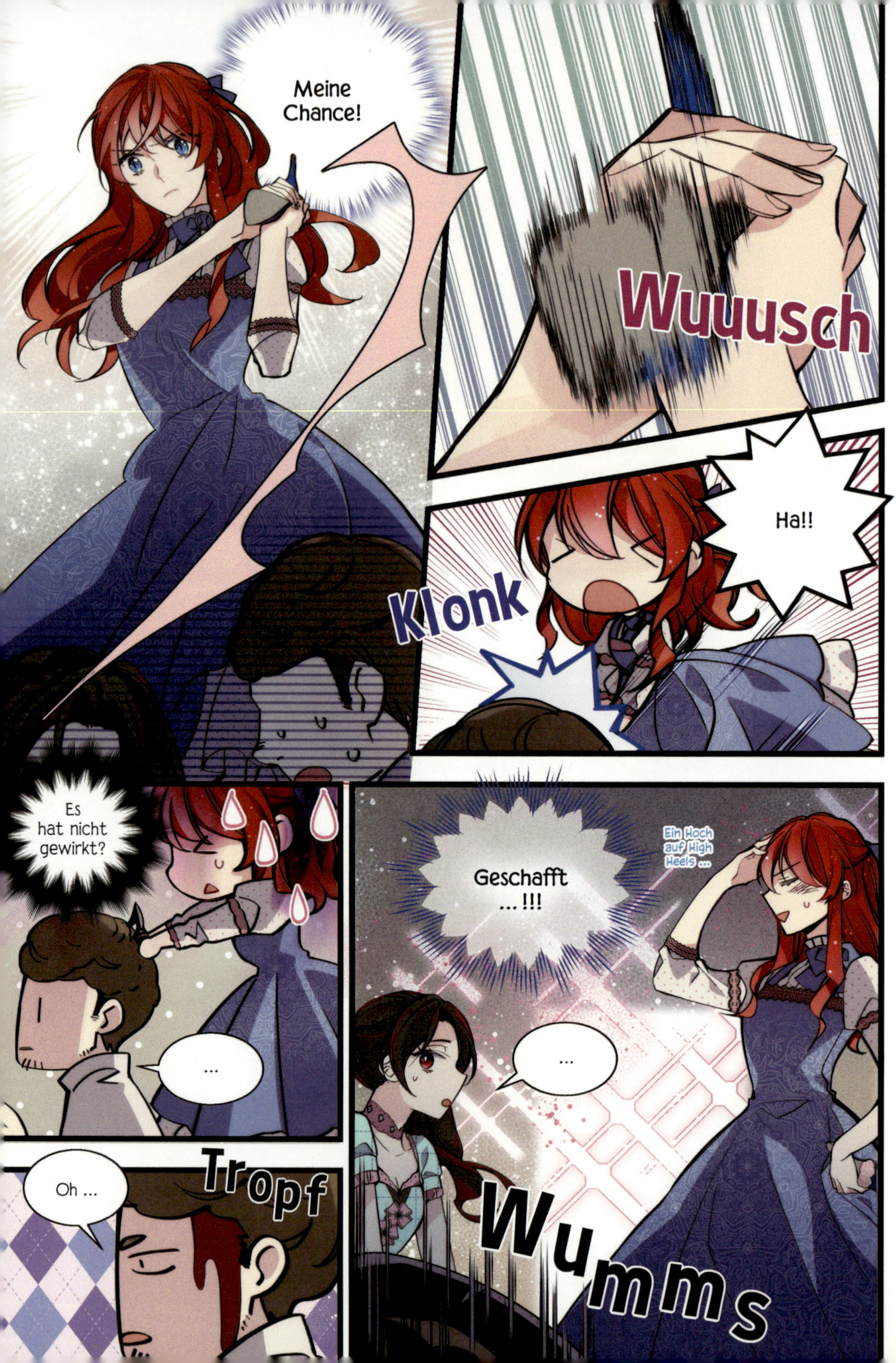
Meine Chance!
Wuuusch
Klonk
Ha!!
Es hat nicht gewirkt?
...
Geschafft ... !!!
Ein Hoch auf High Heels ...
...
Oh ...
Tropf
Wumms

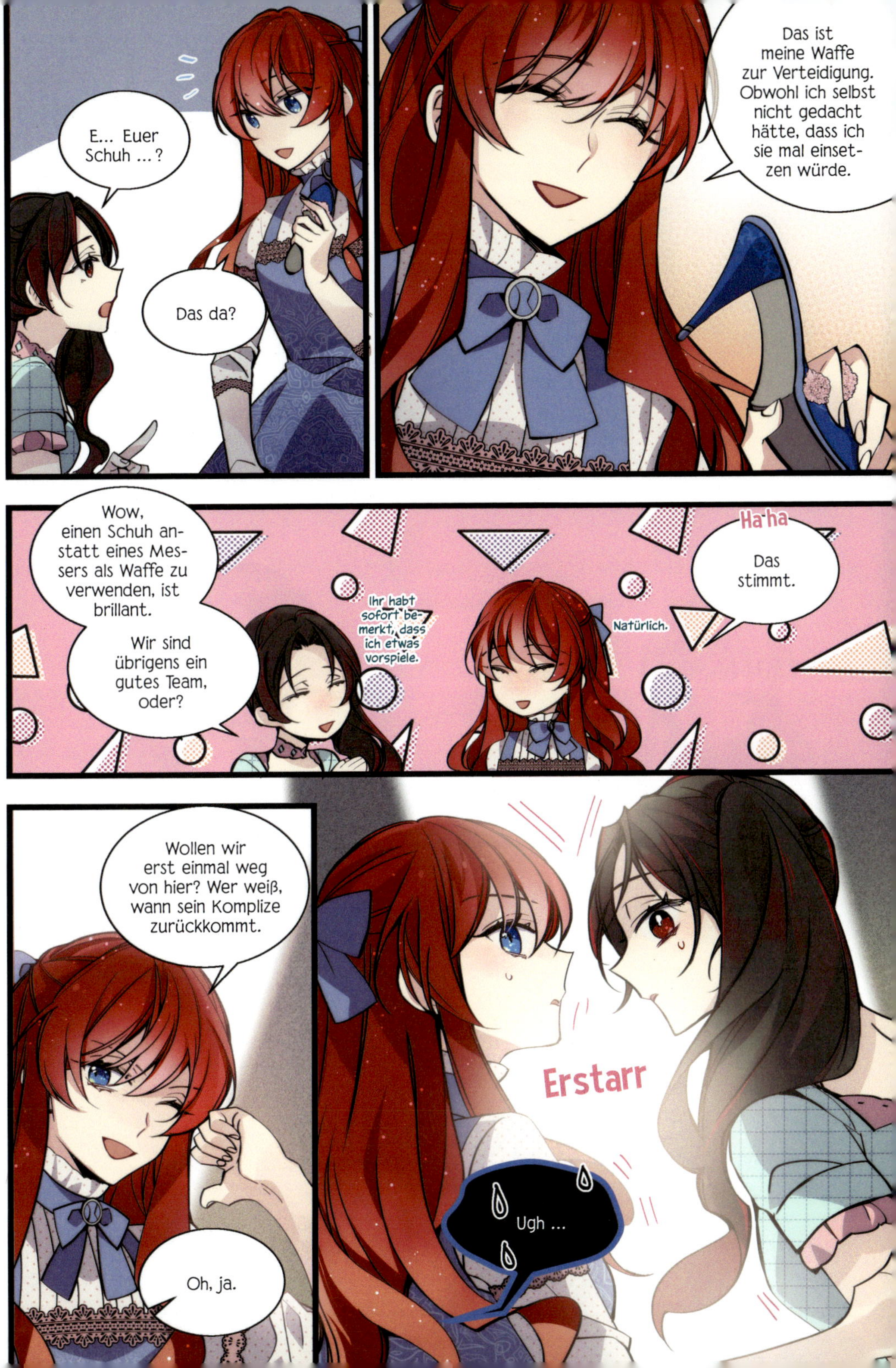
E... Euer Schuh ...?
Das da?
Das ist meine Waffe zur Verteidigung. Obwohl ich selbst nicht gedacht hätte, dass ich sie mal einsetzen würde.
Wow, einen Schuh anstatt eines Messers als Waffe zu verwenden, ist brillant.
Wir sind übrigens ein gutes Team, oder?
Ihr habt sofort bemerkt, dass ich etwas vorspiele.
Natürlich.
Ha ha
Das stimmt.
Wollen wir erst einmal weg von hier? Wer weiß, wann sein Komplize zurückkommt.
Oh, ja.
Erstarr
Ugh ...

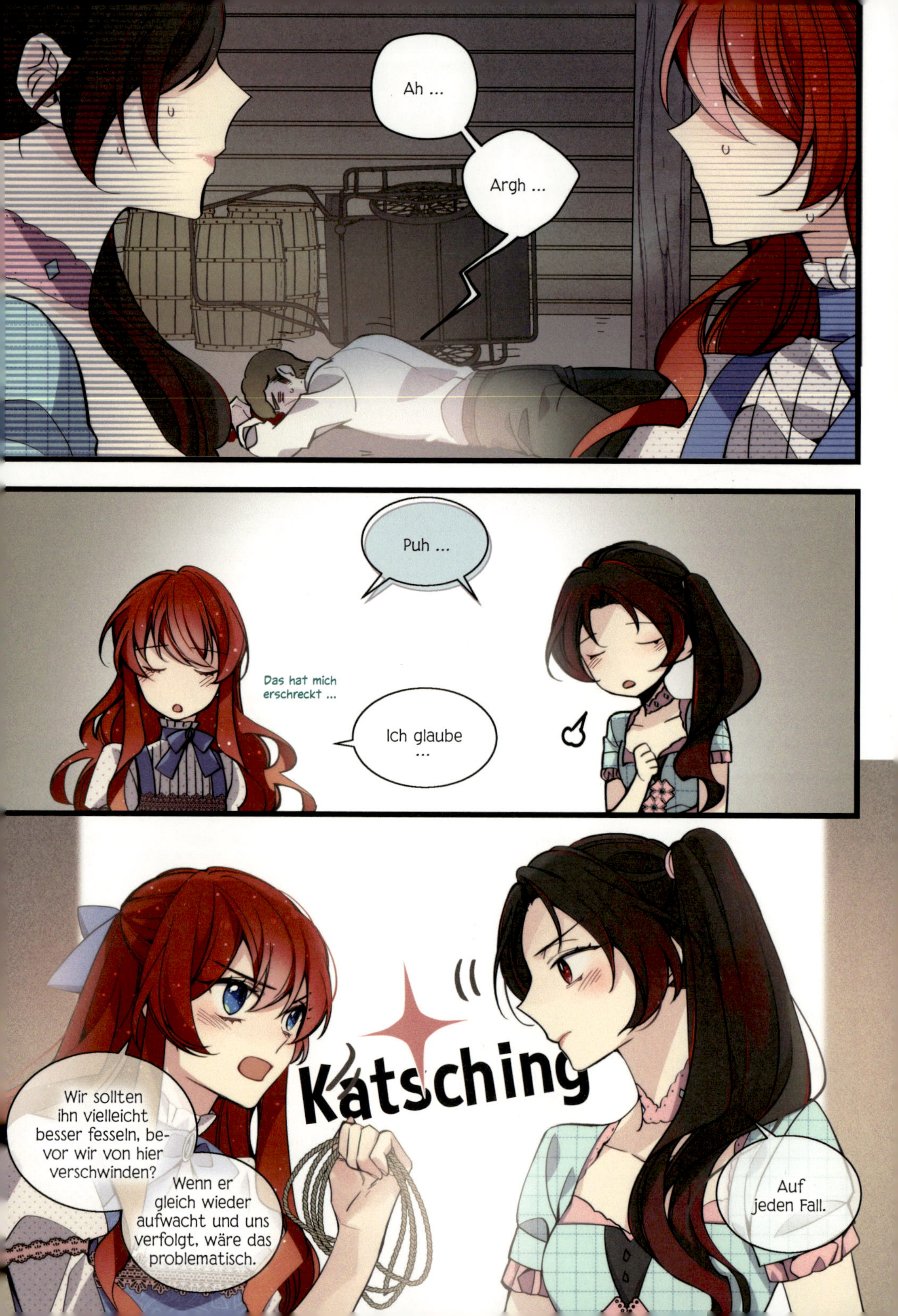
Ah ...
Argh ...
Puh ...
Das hat mich erschreckt ...
Ich glaube ...
Katsching
Wir sollten ihn vielleicht besser fesseln, bevor wir von hier verschwinden?
Wenn er gleich wieder aufwacht und uns verfolgt, wäre das problematisch.
Auf jeden Fall.

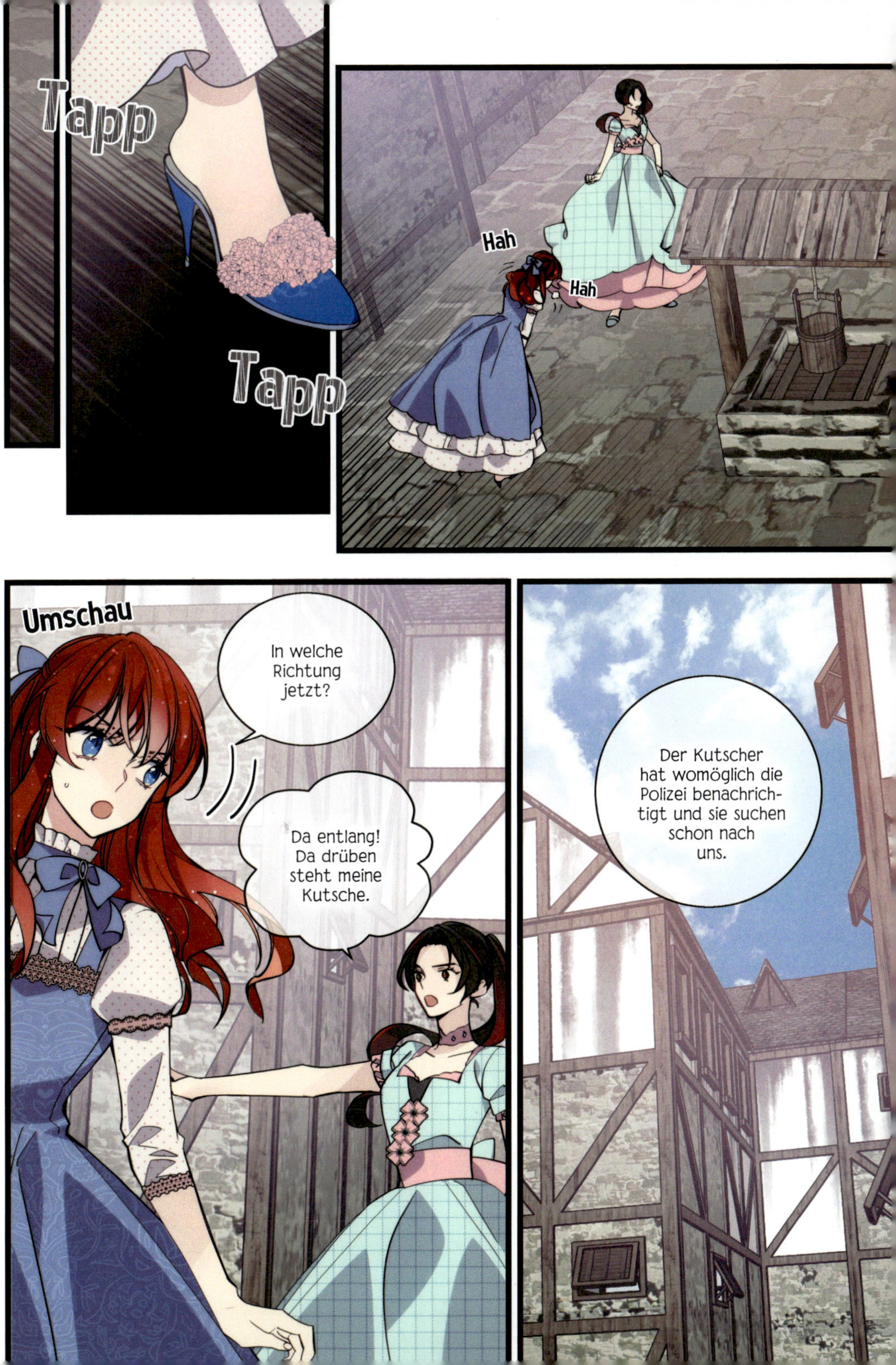
Tapp
Tapp
Hah
Hah
Umschau
In welche Richtung jetzt?
Da entlang! Da drüben steht meine Kutsche.
Der Kutscher hat womöglich die Polizei benachrichtigt und sie suchen schon nach uns.

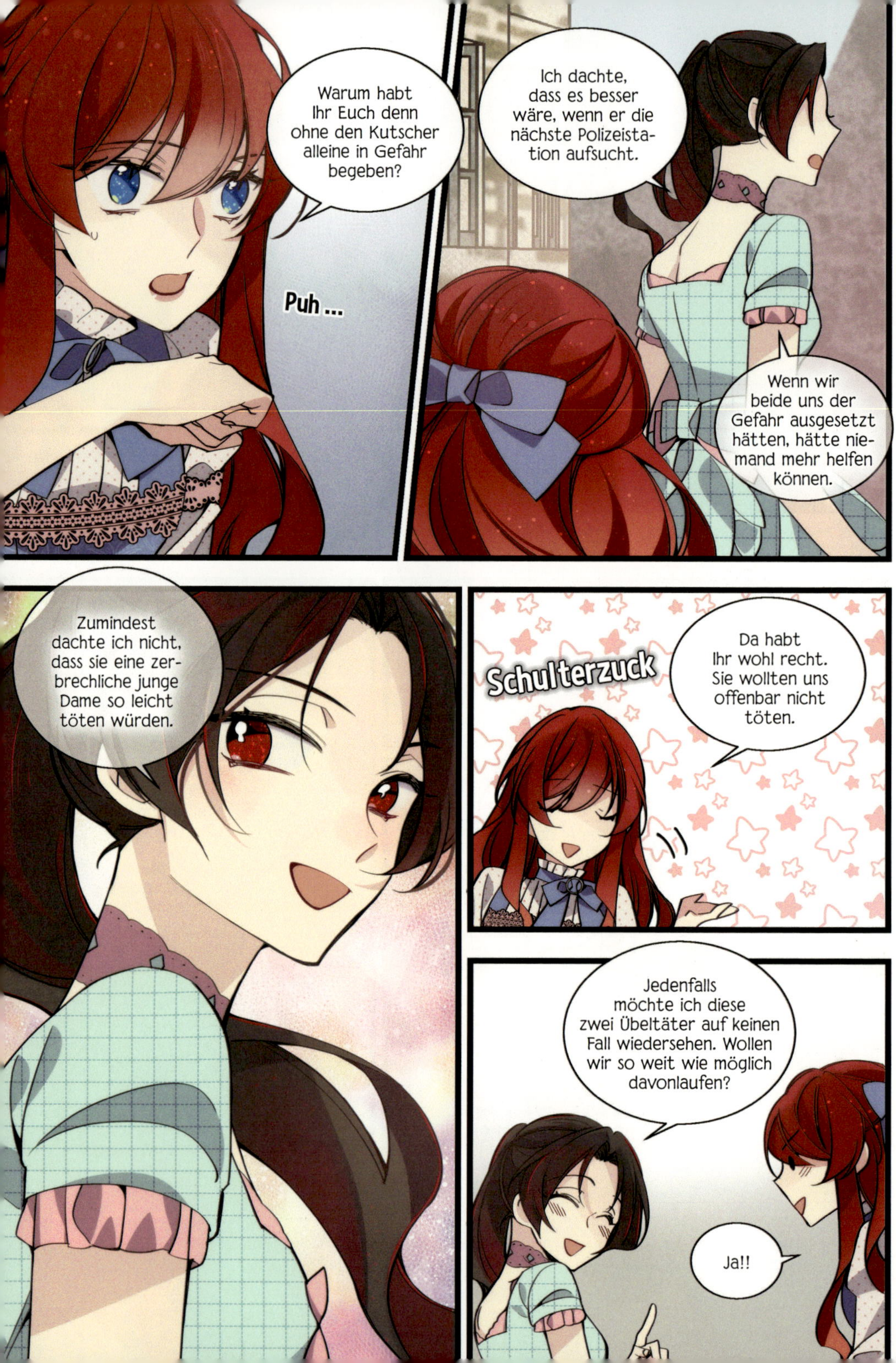
Warum habt Ihr Euch denn ohne den Kutscher alleine in Gefahr begeben?
Puh ...
Ich dachte, dass es besser wäre, wenn er die nächste Polizeistation aufsucht.
Wenn wir beide uns der Gefahr ausgesetzt hätten, hätte niemand mehr helfen können.
Zumindest dachte ich nicht, dass sie eine zerbrechliche junge Dame so leicht töten würden.
Schulterzuck
Da habt Ihr wohl recht. Sie wollten uns offenbar nicht töten.
Jedenfalls möchte ich diese zwei Übeltäter auf keinen Fall wiedersehen. Wollen wir so weit wie möglich davonlaufen?
Ja!!

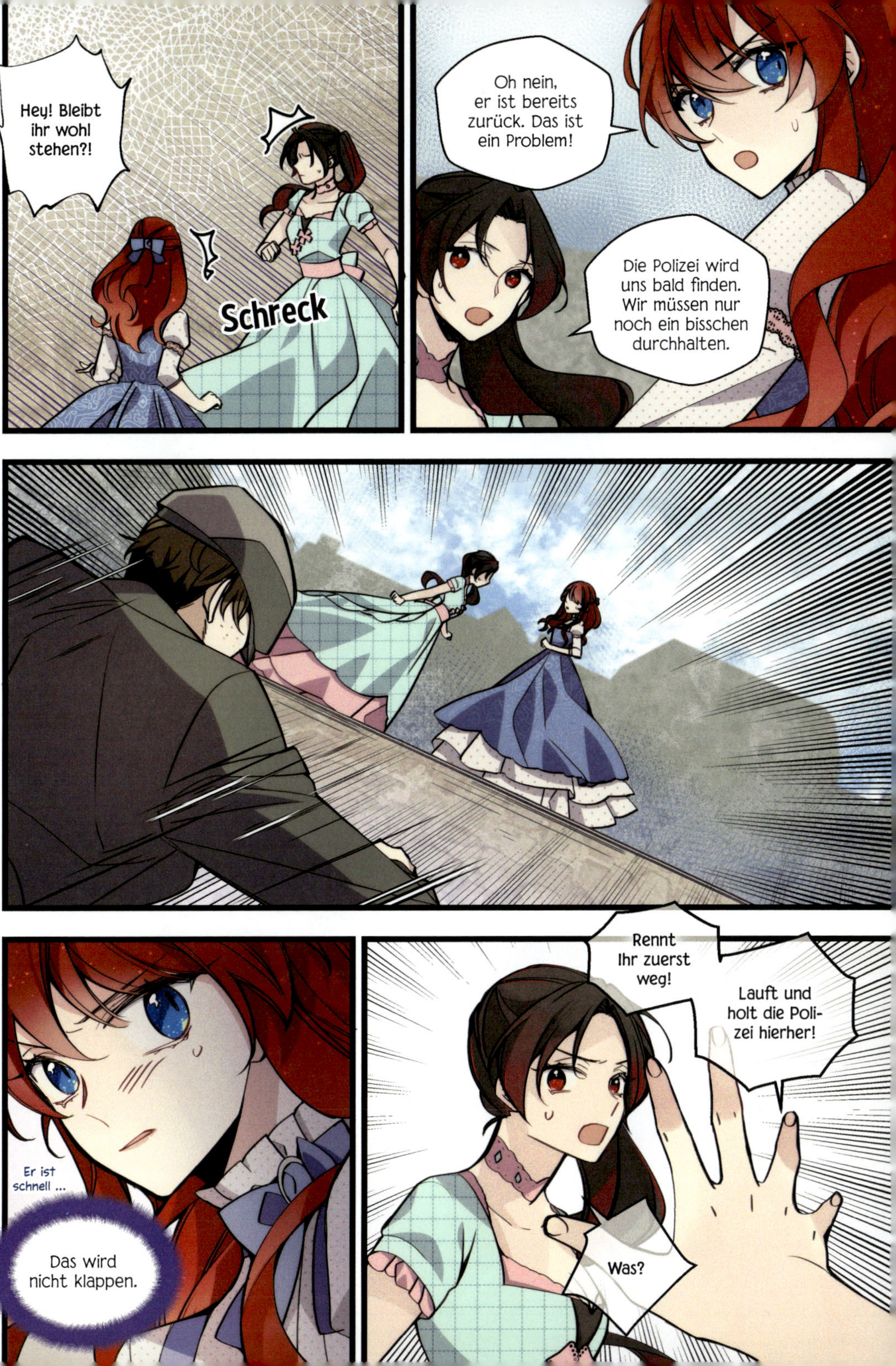

Hey! Bleibt ihr wohl stehen?!
Schreck
Oh nein, er ist bereits zurück. Das ist ein Problem!
Die Polizei wird uns bald finden. Wir müssen nur noch ein bisschen durchhalten.
Er ist schnell ...
Das wird nicht klappen.
Rennt Ihr zuerst weg!
Lauft und holt die Polizei hierher!
Was?

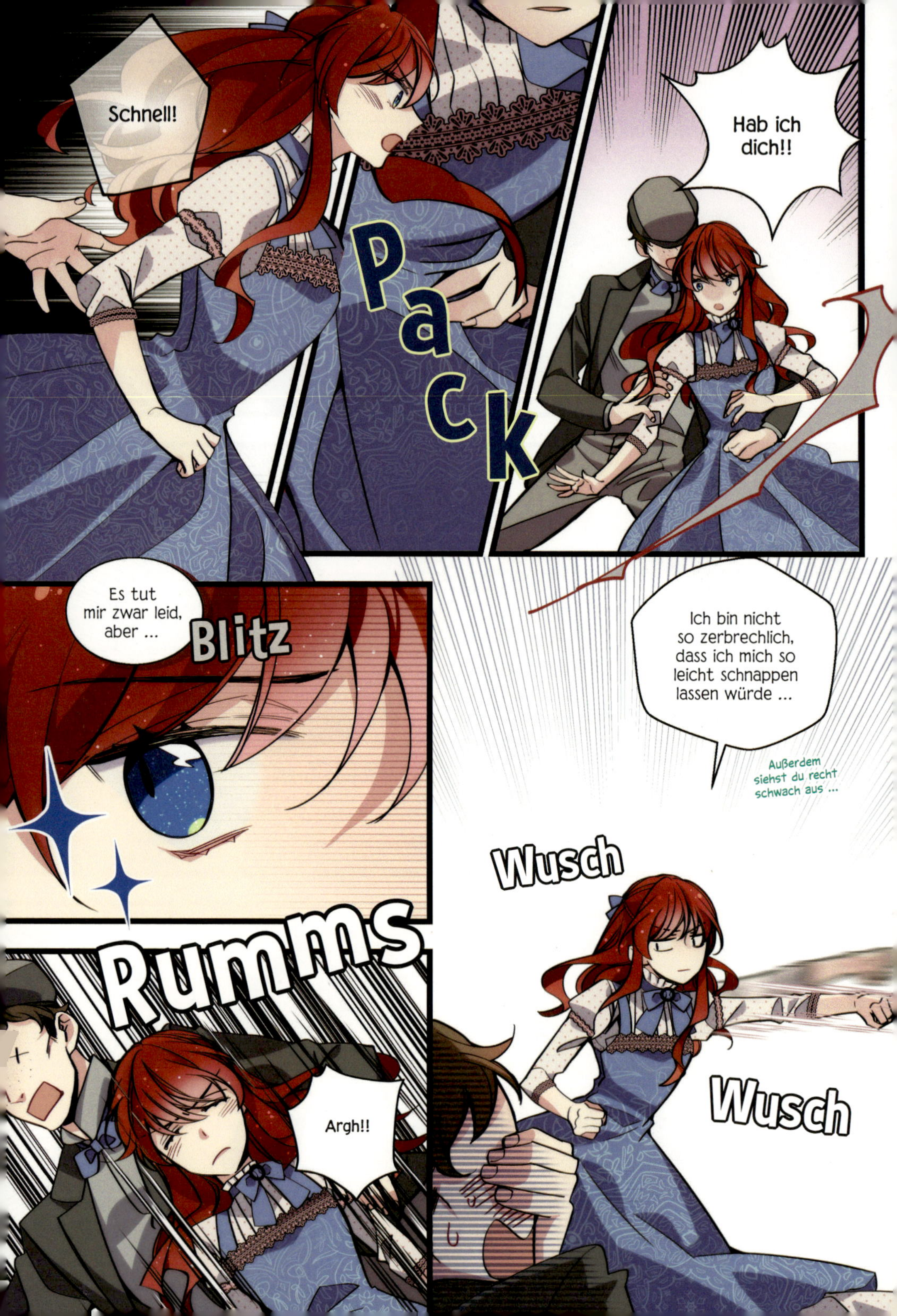
Schnell!
Pack
Hab ich dich!!
Es tut mir zwar leid, aber ...
Blitz
Ich bin nicht so zerbrechlich, dass ich mich so leicht schnappen lassen würde ...
Außerdem siehst du recht schwach aus ...
Wusch
Wusch
Rumms
Argh!!

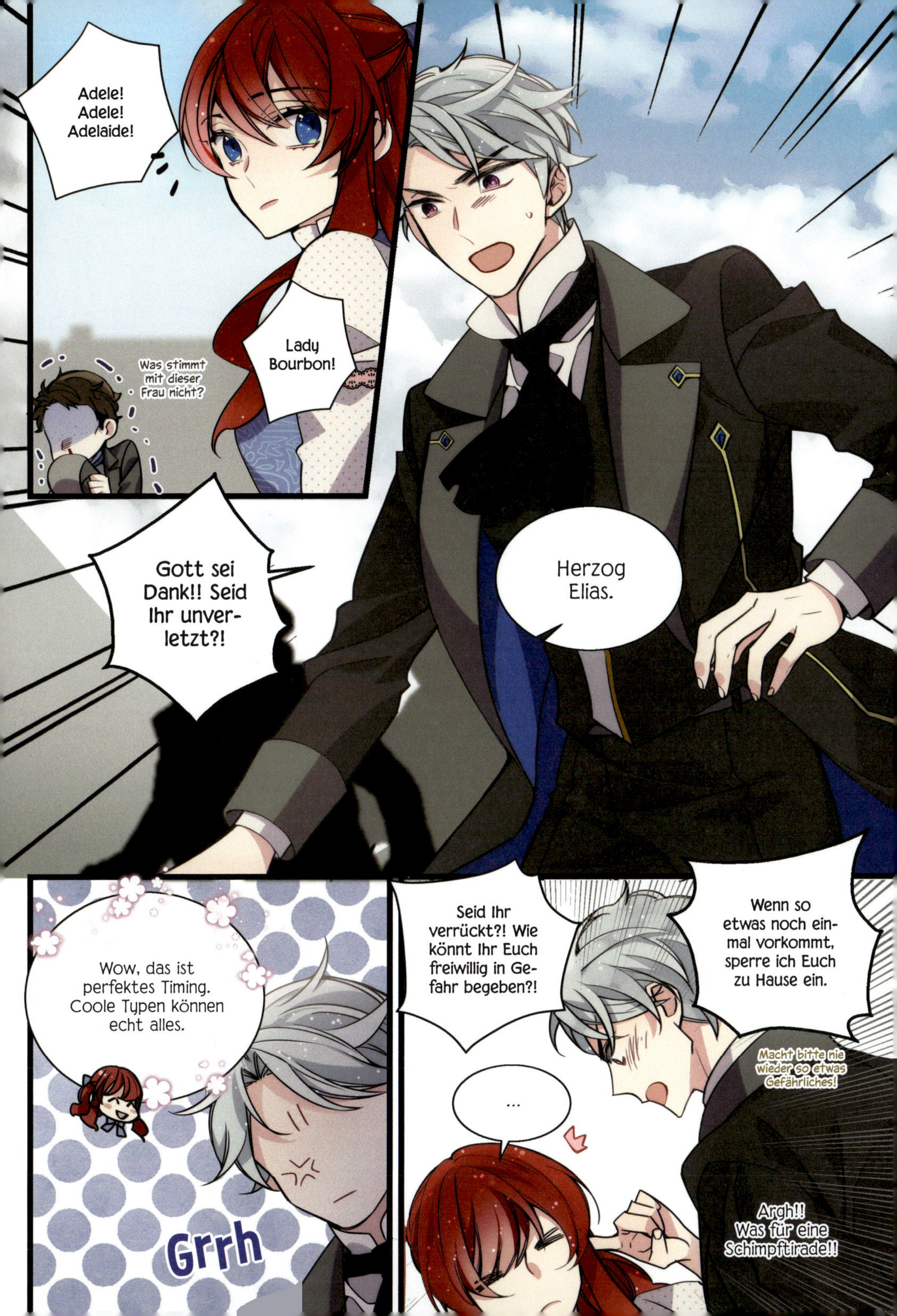
Adele!
Adele!
Adelaide!
Lady Bourbon!
Was stimmt mit dieser Frau nicht?
Gott sei Dank!! Seid Ihr unverletzt?!
Herzog Elias.
Wow, das ist perfektes Timing. Coole Typen können echt alles.
Grrh
Seid Ihr verrückt?! Wie könnt Ihr Euch freiwillig in Gefahr begeben?!
Wenn so etwas noch einmal vorkommt, sperre ich Euch zu Hause ein.
Macht bitte nie wieder so etwas Gefährliches!
...
Argh!! Was für eine Schimpftirade!!

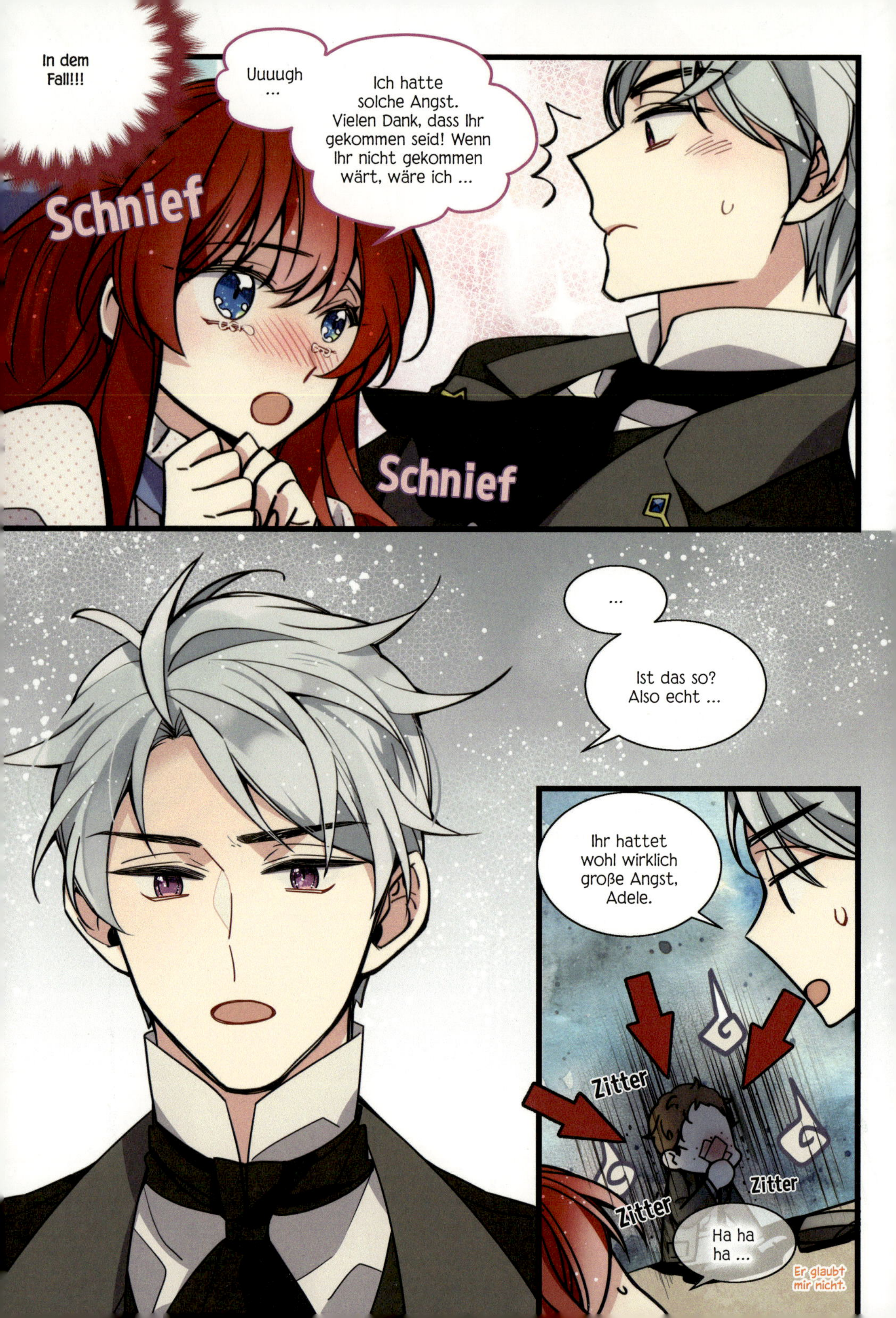
In dem Fall!!!
Uuuugh ...
Ich hatte solche Angst. Vielen Dank, dass Ihr gekommen seid! Wenn Ihr nicht gekommen wärt, wäre ich ...
Schnief
Schnief
...
Ist das so? Also echt ...
Ihr hattet wohl wirklich große Angst, Adele.
Zitter
Zitter
Zitter
Ha ha ha ...
Er glaubt mir nicht.

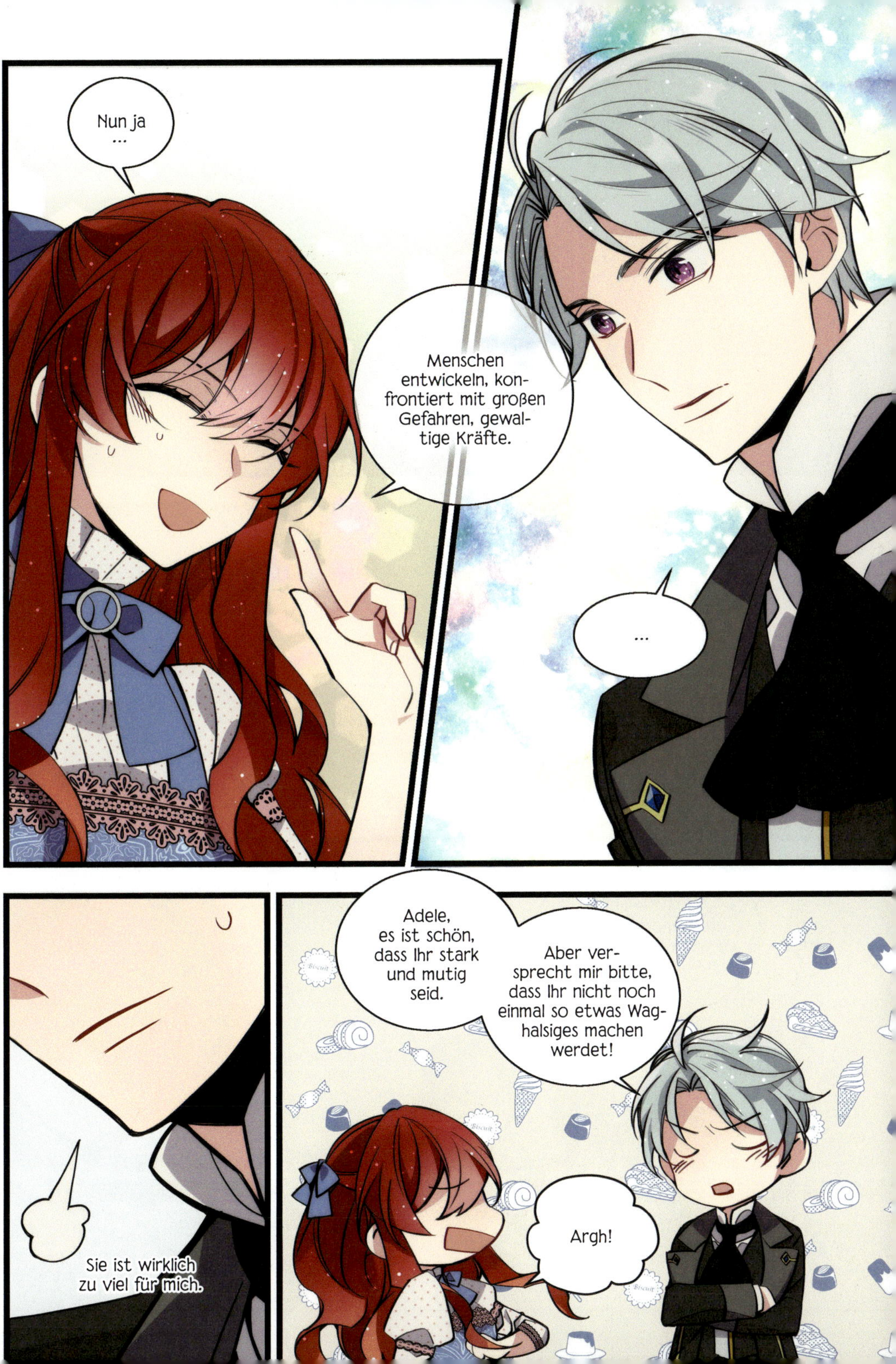
Nun ja ...
Menschen entwickeln, konfrontiert mit großen Gefahren, gewaltige Kräfte.
...
Adele, es ist schön, dass Ihr stark und mutig seid.
Aber versprecht mir bitte, dass Ihr nicht noch einmal so etwas Waghalsiges machen werdet!
Sie ist wirklich zu viel für mich.
Argh!

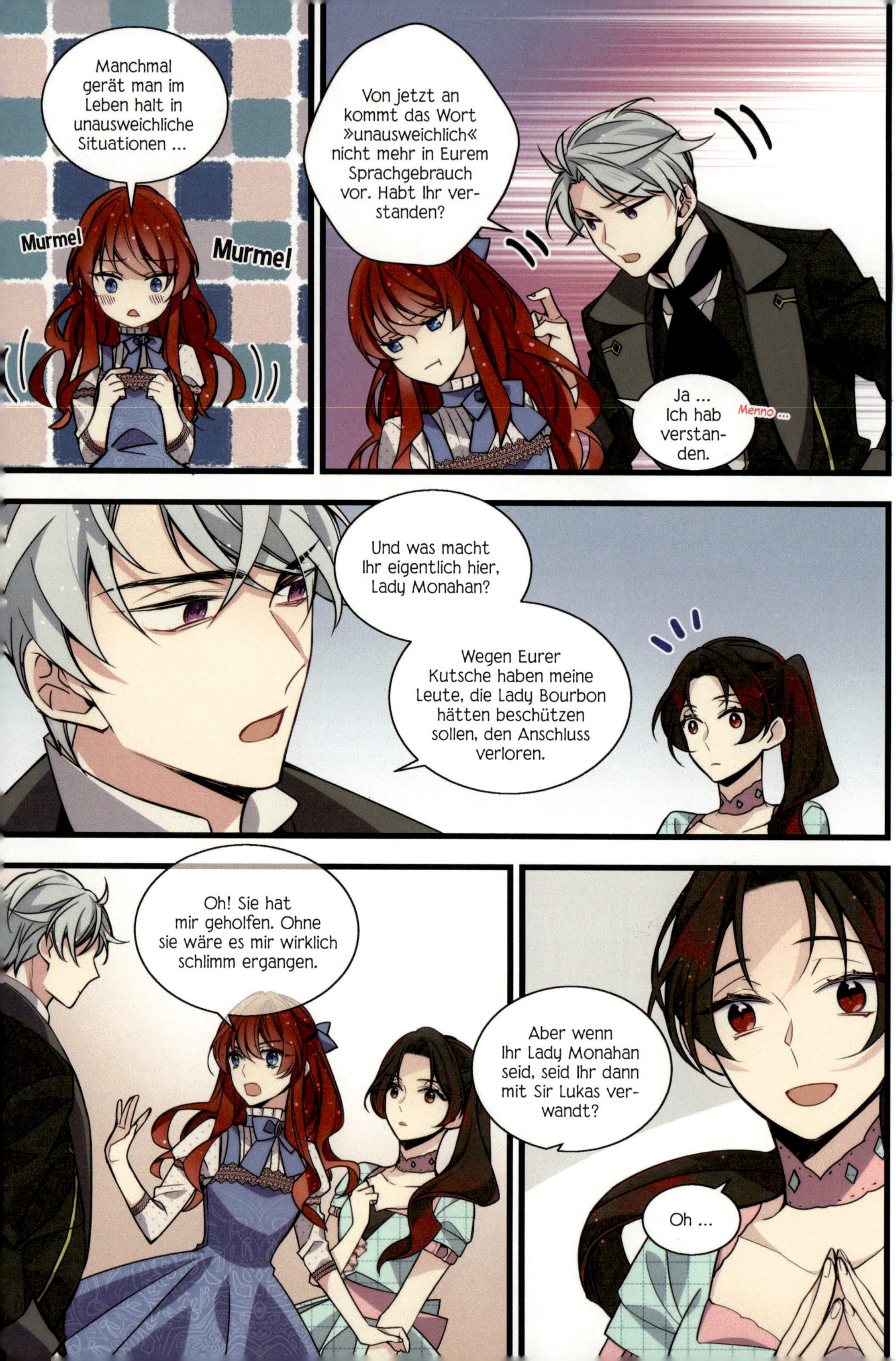
Manchmal gerät man im Leben halt in unausweichliche Situationen ...
Murmel
Murmel
Von jetzt an kommt das Wort »unausweichlich« nicht mehr in Eurem Sprachgebrauch vor. Habt Ihr verstanden?
Ja ... Ich hab verstanden.
Menno ...
Und was macht Ihr eigentlich hier, Lady Monahan?
Wegen Eurer Kutsche haben meine Leute, die Lady Bourbon hätten beschützen sollen, den Anschluss verloren.
Oh! Sie hat mir geholfen. Ohne sie wäre es mir wirklich schlimm ergangen.
Aber wenn Ihr Lady Monahan seid, seid Ihr dann mit Sir Lukas verwandt?
Oh ...

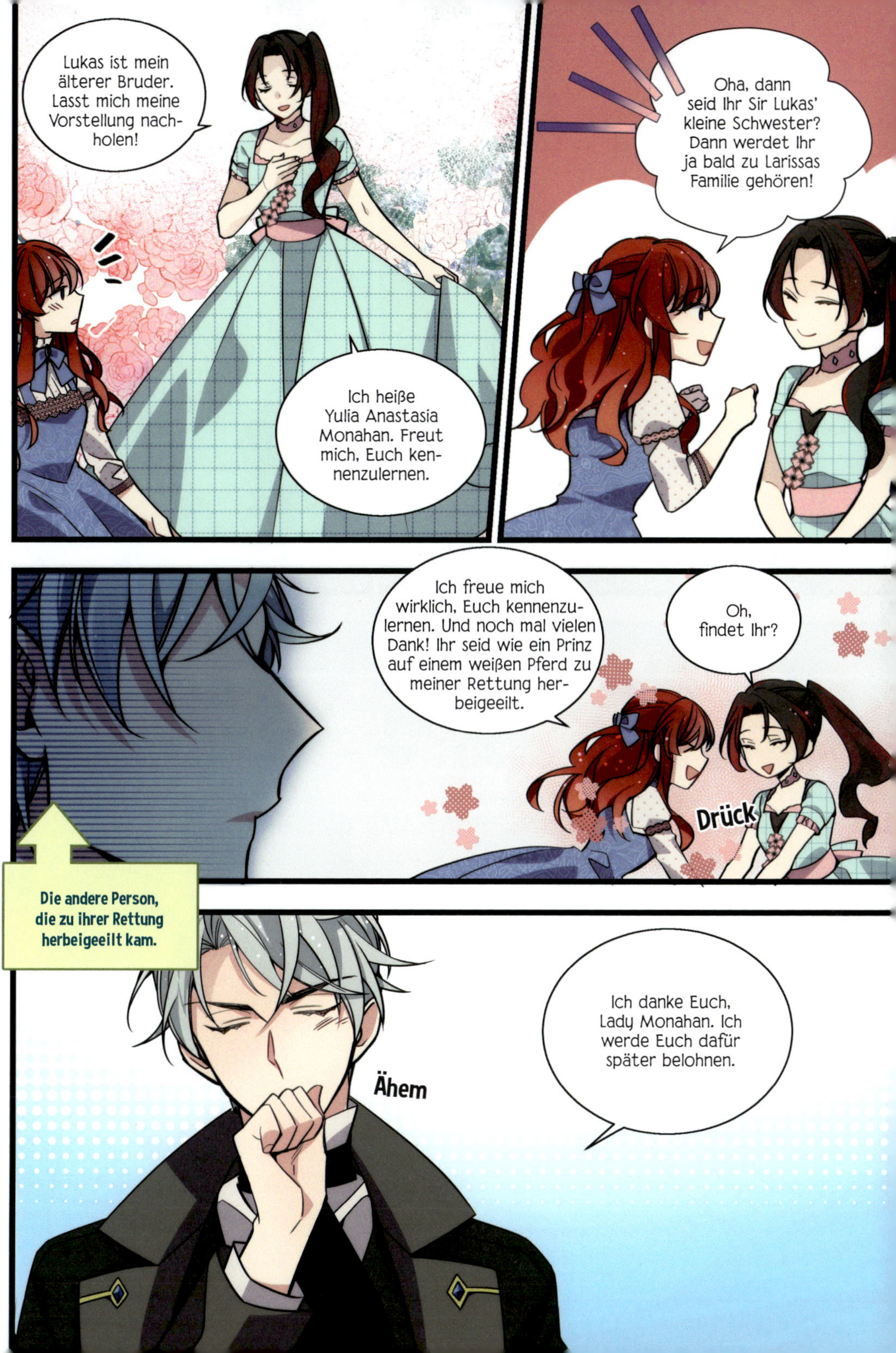

Lukas ist mein älterer Bruder. Lasst mich meine Vorstellung nachholen!
Ich heiße Yulia Anastasia Monahan. Freut mich, Euch kennenzulernen.
Oha, dann seid Ihr Sir Lukas' kleine Schwester? Dann werdet Ihr ja bald zu Larissas Familie gehören!
Ich freue mich wirklich, Euch kennenzulernen. Und noch mal vielen Dank! Ihr seid wie ein Prinz auf einem weißen Pferd zu meiner Rettung herbeigeeilt.
Oh, findet Ihr?
Drück
Die andere Person, die zu ihrer Rettung herbeigeeilt kam.
Ähem
Ich danke Euch, Lady Monahan. Ich werde Euch dafür später belohnen.

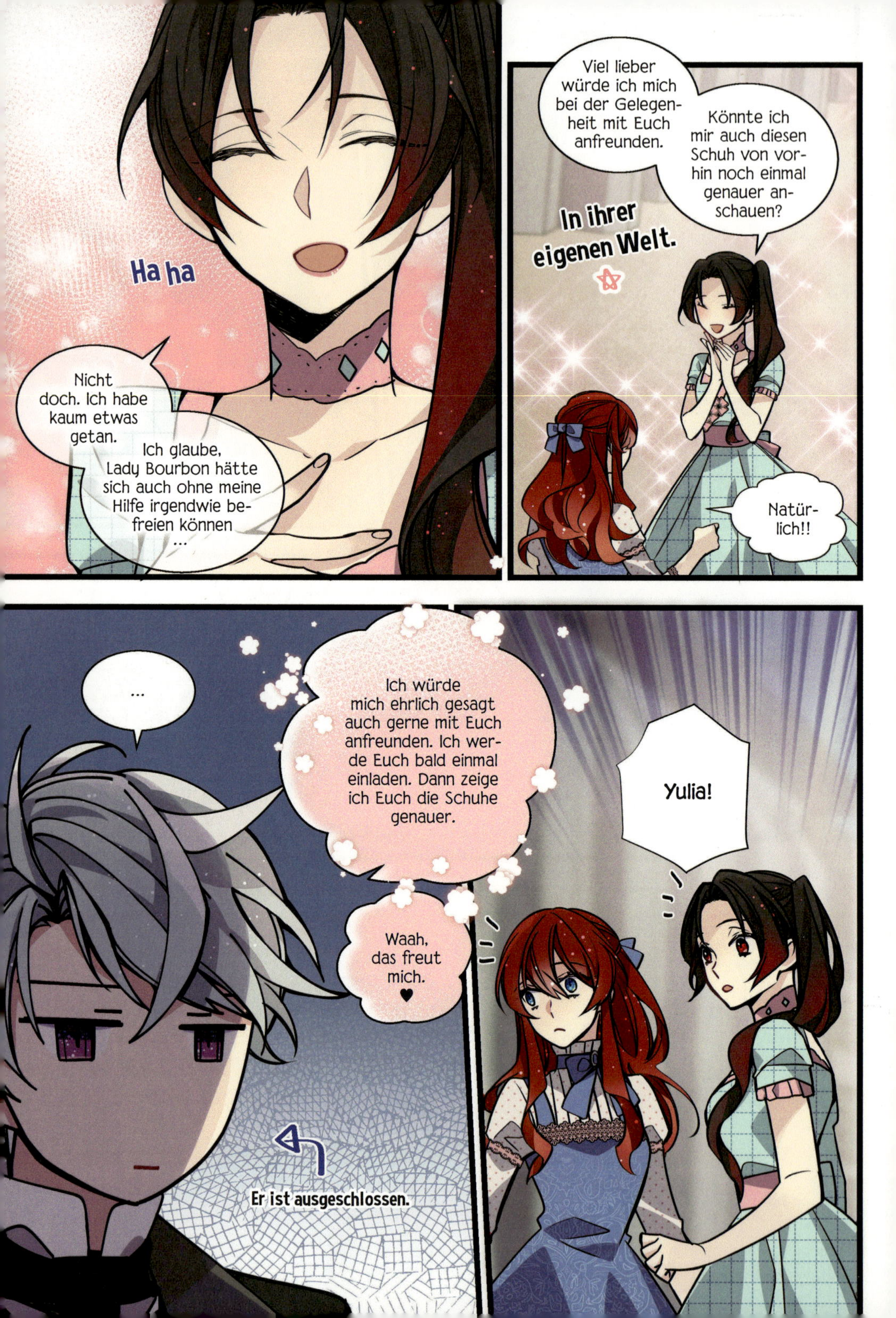
Ha ha
Nicht doch. Ich habe kaum etwas getan.
Ich glaube, Lady Bourbon hätte sich auch ohne meine Hilfe irgendwie befreien können ...
Viel lieber würde ich mich bei der Gelegenheit mit Euch anfreunden.
Könnte ich mir auch diesen Schuh von vorhin noch einmal genauer anschauen?
In ihrer eigenen Welt.
Natürlich!!
...
Ich würde mich ehrlich gesagt auch gerne mit Euch anfreunden. Ich werde Euch bald einmal einladen. Dann zeige ich Euch die Schuhe genauer.
Waah, das freut mich. ♥
Er ist ausgeschlossen.
Yulia!

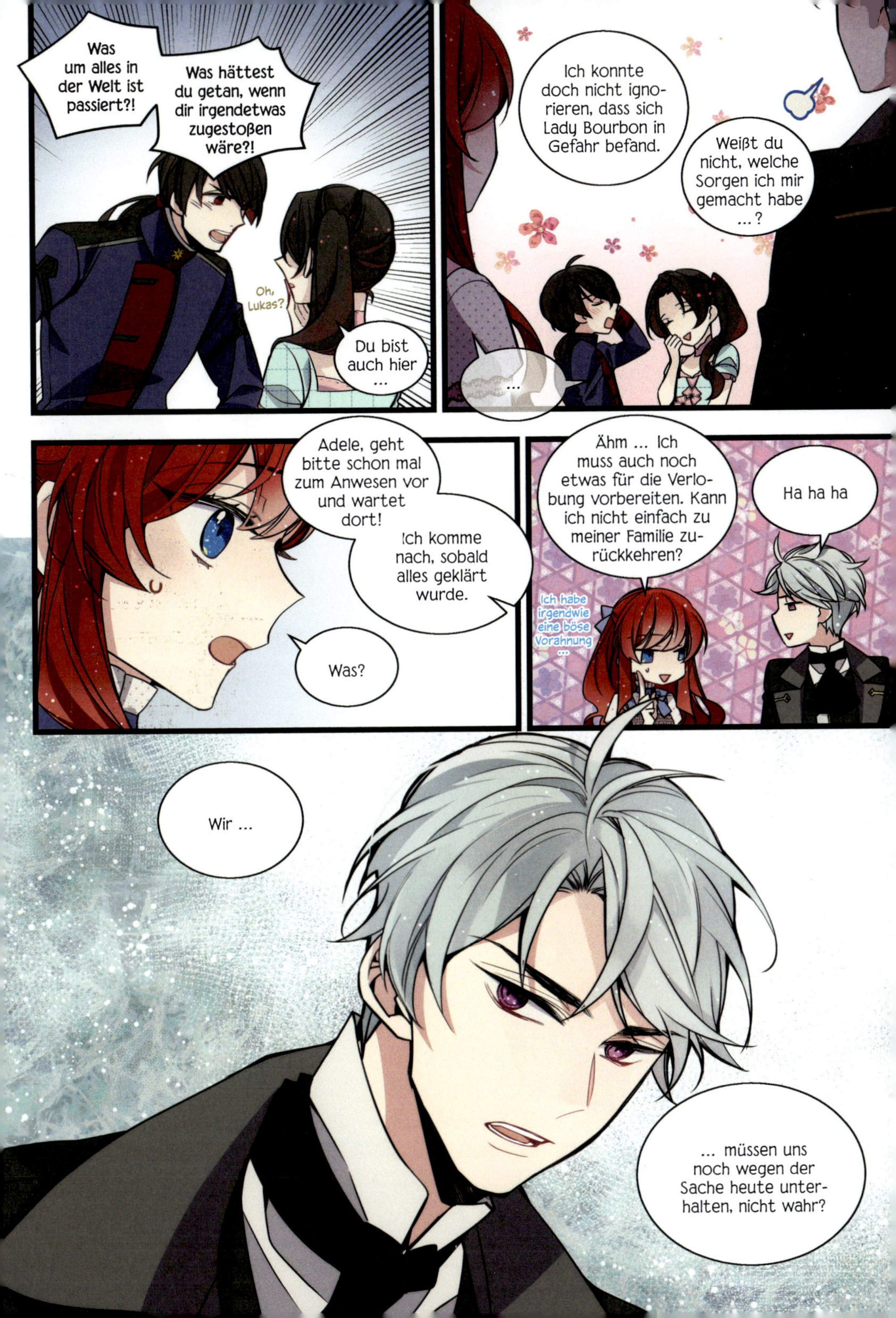
Was um alles in der Welt ist passiert?!
Was hättest du getan, wenn dir irgendetwas zugestoßen wäre?!
Oh, Lukas?
Du bist auch hier …
Ich konnte doch nicht ignorieren, dass sich Lady Bourbon in Gefahr befand.
Weißt du nicht, welche Sorgen ich mir gemacht habe …?
…
Adele, geht bitte schon mal zum Anwesen vor und wartet dort!
Ich komme nach, sobald alles geklärt wurde.
Was?
Ähm … Ich muss auch noch etwas für die Verlobung vorbereiten. Kann ich nicht einfach zu meiner Familie zurückkehren?
Ha ha ha
Ich habe irgendwie eine böse Vorahnung …
Wir …
… müssen uns noch wegen der Sache heute unterhalten, nicht wahr?

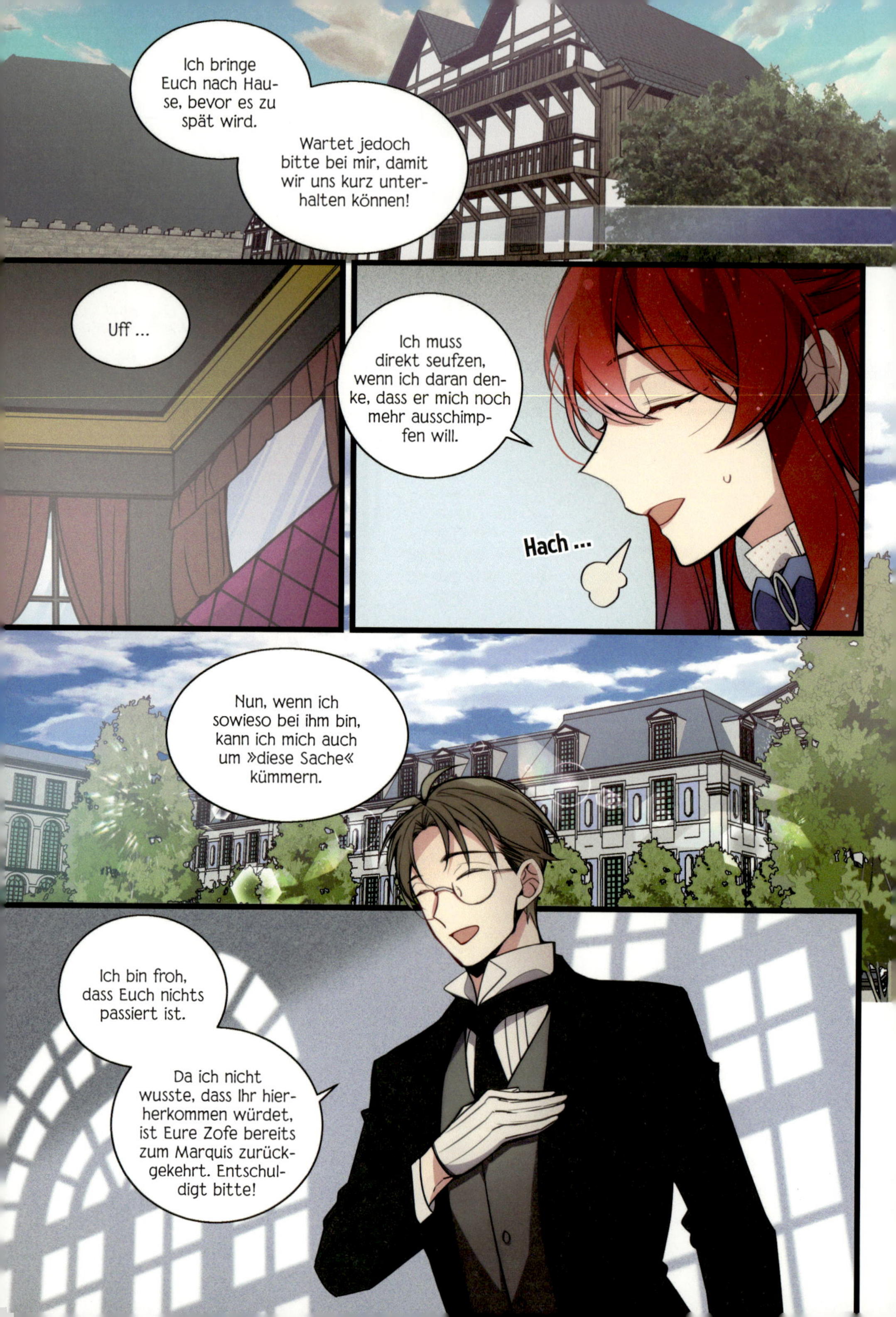
Ich bringe Euch nach Hause, bevor es zu spät wird.
Wartet jedoch bitte bei mir, damit wir uns kurz unterhalten können!
Uff ...
Ich muss direkt seufzen, wenn ich daran denke, dass er mich noch mehr ausschimpfen will.
Hach ...
Nun, wenn ich sowieso bei ihm bin, kann ich mich auch um »diese Sache« kümmern.
Ich bin froh, dass Euch nichts passiert ist.
Da ich nicht wusste, dass Ihr hierherkommen würdet, ist Eure Zofe bereits zum Marquis zurückgekehrt. Entschuldigt bitte!

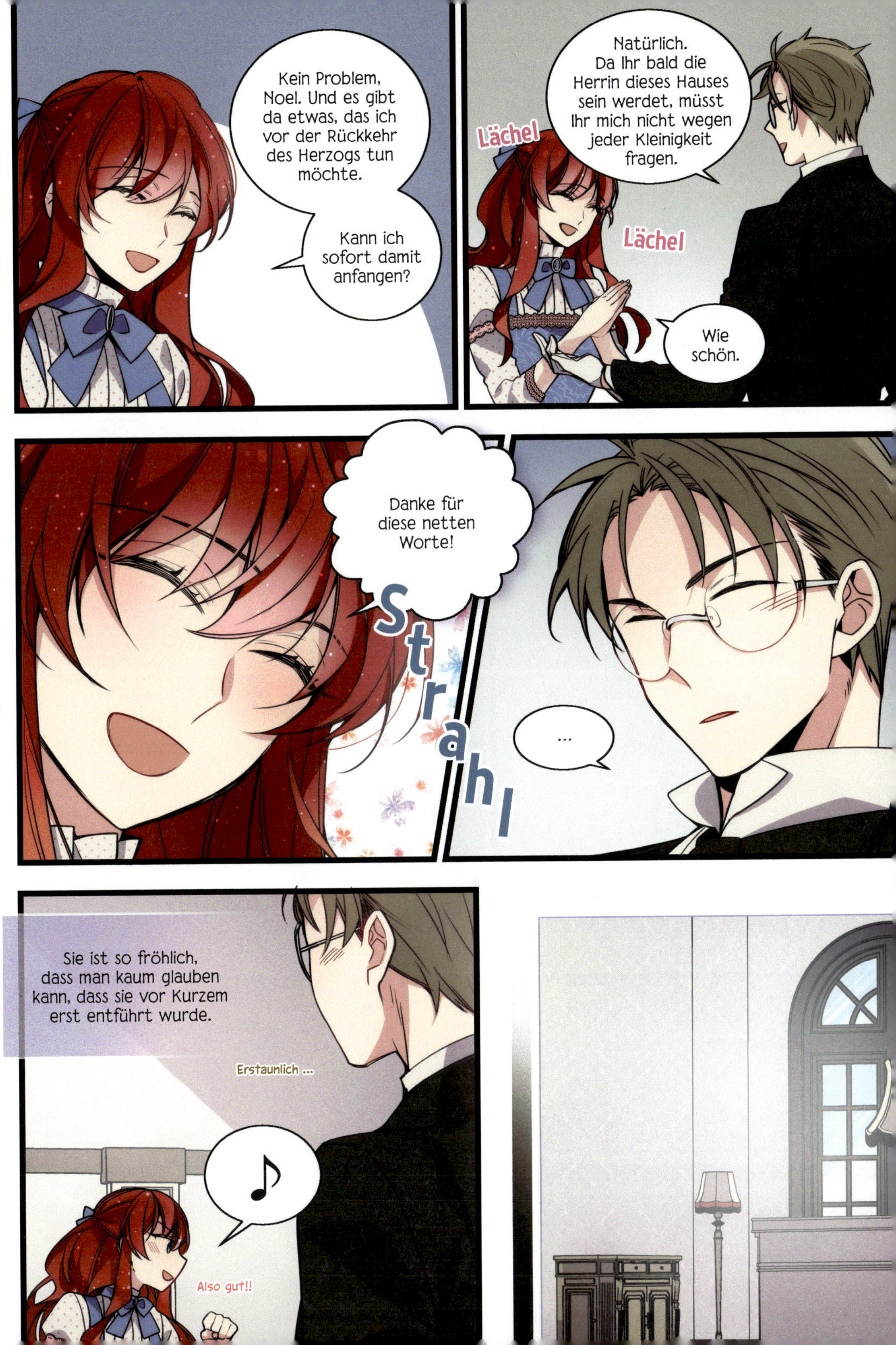
Kein Problem, Noel. Und es gibt da etwas, das ich vor der Rückkehr des Herzogs tun möchte.
Kann ich sofort damit anfangen?
Natürlich. Da Ihr bald die Herrin dieses Hauses sein werdet, müsst Ihr mich nicht wegen jeder Kleinigkeit fragen.
Lächel
Lächel
Wie schön.
Danke für diese netten Worte!
Strahl
...
Sie ist so fröhlich, dass man kaum glauben kann, dass sie vor Kurzem erst entführt wurde.
Erstaunlich ...
♪
Also gut!!

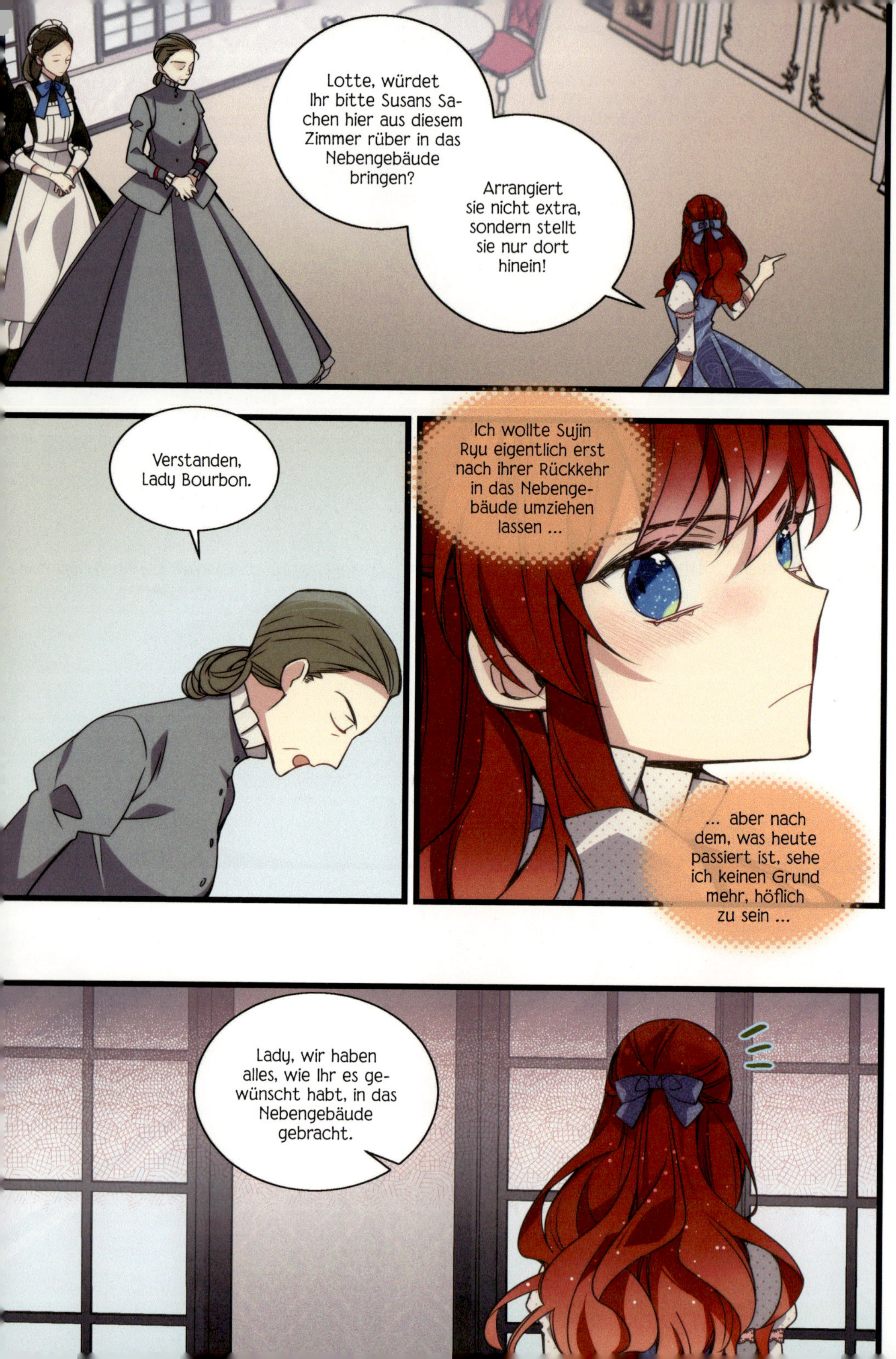
Lotte, würdet Ihr bitte Susans Sachen hier aus diesem Zimmer rüber in das Nebengebäude bringen?
Arrangiert sie nicht extra, sondern stellt sie nur dort hinein!
Verstanden, Lady Bourbon.
Ich wollte Sujin Ryu eigentlich erst nach ihrer Rückkehr in das Nebengebäude umziehen lassen ...
... aber nach dem, was heute passiert ist, sehe ich keinen Grund mehr, höflich zu sein ...
Lady, wir haben alles, wie Ihr es gewünscht habt, in das Nebengebäude gebracht.

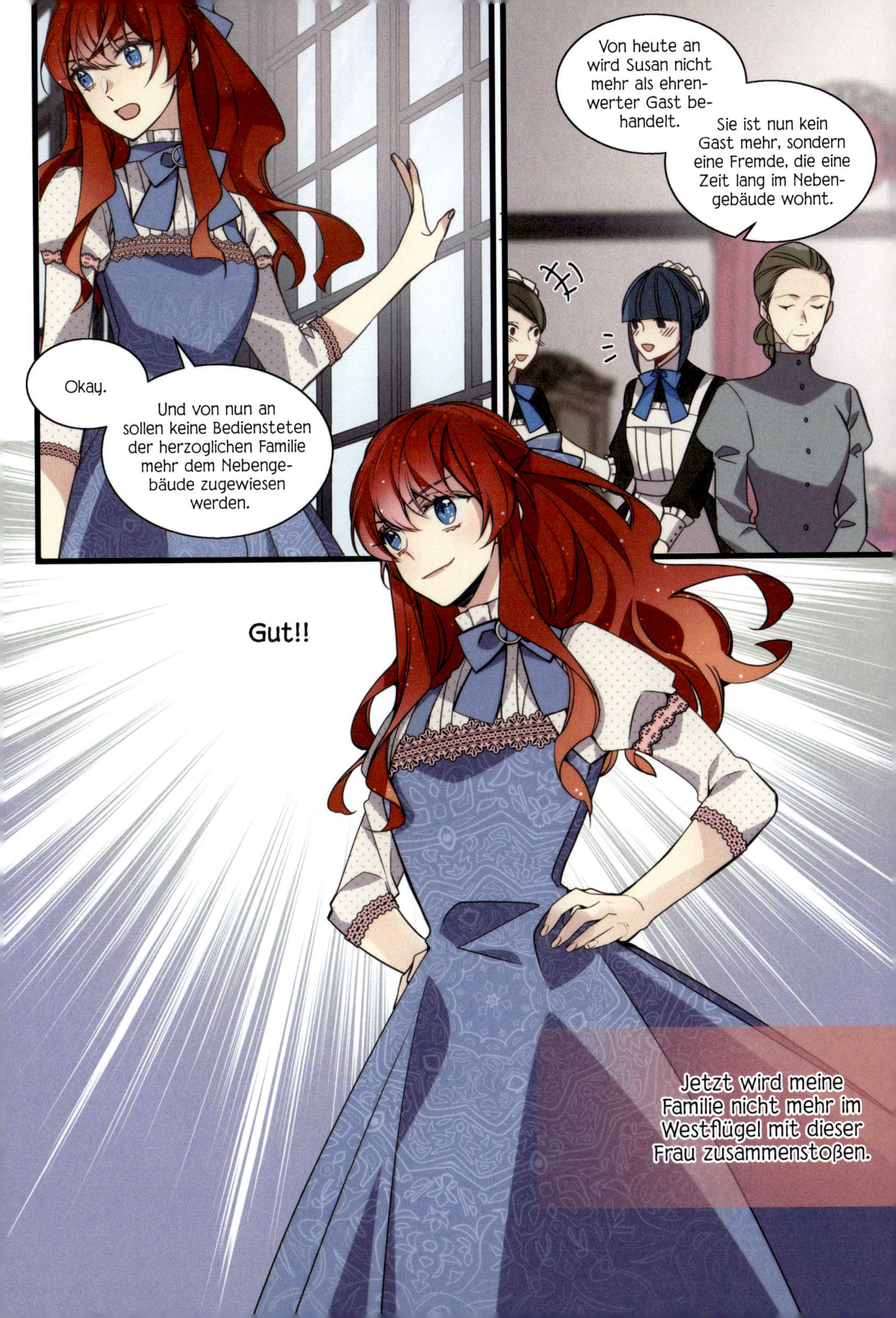

Von heute an wird Susan nicht mehr als ehrenwerter Gast behandelt.
Sie ist nun kein Gast mehr, sondern eine Fremde, die eine Zeit lang im Nebengebäude wohnt.
Okay.
Und von nun an sollen keine Bediensteten der herzoglichen Familie mehr dem Nebengebäude zugewiesen werden.
Gut!!
Jetzt wird meine Familie nicht mehr im Westflügel mit dieser Frau zusammenstoßen.

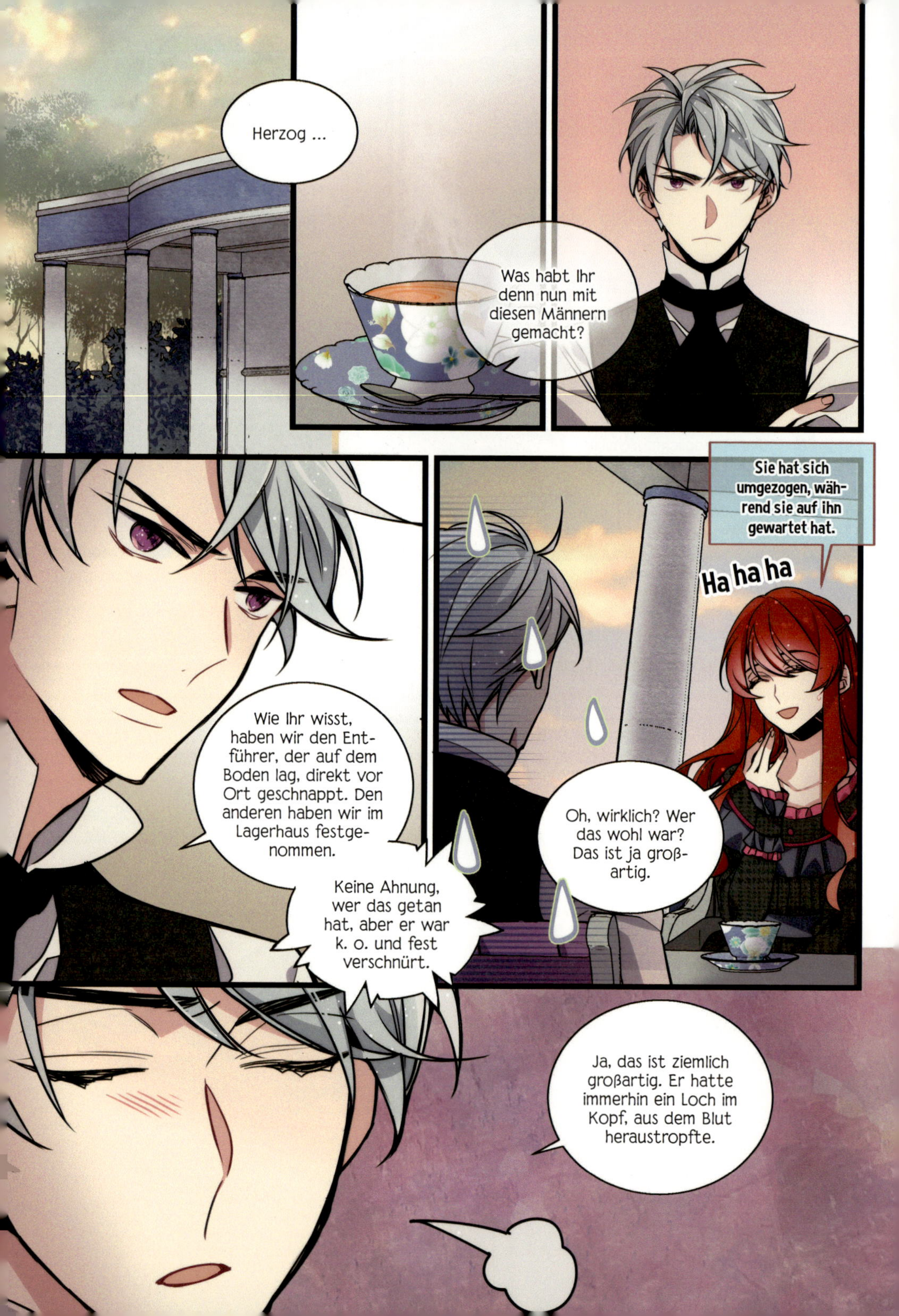
Herzog ...
Was habt Ihr denn nun mit diesen Männern gemacht?
Wie Ihr wisst, haben wir den Entführer, der auf dem Boden lag, direkt vor Ort geschnappt. Den anderen haben wir im Lagerhaus festgenommen.
Keine Ahnung, wer das getan hat, aber er war k. o. und fest verschnürt.
Sie hat sich umgezogen, während sie auf ihn gewartet hat.
Ha ha ha
Oh, wirklich? Wer das wohl war? Das ist ja großartig.
Ja, das ist ziemlich großartig. Er hatte immerhin ein Loch im Kopf, aus dem Blut heraustropfte.

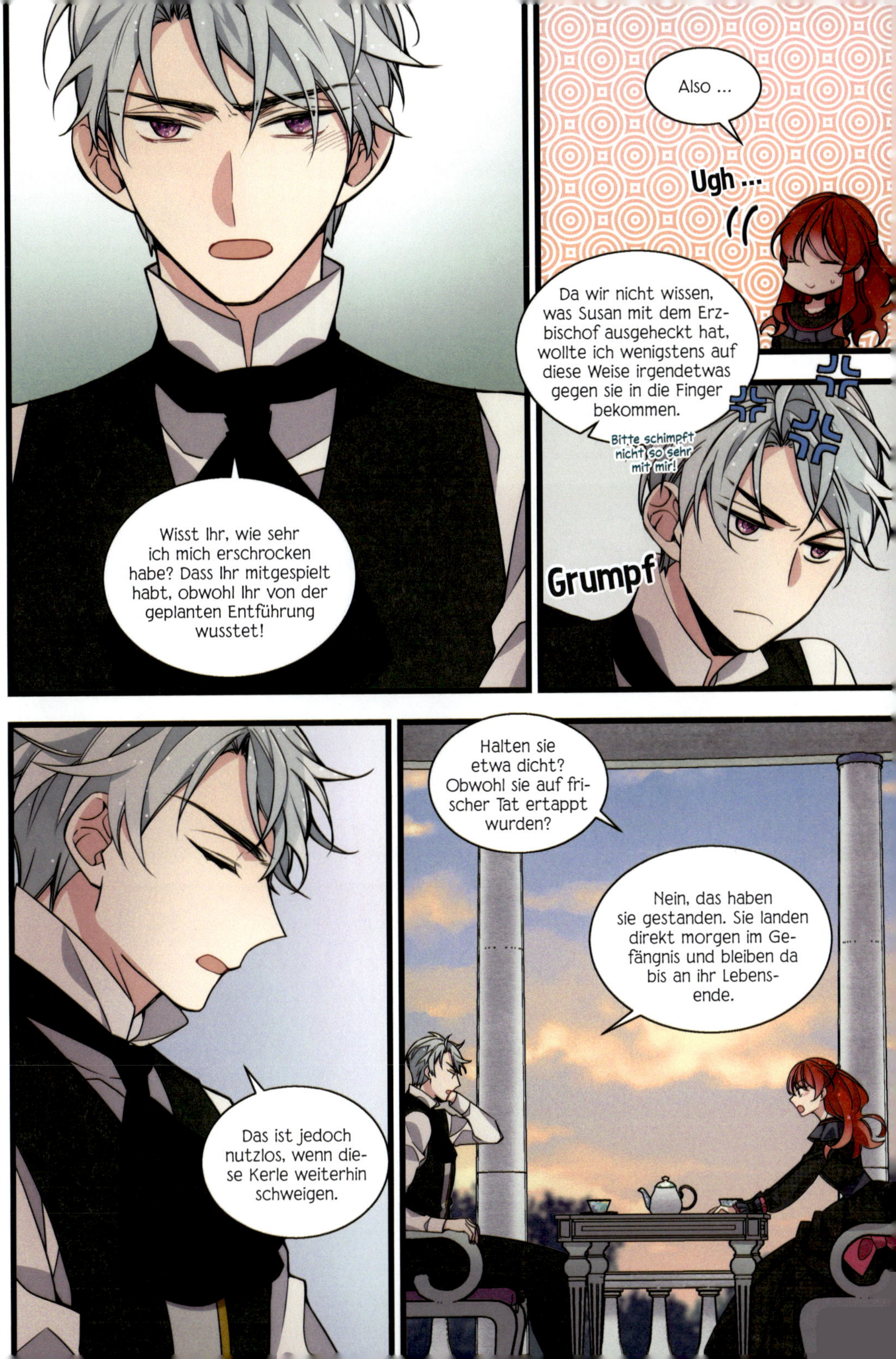
Wisst Ihr, wie sehr ich mich erschrocken habe? Dass Ihr mitgespielt habt, obwohl Ihr von der geplanten Entführung wusstet!
Also ...
Ugh ...
Da wir nicht wissen, was Susan mit dem Erzbischof ausgeheckt hat, wollte ich wenigstens auf diese Weise irgendetwas gegen sie in die Finger bekommen.
Bitte schimpft nicht so sehr mit mir!
Grumpf
Das ist jedoch nutzlos, wenn diese Kerle weiterhin schweigen.
Halten sie etwa dicht? Obwohl sie auf frischer Tat ertappt wurden?
Nein, das haben sie gestanden. Sie landen direkt morgen im Gefängnis und bleiben da bis an ihr Lebensende.

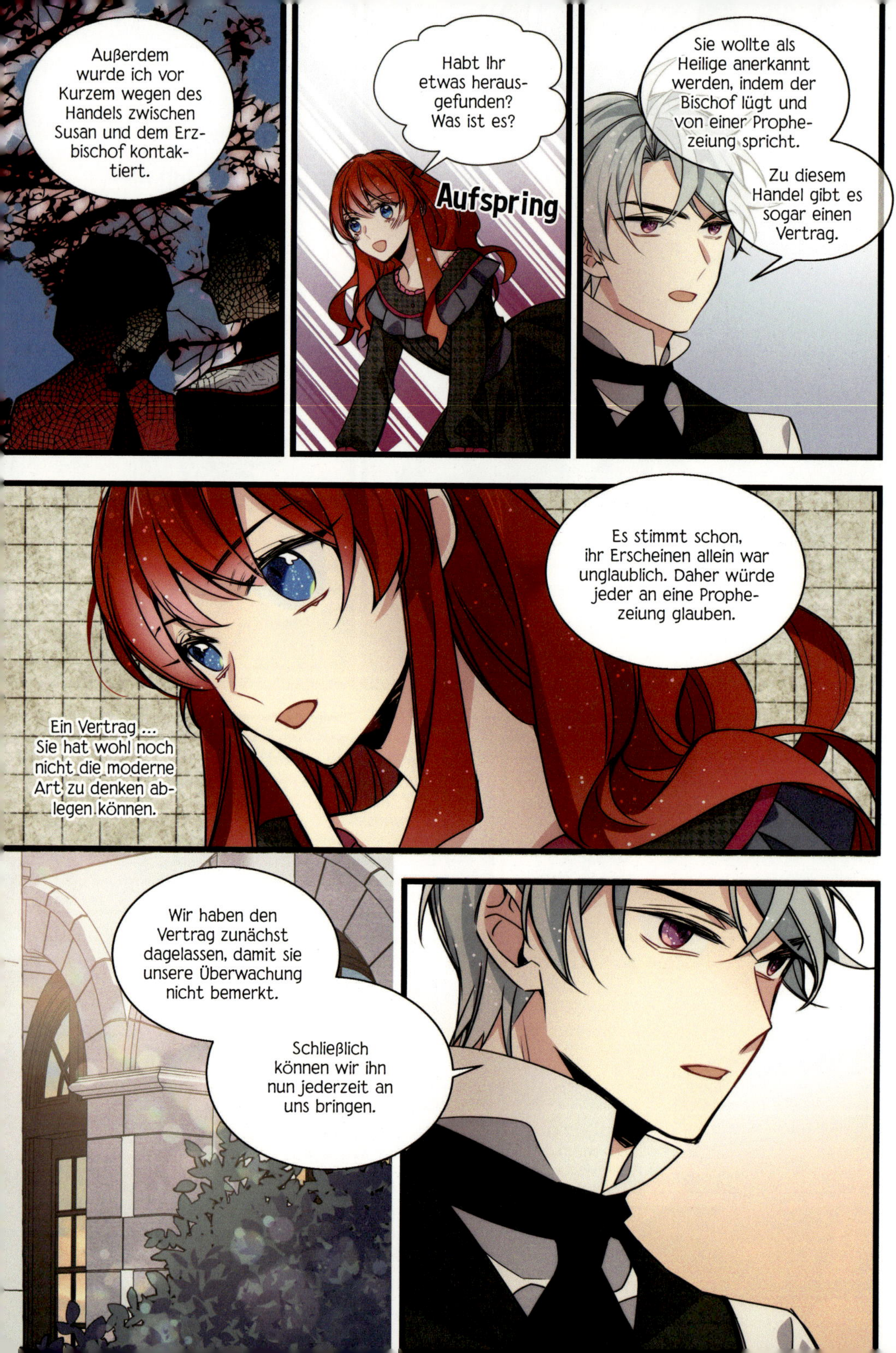
Außerdem wurde ich vor Kurzem wegen des Handels zwischen Susan und dem Erzbischof kontaktiert.
Habt Ihr etwas herausgefunden? Was ist es?
Aufspring
Sie wollte als Heilige anerkannt werden, indem der Bischof lügt und von einer Prophezeiung spricht.
Zu diesem Handel gibt es sogar einen Vertrag.
Es stimmt schon, ihr Erscheinen allein war unglaublich. Daher würde jeder an eine Prophezeiung glauben.
Ein Vertrag ... Sie hat wohl noch nicht die moderne Art zu denken ablegen können.
Wir haben den Vertrag zunächst dagelassen, damit sie unsere Überwachung nicht bemerkt.
Schließlich können wir ihn nun jederzeit an uns bringen.

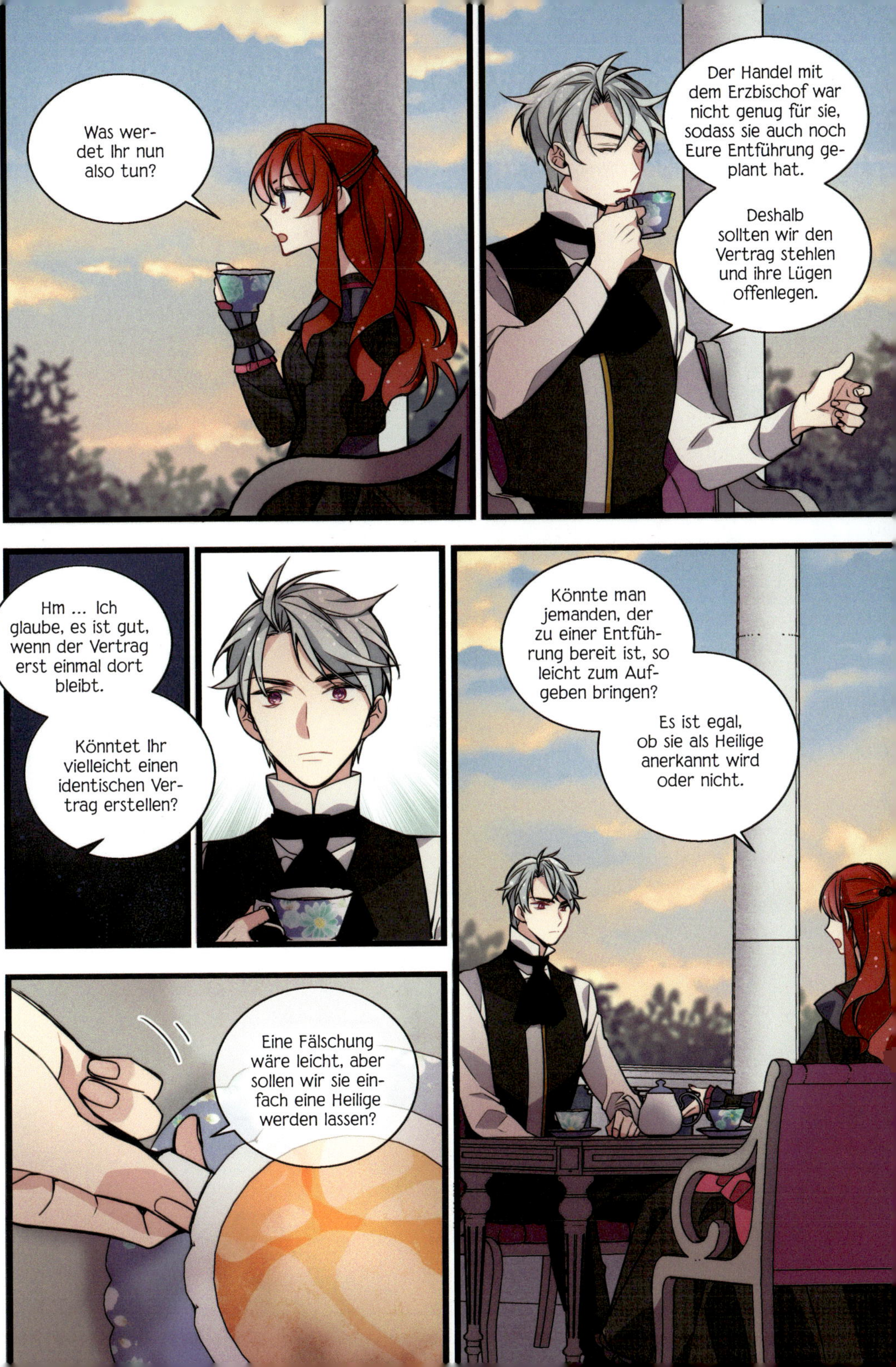
Was werdet Ihr nun also tun?
Der Handel mit dem Erzbischof war nicht genug für sie, sodass sie auch noch Eure Entführung geplant hat.
Deshalb sollten wir den Vertrag stehlen und ihre Lügen offenlegen.
Hm ... Ich glaube, es ist gut, wenn der Vertrag erst einmal dort bleibt.
Könntet Ihr vielleicht einen identischen Vertrag erstellen?
Eine Fälschung wäre leicht, aber sollen wir sie einfach eine Heilige werden lassen?
Könnte man jemanden, der zu einer Entführung bereit ist, so leicht zum Aufgeben bringen?
Es ist egal, ob sie als Heilige anerkannt wird oder nicht.

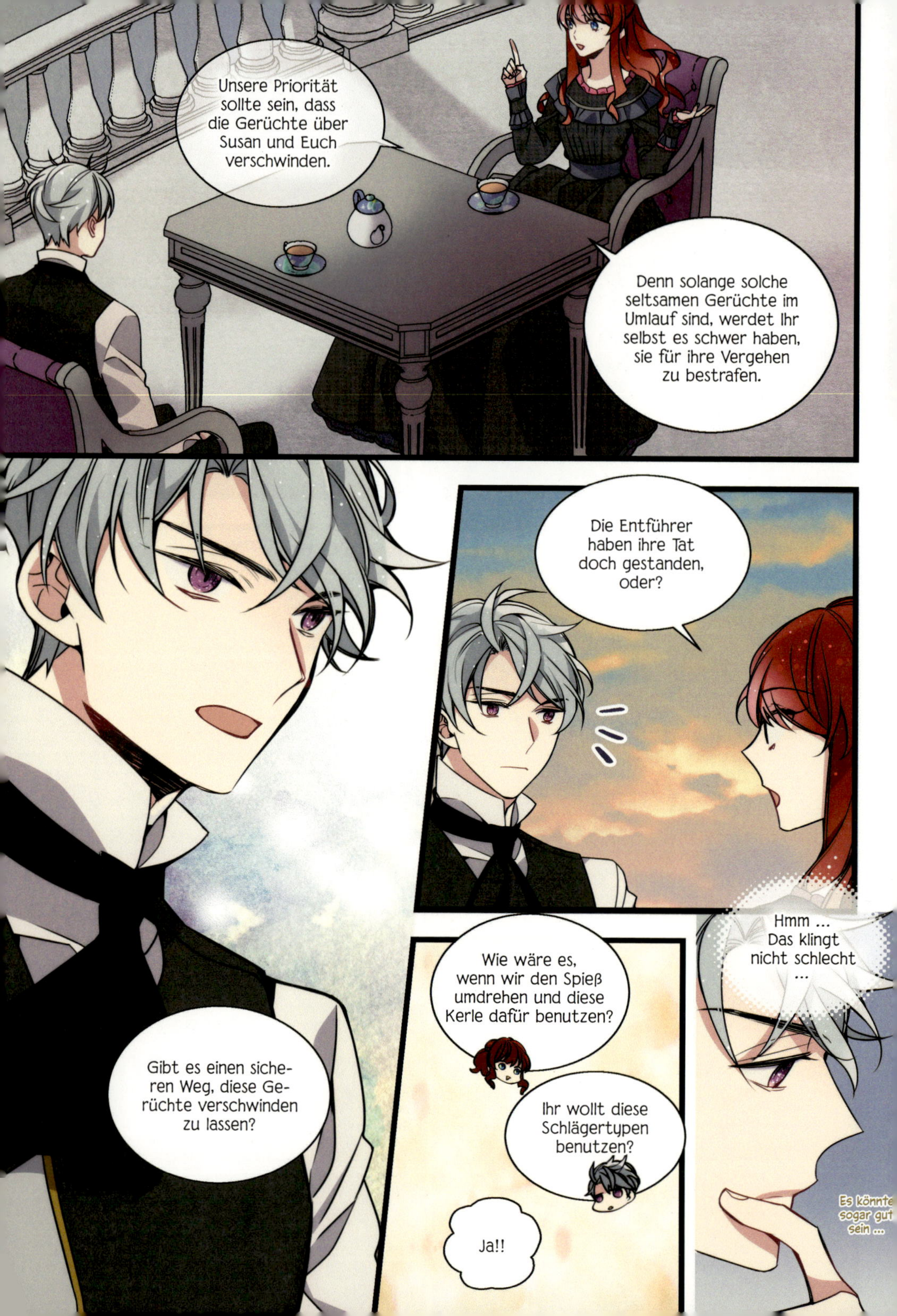
Unsere Priorität sollte sein, dass die Gerüchte über Susan und Euch verschwinden.
Denn solange solche seltsamen Gerüchte im Umlauf sind, werdet Ihr selbst es schwer haben, sie für ihre Vergehen zu bestrafen.
Die Entführer haben ihre Tat doch gestanden, oder?
Gibt es einen sicheren Weg, diese Gerüchte verschwinden zu lassen?
Wie wäre es, wenn wir den Spieß umdrehen und diese Kerle dafür benutzen?
Ihr wollt diese Schlägertypen benutzen?
Ja!!
Hmm ... Das klingt nicht schlecht ...
Es könnte sogar gut sein ...

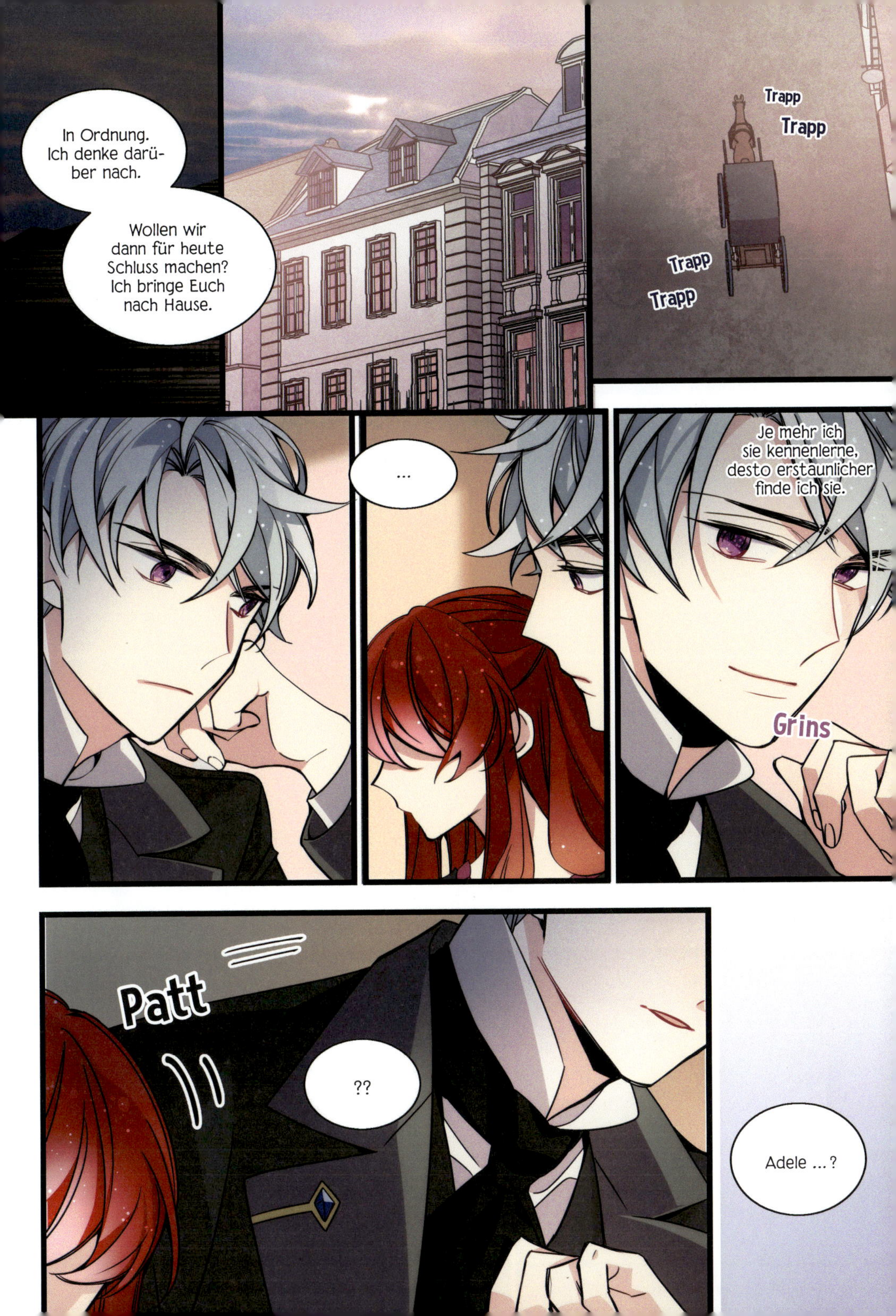
In Ordnung. Ich denke darüber nach.
Wollen wir dann für heute Schluss machen? Ich bringe Euch nach Hause.
Trapp
Trapp
Trapp
Trapp
...
Je mehr ich sie kennenlerne, desto erstaunlicher finde ich sie.
Grins
Patt
??
Adele ...?

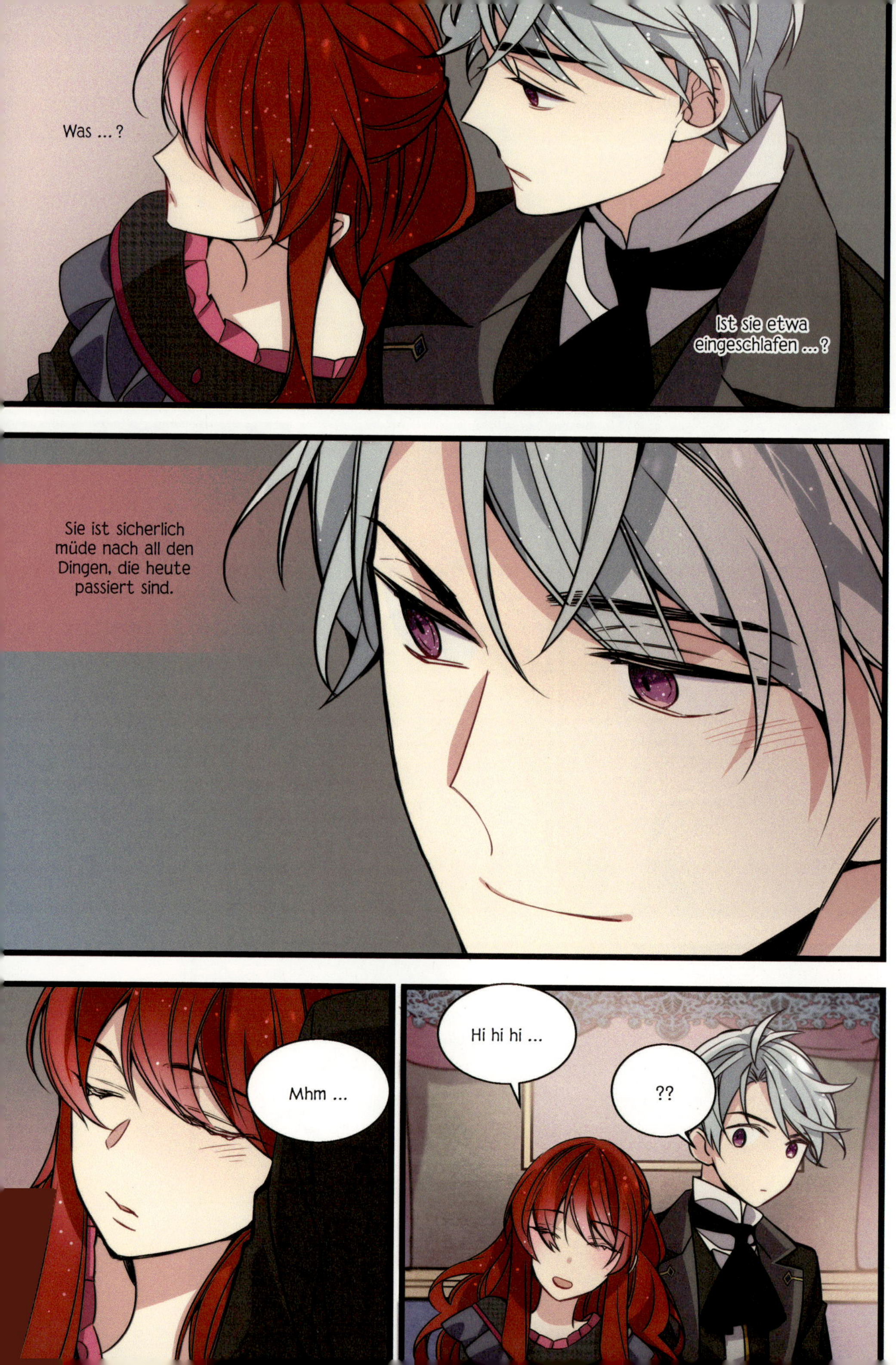
Was ... ?
Ist sie etwa eingeschlafen ... ?
Sie ist sicherlich müde nach all den Dingen, die heute passiert sind.
Mhm ...
Hi hi hi ...
??

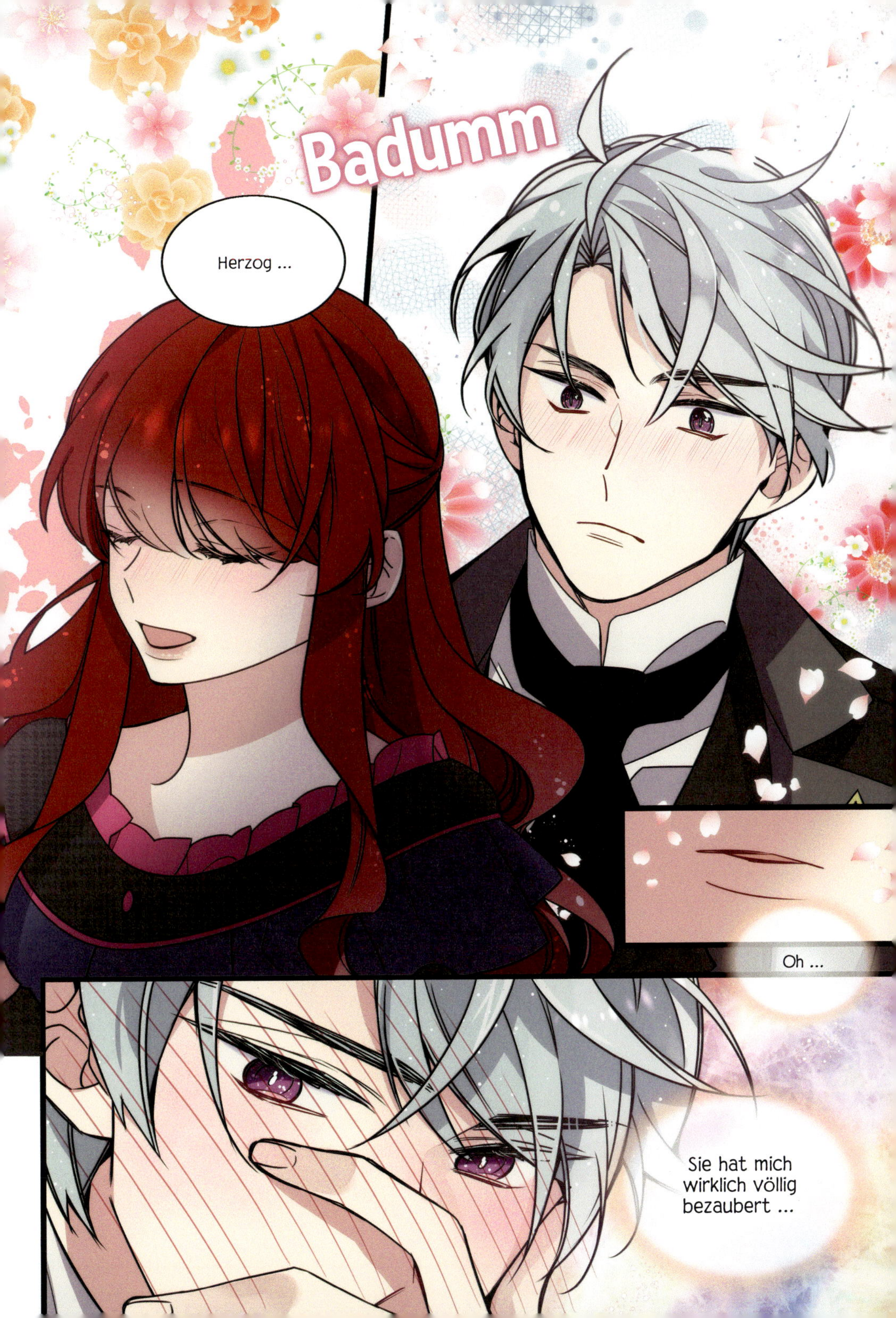
Badumm
Herzog ...
Oh ...
Sie hat mich wirklich völlig bezaubert ...

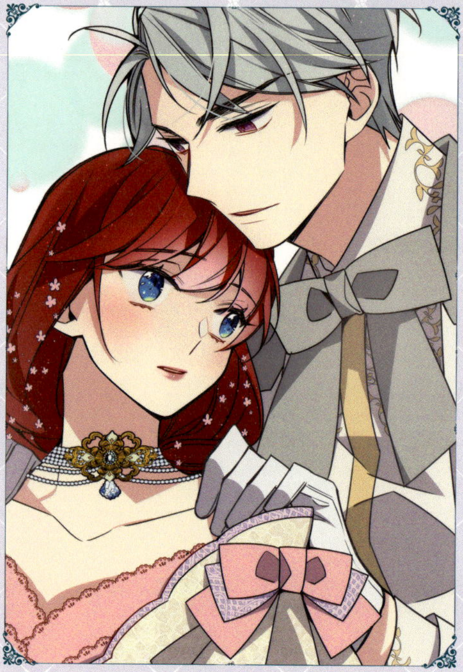

Kapitel 6

Die Verlobungsfeier

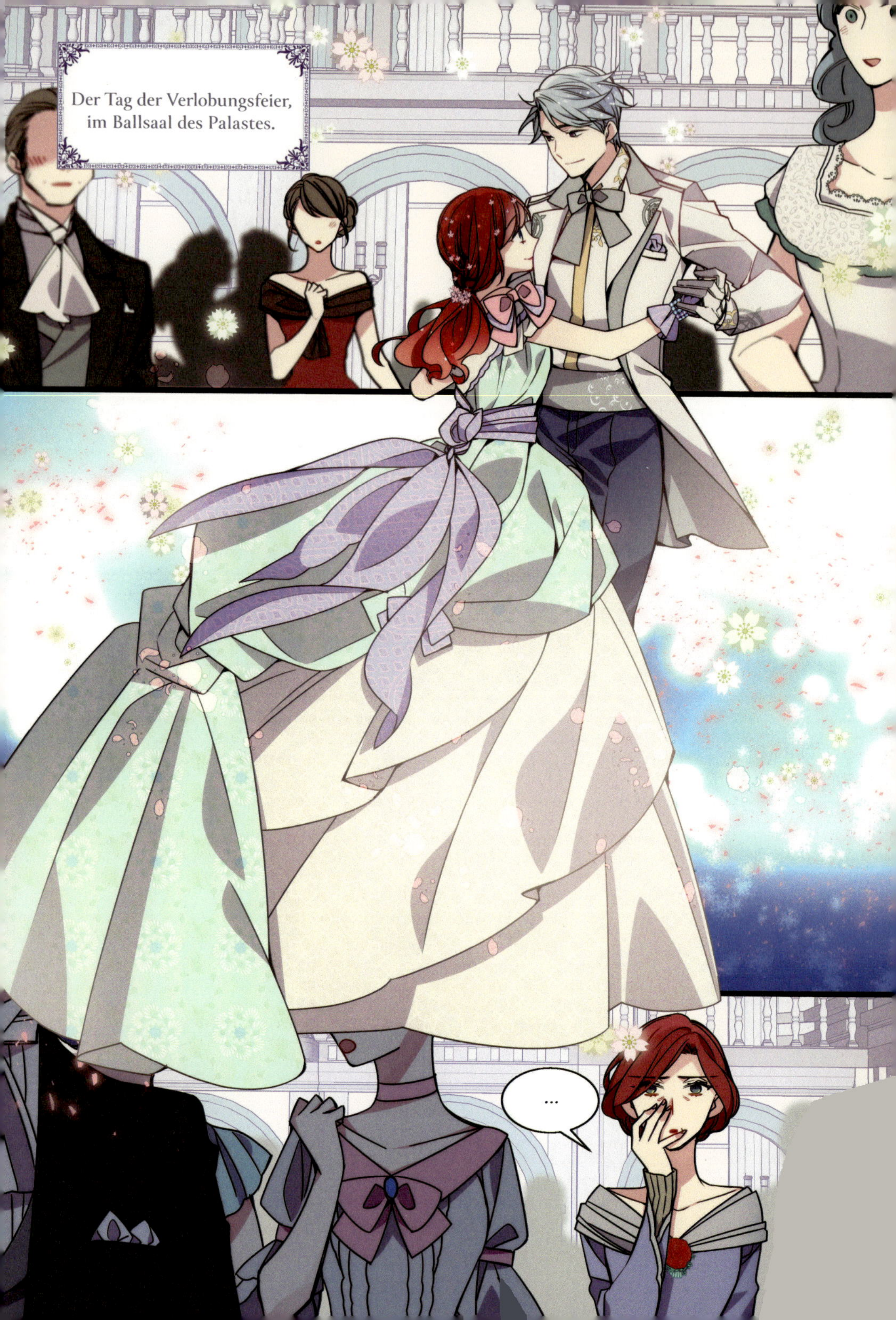
Der Tag der Verlobungsfeier,
im Ballsaal des Palastes.
...

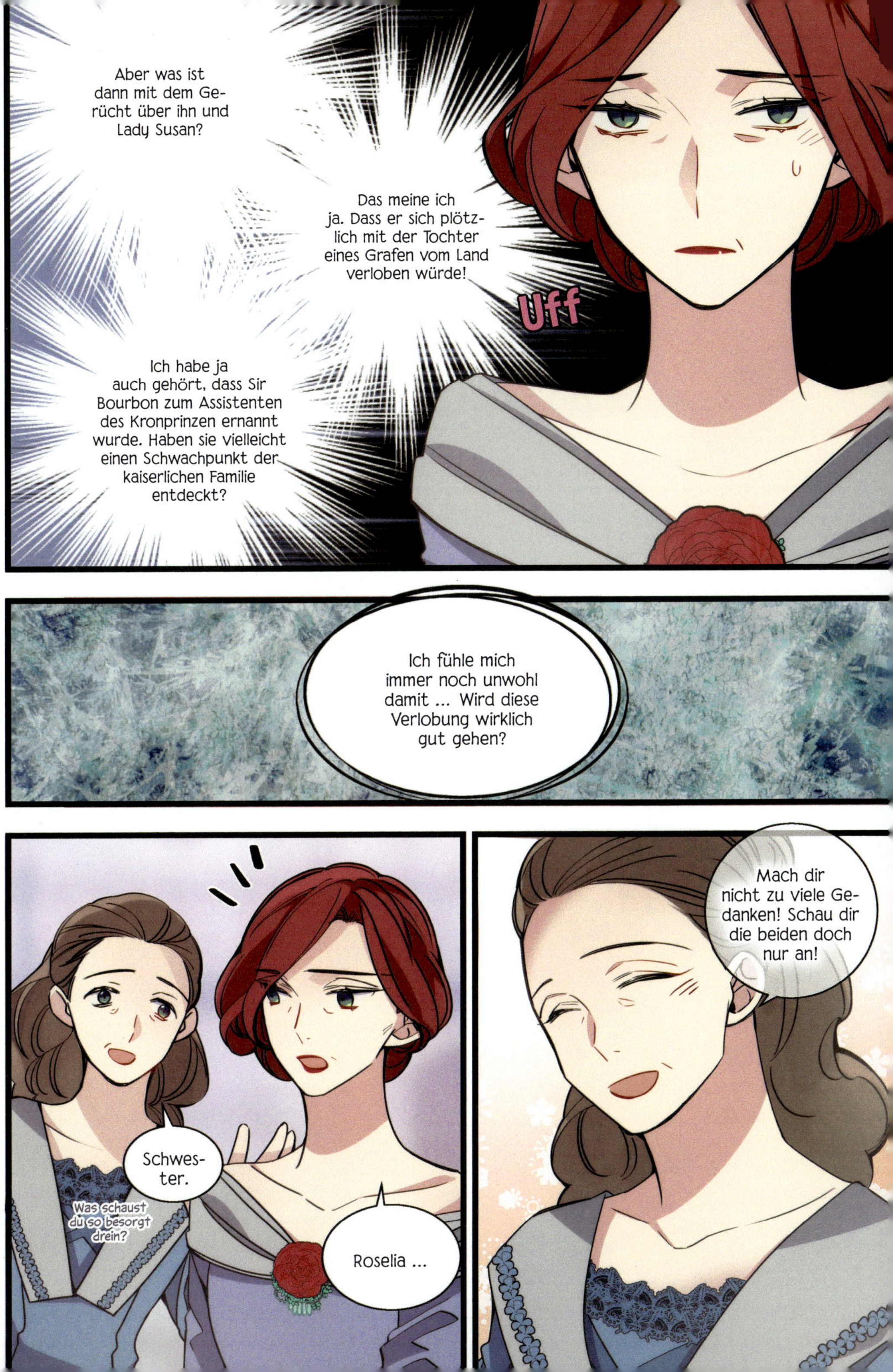
Aber was ist dann mit dem Gerücht über ihn und Lady Susan?
Das meine ich ja. Dass er sich plötzlich mit der Tochter eines Grafen vom Land verloben würde!
Uff
Ich habe ja auch gehört, dass Sir Bourbon zum Assistenten des Kronprinzen ernannt wurde. Haben sie vielleicht einen Schwachpunkt der kaiserlichen Familie entdeckt?
Ich fühle mich immer noch unwohl damit ... Wird diese Verlobung wirklich gut gehen?
Roselia ...
Schwester.
Was schaust du so besorgt drein?
Mach dir nicht zu viele Gedanken! Schau dir die beiden doch nur an!

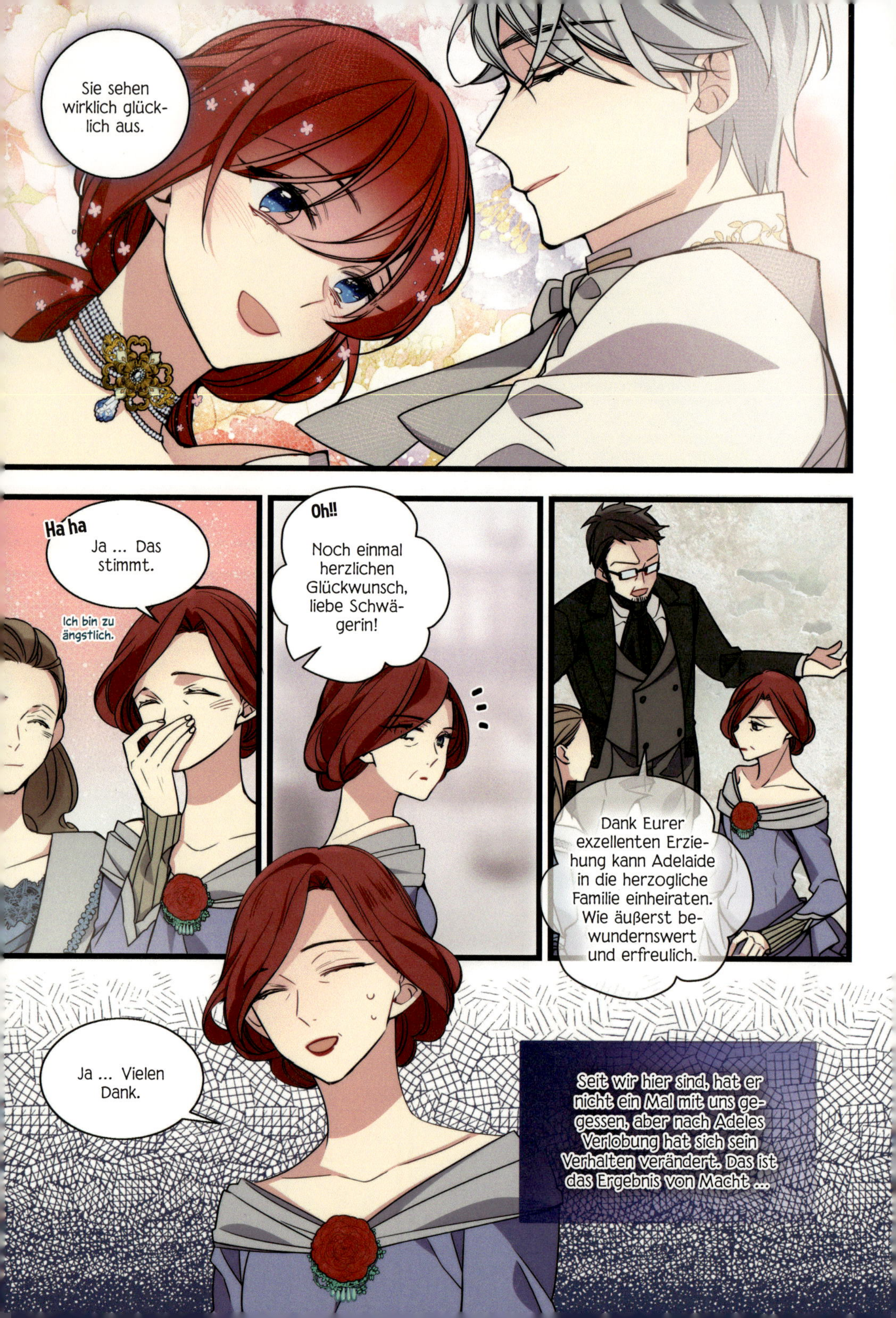

Sie sehen wirklich glücklich aus.
Ha ha
Ja ... Das stimmt.
Ich bin zu ängstlich.
Oh!!
Noch einmal herzlichen Glückwunsch, liebe Schwägerin!
Dank Eurer exzellenten Erziehung kann Adelaide in die herzogliche Familie einheiraten. Wie äußerst bewundernswert und erfreulich.
Ja ... Vielen Dank.
Seit wir hier sind, hat er nicht ein Mal mit uns gegessen, aber nach Adeles Verlobung hat sich sein Verhalten verändert. Das ist das Ergebnis von Macht ...

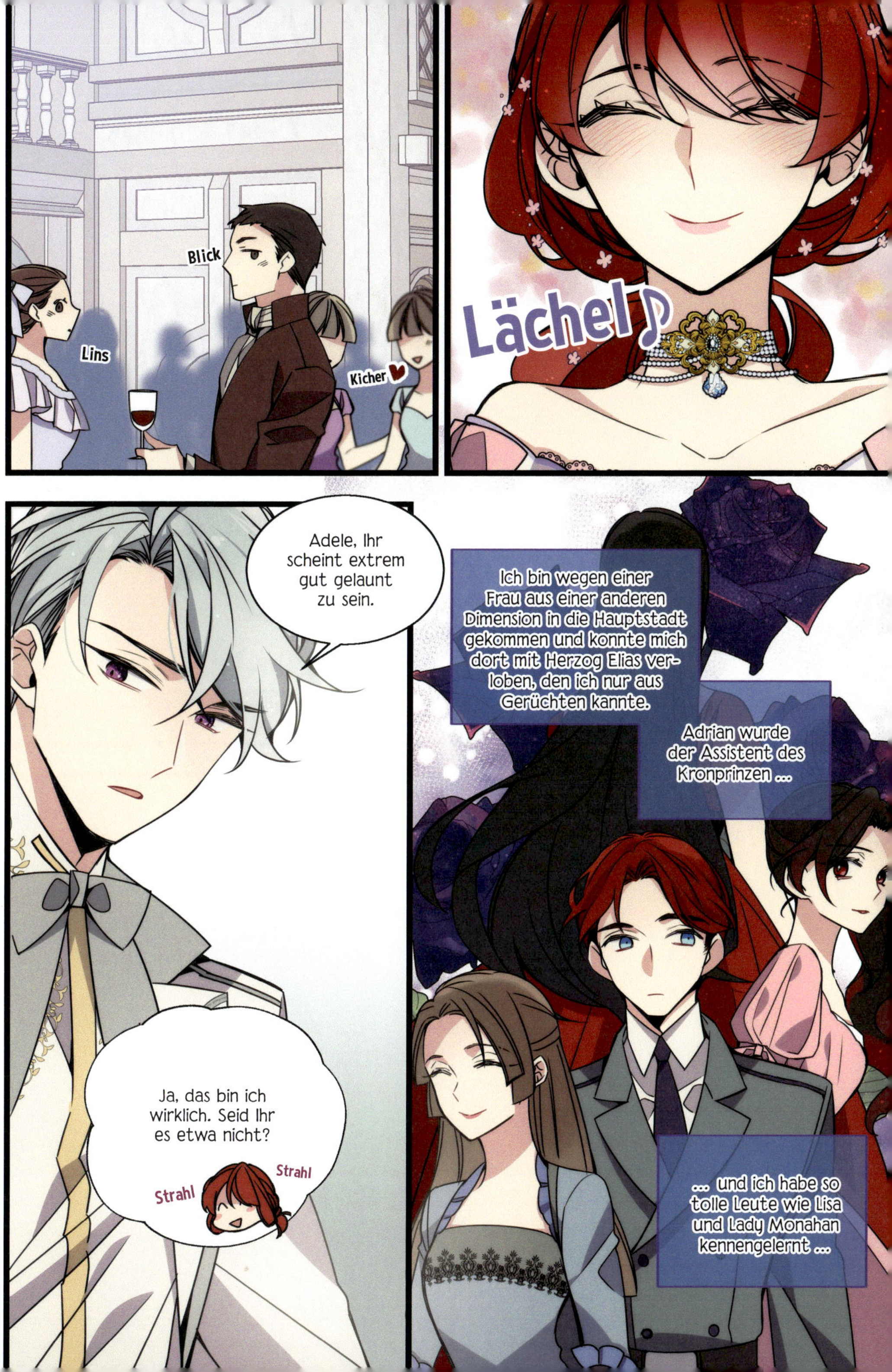
Blick
Lins
Kicher
Lächel♪
Adele, Ihr scheint extrem gut gelaunt zu sein.
Ja, das bin ich wirklich. Seid Ihr es etwa nicht?
Strahl
Strahl
Ich bin wegen einer Frau aus einer anderen Dimension in die Hauptstadt gekommen und konnte mich dort mit Herzog Elias verloben, den ich nur aus Gerüchten kannte.
Adrian wurde der Assistent des Kronprinzen ...
... und ich habe so tolle Leute wie Lisa und Lady Monahan kennengelernt ...

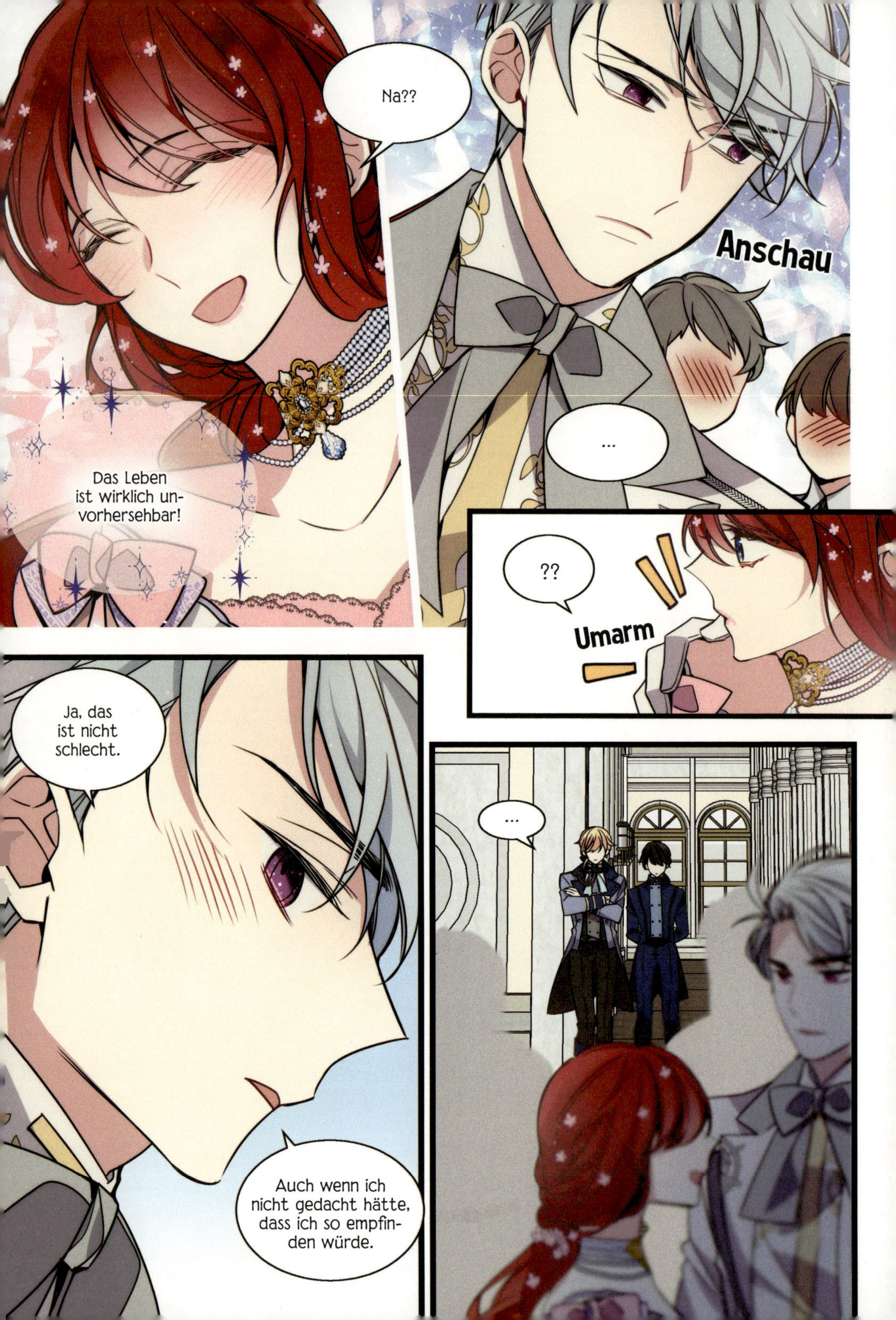
Na??
Anschau
...
Das Leben ist wirklich un-vorhersehbar!
??
Umarm
Ja, das ist nicht schlecht.
Auch wenn ich nicht gedacht hätte, dass ich so empfin-den würde.
...

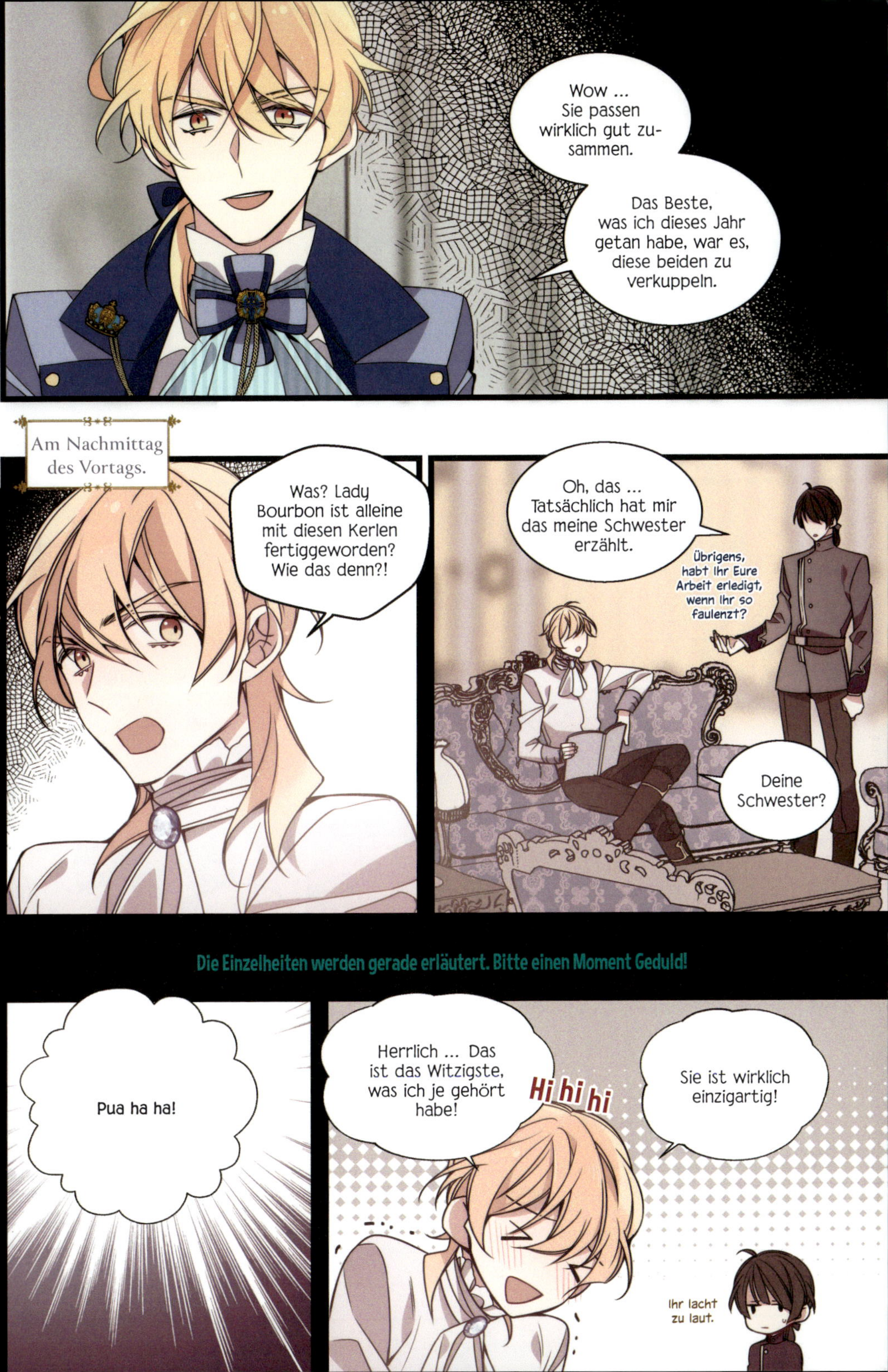
Wow ...
Sie passen wirklich gut zusammen.
Das Beste, was ich dieses Jahr getan habe, war es, diese beiden zu verkuppeln.
Am Nachmittag des Vortags.
Was? Lady Bourbon ist alleine mit diesen Kerlen fertiggeworden? Wie das denn?!
Oh, das ... Tatsächlich hat mir das meine Schwester erzählt.
Übrigens, habt Ihr Eure Arbeit erledigt, wenn Ihr so faulenzt?
Deine Schwester?
Die Einzelheiten werden gerade erläutert. Bitte einen Moment Geduld!
Pua ha ha!
Herrlich ... Das ist das Witzigste, was ich je gehört habe!
Hi hi hi
Sie ist wirklich einzigartig!
Ihr lacht zu laut.

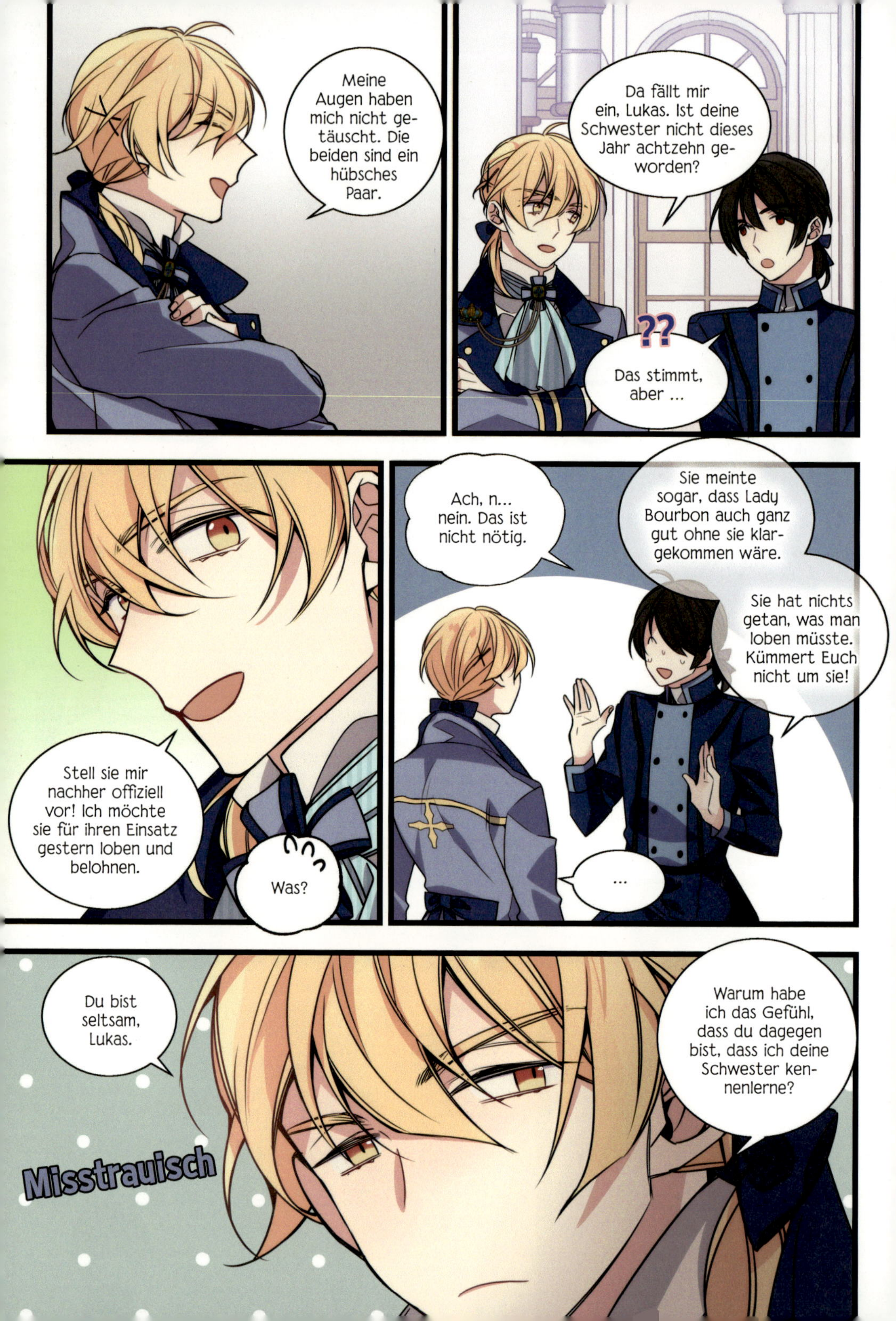
Meine Augen haben mich nicht getäuscht. Die beiden sind ein hübsches Paar.
Da fällt mir ein, Lukas. Ist deine Schwester nicht dieses Jahr achtzehn geworden?
??
Das stimmt, aber ...
Stell sie mir nachher offiziell vor! Ich möchte sie für ihren Einsatz gestern loben und belohnen.
Was?
Ach, n... nein. Das ist nicht nötig.
Sie meinte sogar, dass Lady Bourbon auch ganz gut ohne sie klargekommen wäre.
Sie hat nichts getan, was man loben müsste. Kümmert Euch nicht um sie!
...
Du bist seltsam, Lukas.
Warum habe ich das Gefühl, dass du dagegen bist, dass ich deine Schwester kennenlerne?
Misstrauisch

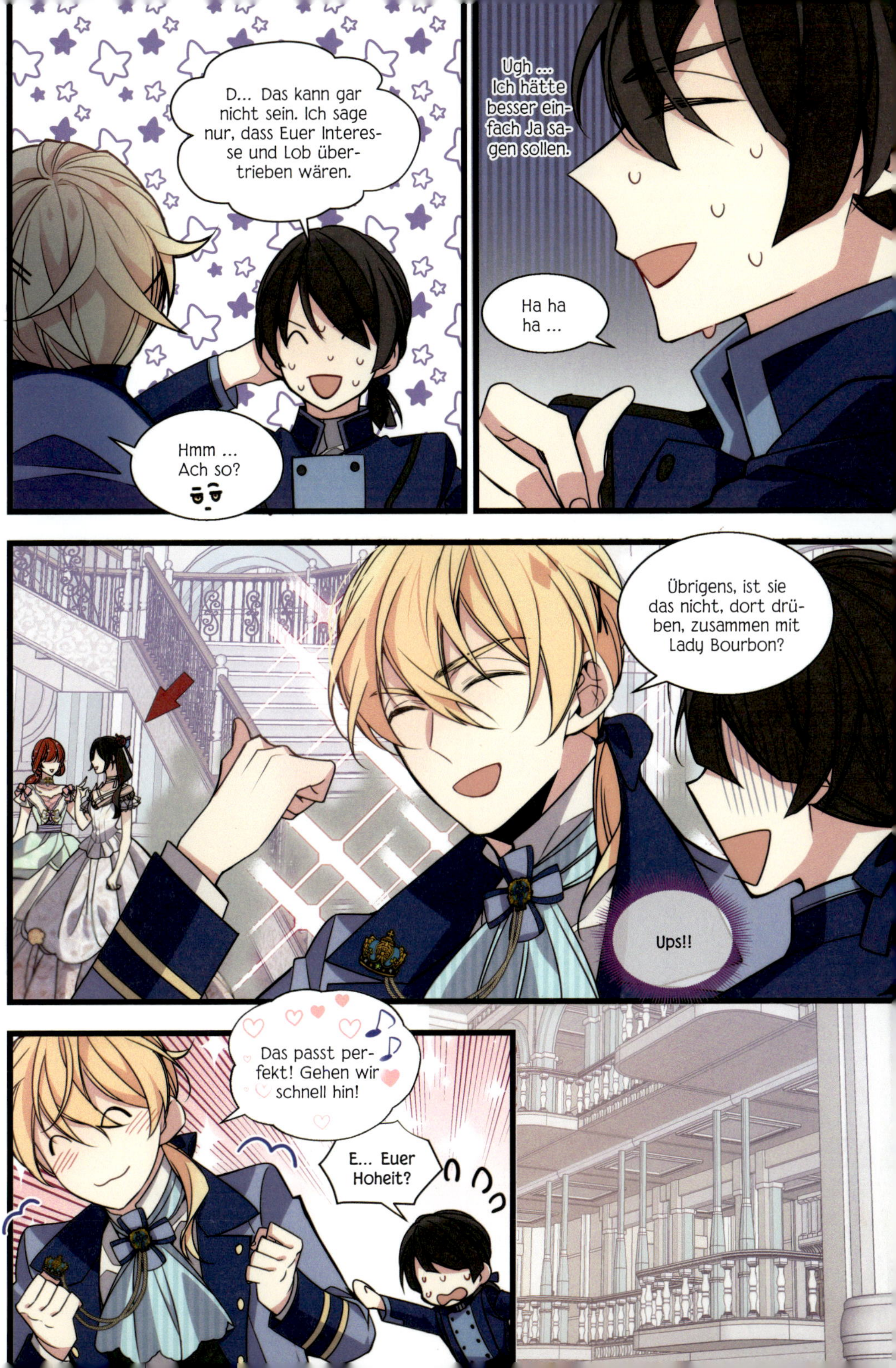
D... Das kann gar nicht sein. Ich sage nur, dass Euer Interesse und Lob übertrieben wären.
Hmm ... Ach so?
Ugh ... Ich hätte besser einfach Ja sagen sollen.
Ha ha ha ...
Übrigens, ist sie das nicht, dort drüben, zusammen mit Lady Bourbon?
Ups!!
Das passt perfekt! Gehen wir schnell hin!
E... Euer Hoheit?

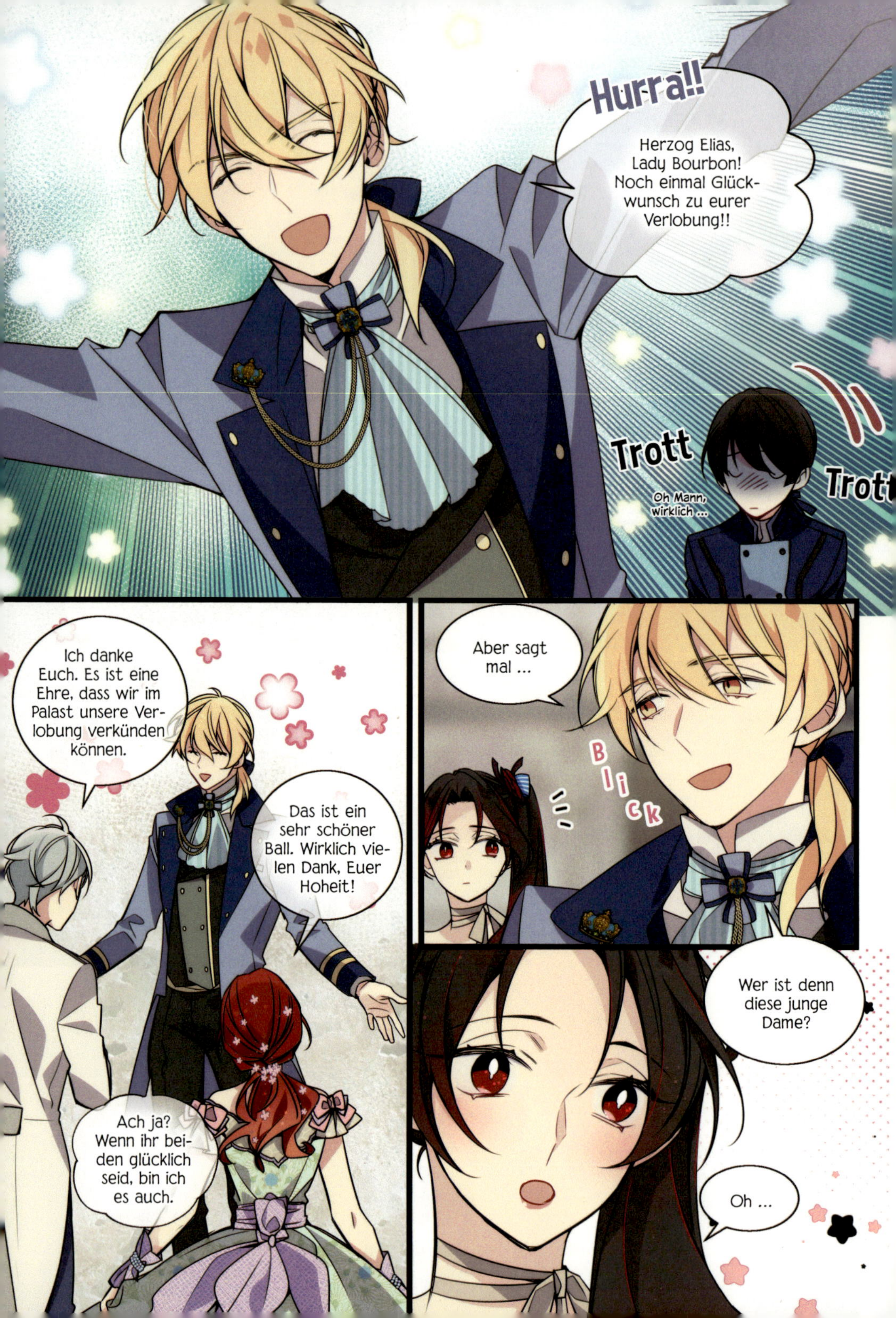
Hurra!!
Herzog Elias, Lady Bourbon! Noch einmal Glückwunsch zu eurer Verlobung!!
Trott
Oh Mann, wirklich ...
Trott
Ich danke Euch. Es ist eine Ehre, dass wir im Palast unsere Verlobung verkünden können.
Das ist ein sehr schöner Ball. Wirklich vielen Dank, Euer Hoheit!
Ach ja? Wenn ihr beiden glücklich seid, bin ich es auch.
Aber sagt mal ...
Blick
Wer ist denn diese junge Dame?
Oh ...

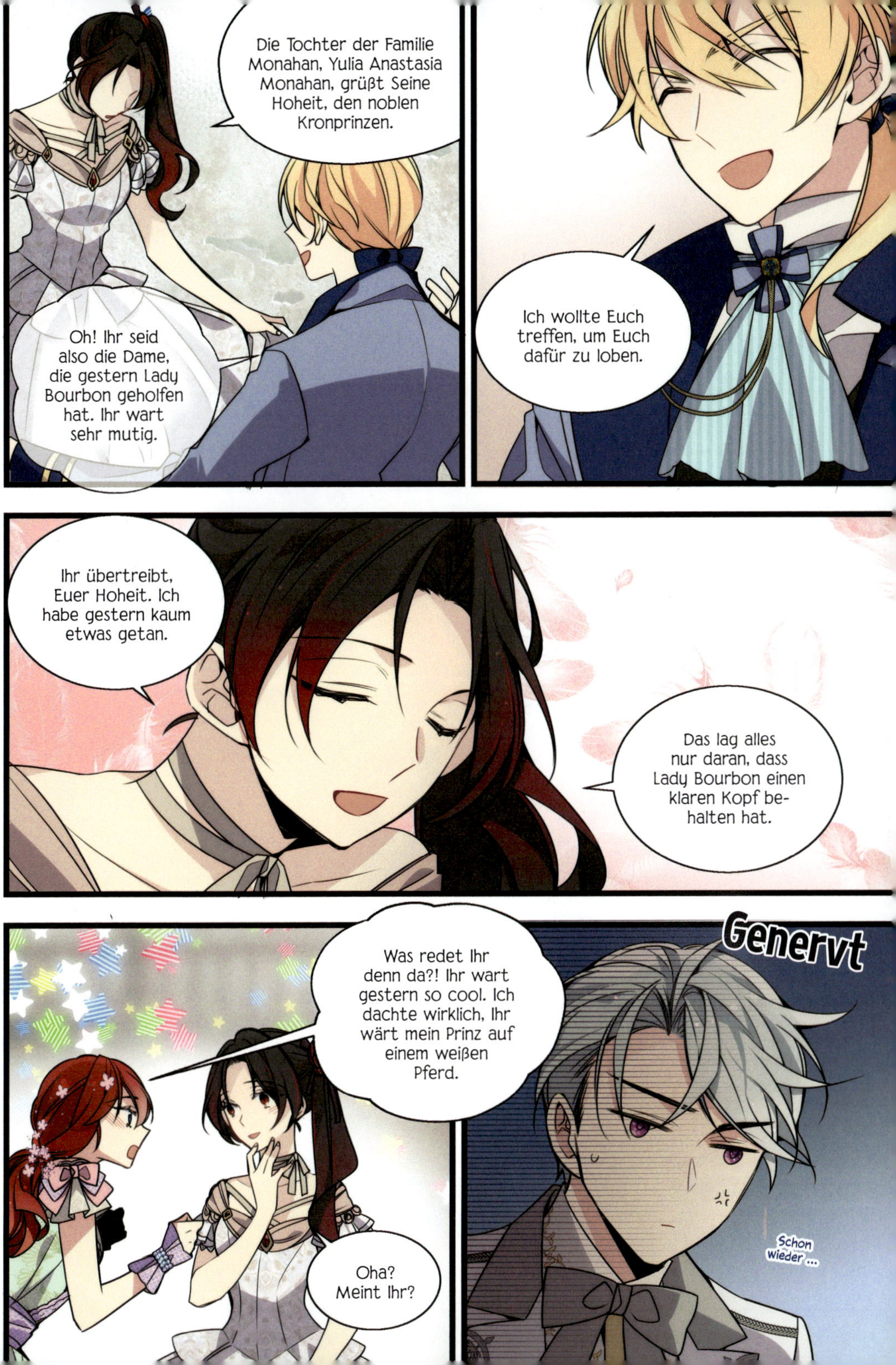
Die Tochter der Familie Monahan, Yulia Anastasia Monahan, grüßt Seine Hoheit, den noblen Kronprinzen.
Oh! Ihr seid also die Dame, die gestern Lady Bourbon geholfen hat. Ihr wart sehr mutig.
Ich wollte Euch treffen, um Euch dafür zu loben.
Ihr übertreibt, Euer Hoheit. Ich habe gestern kaum etwas getan.
Das lag alles nur daran, dass Lady Bourbon einen klaren Kopf behalten hat.
Was redet Ihr denn da?! Ihr wart gestern so cool. Ich dachte wirklich, Ihr wärt mein Prinz auf einem weißen Pferd.
Oha? Meint Ihr?
Genervt
Schon wieder ...

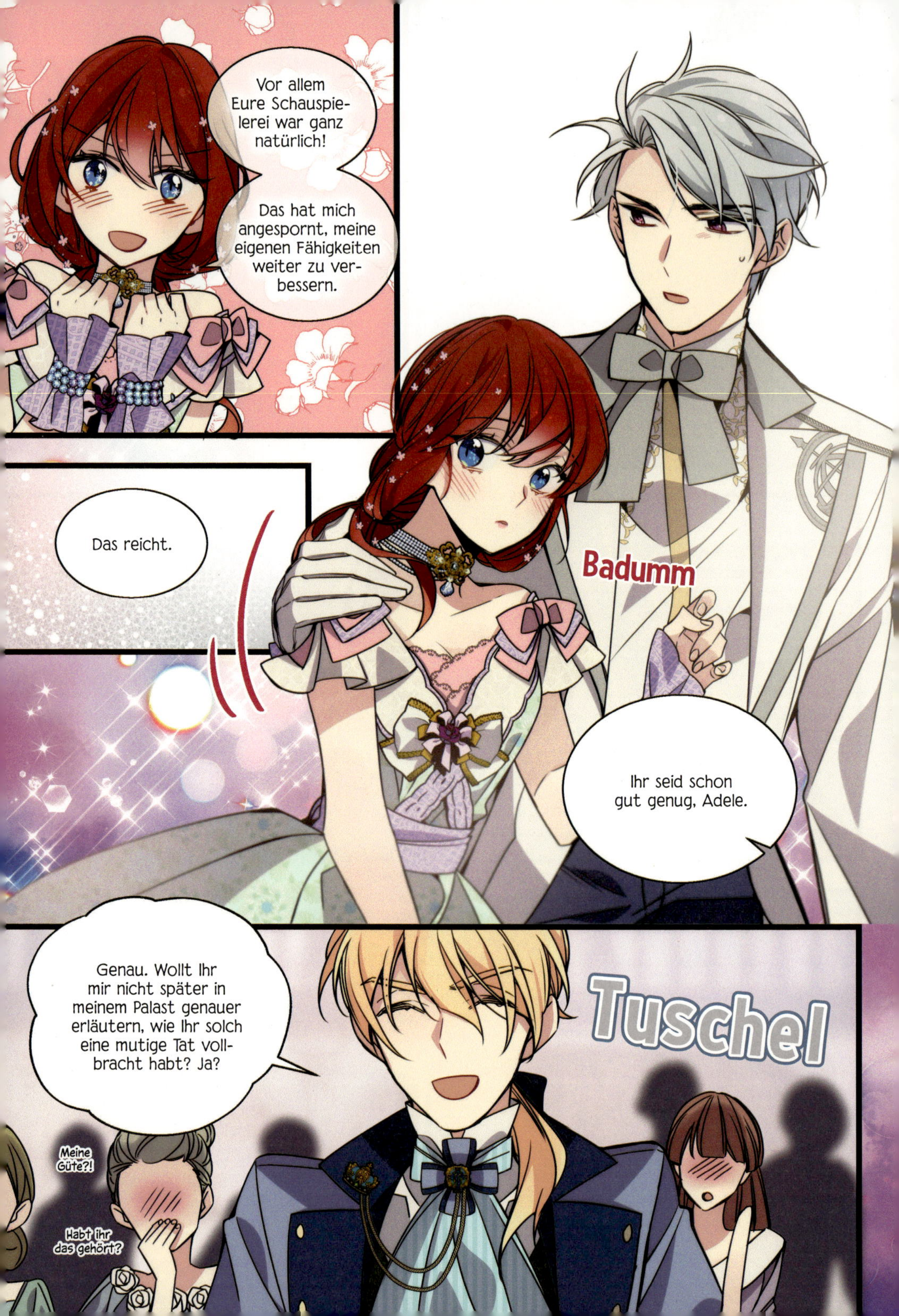
Vor allem Eure Schauspielerei war ganz natürlich!
Das hat mich angespornt, meine eigenen Fähigkeiten weiter zu verbessern.
Das reicht.
Badumm
Ihr seid schon gut genug, Adele.
Genau. Wollt Ihr mir nicht später in meinem Palast genauer erläutern, wie Ihr solch eine mutige Tat vollbracht habt? Ja?
Tuschel
Meine Güte?!
Habt ihr das gehört?

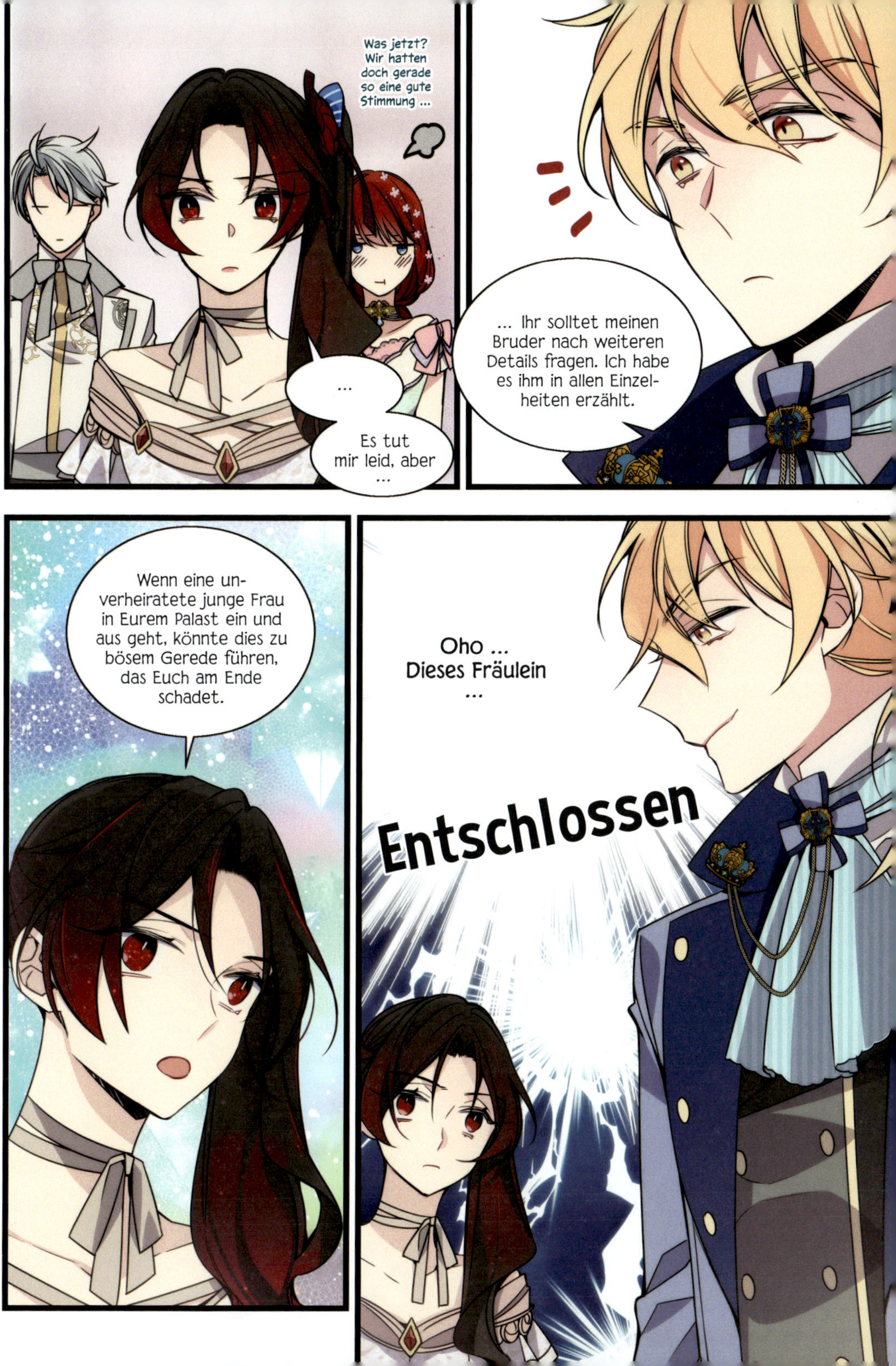
Was jetzt? Wir hatten doch gerade so eine gute Stimmung ...
...
Es tut mir leid, aber ...
... Ihr solltet meinen Bruder nach weiteren Details fragen. Ich habe es ihm in allen Einzelheiten erzählt.
Wenn eine unverheiratete junge Frau in Eurem Palast ein und aus geht, könnte dies zu bösem Gerede führen, das Euch am Ende schadet.
Oho ... Dieses Fräulein ...
Entschlossen

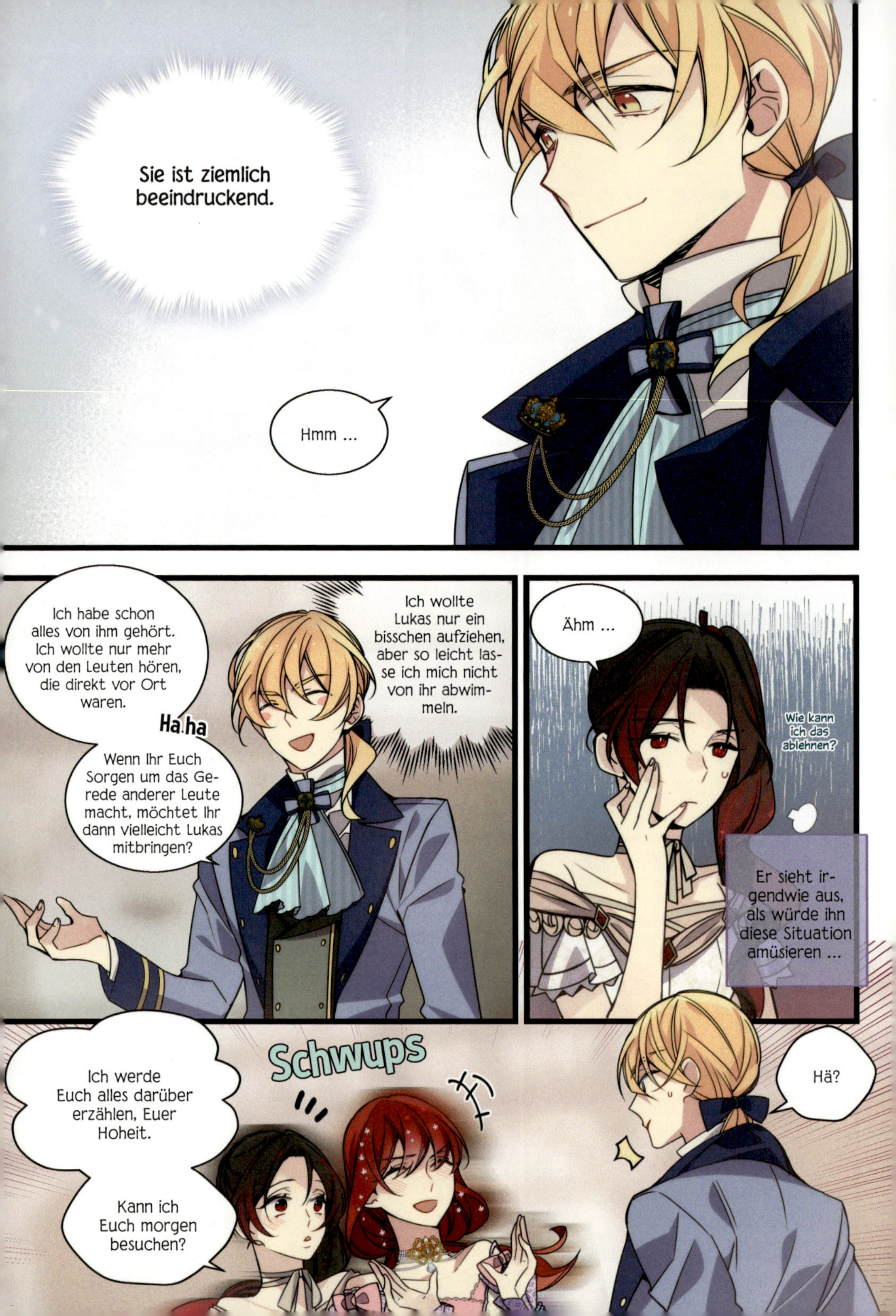
Sie ist ziemlich beeindruckend.
Hmm ...
Ich habe schon alles von ihm gehört. Ich wollte nur mehr von den Leuten hören, die direkt vor Ort waren.
Haha
Wenn Ihr Euch Sorgen um das Gerede anderer Leute macht, möchtet Ihr dann vielleicht Lukas mitbringen?
Ich wollte Lukas nur ein bisschen aufziehen, aber so leicht lasse ich mich nicht von ihr abwimmeln.
Ähm ...
Wie kann ich das ablehnen?
Er sieht irgendwie aus, als würde ihn diese Situation amüsieren ...
Ich werde Euch alles darüber erzählen, Euer Hoheit.
Schwups
Kann ich Euch morgen besuchen?
Hä?

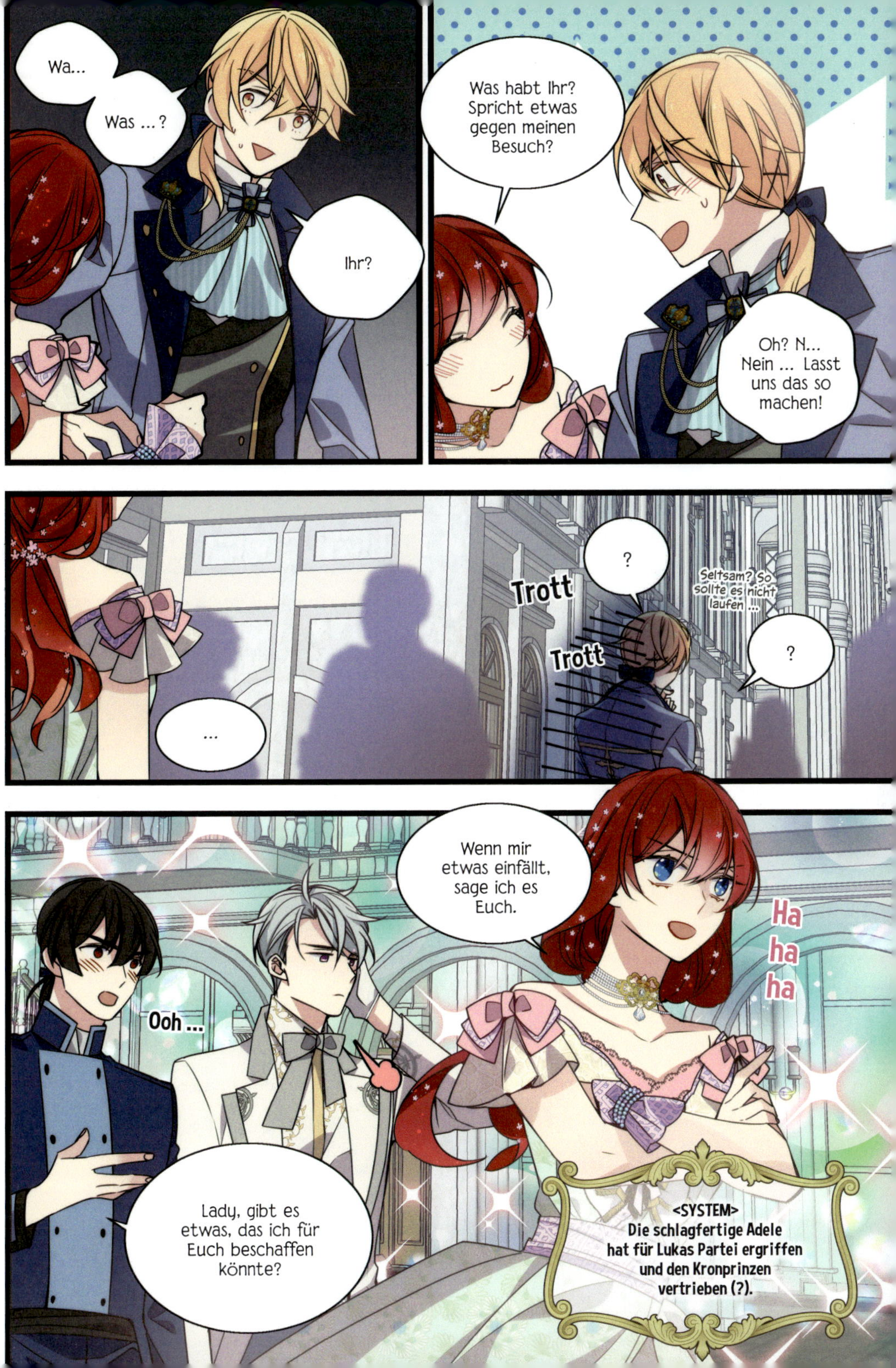

Wa...
Was ... ?
Ihr?
Was habt Ihr? Spricht etwas gegen meinen Besuch?
Oh? N... Nein ... Lasst uns das so machen!
...
Trott
Trott
?
Seltsam? So sollte es nicht laufen ...
?
Wenn mir etwas einfällt, sage ich es Euch.
Ha ha ha
Ooh ...
Lady, gibt es etwas, das ich für Euch beschaffen könnte?
<SYSTEM>
Die schlagfertige Adele hat für Lukas Partei ergriffen und den Kronprinzen vertrieben (?).

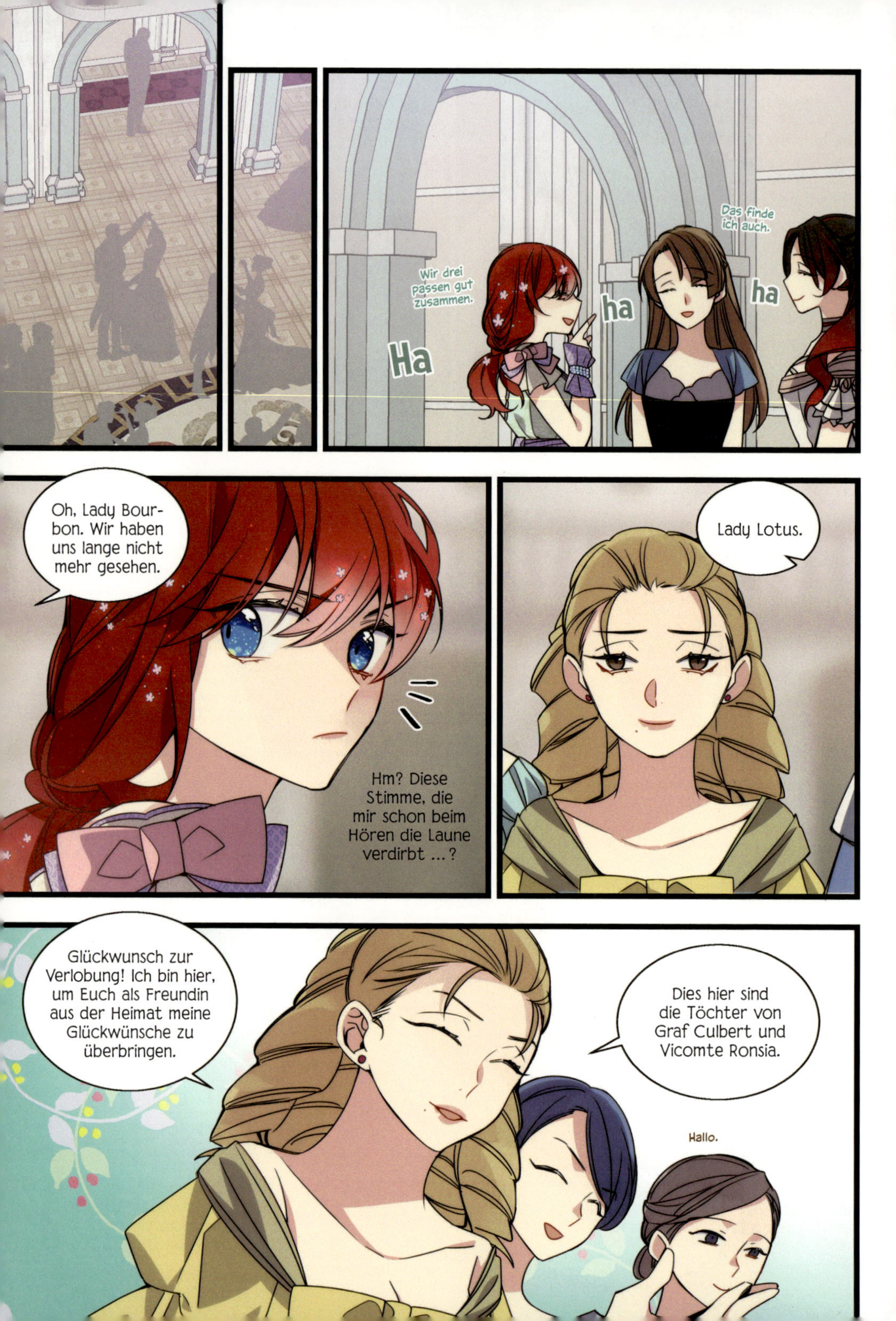

Wir drei passen gut zusammen.
Das finde ich auch.
Ha
ha
ha
Oh, Lady Bourbon. Wir haben uns lange nicht mehr gesehen.
Hm? Diese Stimme, die mir schon beim Hören die Laune verdirbt ...?
Lady Lotus.
Glückwunsch zur Verlobung! Ich bin hier, um Euch als Freundin aus der Heimat meine Glückwünsche zu überbringen.
Dies hier sind die Töchter von Graf Culbert und Vicomte Ronsia.
Hallo.

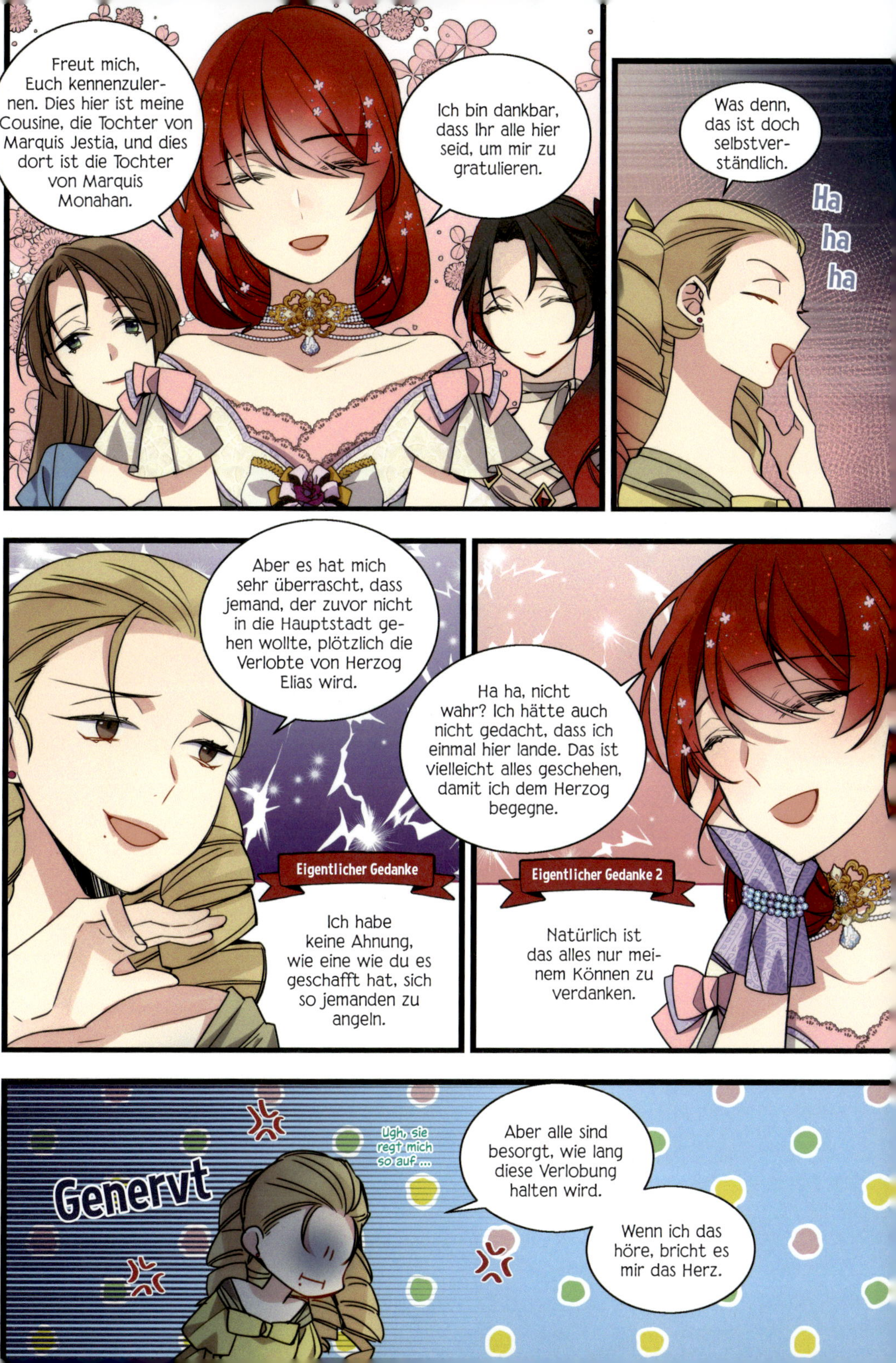
Freut mich, Euch kennenzuler-nen. Dies hier ist meine Cousine, die Tochter von Marquis Jestia, und dies dort ist die Tochter von Marquis Monahan.
Ich bin dankbar, dass Ihr alle hier seid, um mir zu gratulieren.
Was denn, das ist doch selbstver-ständlich.
Ha ha ha
Aber es hat mich sehr überrascht, dass jemand, der zuvor nicht in die Hauptstadt ge-hen wollte, plötzlich die Verlobte von Herzog Elias wird.
Eigentlicher Gedanke
Ich habe keine Ahnung, wie eine wie du es geschafft hat, sich so jemanden zu angeln.
Ha ha, nicht wahr? Ich hätte auch nicht gedacht, dass ich einmal hier lande. Das ist vielleicht alles geschehen, damit ich dem Herzog begegne.
Eigentlicher Gedanke 2
Natürlich ist das alles nur mei-nem Können zu verdanken.
Genervt
Ugh, sie regt mich so auf ...
Aber alle sind besorgt, wie lang diese Verlobung halten wird.
Wenn ich das höre, bricht es mir das Herz.

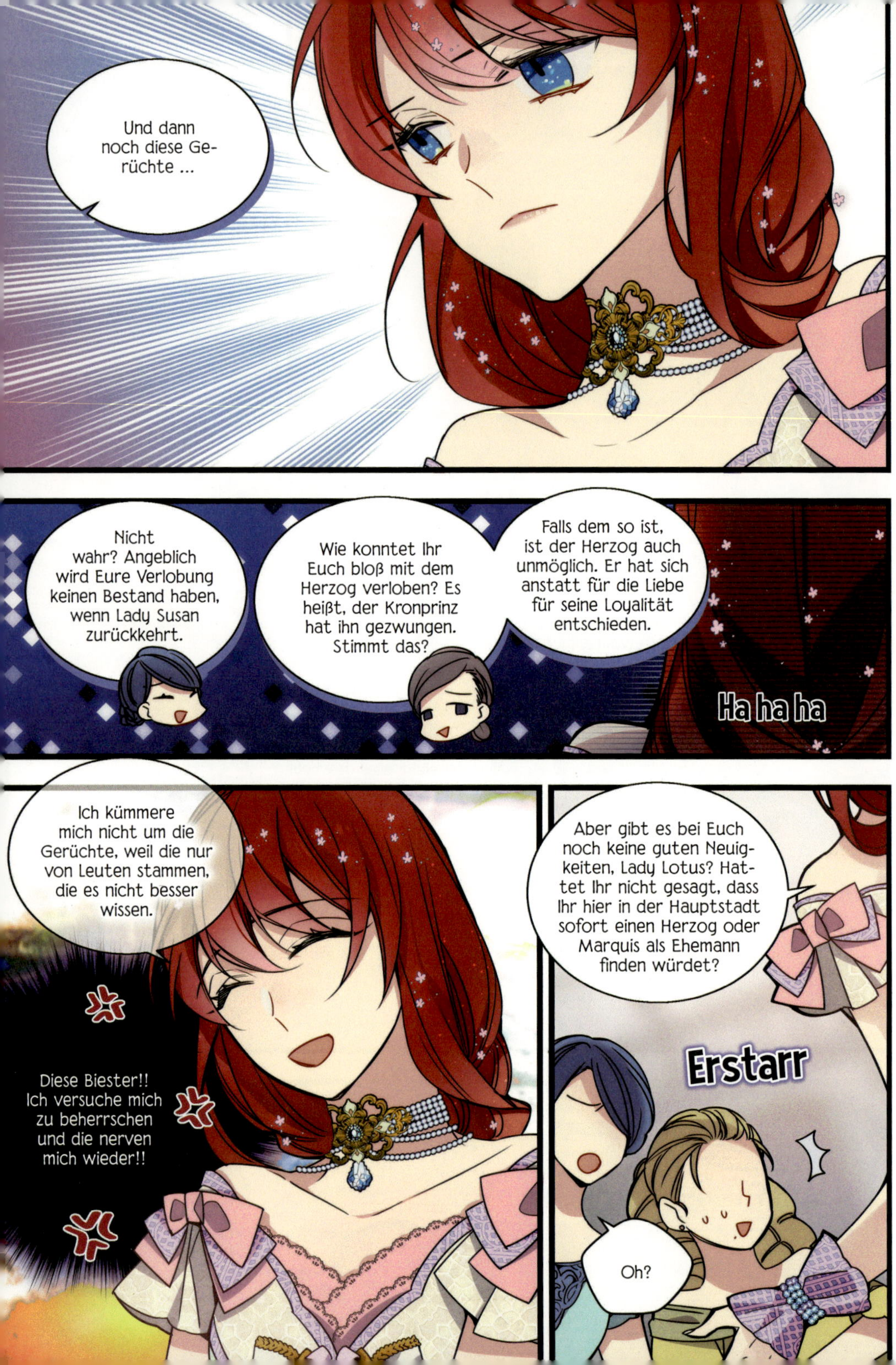
Und dann noch diese Gerüchte ...
Nicht wahr? Angeblich wird Eure Verlobung keinen Bestand haben, wenn Lady Susan zurückkehrt.
Wie konntet Ihr Euch bloß mit dem Herzog verloben? Es heißt, der Kronprinz hat ihn gezwungen. Stimmt das?
Falls dem so ist, ist der Herzog auch unmöglich. Er hat sich anstatt für die Liebe für seine Loyalität entschieden.
Ha ha ha
Ich kümmere mich nicht um die Gerüchte, weil die nur von Leuten stammen, die es nicht besser wissen.
Diese Biester!! Ich versuche mich zu beherrschen und die nerven mich wieder!!
Aber gibt es bei Euch noch keine guten Neuigkeiten, Lady Lotus? Hattet Ihr nicht gesagt, dass Ihr hier in der Hauptstadt sofort einen Herzog oder Marquis als Ehemann finden würdet?
Erstarr
Oh?

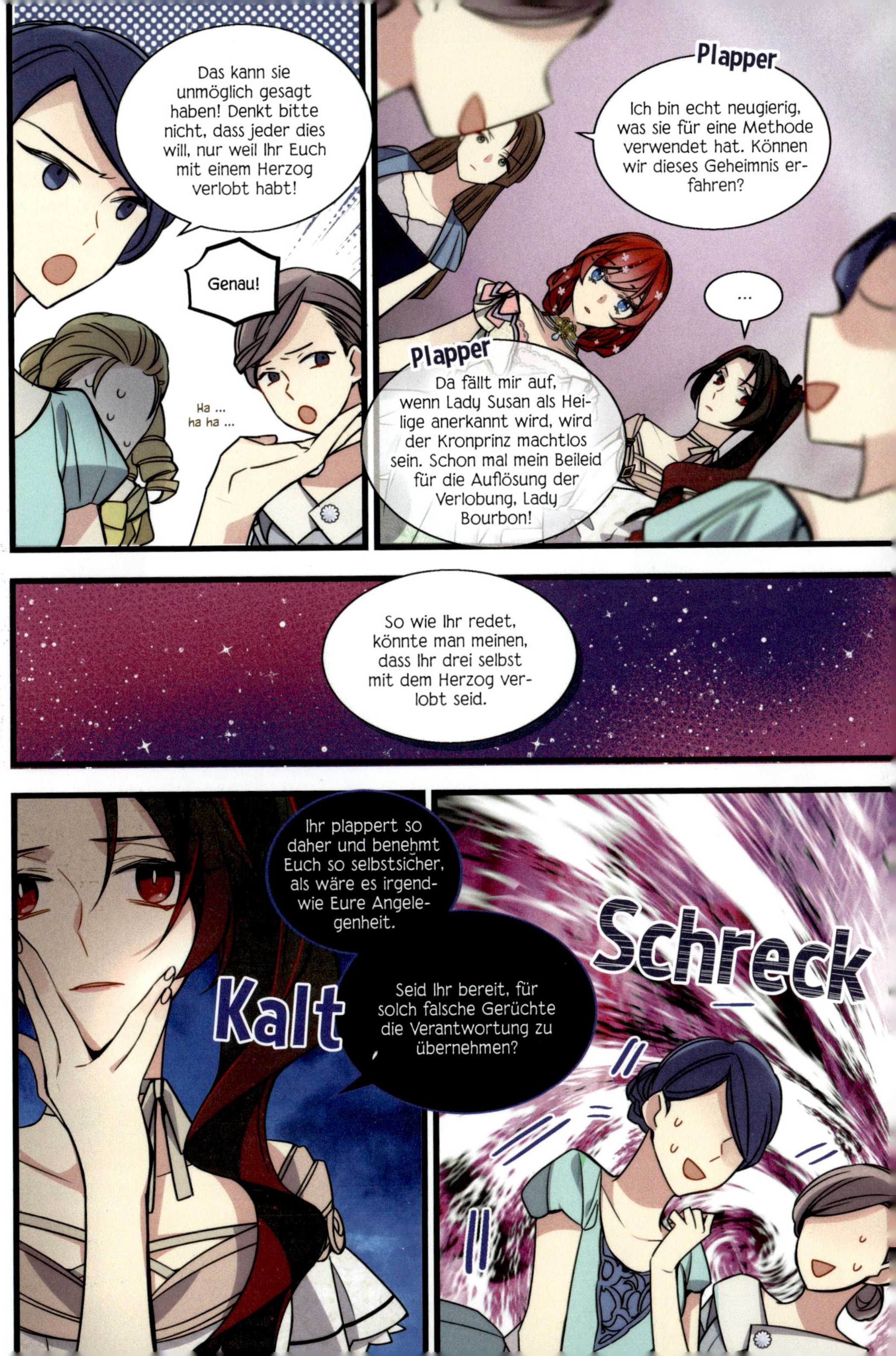
Das kann sie unmöglich gesagt haben! Denkt bitte nicht, dass jeder dies will, nur weil Ihr Euch mit einem Herzog verlobt habt!
Genau!
Ha ... ha ha ...
Plapper
Ich bin echt neugierig, was sie für eine Methode verwendet hat. Können wir dieses Geheimnis erfahren?
Plapper
Da fällt mir auf, wenn Lady Susan als Heilige anerkannt wird, wird der Kronprinz machtlos sein. Schon mal mein Beileid für die Auflösung der Verlobung, Lady Bourbon!
...
So wie Ihr redet, könnte man meinen, dass Ihr drei selbst mit dem Herzog verlobt seid.
Ihr plappert so daher und benehmt Euch so selbstsicher, als wäre es irgendwie Eure Angelegenheit.
Kalt
Seid Ihr bereit, für solch falsche Gerüchte die Verantwortung zu übernehmen?
Schreck

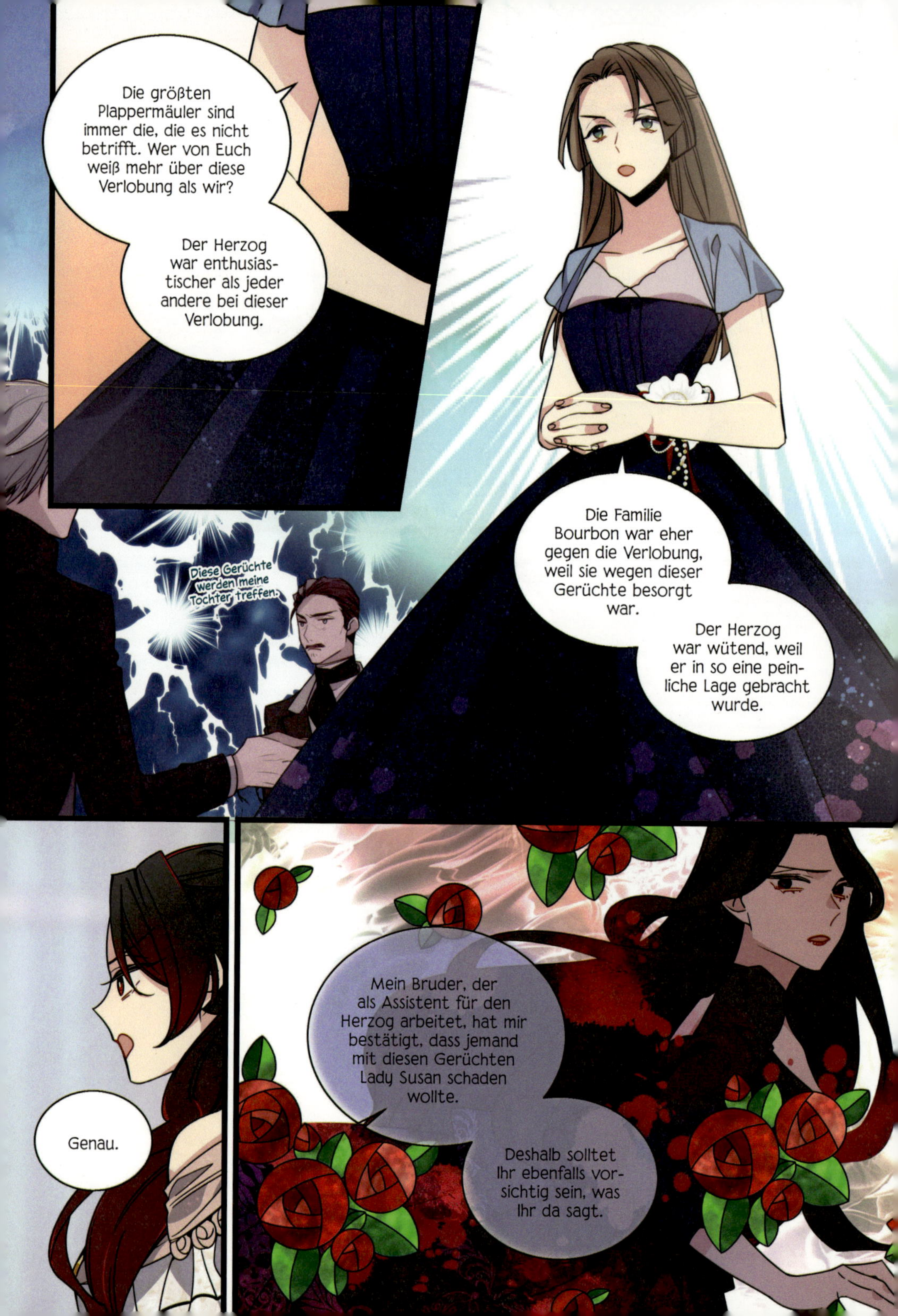
Die größten Plappermäuler sind immer die, die es nicht betrifft. Wer von Euch weiß mehr über diese Verlobung als wir?
Der Herzog war enthusiastischer als jeder andere bei dieser Verlobung.
Die Familie Bourbon war eher gegen die Verlobung, weil sie wegen dieser Gerüchte besorgt war.
Der Herzog war wütend, weil er in so eine peinliche Lage gebracht wurde.
Diese Gerüchte werden meine Tochter treffen.
Genau.
Mein Bruder, der als Assistent für den Herzog arbeitet, hat mir bestätigt, dass jemand mit diesen Gerüchten Lady Susan schaden wollte.
Deshalb solltet Ihr ebenfalls vorsichtig sein, was Ihr da sagt.

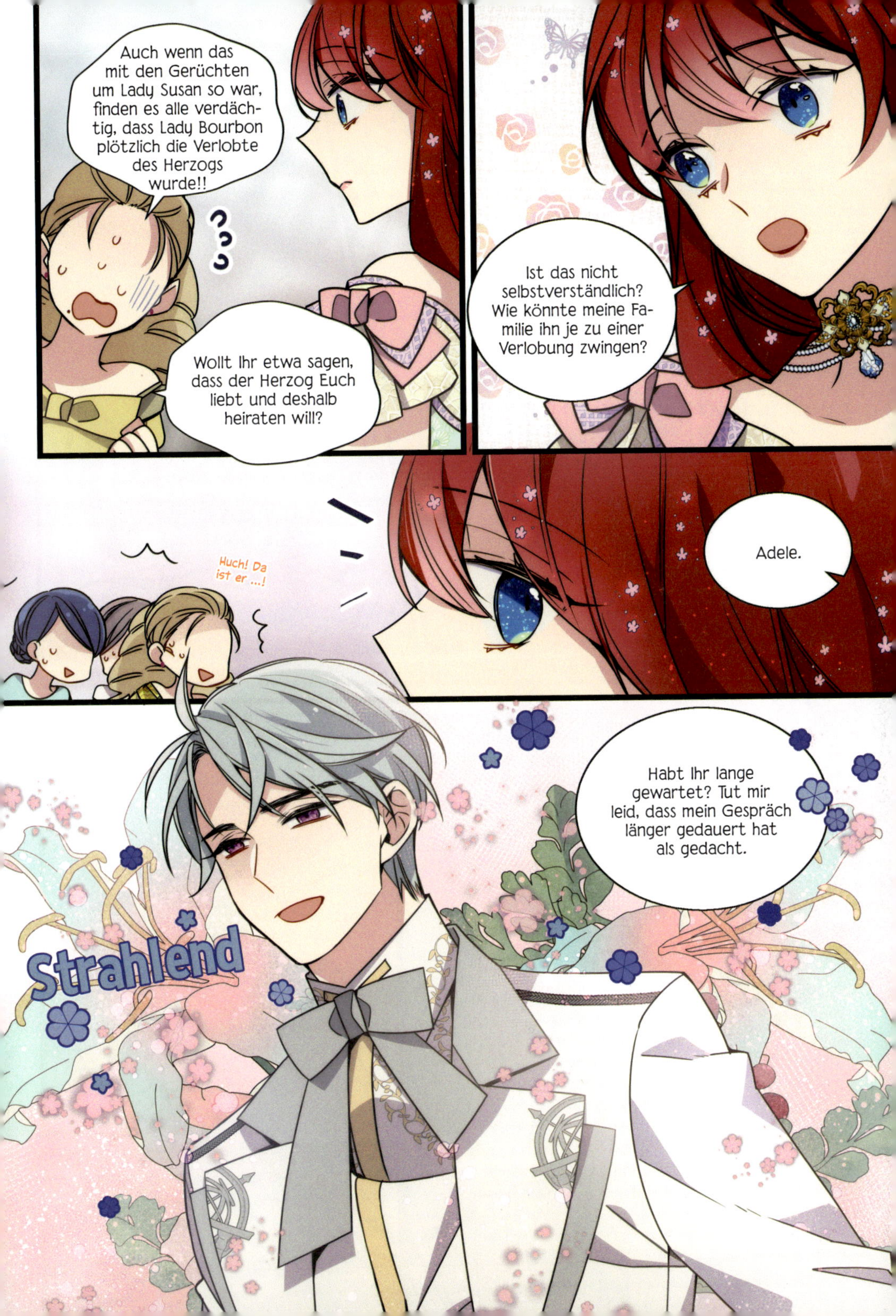
Auch wenn das mit den Gerüchten um Lady Susan so war, finden es alle verdächtig, dass Lady Bourbon plötzlich die Verlobte des Herzogs wurde!!
Wollt Ihr etwa sagen, dass der Herzog Euch liebt und deshalb heiraten will?
Ist das nicht selbstverständlich? Wie könnte meine Familie ihn je zu einer Verlobung zwingen?
Huch! Da ist er ...!
Adele.
Habt Ihr lange gewartet? Tut mir leid, dass mein Gespräch länger gedauert hat als gedacht.
Strahlend

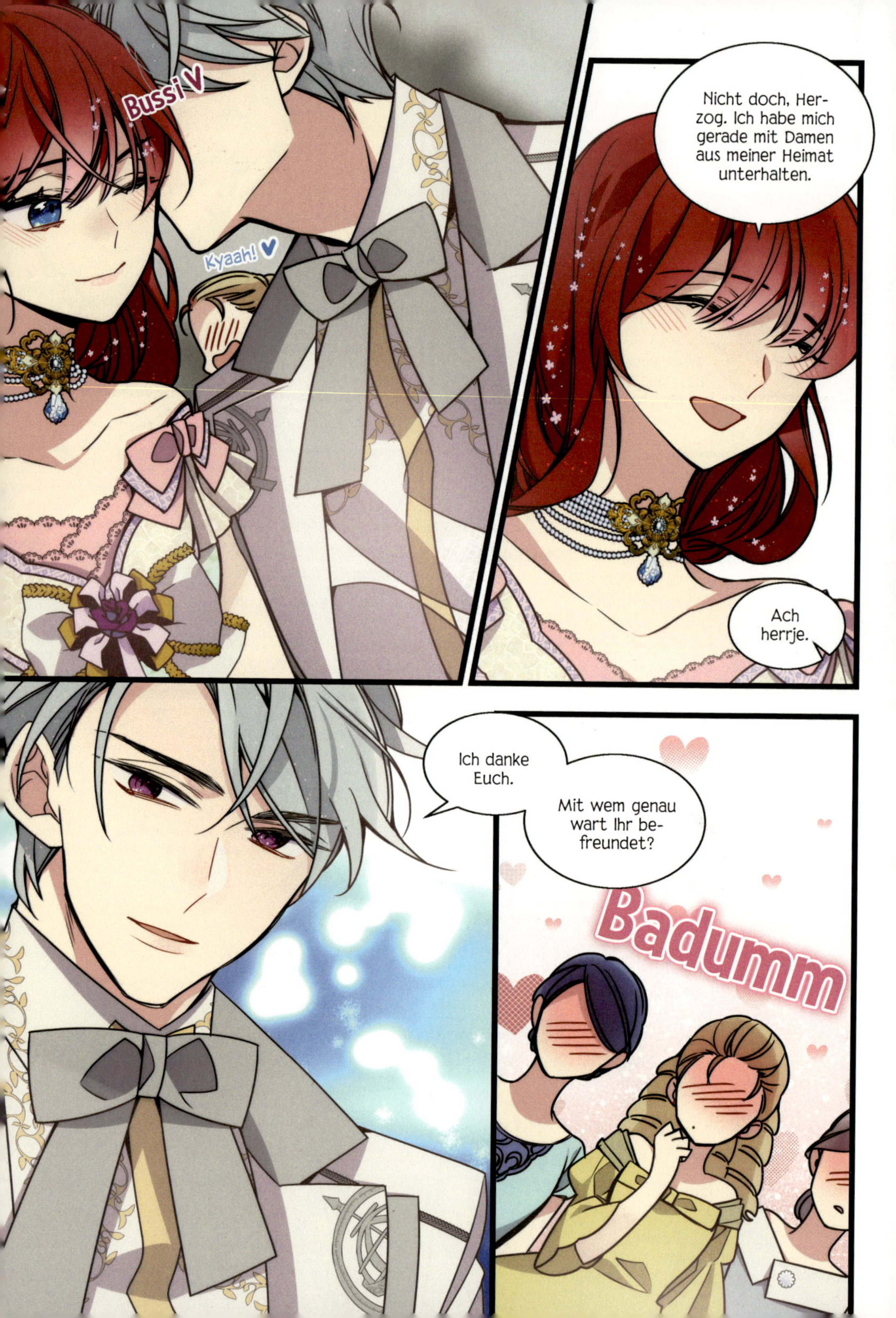
Bussi ♥
Kyaah! ♥
Nicht doch, Herzog. Ich habe mich gerade mit Damen aus meiner Heimat unterhalten.
Ach herrje.
Ich danke Euch.
Mit wem genau wart Ihr befreundet?
Badumm

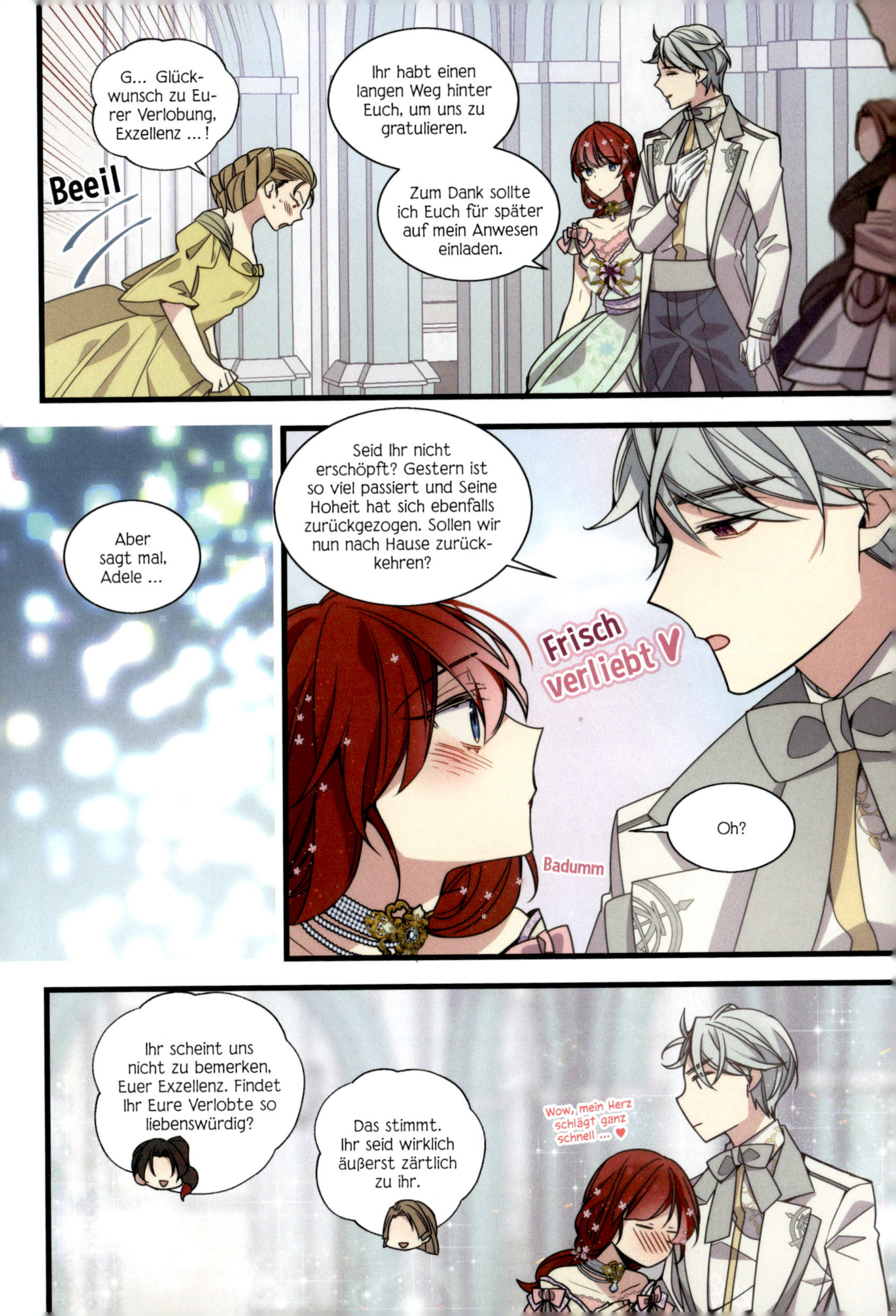
G… Glückwunsch zu Eurer Verlobung, Exzellenz …!
Beeil
Ihr habt einen langen Weg hinter Euch, um uns zu gratulieren.
Zum Dank sollte ich Euch für später auf mein Anwesen einladen.
Aber sagt mal, Adele …
Seid Ihr nicht erschöpft? Gestern ist so viel passiert und Seine Hoheit hat sich ebenfalls zurückgezogen. Sollen wir nun nach Hause zurückkehren?
Frisch verliebt ♥
Oh?
Badumm
Ihr scheint uns nicht zu bemerken, Euer Exzellenz. Findet Ihr Eure Verlobte so liebenswürdig?
Das stimmt. Ihr seid wirklich äußerst zärtlich zu ihr.
Wow, mein Herz schlägt ganz schnell … ♥

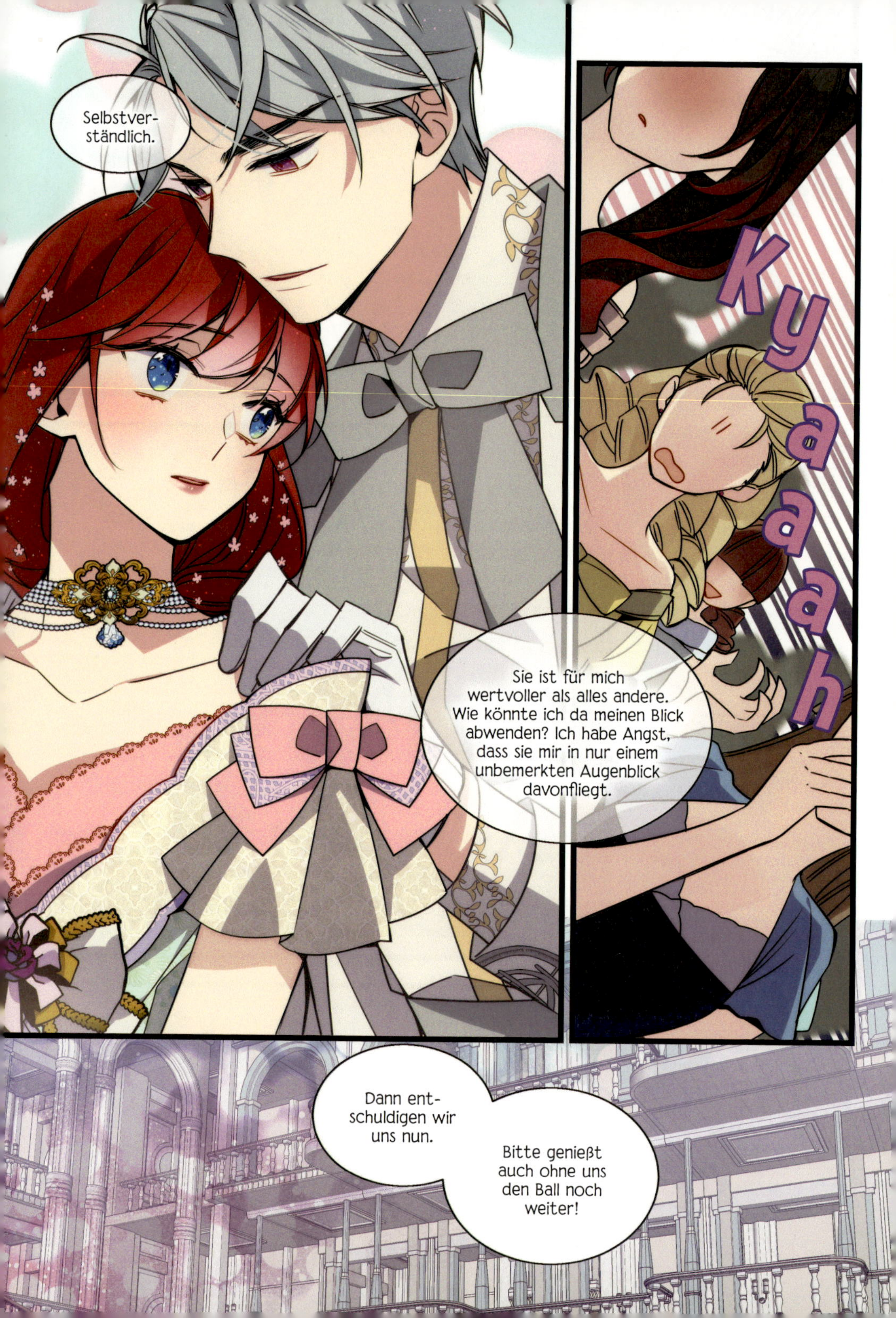
Selbstverständlich.
Kyaaaah
Sie ist für mich wertvoller als alles andere. Wie könnte ich da meinen Blick abwenden? Ich habe Angst, dass sie mir in nur einem unbemerkten Augenblick davonfliegt.
Dann entschuldigen wir uns nun.
Bitte genießt auch ohne uns den Ball noch weiter!

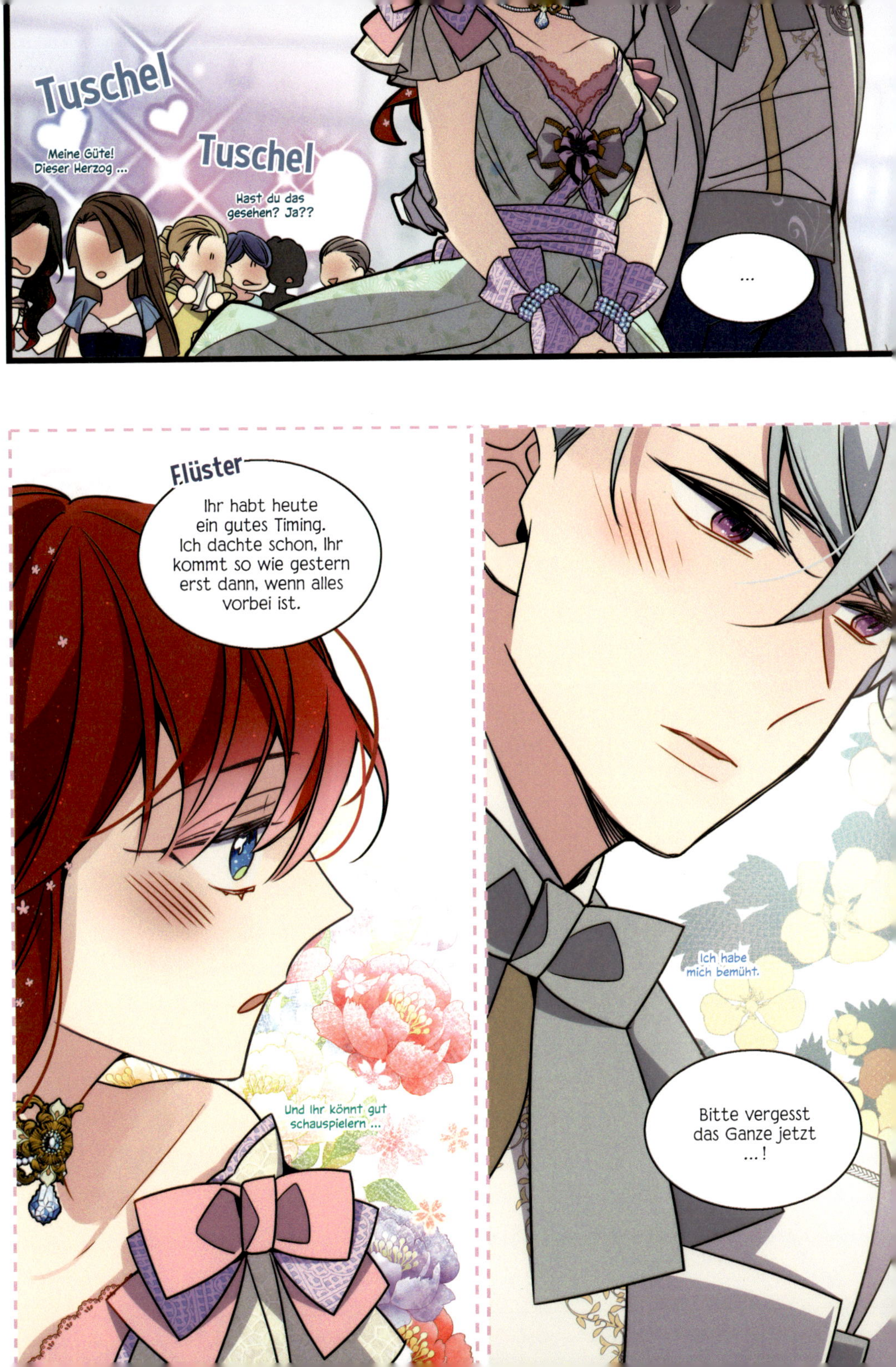
Tuschel
Meine Güte! Dieser Herzog ...
Tuschel
Hast du das gesehen? Ja??
...
Flüster
Ihr habt heute ein gutes Timing. Ich dachte schon, Ihr kommt so wie gestern erst dann, wenn alles vorbei ist.
Ich habe mich bemüht.
Und Ihr könnt gut schauspielern ...
Bitte vergesst das Ganze jetzt ...!

Adelaide

Das süße Leben

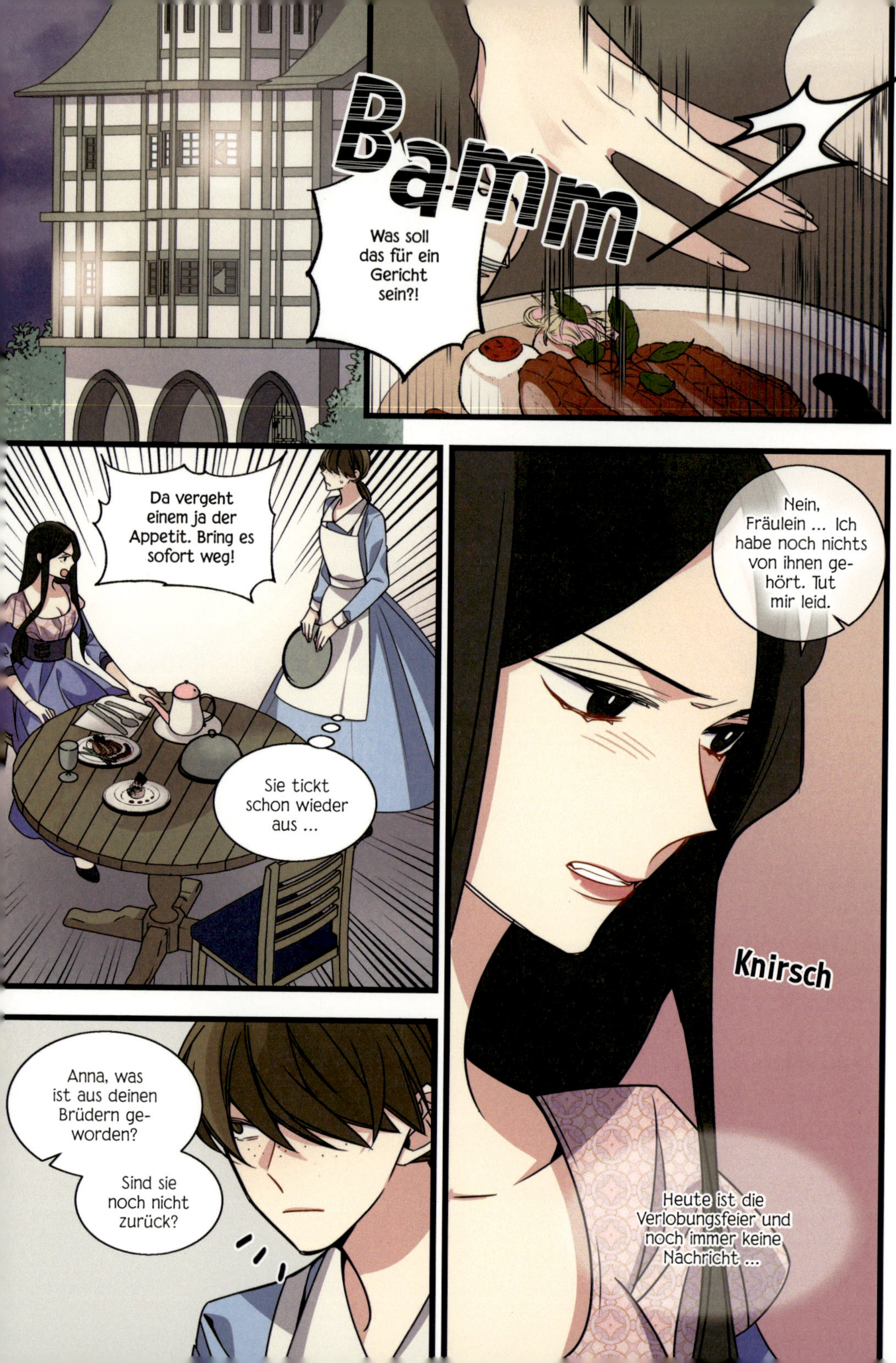
Bamm
Was soll das für ein Gericht sein?!
Da vergeht einem ja der Appetit. Bring es sofort weg!
Sie tickt schon wieder aus ...
Nein, Fräulein ... Ich habe noch nichts von ihnen gehört. Tut mir leid.
Knirsch
Anna, was ist aus deinen Brüdern geworden?
Sind sie noch nicht zurück?
Heute ist die Verlobungsfeier und noch immer keine Nachricht ...

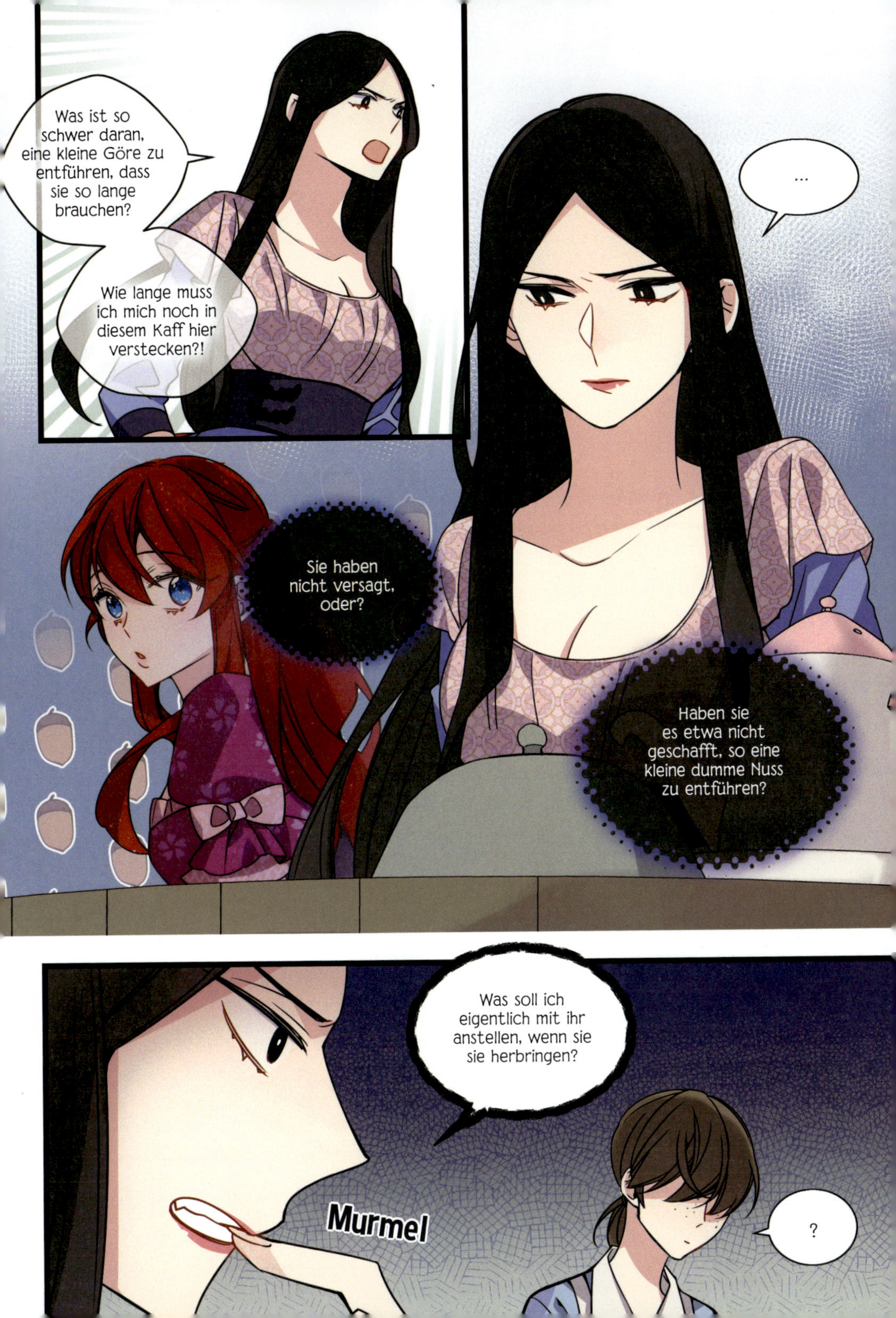
Was ist so schwer daran, eine kleine Göre zu entführen, dass sie so lange brauchen?
Wie lange muss ich mich noch in diesem Kaff hier verstecken?!
...
Sie haben nicht versagt, oder?
Haben sie es etwa nicht geschafft, so eine kleine dumme Nuss zu entführen?
Was soll ich eigentlich mit ihr anstellen, wenn sie sie herbringen?
Murmel
?

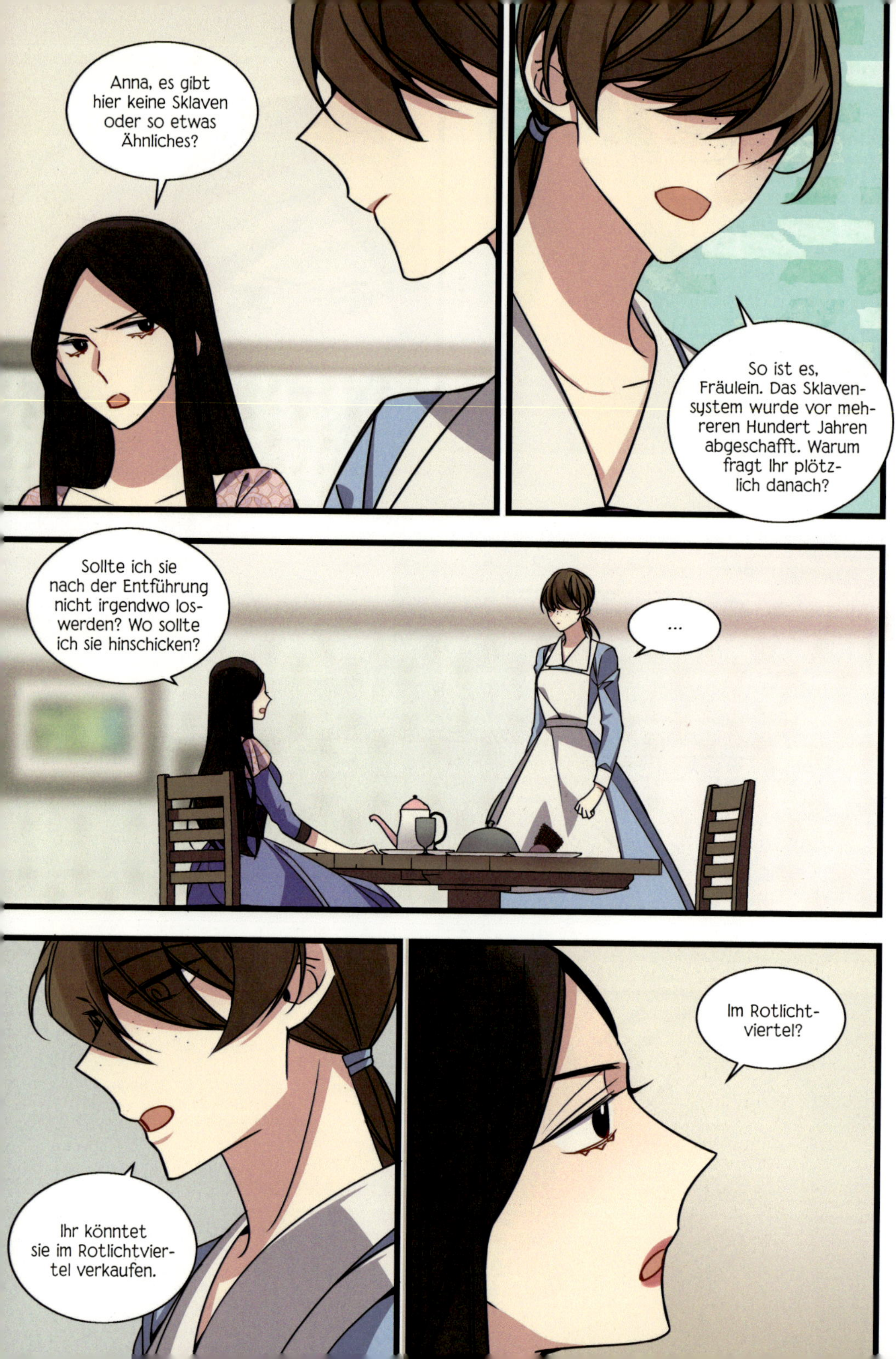
Anna, es gibt hier keine Sklaven oder so etwas Ähnliches?
So ist es, Fräulein. Das Sklavensystem wurde vor mehreren Hundert Jahren abgeschafft. Warum fragt Ihr plötzlich danach?
Sollte ich sie nach der Entführung nicht irgendwo loswerden? Wo sollte ich sie hinschicken?
...
Ihr könntet sie im Rotlichtviertel verkaufen.
Im Rotlichtviertel?

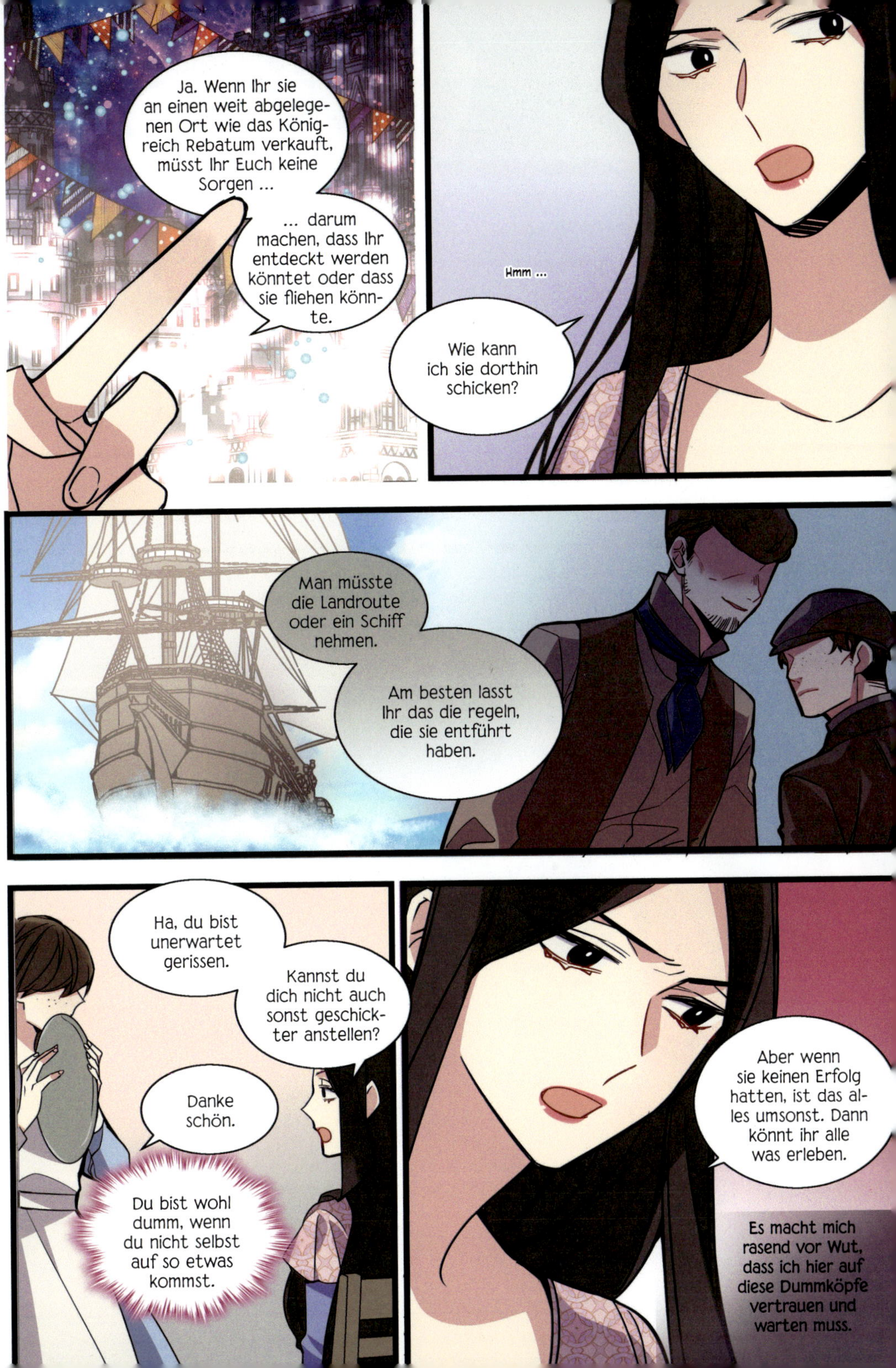

Ja. Wenn Ihr sie an einen weit abgelegenen Ort wie das Königreich Rebatum verkauft, müsst Ihr Euch keine Sorgen ...
... darum machen, dass Ihr entdeckt werden könntet oder dass sie fliehen könnte.
Hmm ...
Wie kann ich sie dorthin schicken?
Man müsste die Landroute oder ein Schiff nehmen.
Am besten lasst Ihr das die regeln, die sie entführt haben.
Ha, du bist unerwartet gerissen.
Kannst du dich nicht auch sonst geschickter anstellen?
Danke schön.
Du bist wohl dumm, wenn du nicht selbst auf so etwas kommst.
Aber wenn sie keinen Erfolg hatten, ist das alles umsonst. Dann könnt ihr alle was erleben.
Es macht mich rasend vor Wut, dass ich hier auf diese Dummköpfe vertrauen und warten muss.

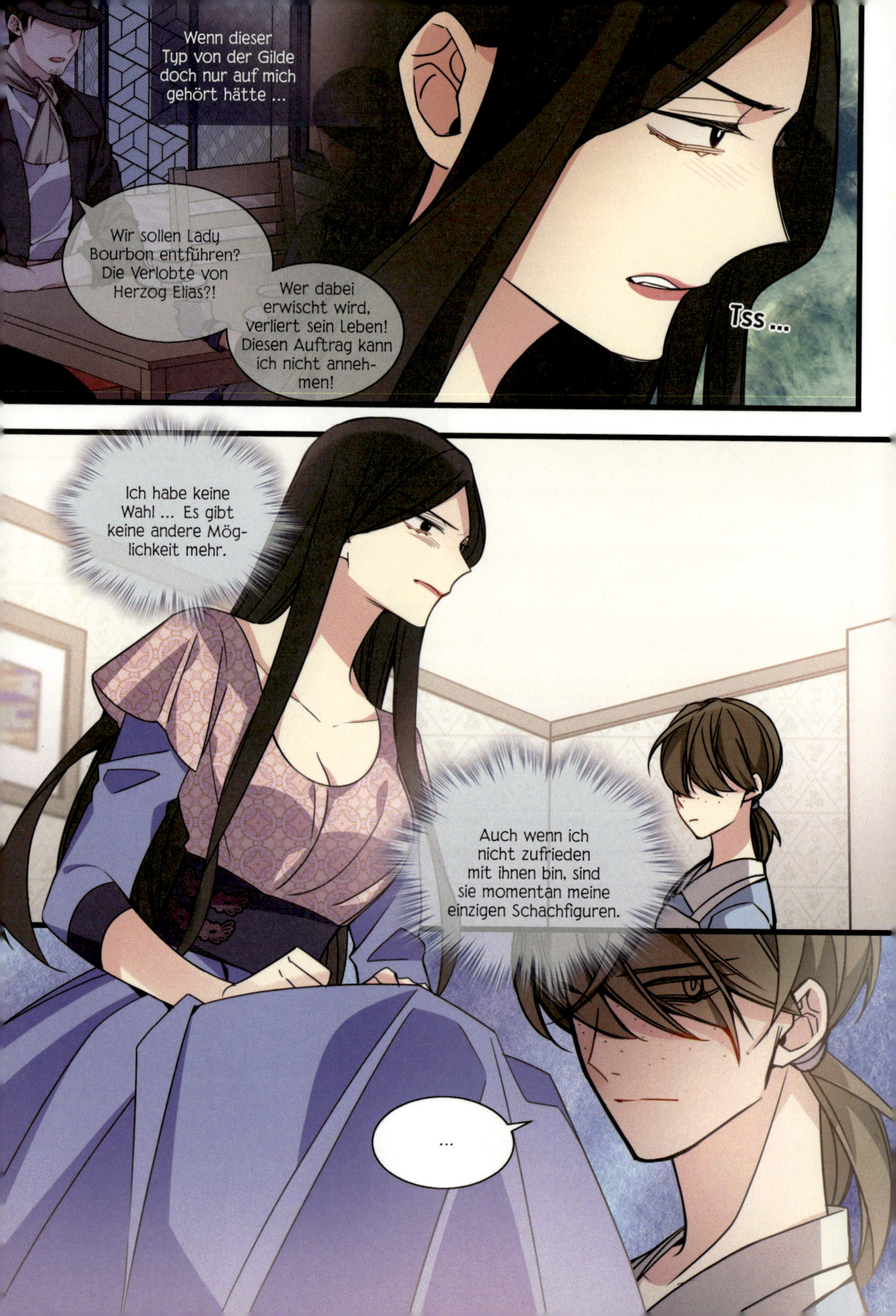
Wenn dieser Typ von der Gilde doch nur auf mich gehört hätte ...
Wir sollen Lady Bourbon entführen? Die Verlobte von Herzog Elias?!
Wer dabei erwischt wird, verliert sein Leben! Diesen Auftrag kann ich nicht anneh-men!
Tss ...
Ich habe keine Wahl ... Es gibt keine andere Mög-lichkeit mehr.
Auch wenn ich nicht zufrieden mit ihnen bin, sind sie momentan meine einzigen Schachfiguren.
...

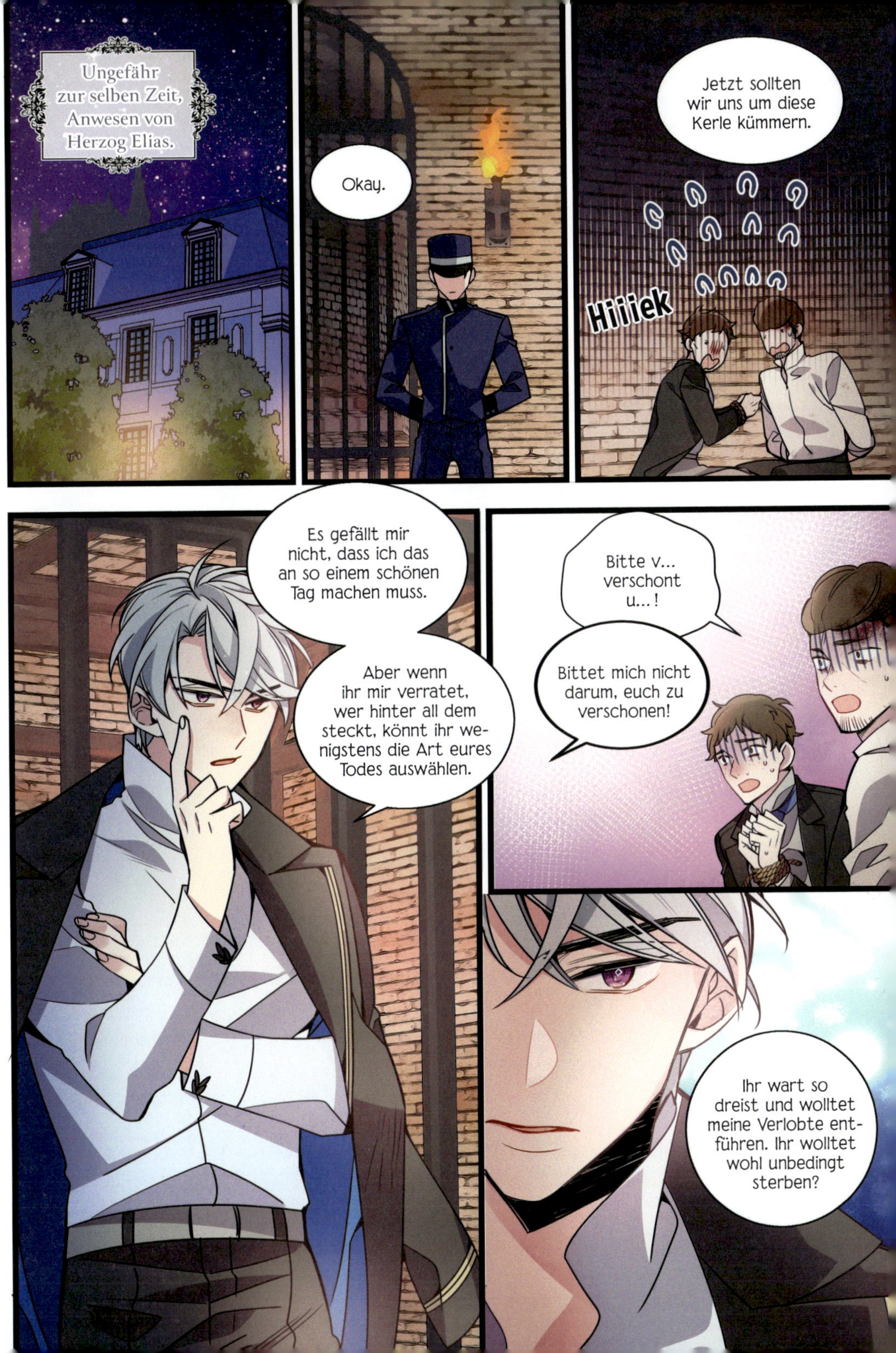
Ungefähr zur selben Zeit, Anwesen von Herzog Elias.
Okay.
Jetzt sollten wir uns um diese Kerle kümmern.
Hiiiek
Es gefällt mir nicht, dass ich das an so einem schönen Tag machen muss.
Aber wenn ihr mir verratet, wer hinter all dem steckt, könnt ihr wenigstens die Art eures Todes auswählen.
Bitte v... verschont u...!
Bittet mich nicht darum, euch zu verschonen!
Ihr wart so dreist und wolltet meine Verlobte entführen. Ihr wolltet wohl unbedingt sterben?

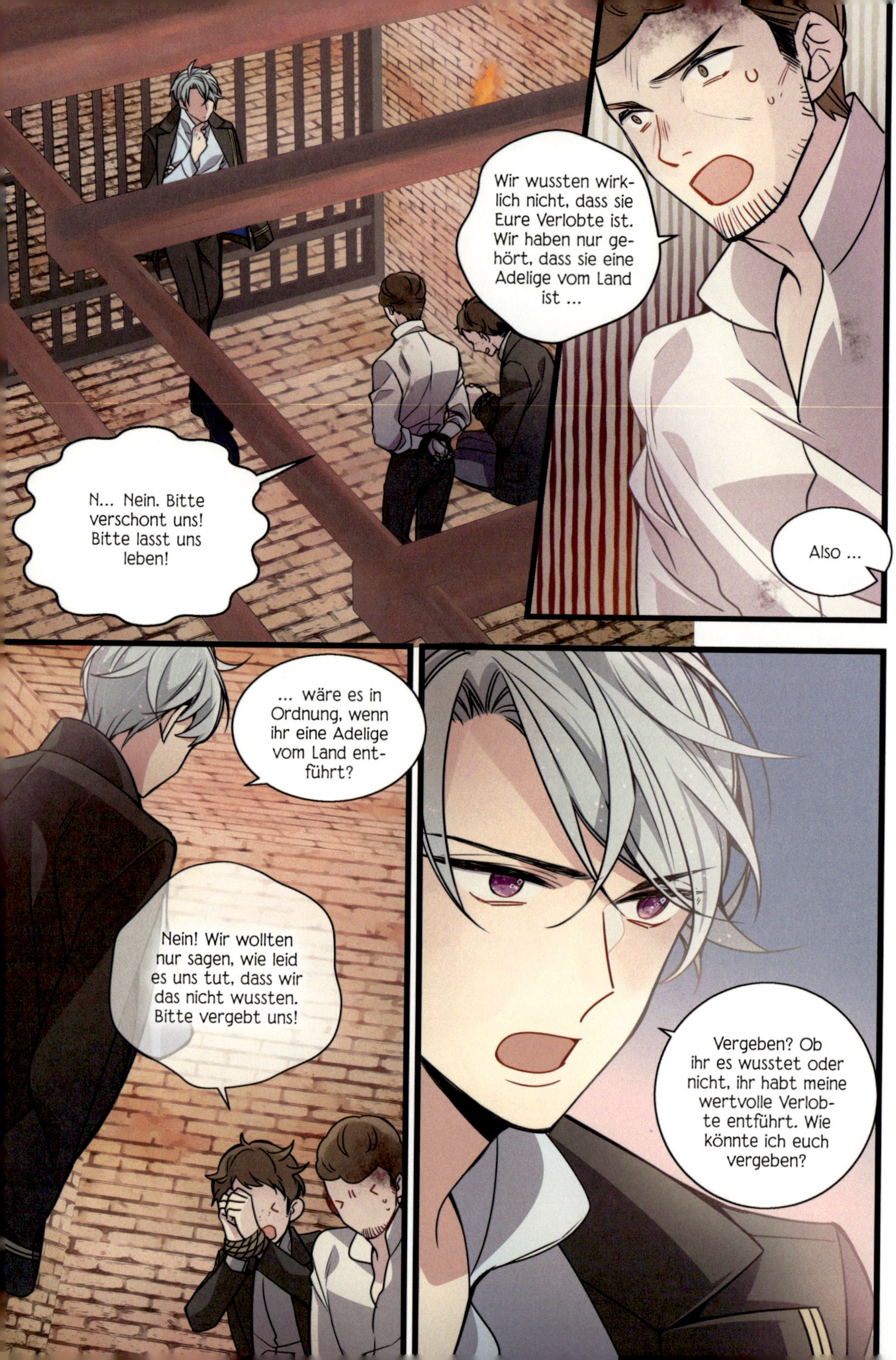
Wir wussten wirklich nicht, dass sie Eure Verlobte ist. Wir haben nur gehört, dass sie eine Adelige vom Land ist ...
N... Nein. Bitte verschont uns! Bitte lasst uns leben!
Also ...
... wäre es in Ordnung, wenn ihr eine Adelige vom Land entführt?
Nein! Wir wollten nur sagen, wie leid es uns tut, dass wir das nicht wussten. Bitte vergebt uns!
Vergeben? Ob ihr es wusstet oder nicht, ihr habt meine wertvolle Verlobte entführt. Wie könnte ich euch vergeben?

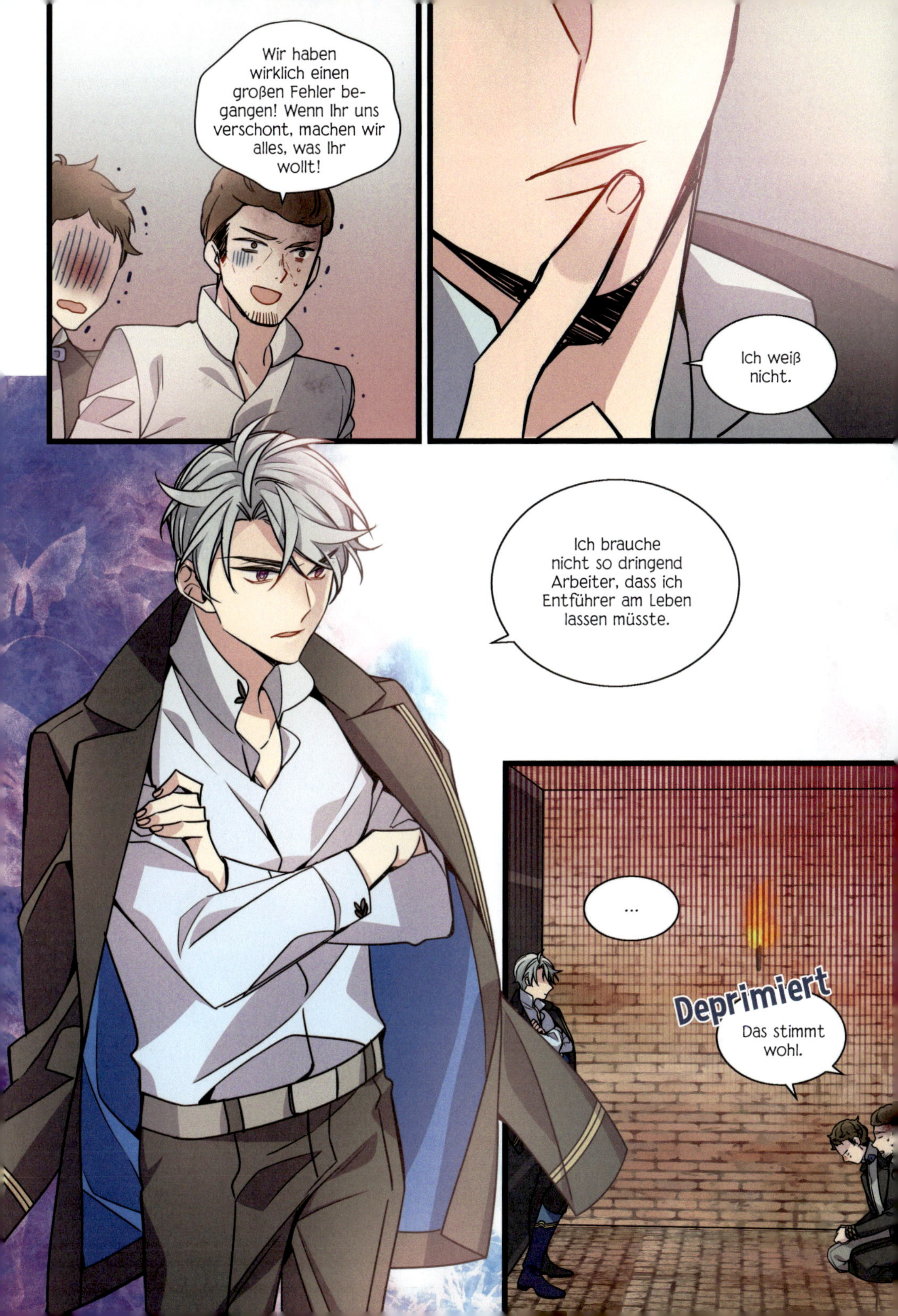
Wir haben wirklich einen großen Fehler begangen! Wenn Ihr uns verschont, machen wir alles, was Ihr wollt!
Ich weiß nicht.
Ich brauche nicht so dringend Arbeiter, dass ich Entführer am Leben lassen müsste.
...
Deprimiert
Das stimmt wohl.

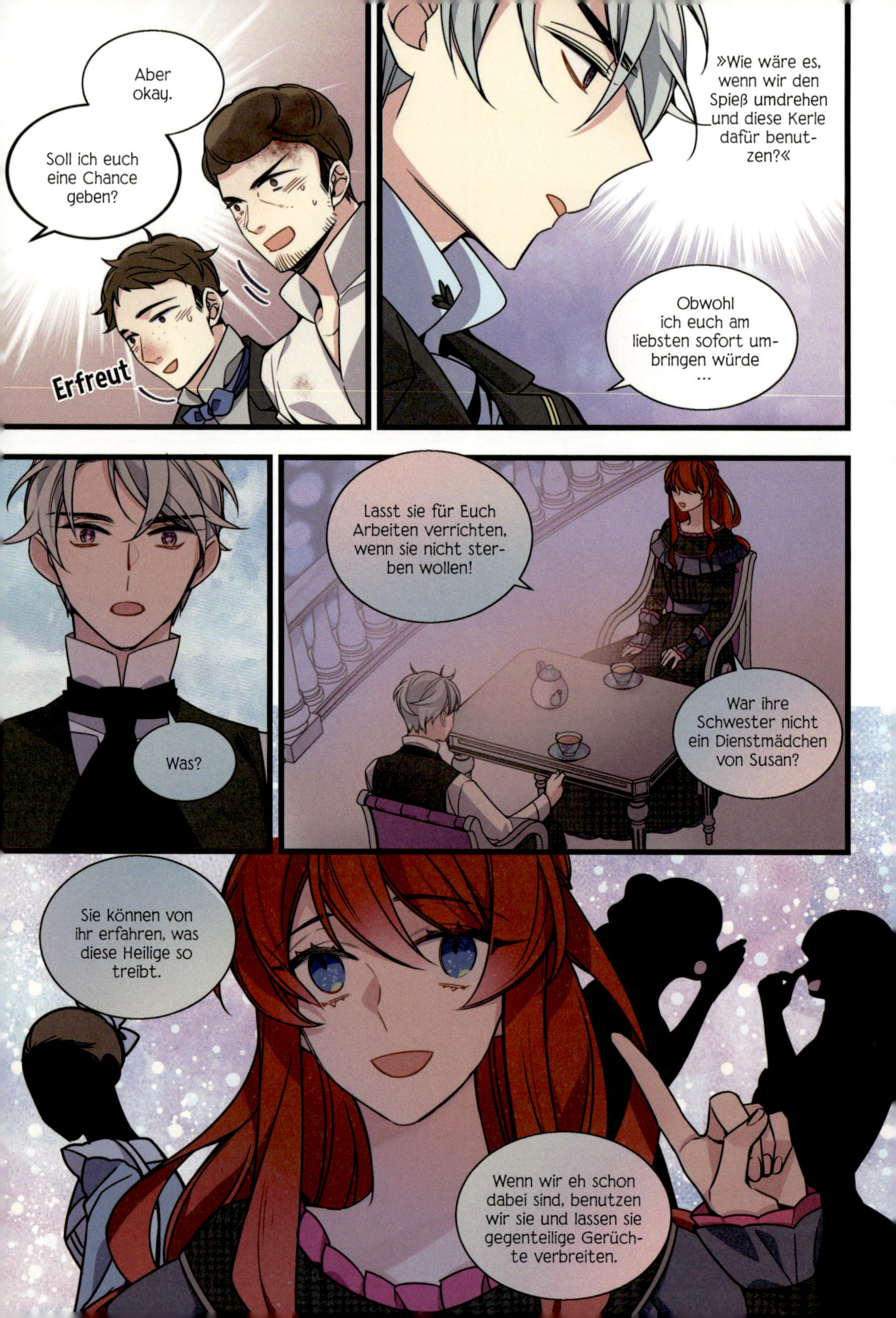
Soll ich euch eine Chance geben?
Aber okay.
Erfreut
»Wie wäre es, wenn wir den Spieß umdrehen und diese Kerle dafür benutzen?«
Obwohl ich euch am liebsten sofort umbringen würde …
Was?
Lasst sie für Euch Arbeiten verrichten, wenn sie nicht sterben wollen!
War ihre Schwester nicht ein Dienstmädchen von Susan?
Sie können von ihr erfahren, was diese Heilige so treibt.
Wenn wir eh schon dabei sind, benutzen wir sie und lassen sie gegenteilige Gerüchte verbreiten.

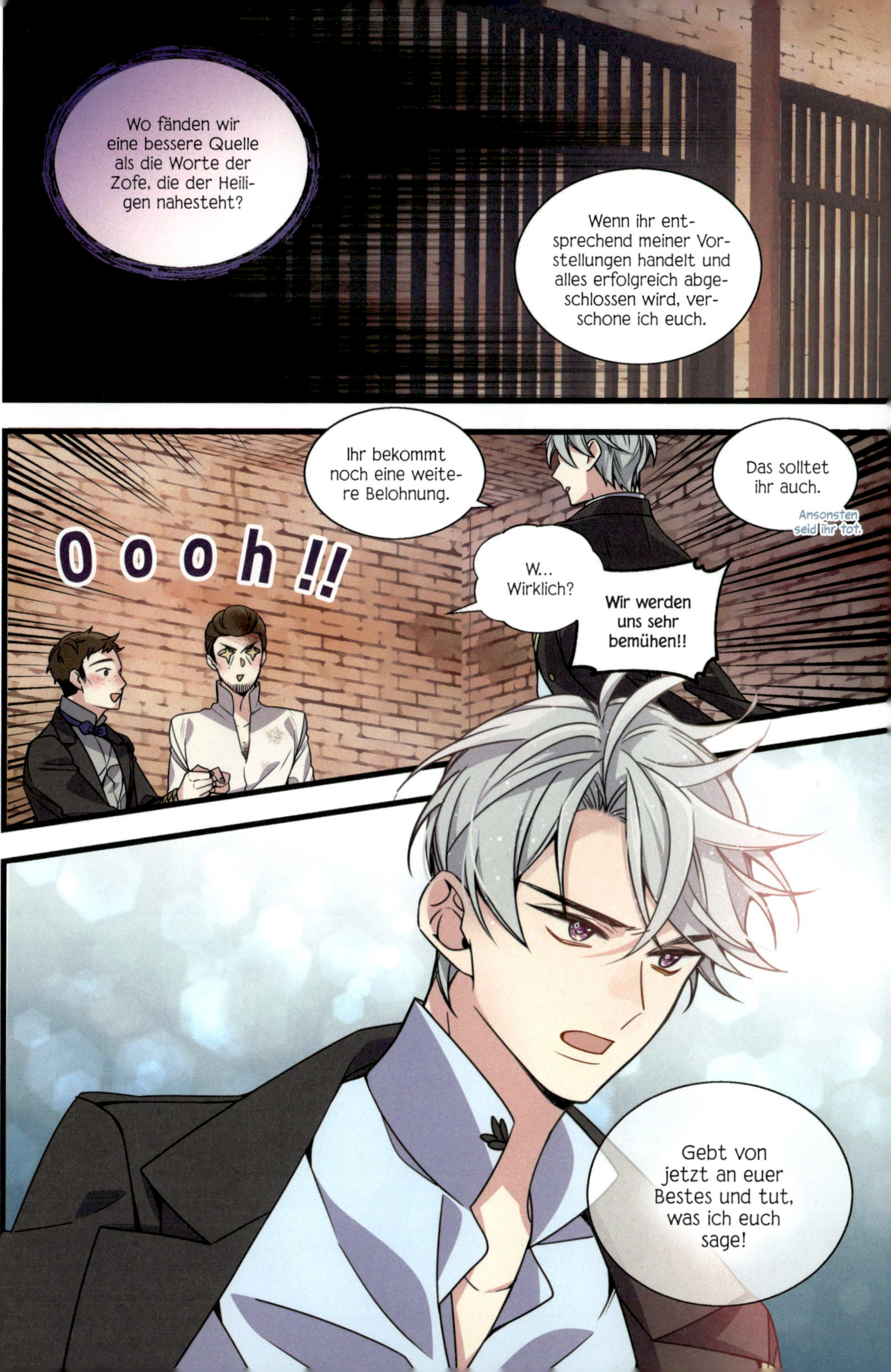
Wo fänden wir eine bessere Quelle als die Worte der Zofe, die der Heiligen nahesteht?
Wenn ihr entsprechend meiner Vorstellungen handelt und alles erfolgreich abgeschlossen wird, verschone ich euch.
Ihr bekommt noch eine weitere Belohnung.
Das solltet ihr auch.
Ansonsten seid ihr tot.
Oooh!!
W... Wirklich?
Wir werden uns sehr bemühen!!
Gebt von jetzt an euer Bestes und tut, was ich euch sage!

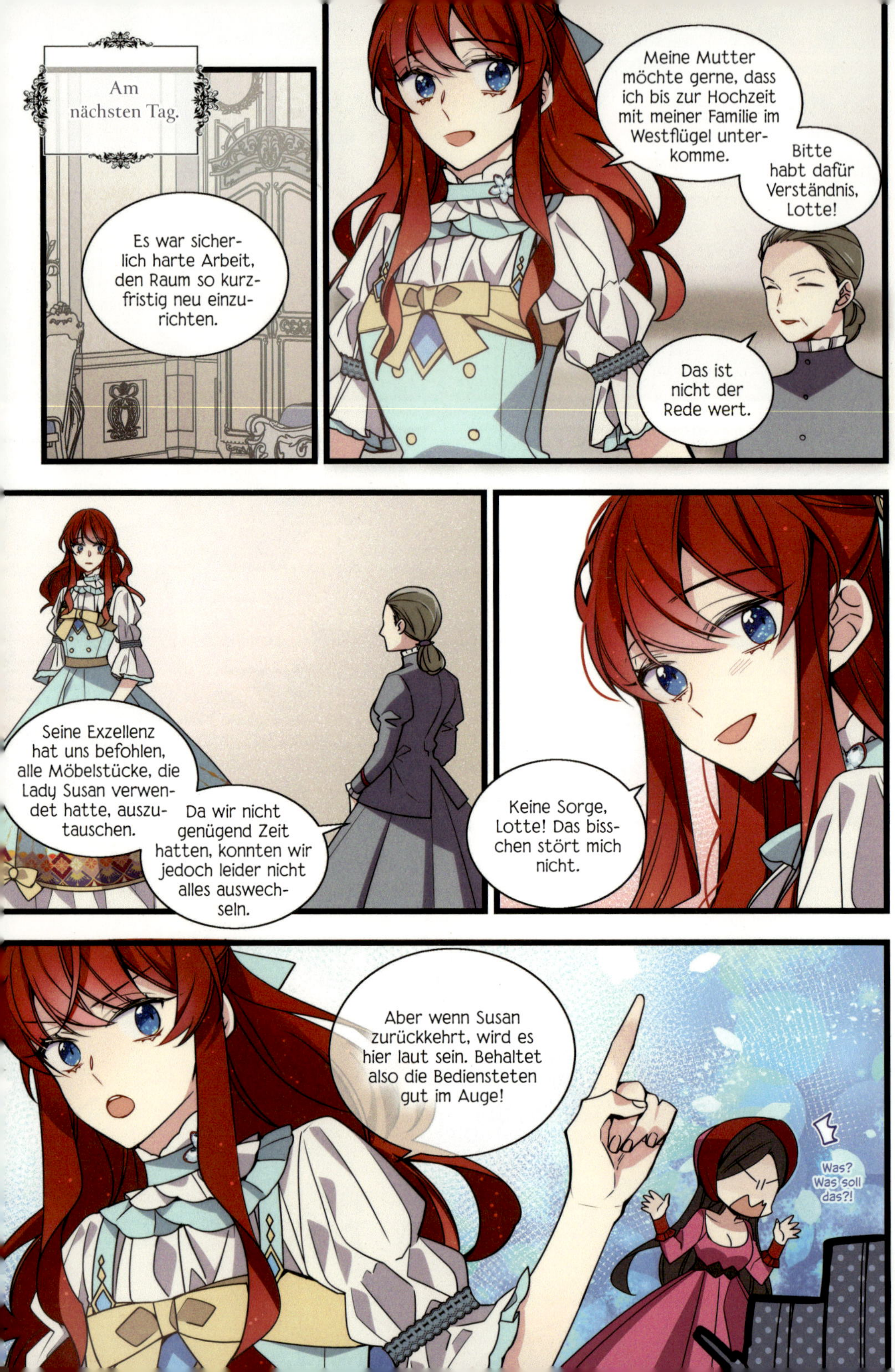
Am nächsten Tag.
Es war sicherlich harte Arbeit, den Raum so kurzfristig neu einzurichten.
Das ist nicht der Rede wert.
Meine Mutter möchte gerne, dass ich bis zur Hochzeit mit meiner Familie im Westflügel unterkomme.
Bitte habt dafür Verständnis, Lotte!
Seine Exzellenz hat uns befohlen, alle Möbelstücke, die Lady Susan verwendet hatte, auszutauschen.
Da wir nicht genügend Zeit hatten, konnten wir jedoch leider nicht alles auswechseln.
Keine Sorge, Lotte! Das bisschen stört mich nicht.
Aber wenn Susan zurückkehrt, wird es hier laut sein. Behaltet also die Bediensteten gut im Auge!
Was? Was soll das?!

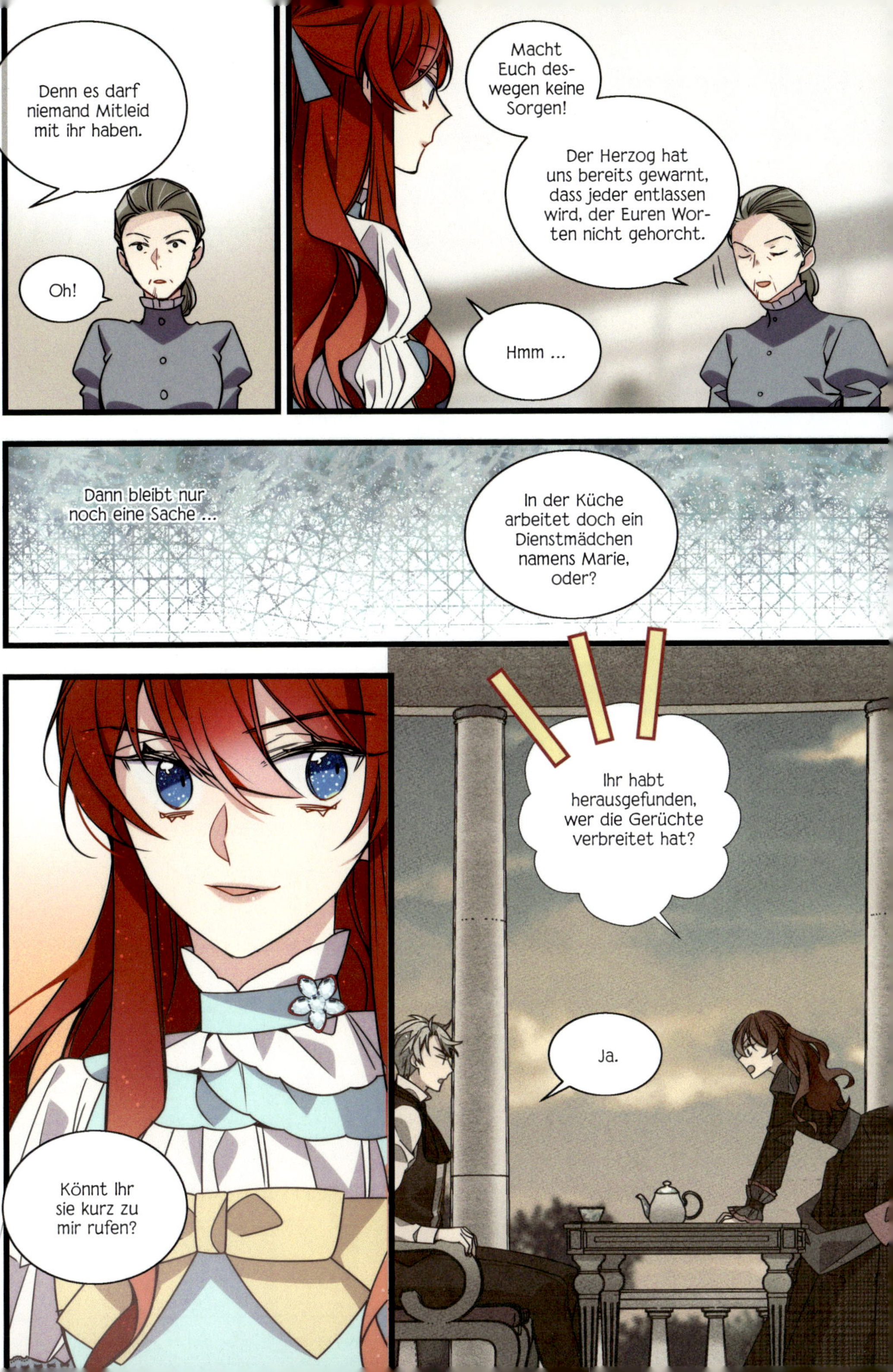
Denn es darf niemand Mitleid mit ihr haben.
Oh!
Macht Euch deswegen keine Sorgen!
Der Herzog hat uns bereits gewarnt, dass jeder entlassen wird, der Euren Worten nicht gehorcht.
Hmm ...
Dann bleibt nur noch eine Sache ...
In der Küche arbeitet doch ein Dienstmädchen namens Marie, oder?
Könnt Ihr sie kurz zu mir rufen?
Ihr habt herausgefunden, wer die Gerüchte verbreitet hat?
Ja.

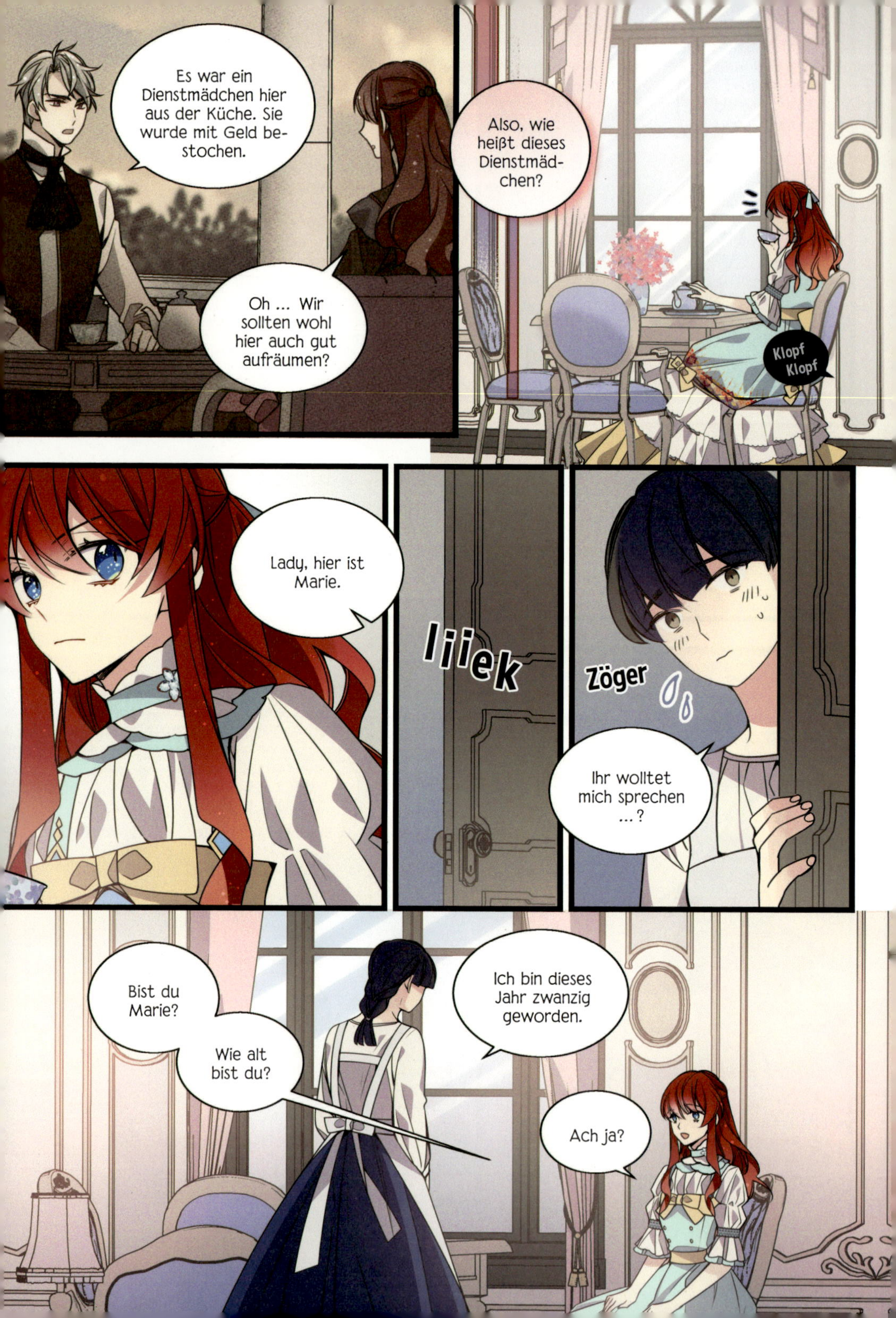
Es war ein Dienstmädchen hier aus der Küche. Sie wurde mit Geld bestochen.
Oh ... Wir sollten wohl hier auch gut aufräumen?
Also, wie heißt dieses Dienstmädchen?
Klopf Klopf
Lady, hier ist Marie.
Iiiek
Zöger
Ihr wolltet mich sprechen ...?
Bist du Marie?
Wie alt bist du?
Ich bin dieses Jahr zwanzig geworden.
Ach ja?

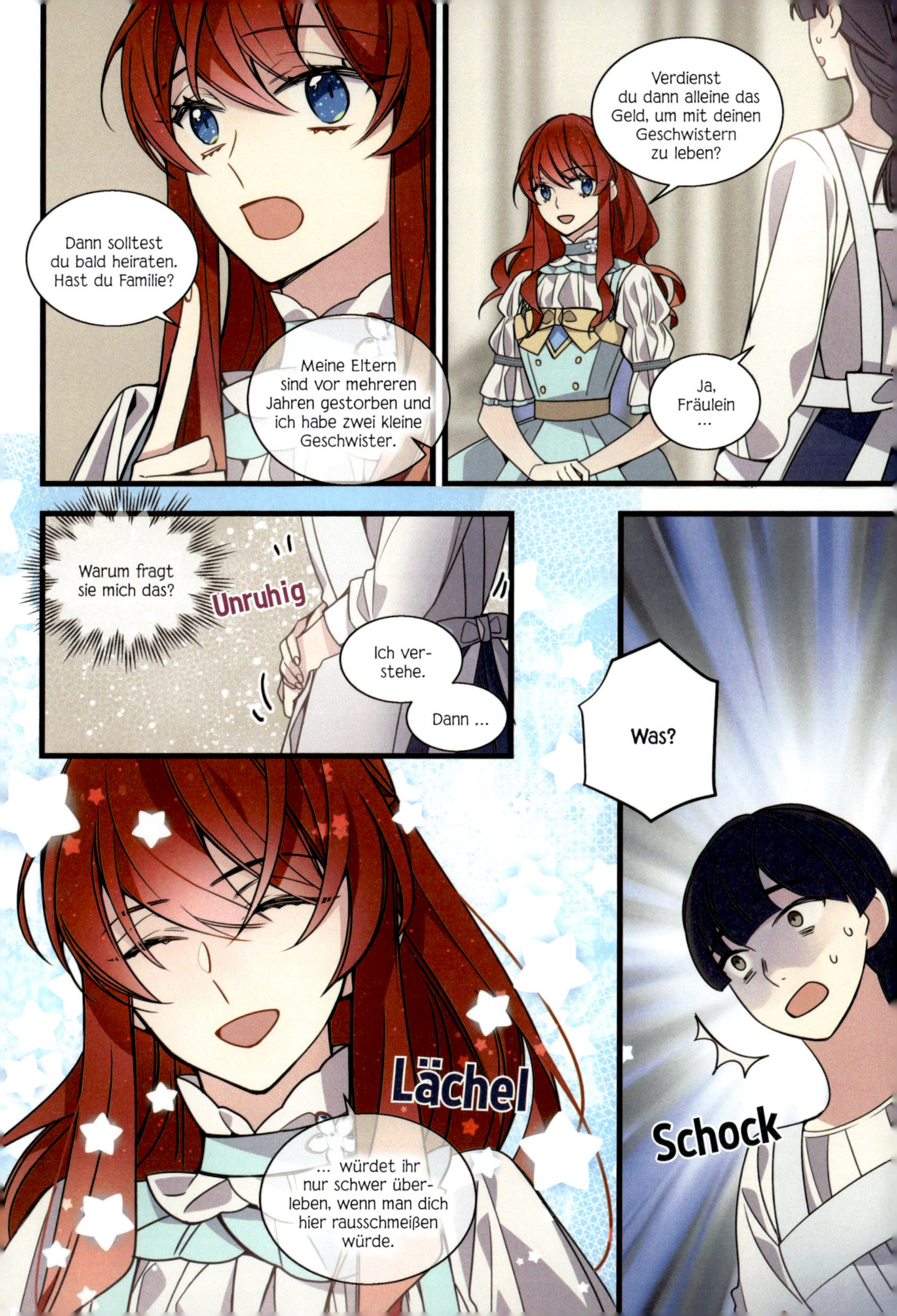
Dann solltest du bald heiraten. Hast du Familie?
Meine Eltern sind vor mehreren Jahren gestorben und ich habe zwei kleine Geschwister.
Verdienst du dann alleine das Geld, um mit deinen Geschwistern zu leben?
Ja, Fräulein …
Warum fragt sie mich das?
Unruhig
Ich verstehe.
Dann …
Was?
Lächel
… würdet ihr nur schwer überleben, wenn man dich hier rausschmeißen würde.
Schock

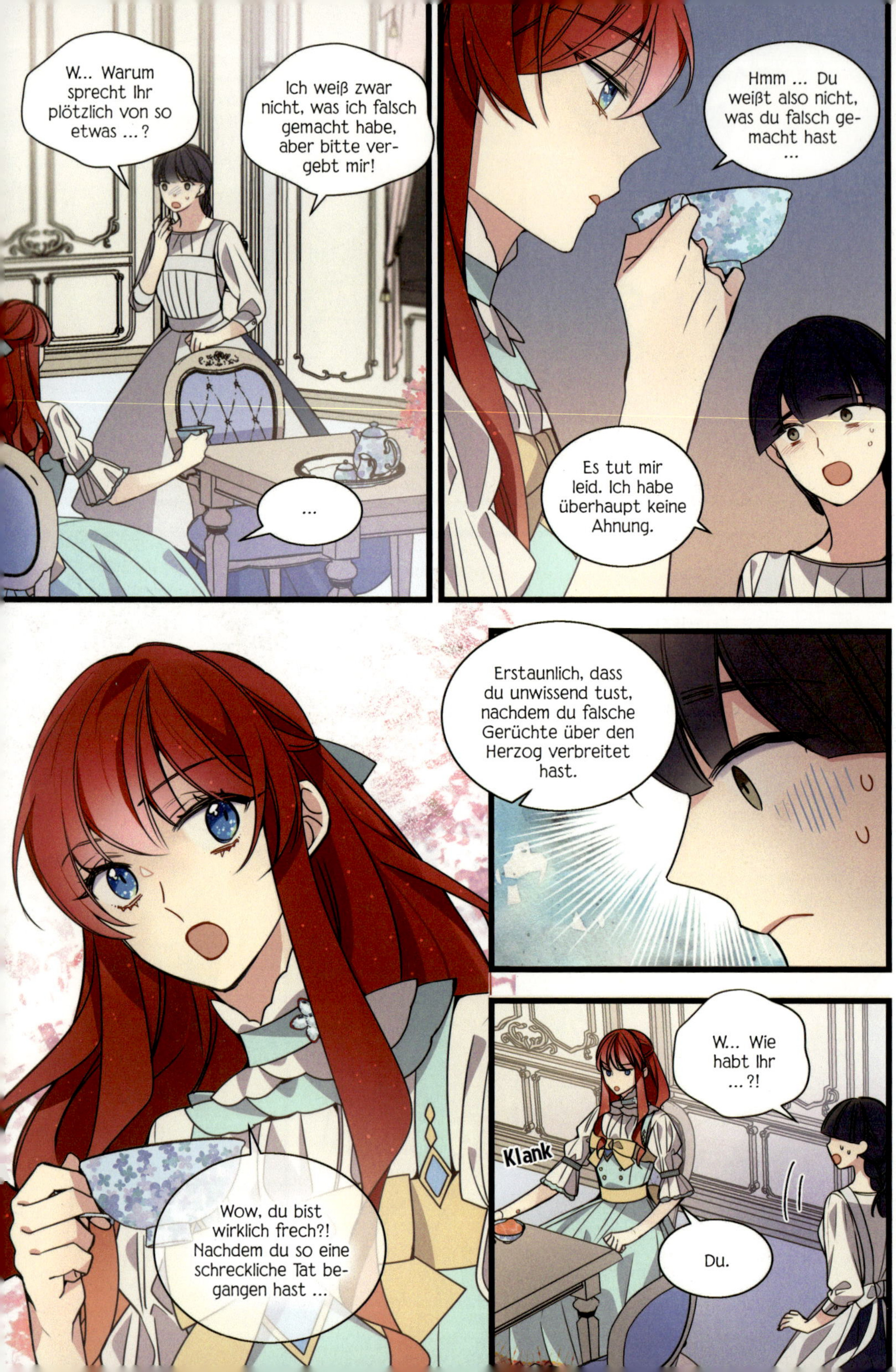
W... Warum sprecht Ihr plötzlich von so etwas ...?
Ich weiß zwar nicht, was ich falsch gemacht habe, aber bitte vergebt mir!
...
Hmm ... Du weißt also nicht, was du falsch gemacht hast ...
Es tut mir leid. Ich habe überhaupt keine Ahnung.
Wow, du bist wirklich frech?! Nachdem du so eine schreckliche Tat begangen hast ...
Erstaunlich, dass du unwissend tust, nachdem du falsche Gerüchte über den Herzog verbreitet hast.
Klank
Du.
W... Wie habt Ihr ...?!

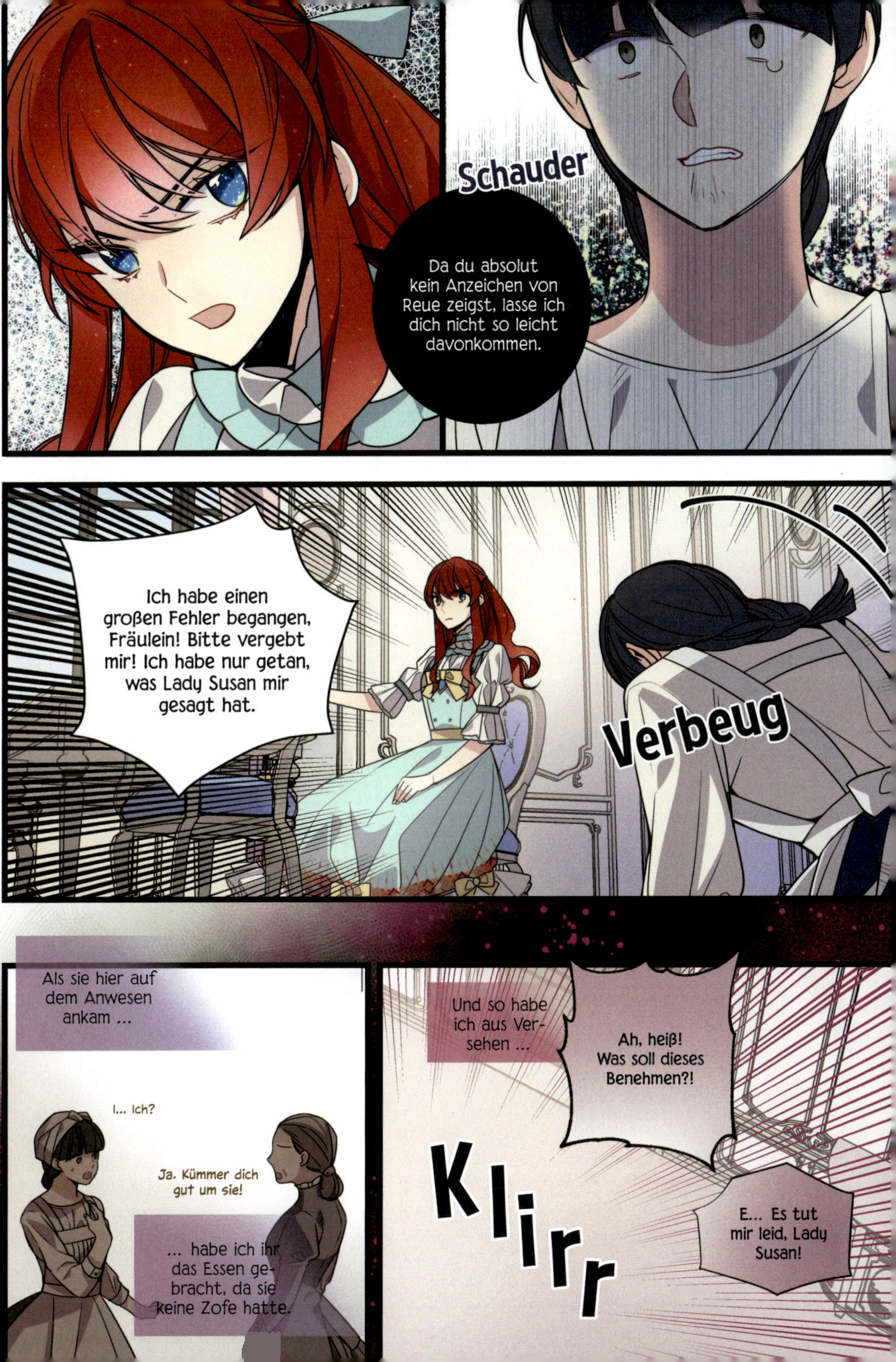
Schauder
Da du absolut kein Anzeichen von Reue zeigst, lasse ich dich nicht so leicht davonkommen.
Ich habe einen großen Fehler begangen, Fräulein! Bitte vergebt mir! Ich habe nur getan, was Lady Susan mir gesagt hat.
Verbeug
Als sie hier auf dem Anwesen ankam ...
I... Ich?
Ja. Kümmer dich gut um sie!
... habe ich ihr das Essen gebracht, da sie keine Zofe hatte.
Und so habe ich aus Versehen ...
Ah, heiß! Was soll dieses Benehmen?!
Klirr
E... Es tut mir leid, Lady Susan!

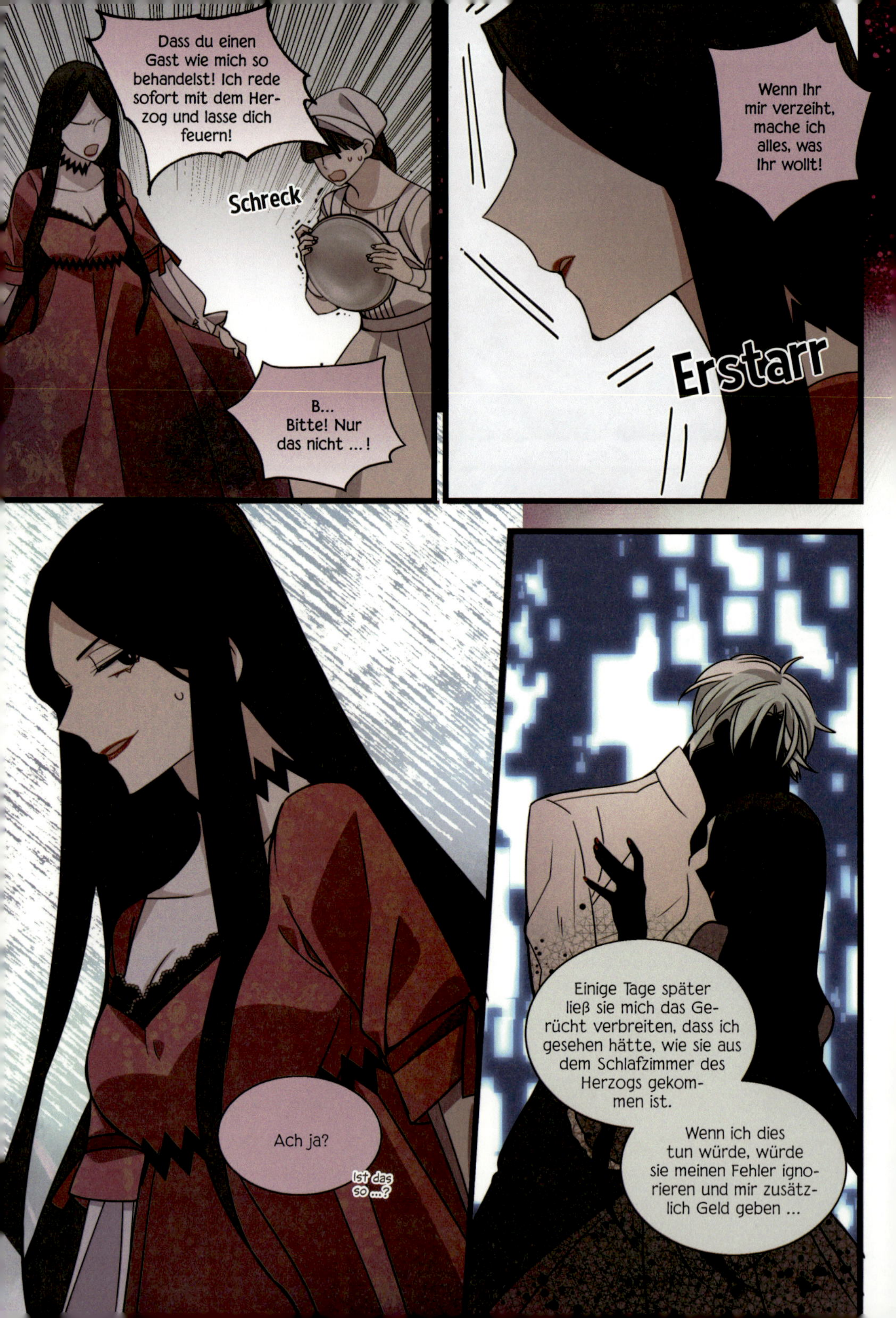
Dass du einen Gast wie mich so behandelst! Ich rede sofort mit dem Herzog und lasse dich feuern!
Schreck
B... Bitte! Nur das nicht ...!
Wenn Ihr mir verzeiht, mache ich alles, was Ihr wollt!
Erstarr
Ach ja?
Ist das so ...?
Einige Tage später ließ sie mich das Gerücht verbreiten, dass ich gesehen hätte, wie sie aus dem Schlafzimmer des Herzogs gekommen ist.
Wenn ich dies tun würde, würde sie meinen Fehler ignorieren und mir zusätzlich Geld geben ...

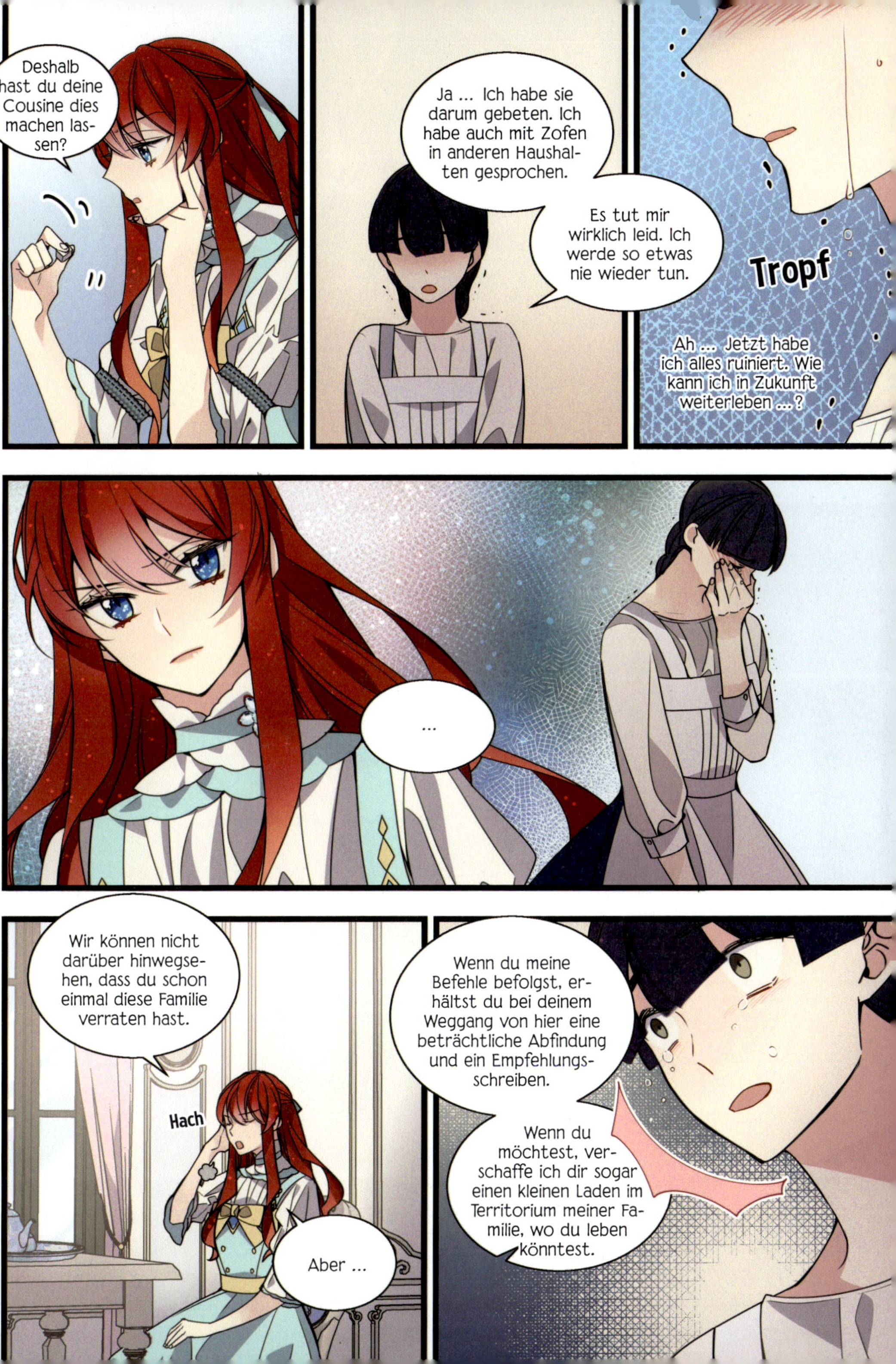
Deshalb hast du deine Cousine dies machen lassen?
Ja ... Ich habe sie darum gebeten. Ich habe auch mit Zofen in anderen Haushalten gesprochen.
Es tut mir wirklich leid. Ich werde so etwas nie wieder tun.
Tropf
Ah ... Jetzt habe ich alles ruiniert. Wie kann ich in Zukunft weiterleben ...?
...
Wir können nicht darüber hinwegsehen, dass du schon einmal diese Familie verraten hast.
Hach
Aber ...
Wenn du meine Befehle befolgst, erhältst du bei deinem Weggang von hier eine beträchtliche Abfindung und ein Empfehlungsschreiben.
Wenn du möchtest, verschaffe ich dir sogar einen kleinen Laden im Territorium meiner Familie, wo du leben könntest.

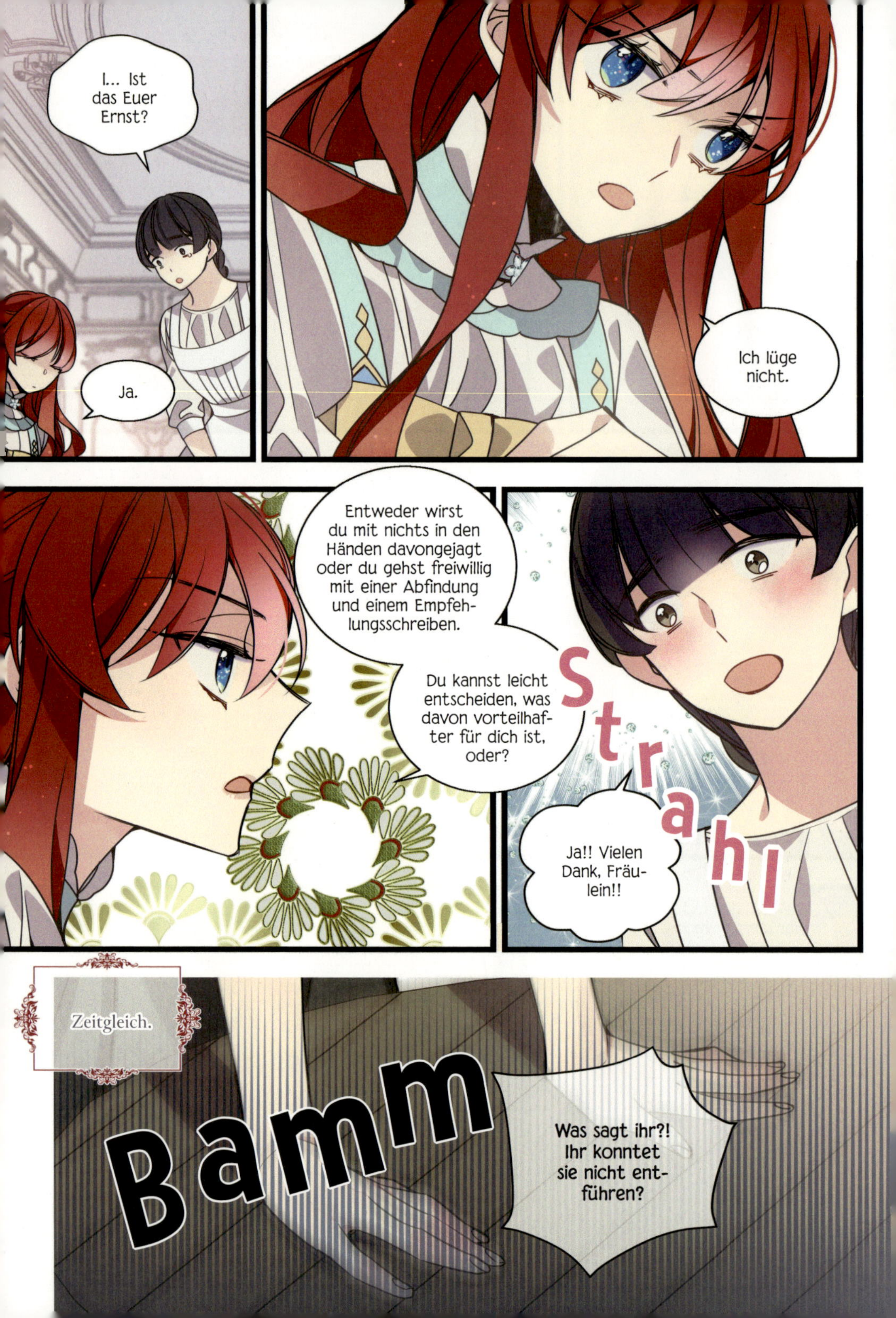
I... Ist das Euer Ernst?
Ja.
Ich lüge nicht.
Entweder wirst du mit nichts in den Händen davongejagt oder du gehst freiwillig mit einer Abfindung und einem Empfehlungsschreiben.
Du kannst leicht entscheiden, was davon vorteilhafter für dich ist, oder?
Strahl
Ja!! Vielen Dank, Fräulein!!
Zeitgleich.
Bamm
Was sagt ihr?! Ihr konntet sie nicht entführen?

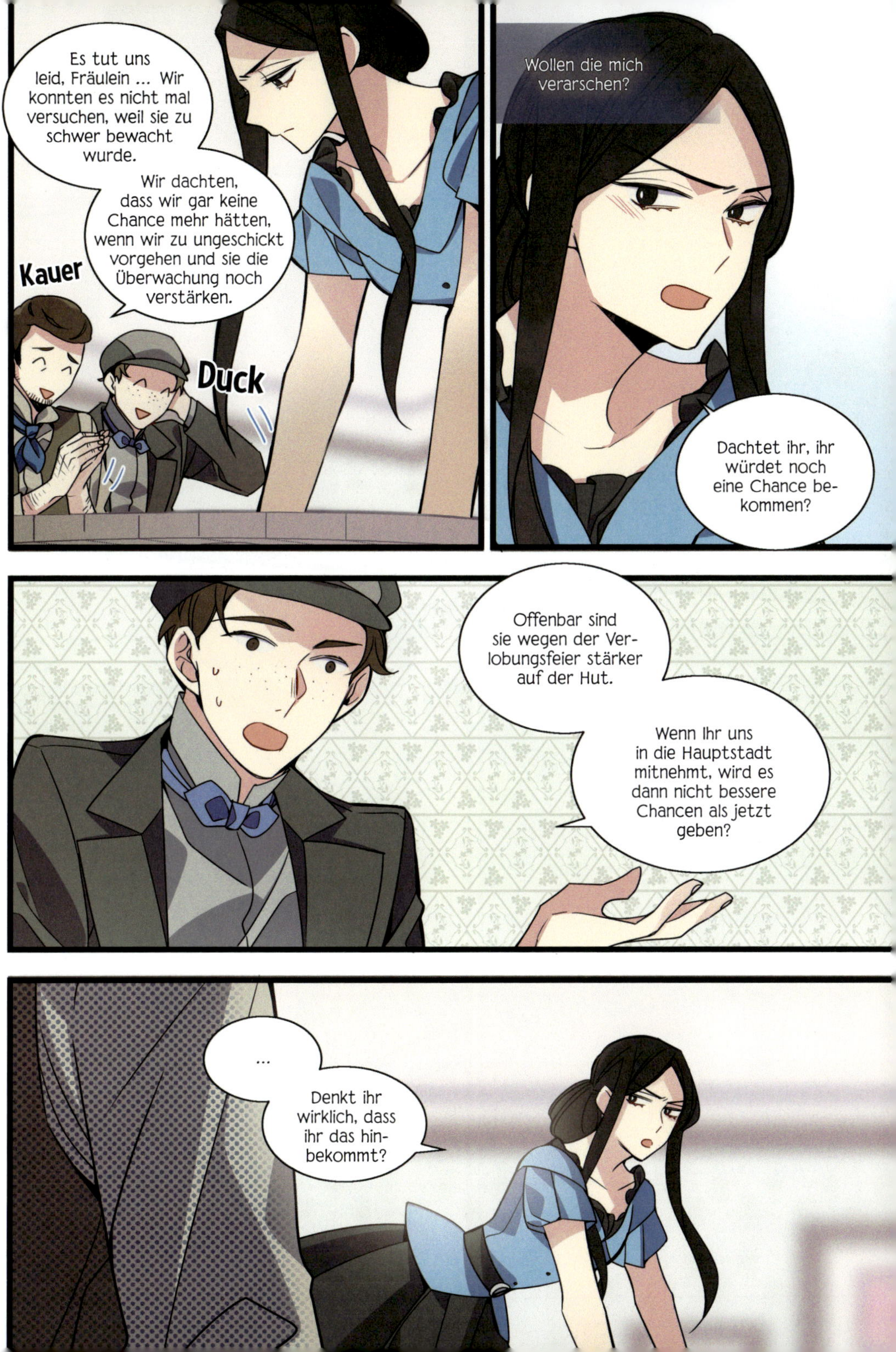

Es tut uns leid, Fräulein ... Wir konnten es nicht mal versuchen, weil sie zu schwer bewacht wurde.
Wir dachten, dass wir gar keine Chance mehr hätten, wenn wir zu ungeschickt vorgehen und sie die Überwachung noch verstärken.
Kauer
Duck
Wollen die mich verarschen?
Dachtet ihr, ihr würdet noch eine Chance bekommen?
Offenbar sind sie wegen der Verlobungsfeier stärker auf der Hut.
Wenn Ihr uns in die Hauptstadt mitnehmt, wird es dann nicht bessere Chancen als jetzt geben?
...
Denkt ihr wirklich, dass ihr das hinbekommt?

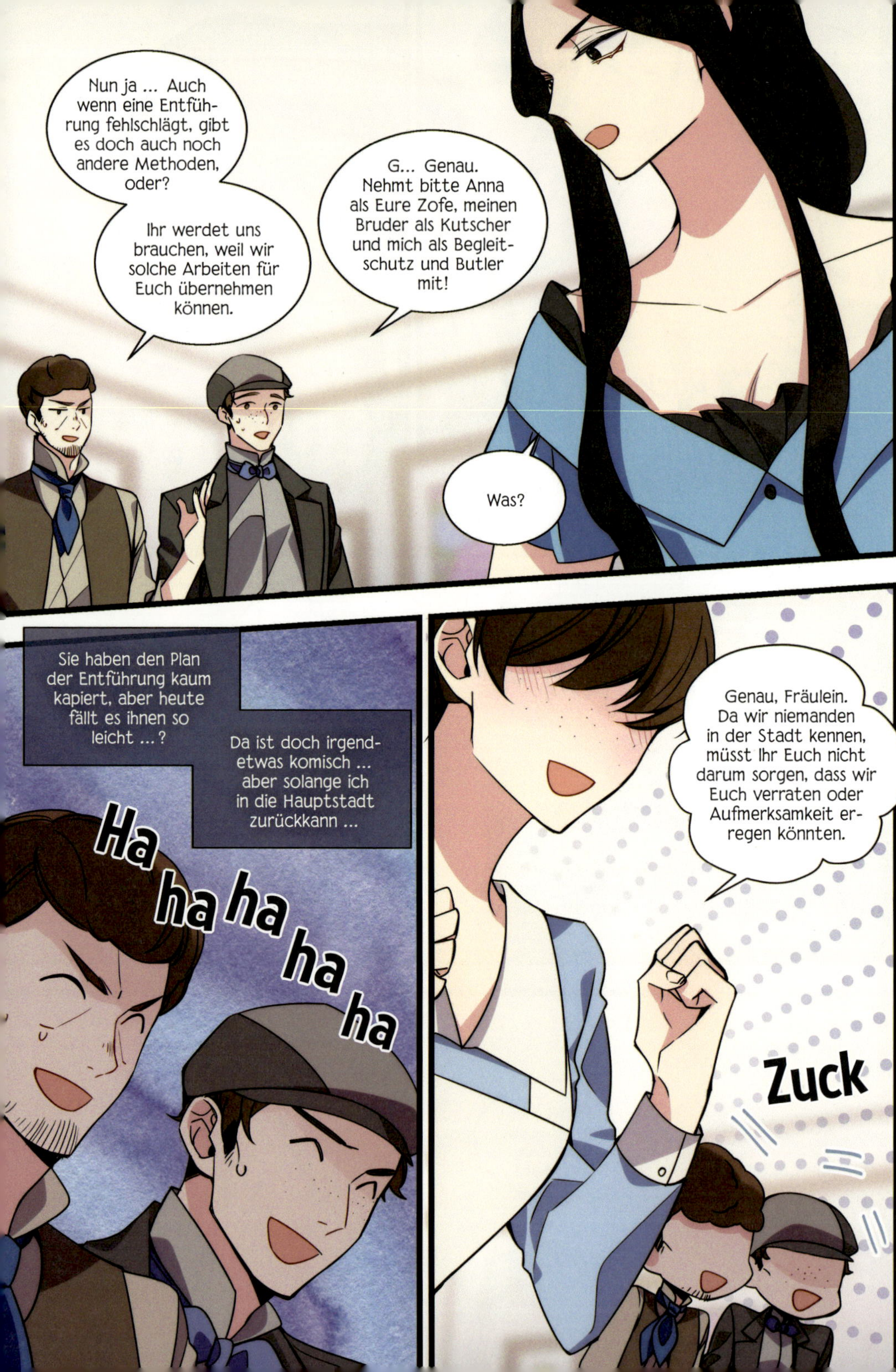
Nun ja ... Auch wenn eine Entführung fehlschlägt, gibt es doch auch noch andere Methoden, oder?
Ihr werdet uns brauchen, weil wir solche Arbeiten für Euch übernehmen können.
G... Genau. Nehmt bitte Anna als Eure Zofe, meinen Bruder als Kutscher und mich als Begleitschutz und Butler mit!
Was?
Sie haben den Plan der Entführung kaum kapiert, aber heute fällt es ihnen so leicht ...?
Da ist doch irgendetwas komisch ... aber solange ich in die Hauptstadt zurückkann ...
Ha ha ha ha ha
Genau, Fräulein. Da wir niemanden in der Stadt kennen, müsst Ihr Euch nicht darum sorgen, dass wir Euch verraten oder Aufmerksamkeit erregen könnten.
Zuck

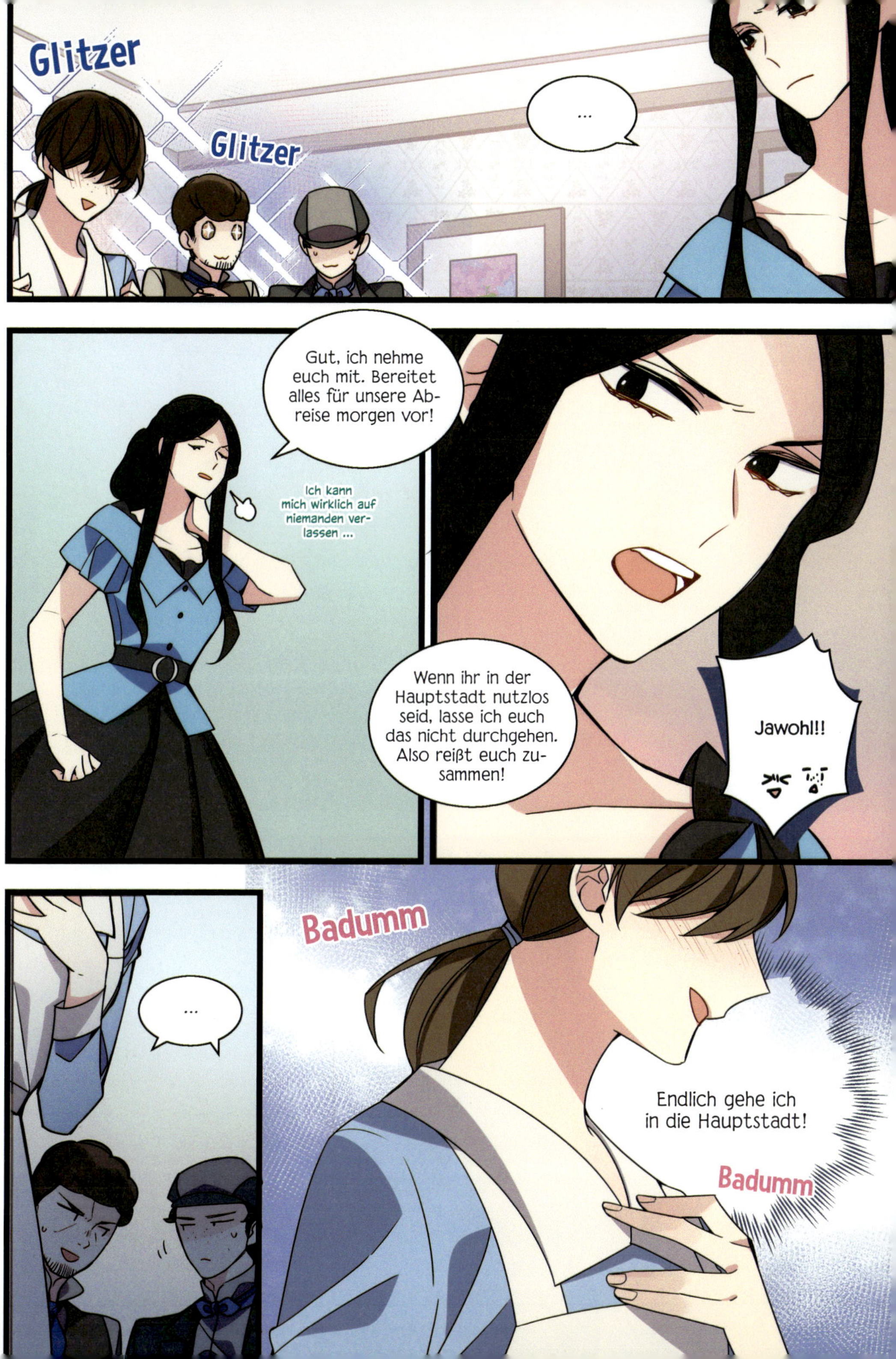
Glitzer
Glitzer
...
Gut, ich nehme euch mit. Bereitet alles für unsere Abreise morgen vor!
Ich kann mich wirklich auf niemanden verlassen ...
Wenn ihr in der Hauptstadt nutzlos seid, lasse ich euch das nicht durchgehen. Also reißt euch zusammen!
Jawohl!!
Badumm
...
Endlich gehe ich in die Hauptstadt!
Badumm

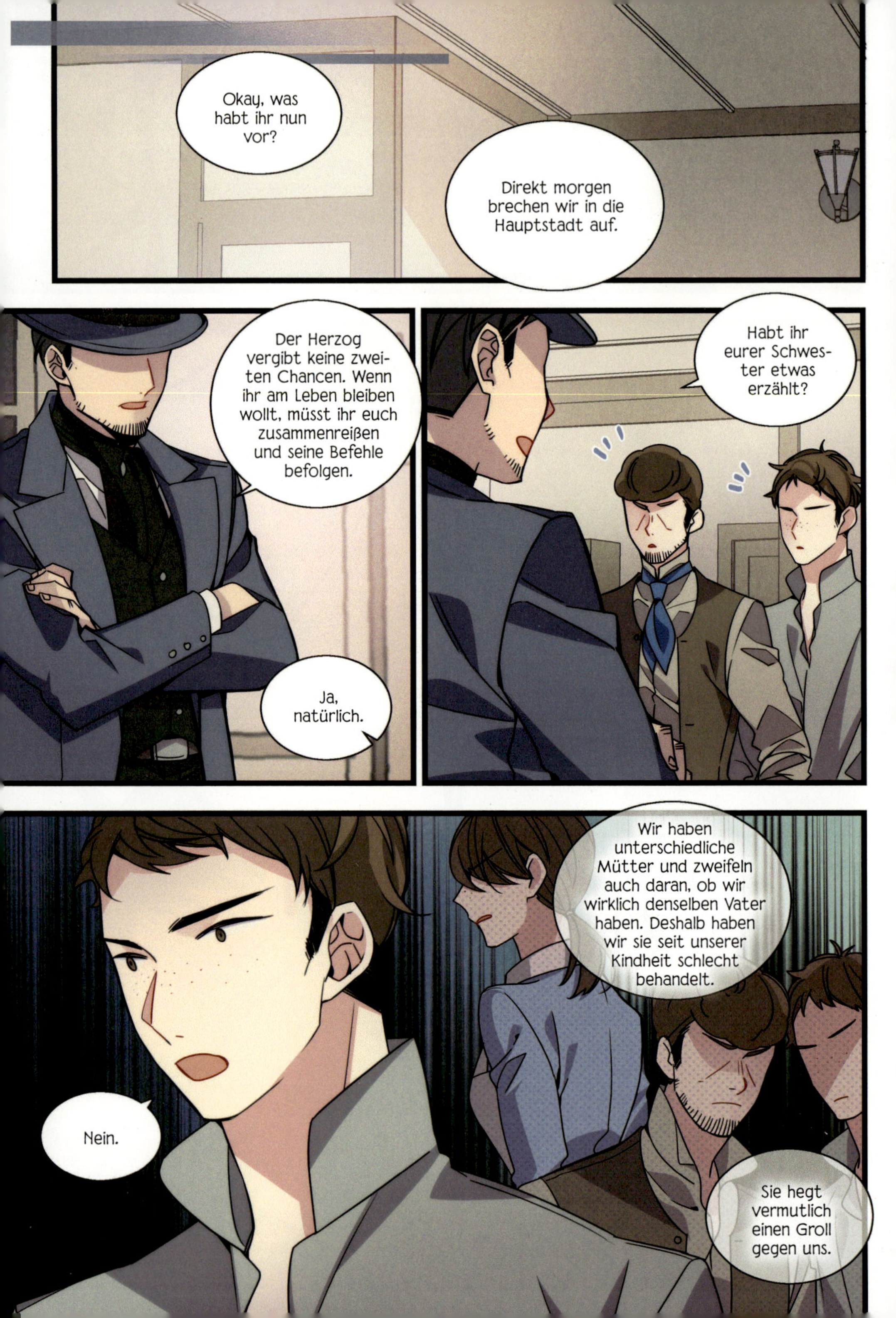
Okay, was habt ihr nun vor?
Direkt morgen brechen wir in die Hauptstadt auf.
Der Herzog vergibt keine zweiten Chancen. Wenn ihr am Leben bleiben wollt, müsst ihr euch zusammenreißen und seine Befehle befolgen.
Ja, natürlich.
Habt ihr eurer Schwester etwas erzählt?
Nein.
Wir haben unterschiedliche Mütter und zweifeln auch daran, ob wir wirklich denselben Vater haben. Deshalb haben wir sie seit unserer Kindheit schlecht behandelt.
Sie hegt vermutlich einen Groll gegen uns.

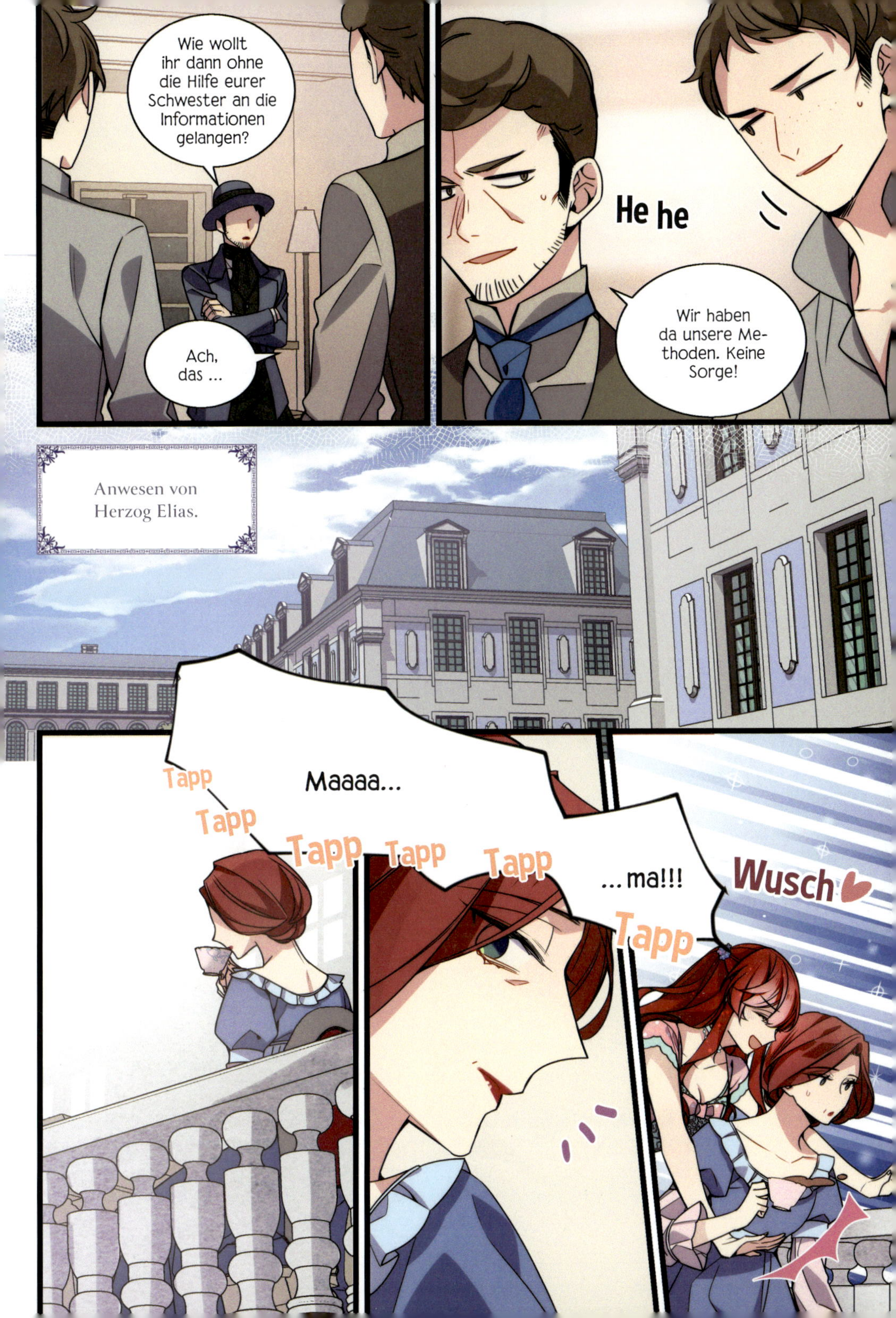
Wie wollt ihr dann ohne die Hilfe eurer Schwester an die Informationen gelangen?
Ach, das ...
He he
Wir haben da unsere Methoden. Keine Sorge!
Anwesen von Herzog Elias.
Maaaa...
Tapp
Tapp
Tapp
Tapp
Tapp
...ma!!!
Tapp
Wusch

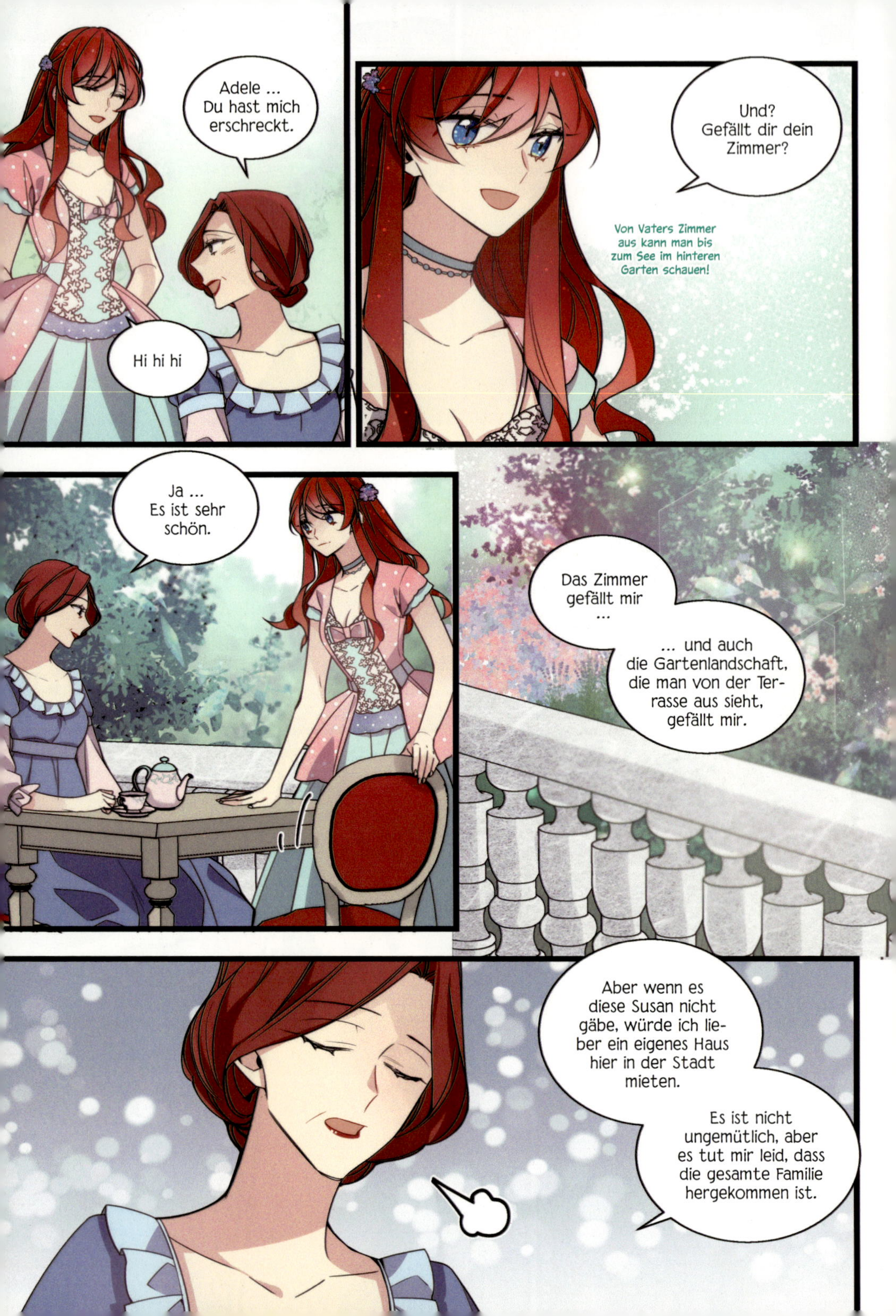
Adele ... Du hast mich erschreckt.
Hi hi hi
Und? Gefällt dir dein Zimmer?
Von Vaters Zimmer aus kann man bis zum See im hinteren Garten schauen!
Ja ... Es ist sehr schön.
Das Zimmer gefällt mir ...
... und auch die Gartenlandschaft, die man von der Terrasse aus sieht, gefällt mir.
Aber wenn es diese Susan nicht gäbe, würde ich lieber ein eigenes Haus hier in der Stadt mieten.
Es ist nicht ungemütlich, aber es tut mir leid, dass die gesamte Familie hergekommen ist.

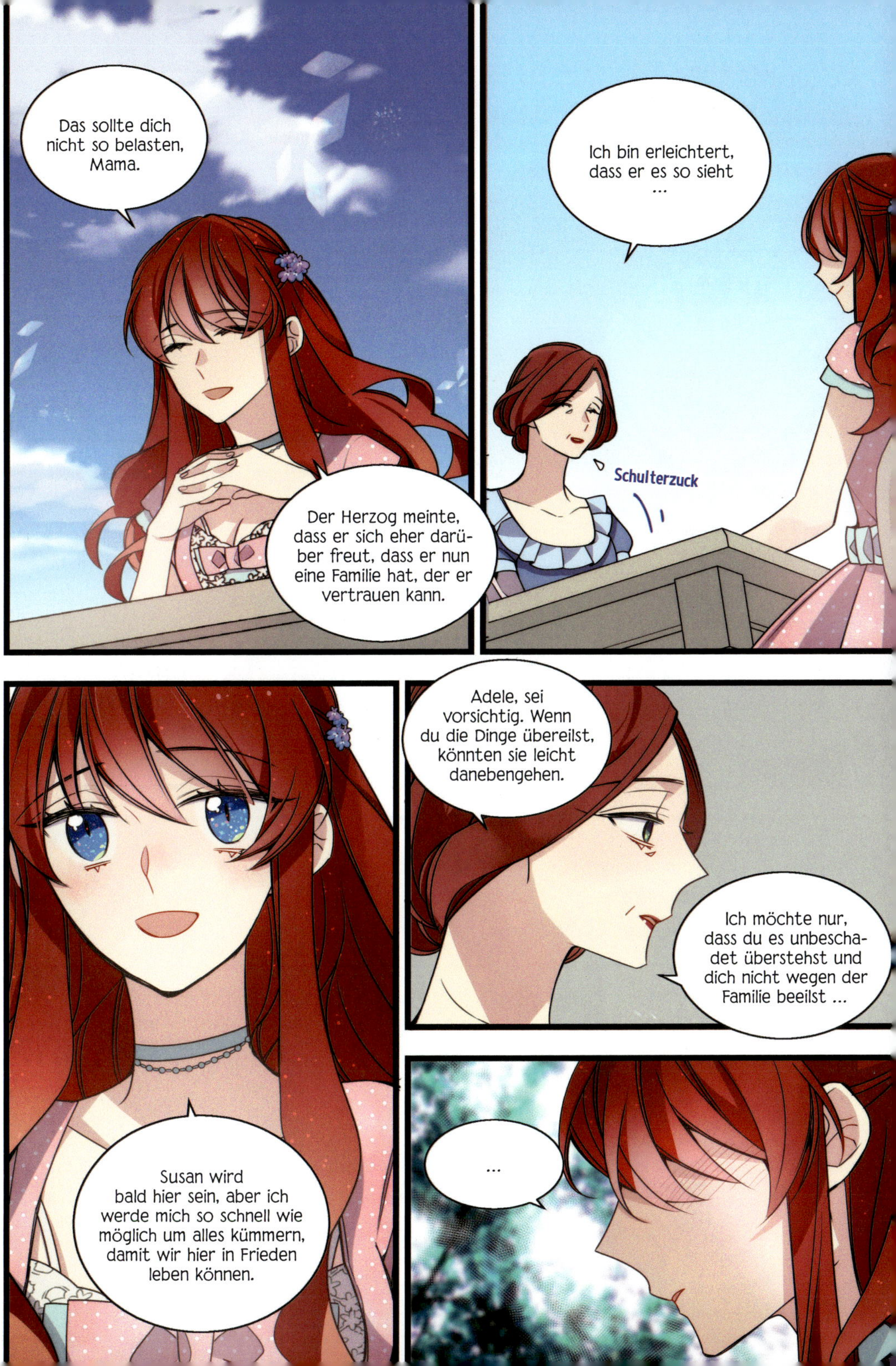
Das sollte dich nicht so belasten, Mama.
Der Herzog meinte, dass er sich eher darüber freut, dass er nun eine Familie hat, der er vertrauen kann.
Ich bin erleichtert, dass er es so sieht ...
Schulterzuck
Susan wird bald hier sein, aber ich werde mich so schnell wie möglich um alles kümmern, damit wir hier in Frieden leben können.
Adele, sei vorsichtig. Wenn du die Dinge übereilst, könnten sie leicht danebengehen.
Ich möchte nur, dass du es unbeschadet überstehst und dich nicht wegen der Familie beeilst ...
...

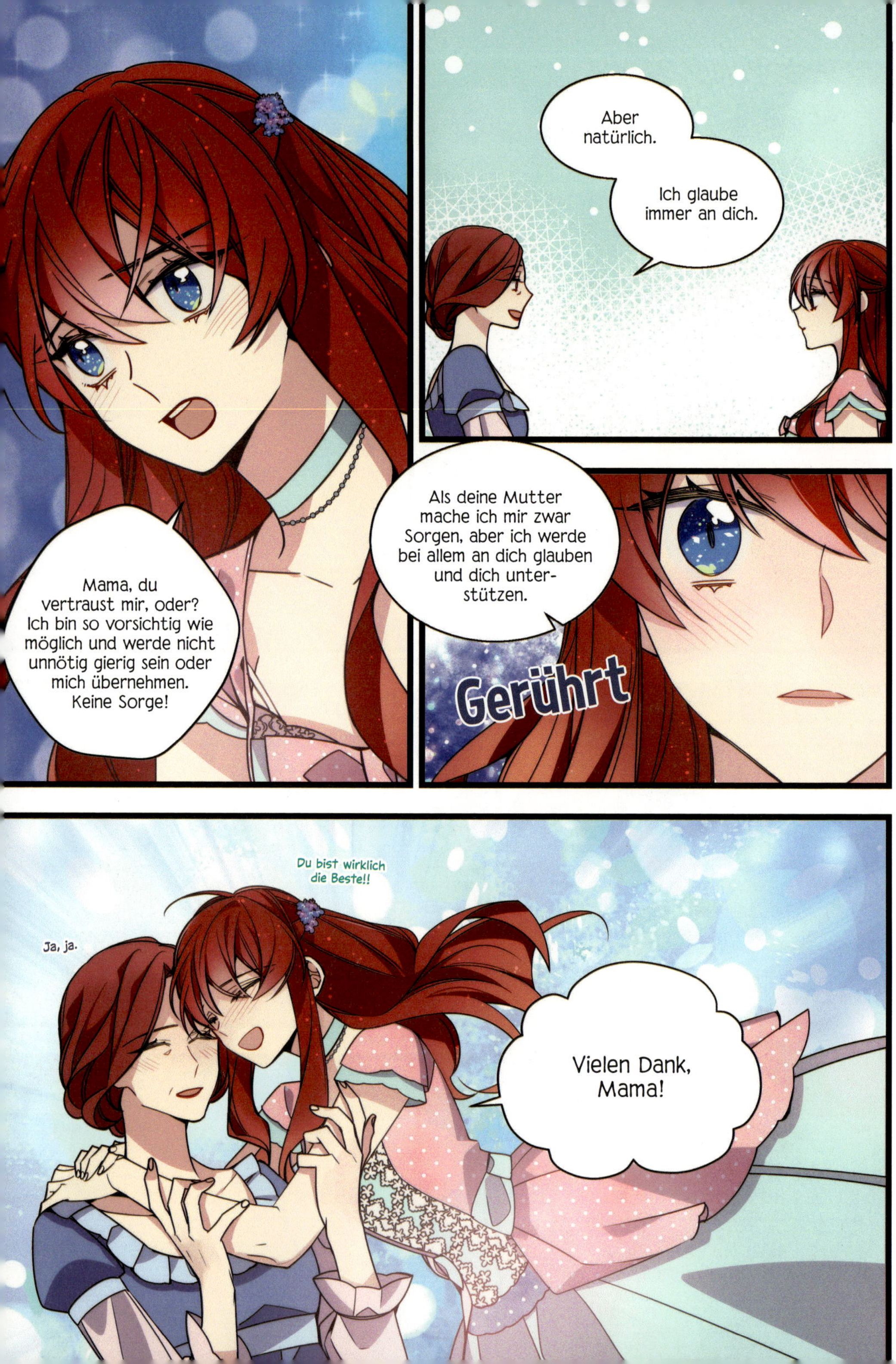
Mama, du vertraust mir, oder? Ich bin so vorsichtig wie möglich und werde nicht unnötig gierig sein oder mich übernehmen. Keine Sorge!
Aber natürlich.
Ich glaube immer an dich.
Als deine Mutter mache ich mir zwar Sorgen, aber ich werde bei allem an dich glauben und dich unterstützen.
Gerührt
Du bist wirklich die Beste!!
Ja, ja.
Vielen Dank, Mama!

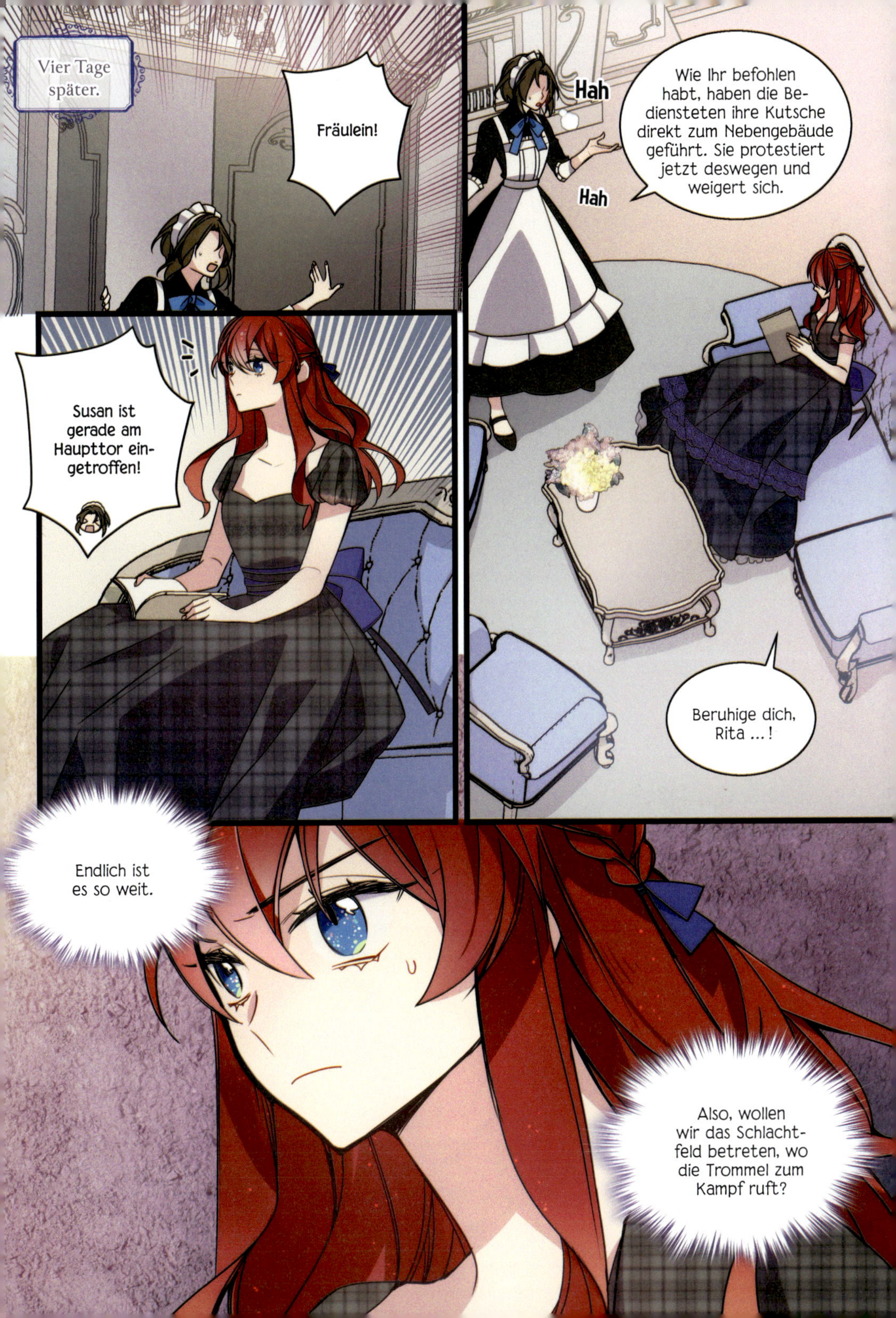
Vier Tage später.
Fräulein!
Susan ist gerade am Haupttor eingetroffen!
Hah
Hah
Wie Ihr befohlen habt, haben die Bediensteten ihre Kutsche direkt zum Nebengebäude geführt. Sie protestiert jetzt deswegen und weigert sich.
Beruhige dich, Rita ...!
Endlich ist es so weit.
Also, wollen wir das Schlachtfeld betreten, wo die Trommel zum Kampf ruft?

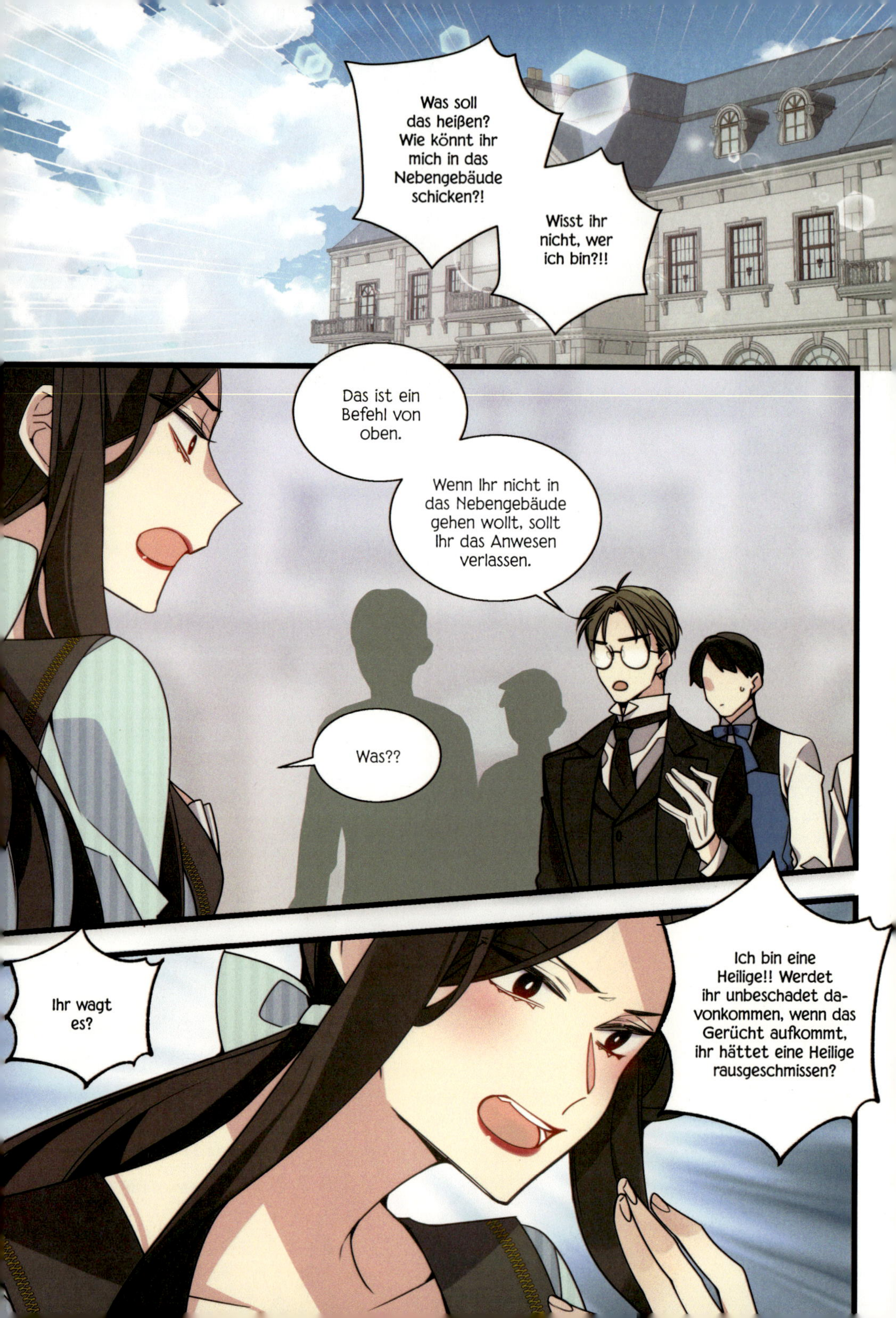
Was soll das heißen? Wie könnt ihr mich in das Nebengebäude schicken?!
Wisst ihr nicht, wer ich bin?!!
Das ist ein Befehl von oben.
Wenn Ihr nicht in das Nebengebäude gehen wollt, sollt Ihr das Anwesen verlassen.
Was??
Ihr wagt es?
Ich bin eine Heilige!! Werdet ihr unbeschadet davonkommen, wenn das Gerücht aufkommt, ihr hättet eine Heilige rausgeschmissen?

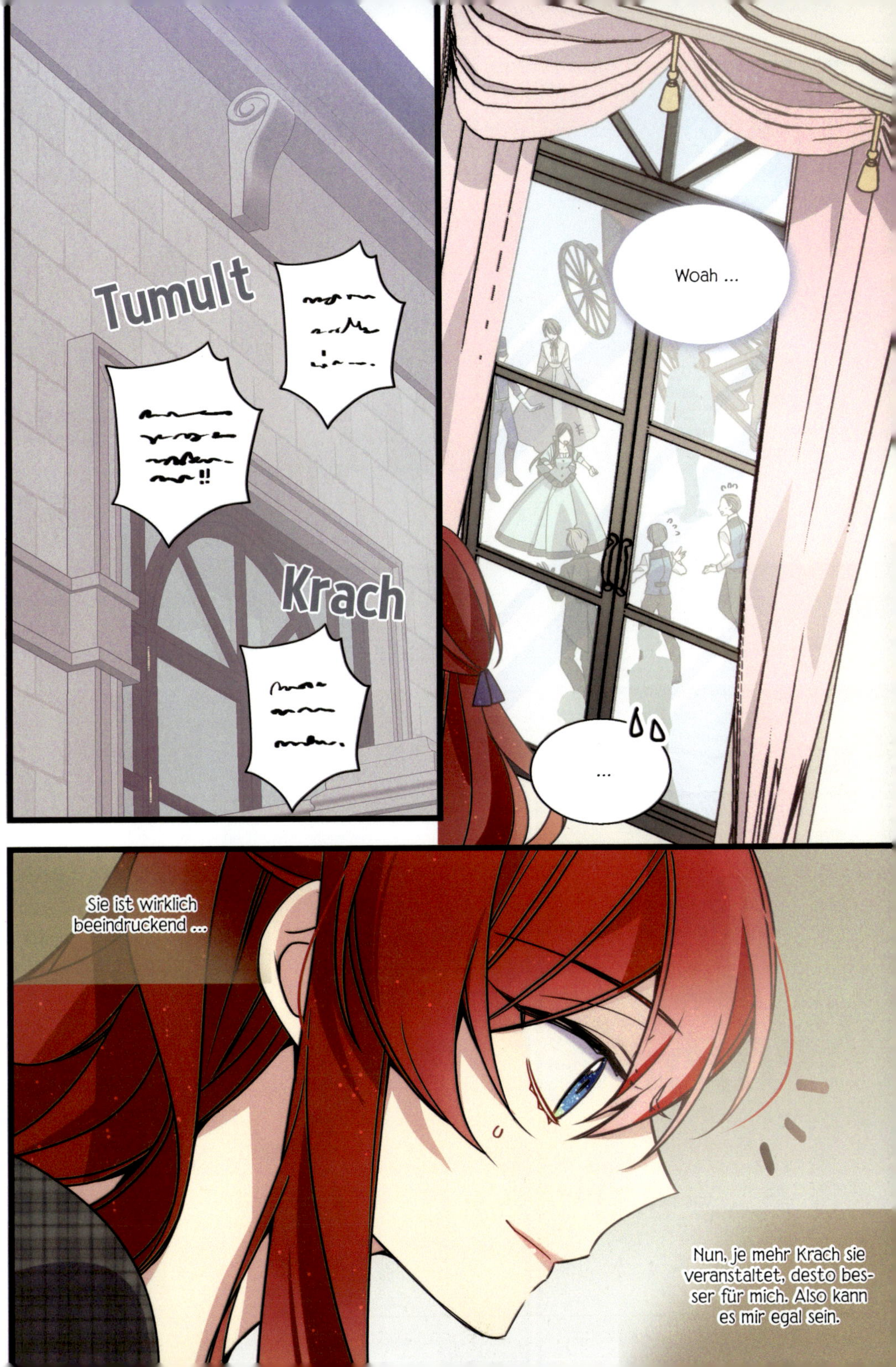
Tumult
Krach
Woah ...
...
Sie ist wirklich beeindruckend ...
Nun, je mehr Krach sie veranstaltet, desto besser für mich. Also kann es mir egal sein.

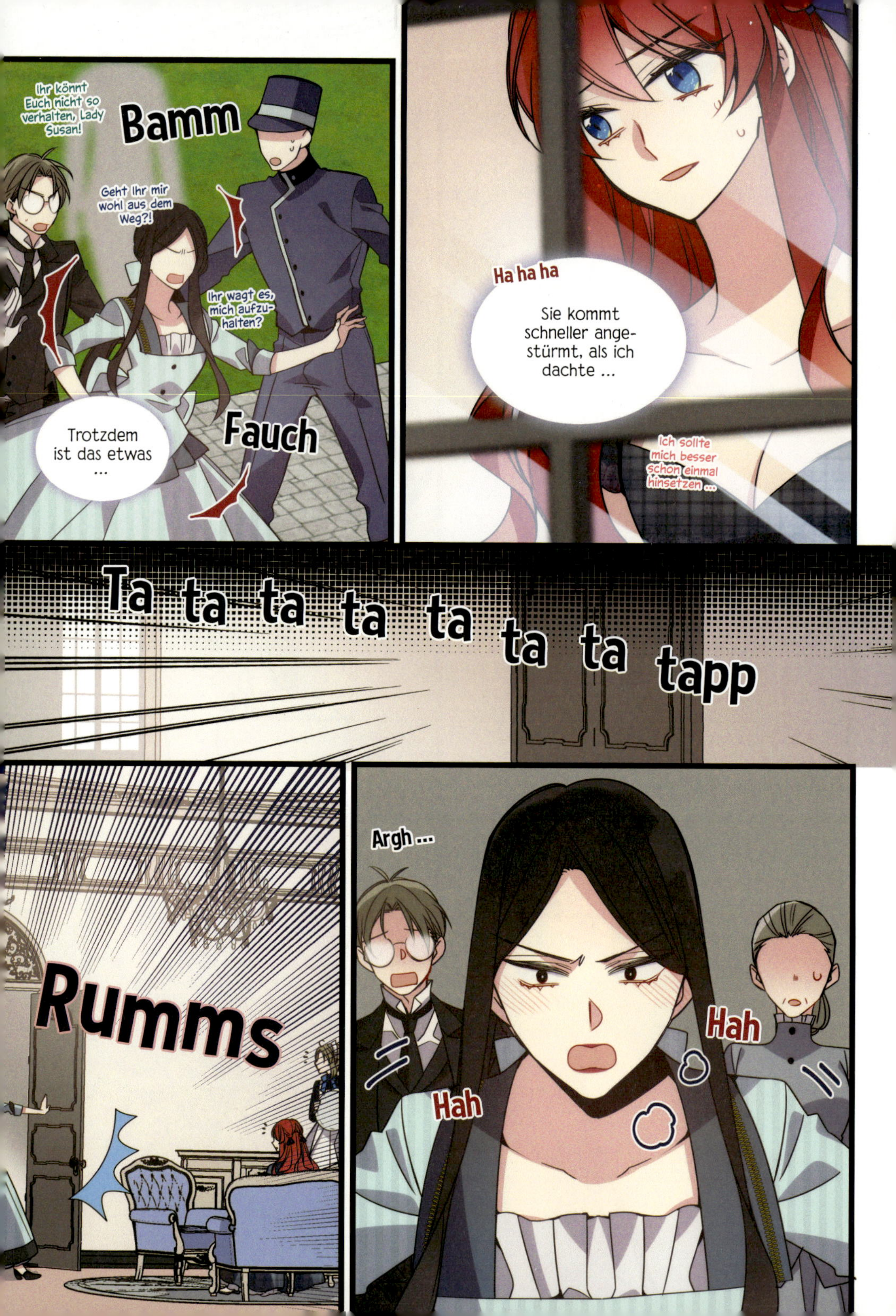
Ihr könnt Euch nicht so verhalten, Lady Susan!
Bamm
Geht Ihr mir wohl aus dem Weg?!
Ihr wagt es, mich aufzuhalten?
Trotzdem ist das etwas ...
Fauch
Ha ha ha
Sie kommt schneller ange-stürmt, als ich dachte ...
Ich sollte mich besser schon einmal hinsetzen ...
Ta ta ta ta ta ta ta tapp
Rumms
Argh ...
Hah
Hah

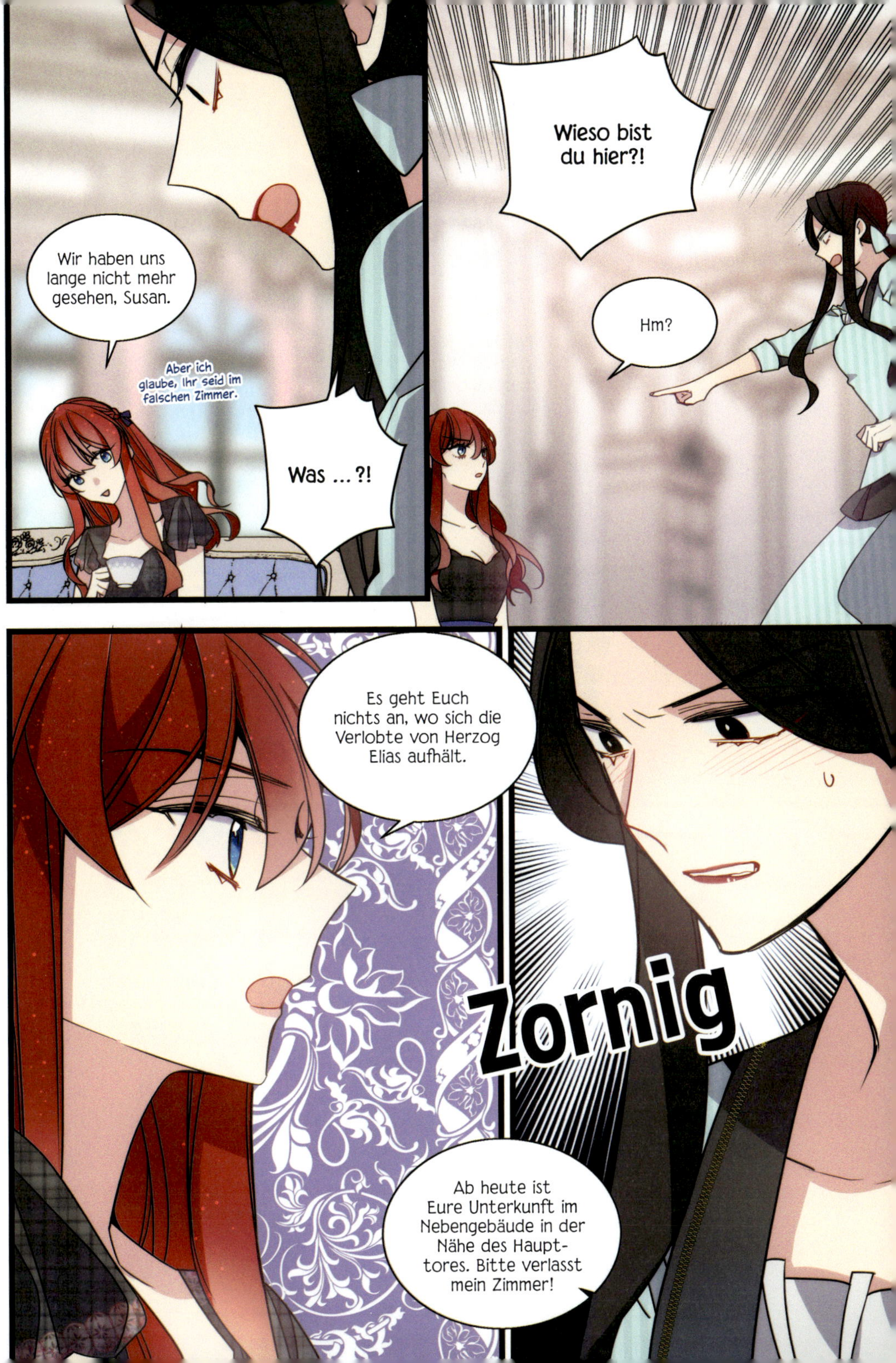
Wir haben uns lange nicht mehr gesehen, Susan.
Aber ich glaube, Ihr seid im falschen Zimmer.
Was ...?!
Wieso bist du hier?!
Hm?
Es geht Euch nichts an, wo sich die Verlobte von Herzog Elias aufhält.
Zornig
Ab heute ist Eure Unterkunft im Nebengebäude in der Nähe des Haupt-tores. Bitte verlasst mein Zimmer!

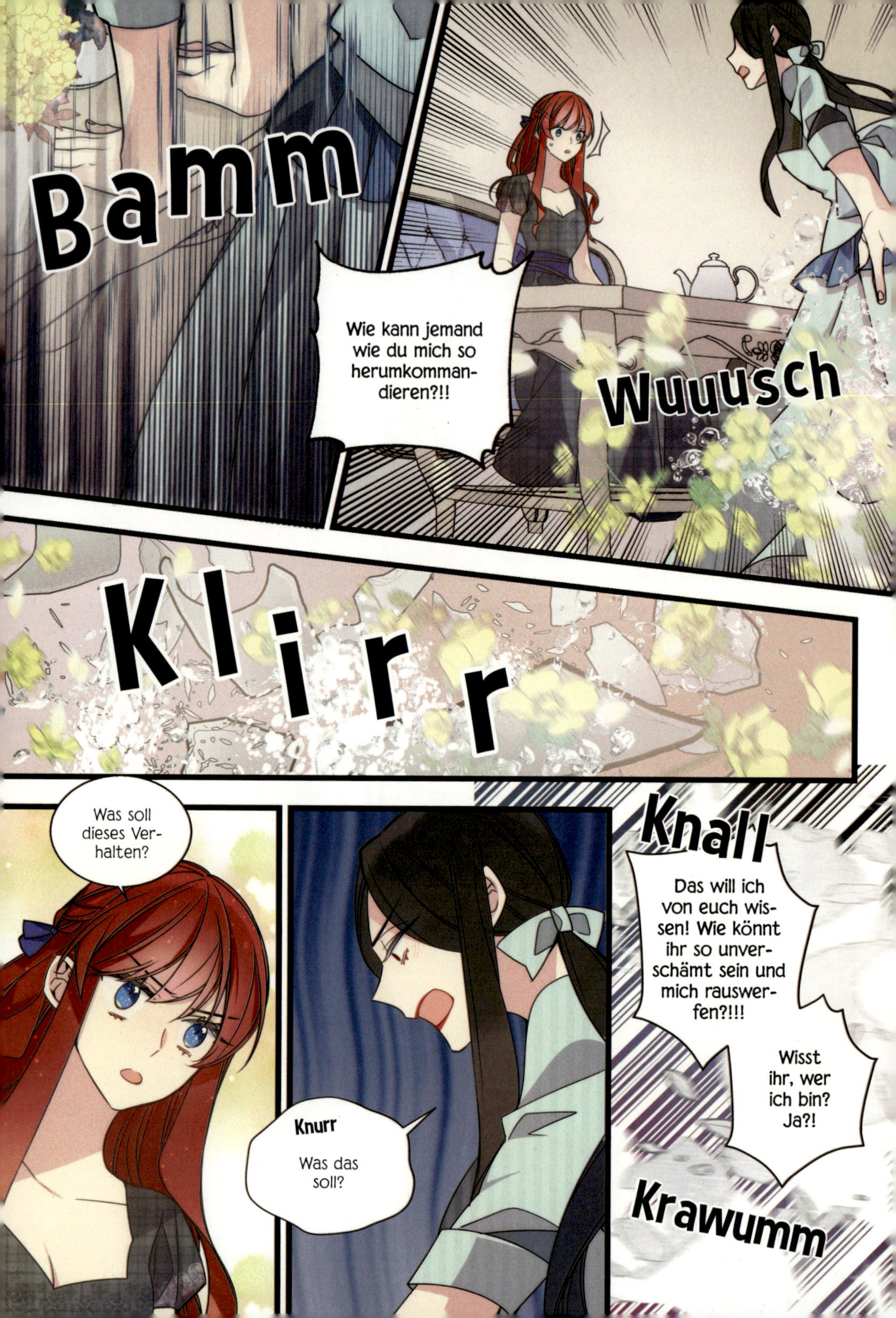
Bamm
Wie kann jemand wie du mich so herumkomman-dieren?!!
Wuuusch
Klirr
Was soll dieses Ver-halten?
Knurr
Was das soll?
Knall
Das will ich von euch wis-sen! Wie könnt ihr so unver-schämt sein und mich rauswer-fen?!!!
Wisst ihr, wer ich bin? Ja?!
Krawumm

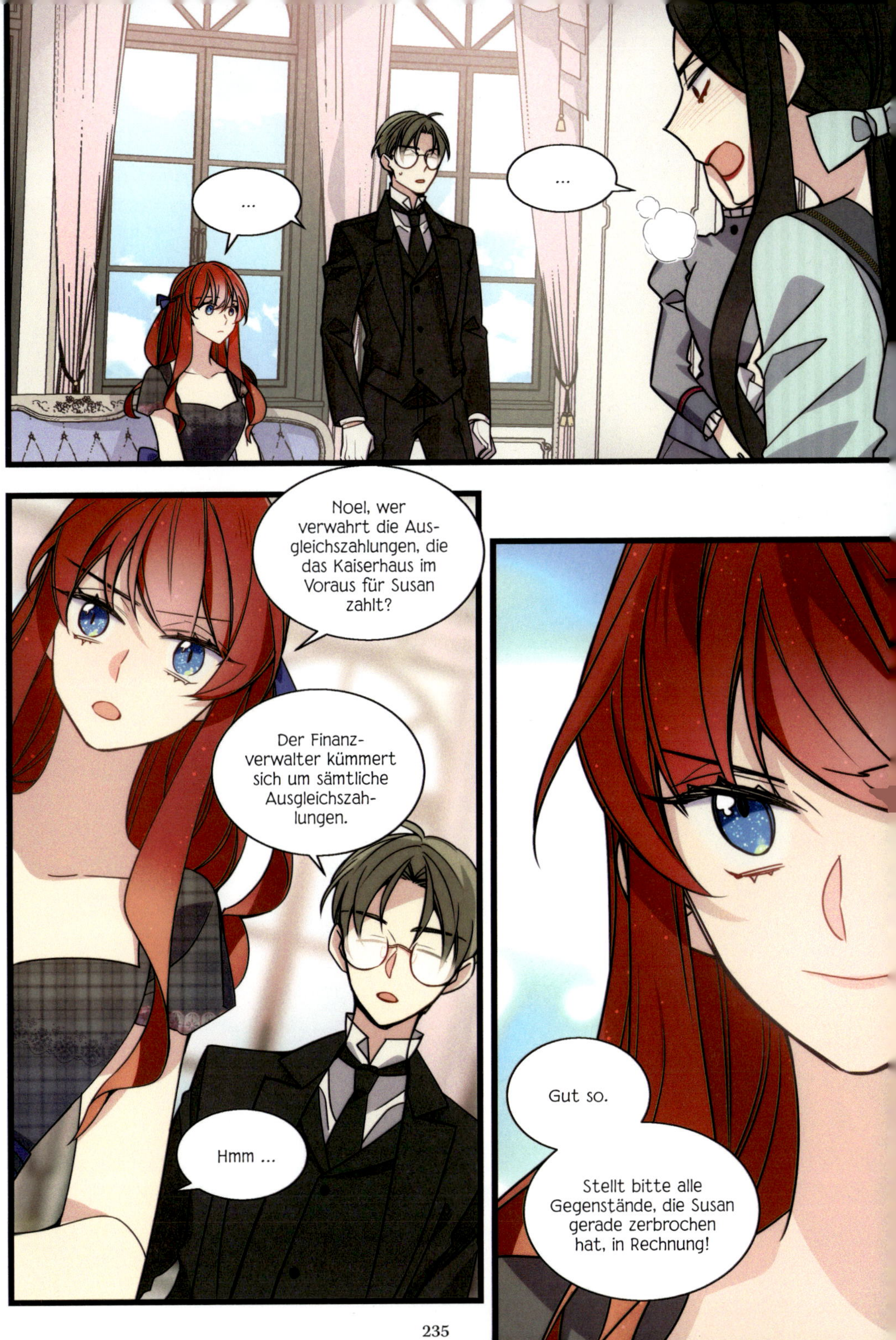
...
...
Noel, wer verwahrt die Ausgleichszahlungen, die das Kaiserhaus im Voraus für Susan zahlt?
Der Finanzverwalter kümmert sich um sämtliche Ausgleichszahlungen.
Hmm ...
Gut so.
Stellt bitte alle Gegenstände, die Susan gerade zerbrochen hat, in Rechnung!

Adelaide

Das süße Leben

»Ich glaube, ich mag den Herzog mehr, als ich gedacht hätte.«

Nachdem Adelaide unverletzt ihrer Entführung entgehen konnte, holt sie mit ganzer Kraft zum Angriff auf Susan aus!

Adelaide gesteht Lady Monahan, was sie für den Herzog empfindet, aber Felix zweifelt immer noch an seinen eigenen Gefühlen und ist verwirrt …

Auf der anderen Seite startet Susan ihren Gegenangriff und Adele schmiedet mit Felix neue Pläne!

Seid gespannt auf Band 3!

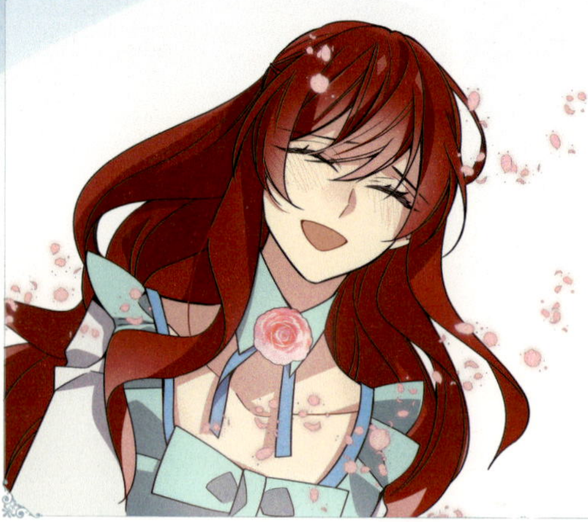

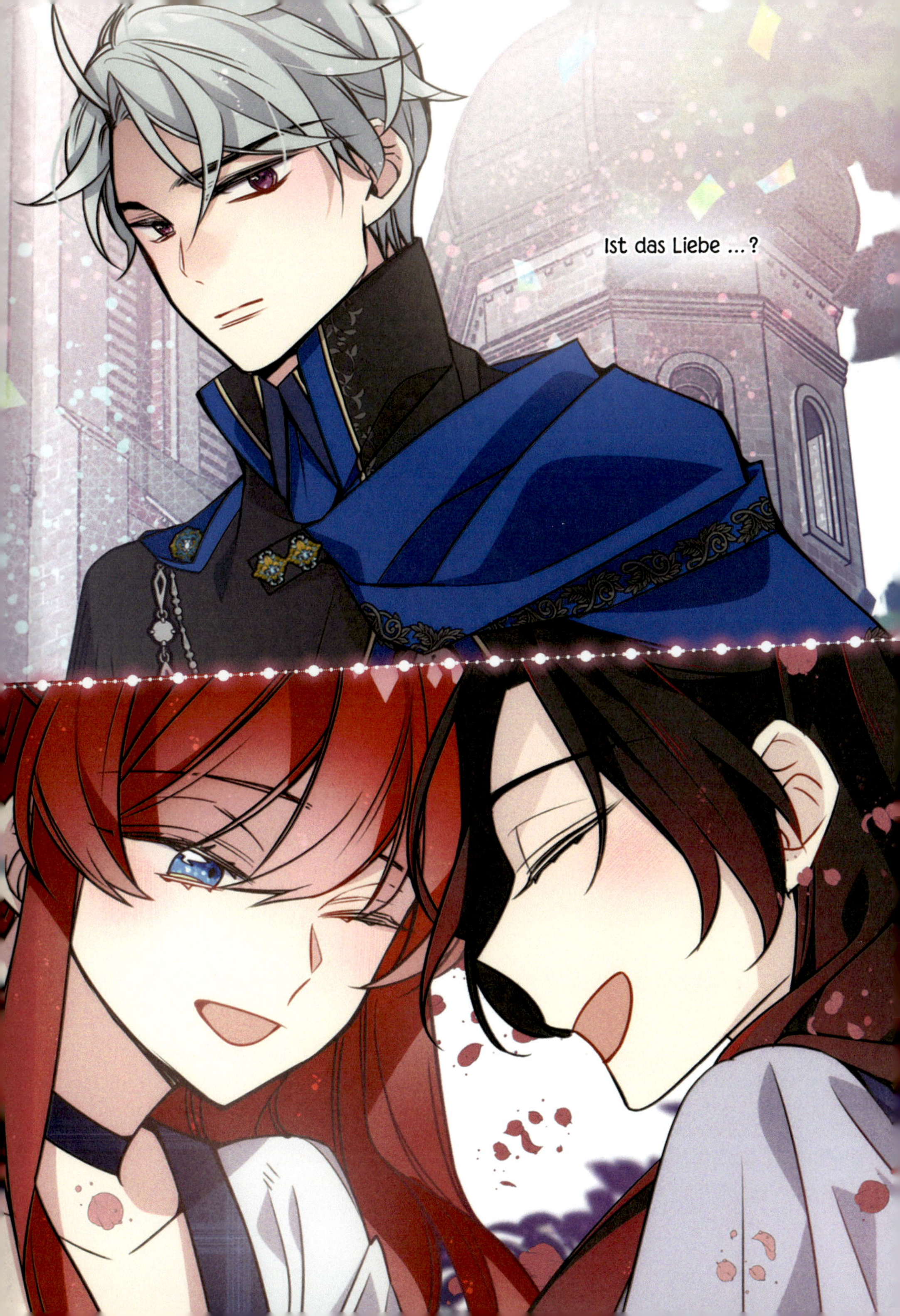
Ist das Liebe ... ?

altraverse

Deutsche Ausgabe / German Edition
Altraverse GmbH – Hamburg 2022
Aus dem Koreanischen von Katharina Schmölders

Adelaide vol.2

First published in Korea in 2017 by D&C WEBTOON Biz
German translation rights arranged with Altraverse GmbH
through D&C WEBTOON Biz

Redaktion: Gwyneth Minte
Herstellung: Cathrin Hamester
Lettering: Vibrant Publishing Studio

Druck: Silber Druck oHG
Printed in Germany

ISBN 978-3-96358-975-1
1. Auflage 2022

www.altraverse.de